◎本书为国家社科基金青年项目（13CZW037）最终成果

温志拔 著

知识、文献、学术史
南宋考据学研究

Knowledge, Literature
and Academic History:

A Study of the Textual Research
in the Southern Sung Dynasty

中国社会科学出版社

图书在版编目（CIP）数据

知识、文献、学术史：南宋考据学研究／温志拔著 . —北京：中国社会科学出版社，2019.5（重印 2022.10）

ISBN 978 – 7 – 5203 – 3833 – 2

Ⅰ.①知… Ⅱ.①温… Ⅲ.①考据学—研究—中国—南宋 Ⅳ.①K092.442

中国版本图书馆 CIP 数据核字（2019）第 000296 号

出 版 人	赵剑英
责任编辑	宋燕鹏
责任校对	石春梅
责任印制	李寡寡

出　　版	中国社会科学出版社
社　　址	北京鼓楼西大街甲 158 号
邮　　编	100720
网　　址	http://www.csspw.cn
发 行 部	010 – 84083685
门 市 部	010 – 84029450
经　　销	新华书店及其他书店
印　　刷	北京明恒达印务有限公司
装　　订	廊坊市广阳区广增装订厂
版　　次	2019 年 5 月第 1 版
印　　次	2022 年 10 月第 2 次印刷

开　　本	710×1000　1/16
印　　张	20
插　　页	2
字　　数	317 千字
定　　价	85.00 元

凡购买中国社会科学出版社图书，如有质量问题请与本社营销中心联系调换
电话：010 – 84083683
版权所有　侵权必究

目　录

绪　论 …………………………………………………………（1）
　一　缘起与意义 ……………………………………………（1）
　二　对象与范围 ……………………………………………（4）
　三　学术史回顾 ……………………………………………（9）
　四　主要研究方法及构想 …………………………………（14）

第一章　南宋考据学的学术文化史考察 ……………………（17）
　第一节　宋学语境下南宋考据学的兴盛 …………………（17）
　　一　两宋经学疑古思潮中的南宋考据学 ………………（18）
　　二　宋学义理的发展与南宋考据学 ……………………（26）
　第二节　南宋考据学兴起的社会文化机制 ………………（42）
　　一　南宋士人社会的形成与考据学的兴起 ……………（43）
　　二　从技术到学术：南宋书籍刊刻与考据学的兴盛 …（52）

第二章　士人的知识世界：南宋编撰文献与考据学（上） …（63）
　第一节　南宋经典类编与考据 ……………………………（63）
　　一　南宋经疏类编文献的兴起 …………………………（64）
　　二　南宋经疏类编文献的考据方法 ……………………（70）
　　三　南宋经疏类编考据的学术史考察 …………………（75）
　第二节　南宋类书编撰与考据 ……………………………（79）
　　一　南宋类书编纂的主要考据方法 ……………………（80）
　　二　南宋类书编撰考据与南宋浙学渊源 ………………（92）

第三章　士人的知识世界：南宋编撰文献与考据学（下） ……… （103）
　第一节　南宋士人地理学著述的编纂与考据 ……………………… （103）
　　一　士人博学知识世界中的南宋地理学著述 …………………… （104）
　　二　南宋地理学著述考据的专门化和方法总结 ………………… （113）
　第二节　南宋年谱著述中的文化生命总结与考索 ………………… （119）
　　一　南宋年谱的功能指向及其变化 ……………………………… （120）
　　二　南宋年谱考据的主要方法和形态 …………………………… （126）
　第三节　南宋文人笔记考据的学术化 ……………………………… （131）
　　一　文人精神与宋代笔记 ………………………………………… （133）
　　二　南宋文人笔记的博杂考据 …………………………………… （138）
　　三　南宋文人笔记考据的学术化 ………………………………… （148）

第四章　书籍的学术史：南宋校勘目录专书与考据学 ……………… （158）
　第一节　校以为学：南宋校勘专书的考据学 ……………………… （158）
　　一　南宋校勘学的发展及考据特点 ……………………………… （161）
　　二　学术系统中的南宋校勘考证特征 …………………………… （167）
　第二节　南宋目录学专书考据学 …………………………………… （176）
　　一　南宋解题目录的考证 ………………………………………… （176）
　　二　前代目录专书研究与考证 …………………………………… （181）

第五章　以注为学：南宋注书与考据学 ……………………………… （187）
　第一节　注释史脉络中的南宋注书 ………………………………… （188）
　第二节　南宋史书自注考异部分的考据学 ………………………… （193）
　　一　《长编》自注考异及其对北宋政治文化的反思 …………… （194）
　　二　《要录》自注考异的史家考据精神 ………………………… （203）
　第三节　南宋文集注释的考据学 …………………………………… （207）
　　一　诗道文统与南宋文集注释的发展 …………………………… （208）
　　二　江西诗学与南宋文集注释 …………………………………… （224）
　　三　南宋文集注文中的考据特点 ………………………………… （228）

第六章 南宋考据学的特点和谱系 …………………………… (243)
  第一节 南宋考据学的主要特点 …………………………… (244)
    一 作为日常文化学术活动的考据学 …………………… (245)
    二 作为当代文献编撰整理的考据学 …………………… (253)
    三 理据为主、旁证为辅的考据学方法 ………………… (262)
  第二节 南宋考据学的谱系 ………………………………… (281)
    一 博学考据的文人士群 ………………………………… (283)
    二 史官传统与良史士群 ………………………………… (286)

结语 作为学术史和文化史的考据学 …………………………… (297)

参考文献 ………………………………………………………… (301)

后　记 …………………………………………………………… (312)

绪 论

一 缘起与意义

近代以来，由于受到西方哲学的影响，中国的哲学研究排斥知识与事实，而重视概念推演分析，各种哲学史研究往往"以中国所谓义理之学为主体，而作中国义理之学史"[①]，讨论符合西方哲学背景，涉及宇宙论、本体论、人性论、认识论等命题的少数"哲学家"及著作。这一研究方法也深刻影响了思想史、学术史的研究。以宋代为例，哲学史的研究基本就是以朱熹《伊洛渊源录》所描绘的学术谱系为畛域，而思想史研究，或在理学天理性命之外，增加其政治、经济、史学、教育思想等问题的论述，或将"蜀学""王学（荆公新学）""浙学"等宋学各学派的哲学、政治学、史学思想也纳入其中，很明显，所谓"宋学"仍是以义理学为主，讨论宋代学术新特点的概念表述。这一概念对超越单纯的程朱五子加陆九渊哲学史叙述模式，扩展与深化宋代思想史研究，无疑具有重大的认识和方法论意义。但也应当看到，现有思想史叙述模式，仍具有明显的对历史过程丰富性、复杂性的遮蔽，属于后人的合理性重构。所谓"宋学"，也只是"突破了理学的篱笆，标示出了理学以外各学派的存在"[②]，以义理学发展逻辑为尺度，度量历史过程的是非得失，追寻突破汉唐经学的所谓历史上升和前进。思想史演进的脉络和线条似乎被清晰勾画出来，与此同时，历史过程中存在的诸种曲折、反复、回溯、融合，却被有意无意地忽略甚至漠视了。如果说思想史研究必然以义理

[①] 冯友兰：《中国哲学史》（上册），上海书店出版社1990年版，第7页。
[②] 何俊：《宋学：认知的对象与维度》，《历史研究》2009年第6期。

的阐发为中心,展示思想体系、概念、范畴的演变发展逻辑,那么学术史关注的主要是学科史的总结,从知识(学)和方法(术)的角度,描述学科建设发展的历史过程。学术史侧重的是全部事实的考察记录,哲学史、思想史侧重的是概念和方法的总结概括,以及意义与价值的认识评价。

新近的一些研究,努力打破学科疆界,将哲学史、思想史放置在社会历史文化背景下进行研究。例如南京大学出版社的思想家评传丛书,将思想史的范围扩大到各学科各领域"杰出人物所创造的业绩和事功",从中抽象出思想理论[1]。该丛书所构建的"思想史"即容纳了包括文学家、科学家、文献学家在内的多学科的学术思想。又如葛兆光的《中国思想史》将视野从少数精英思想家延伸到非精英的层面,用非精英的思想重构思想史[2];余英时的《朱熹的历史世界:宋代士大夫政治文化的研究》,将思想史还原到政治历史过程中,关注宋学义理的历史背景以及政治运作[3]。美国、日本学者,也不断突破以理学哲学思想为定义的新儒学(Neo-Confucianism),转而使用更具历史色彩的"道学",并着重研究"道学家"的社会实践,例如社仓、书院、刻书等[4]。

相对于思想史与文化史,学术史与文献学之间的学科鸿沟更为阔大。清代以来汉宋之争所代表的文献学与义理学的对立,至今似乎依然如故,几乎还没有一部学术史真正关注义理学以外的众多学术活动,如文献校勘、注释、编撰、博物考古、考据辨伪等,更遑论学术史事实所表达的学科演进,以及对于学术思想的影响。在严守学科疆界划分背景下,学科之间的对话并不多见。问题在于,宋代恰恰是一个学术创新多样,治

---

[1] 巩本栋:《领域的拓展与方法的更新:论〈中国思想家评传丛书〉的思想史意义》,徐雁等主编:《中国学术与中国思想史》,江苏教育出版社2002年版,第1—15页。
[2] 参见葛兆光《中国思想史》,复旦大学出版社2001年版。
[3] 参见[美]余英时《朱熹的历史世界:宋代士大夫政治文化的研究》,生活·读书·新知三联书店2004年版。
[4] 参见[日]吾妻重二《美国的宋代思想研究》,[美]田浩编《宋代思想史论》,杨立华、吴艳等译,社会科学文献出版社2003年版,第7—29页;[美]田浩《朱熹的思维世界》,凤凰出版社2009年版;David S. Nivison and Arthur F. Wright, *Confucianism in Action*, California: Stanford University Press, 1959;[日]小岛毅《作为思想传播之媒介的书籍——朱子学"文化历史学"序说》,吴震、[日]吾妻重二编:《思想与文献:日本学者宋明儒学研究》,华东师范大学出版社2010年版,第264—281页。

学范围宏阔的时代,大量流传的学术成果、典籍,不能被单一的思想史脉络所容纳和展示。

正如邓广铭所列举的,宋代儒家学者实际上包括三个层次:理学家、一般新儒家学者、普通儒者[①],对于最后一种,田浩认为我们"所知更少",他们包括"现在的思想史研究很少触及的诗人、画家、史学家、类书的编者、科学家,甚至于政府官员等儒家人士"[②]。理学以外的这一庞大群体,除已进入思想史的蜀学、新学、浙东学术等新儒学士大夫,还有更多不能被宋学各派所表述的群体,包括宋代笔记、类书、地志、年谱的编撰者,四部文献的辑录、校勘、注释者等。文献学与学术史的沟通,应更多地关注文献编撰、整理为中心的学术成果,探讨学术发展的文献活动场景,分析文献活动所表达的学术史意义。宋代大量的文献编撰、整理成果,是元明以后乃至今日古代文史研究的前提和基础,相当部分一直为各学科研究所充分利用,例如宋代类书、笔记等史料。然而工具化的普遍应用,并不等于深入的本体认知。超越分散零碎的史料运用,关注文献成果本身的学术归属、价值指向,学术思想如何影响和提升文献整理,才是学术史与文献活动的对话和沟通。

考据学是文献活动的核心,是文献活动过程中所体现的学术原则、精神和方法,对于考据学的研究,正是要建立学术史与文献活动之间的对话联系,即讨论学术史的文献考据基础,文献考据活动所体现的学术思想背景和价值追求。就南宋考据学研究而言,就是要整体地关注笔记、类书、地志、年谱、注释、校勘、考史等众多文献活动的成果,讨论这些考据学活动和成果背后的学术和思想立场,理学为中心的义理之学如何利用和构建自身的考据学基础。而就考据学自身发展而言,南宋考据学也是清代乾嘉考据学以前,另一个发展高峰时期[③],具体成果十分丰

---

① 参见邓广铭《论宋学的博大精深》,王水照主编《新宋学》(第2辑),上海辞书出版社2003年版,第1—7页。《宋史》的编修者们,在《儒林传》外别立《道学传》,后人对此颇有一些不同意见。实际上,《文苑传》《隐逸传》中的大部分人物都可归为儒家学者,此类合传及《儒林传》与《道学传》的并立,正反映出宋代学术史上,包括义理之学在内儒学不同侧重的专门化、多样化。

② [美]田浩:《朱熹的思维世界》,第313页。

③ 有学者认为:"其学萌芽于先秦,初创于两汉,一盛于南宋,再盛于清乾嘉时期。"参见漆永祥《乾嘉考据学研究》,中国社会科学出版社1998年版,第3页。

富。为何考据学的首次发展兴盛,未出现在经学时代的汉唐,而是在理学兴盛的宋代,特别是理学主潮化的南宋,这不能不是学术史研究需要回答的课题。

古文献存在和使用的历史时空下,他们与编撰者、使用者一样,是一定学术兴趣、主张,特定价值关怀的产物。古文献实际上也是有生命、有价值的,因此,对于古文献的研究,不应该仅仅将其作为死的工具,也应该将其视为可以对话,展现古人学术文化精神的对象。从中,我们可以感受到特定历史时空下的古人,具有什么的知识基础,不同文人群体拥有怎样的知识兴趣,如何看待、怀疑、证明或者辨伪文献中的各种知识,对文献内容的不同处理方式,体现了怎样的社会文化背景、条件和目的,彼此之间具有相似知识和学术方法的古文献编撰者,如何构成相关学术群体并形成学术流派,等等。考据学的研究,也是探究古人的文献意识、文献态度,发掘古人的知识和文化生命特征。考据学不仅是文献学与学术史的交流,也是文献学与文化史的沟通。通过南宋考据学的研究,展开的可以是一个面相的南宋学术史,也是以文献为中心的另一面相的文化史。

二 对象与范围

学术史上,"考据学"既可以指史事、名物、制度等古文献内容的考证,也可以指与义理学相对的古文献学相关学科,如文字、音韵、训诂、版本、目录、校勘等,学术界一般将二者概括为考据学的广狭二义[①]。考据之所以成为学,不仅要有所涉及的对象和范围,还应包括其学术精神、原则和方法。换言之,文献学诸学科中运用各种考证方法,追求和贯彻求实原则,体现核实的治学精神,才是考据学,文献学本身并非考据学。对考据学所涉及的对象作静态描述,仍然只是小学、文献学本身,而非考据学范畴的研究。对于这一问题,已有学者进行了反思,如乔治忠认为:

[①] 参见顾颉刚《古籍考辨丛刊》(第一集),社会科学文献出版社2009年版,第1页;漆永祥《乾嘉考据学研究》(孙钦善序),第1页。

考据之能够成"学",则须在学界出现了数量较多、影响广泛的专门著述,实际上形成为一种相对独立的治学方式,并且具备一定程度的关于历史考据的学术理念。①

乔文主要讨论历史考据学以及关于历史考据的学术理念,但扩大来说,对于整个考据学研究也具有同样的问题,考据构成"学",除了明确讨论的对象,包含具体的论著成果,还必须具有独立的方法和稳固的学术理念。这一学术精神和理念,以及独立的方法,不只是在具体的小学、文献学论著中体现出来,也在相对固定的从事考据学活动的群体,在相互讨论中表露甚至明确地表达出来。罗志田言:"'考据'是否可以算一种'学',自'考据学'名称兴起的乾嘉之时,便有争议……若转从社会视角看,既然有这许多学者对'考据之名目'聚讼不休,尤其著书授受者已不下数十家,这些人也多自名其所治为'考据学',则以时人眼光言,考据确呈独立成'学'之势。"② 学术史上看,清代考据学或乾嘉考据学的成立,并且成为一代学术中的一个重要方面,除了与宋明理学不同的学术范围、方法,一个很重要的方面,即其反对宋明义理空疏的共同的自觉意识,以及因此形成的朴实求真的"学术理念"。众多学者对考据学相关话题"聚讼不休",甚至相互对立,除了具体的对象结论,还包括学术精神、原则和方法的争辩。当"考据"成为同时代学术圈所共同讨论,形成一定学术"语境"时,"考据"才成为"学"。"考据,作为治学的一种方法,各代都有"③,作为实践活动的"考据学",不存在"成立"于何时的问题。本书将宋代作为考察时段,首先在于本书认为,宋代是形成考据学共同的学术理念、学术语境的时代,也是"考据学"学术自觉或成立的时代。

关于考据学成立于何时的问题,晚清民国以来各家说法相当不一致,

---

① 乔治忠:《中国历史考据学的发展》,陈祖武主编:《从考古到史学研究之路——尹达先生百年诞辰纪念文集》,云南人民出版社 2007 年版,第 361—383 页。
② 罗志田:《事之不孤起,必有其邻:蒙文通先生与思想史的社会视角》,《近代读书人的思想世界与治学取向》,北京大学出版社 2009 年版,第 307 页。
③ 顾颉刚:《中国史学入门》,北京出版社 2002 年版,第 132—133 页。

主要包括：汉代说、魏晋南北朝说、唐宋说、宋代说、明代说、清代说等①。各家论说，基本依据只有一项，即某个时代有大量的考据活动或成果。事实上，考据学之成为学的标志，至少应有两个方面：一是考据学是否自觉意识到与义理学存在差异，并与义理学分开，否则考据学只是义理学的一部分，只是阐释义理的工具，很难说有考据之学的存在；二是必须形成文人士大夫共同讨论的关于考据学的精神、方法的话题，即自觉意识到考据学自身的特点，总结自身的方法。

汉唐时期，就考据学所包含的具体实践门类和成果看，不可谓不丰富，特别是经学和史学领域的考据学成果，甚至有部分超越后世的经典论著。

作为一个文献复兴的时代，面对秦火之后的文献残败，西汉王朝进行了多次大规模的古籍整理，司马迁、刘向父子、王充等人的古籍辨伪，特别是成帝时期刘向父子的文献整理，真正开创了中国目录学、校勘学的传统。汉代经学，尤其是东汉古文经学对经典的注释，推动了文字、训诂、音韵的发展成熟，经典传、注、笺过程中对语言文字诸学与校勘、版本的综合运用，以及名物典章、历史故实的考据等。清人胡培翚评其"于两汉经师之说，综括靡遗，而又网罗百家，博稽六艺，证其同异，辨其是非，故所注各经，历代遵习"②。但在舍经学无他学的汉代，这些考据显然是从属于经学系统的具体方法，而非相对独立的"考据学"。尽管汉代古文献有关的小学、文献诸学已经相当全面，但由于考据和义理并未成为彼此独立差异的学术理念，不论是今文经学还是古文经学，考据学所具有的学术精神、原则和方法等不同于义理学的自身独特性，并未被经学家自觉意识到和共同谈论，而只是经学本身的工具和活动中的部分。汉代并未在训诂、经注系统外形成独立的考据学，其经学考据是自发的、依附于经学的行为，自然也谈不上意识到考据的理论与方法论的自觉，可以说是有考据而无考据学。

魏晋南北隋唐朝作为考据学发展的重要阶段，主要是史学考据学的

---

① 参见郭康松《清代考据学研究》，崇文书局2001年版；汪启明《考据学论稿》，巴蜀书社2011年版。

② （清）胡培翚撰，黄智明点校：《胡培翚集》，"中研院"文哲所2005年版，第228页。

发展。经学方面虽也有不少著名经学家，和唐代《五经正义》为代表的经学注疏的集大成，但根本上说，这些成果仍属于汉代经学的范畴。真正代表这一时期考据学实践发展的，是史学考据学的开始。魏晋时期以后，随着史学的独立，这一时期开始了历史考据学发展的时代，此后史学考据学始终处于不断发展兴盛的上升路途之中。同样地，由于考据学仍只是史学领域校勘、注释、考证、辨析活动的工具，其自身特点、理念仍未作为异质性的学术范式被意识到，尽管这一时期的考据成果为后代提供了丰厚的资源，但仍不能说，考据学已真正独立成为具有学术意义的话题，亦即考据活动仍未独立为"学"。一种学术的自觉意识，必须有与之相对的学术形态作为参照，才能引发。

考据学的真正成立，应是与之相对的义理学成立，并形成差异乃至对立学风的结果。中唐以来疑经所引导出的义理性命之学，使得汉学成为学者广泛批判的对象，训诂考据方法成为与之迥然不同的学术范式。正是以己意说经、自由阐发经义的时代，义理学凸显的同时，也强化了义理之学与训诂考据之学的差别乃至对立，并明确表达了训诂考据之学与义理、辞章之学的相互独立地位：

> 古之学者一，今之学者三，异端不与焉。一曰文章之学，二曰训诂之学，三曰儒者之学。欲趋道，舍儒者之学不可。①

所谓"训诂之学"是指沉溺于文献训诂、名物制度的"说经"，"儒者之学"则指洛学所主张的性理明道之学。伊川这里明确表述了宋代儒学已从义理考据合一，变为考据之学与义理之学、文章之学三分的格局。正是宋儒对义理之学的强调，凸显和开始了考据学的独立，从此义理、考据、辞章成为传统学术分野的重要术语。南宋学者郑樵曾曰："后人之学术不及前人之学术也。后人学术难及，大概有二：一者义理之学，二者辞章之学……二者殊途而同归，是皆从事于语言之末，而非为实学也。"② 郑氏反对空谈性理之学，在义理、辞章外，推崇"实学"。其所

---

① （宋）程颢、程颐著，王孝鱼点校：《二程集》，中华书局1981年版，第187页。
② （宋）郑樵撰，王树民点校：《通志二十略》，中华书局1995年版，第1827页。

谓"实学",则是包含古籍文献分类考辨在内的博物之学。程颐尊义理之学而轻训诂考据之学,郑樵则尚考据实学而轻义理之学。朱熹则主张在体贴义理之外,不妨作适度的考证功夫,在广泛强调体贴自得之学以求圣人大道的理学风气下,朱熹独重考证之学对于证悟性理的价值。这也是南宋理学对北宋过分强调内心体道乃至走向禅法的反拨,考证汉学也日益受到了理学家的重视,为学"考证"而有所"援据"的学风受到普遍重视。考据之学成为追求义理之外,同样受重视的命题与方法。南宋周必大第一次明确提出"考证之学":

> 大抵考证之学易差难精,亦在乎秉笔者审之而已。[1]

考据之学,不论作为一个明确的概念,还是作为与义理、辞章相对的学术形态,第一次成为宋代学者讨论的共同话题,成为学术文化现象之一。他们即使面对强势的义理之学,仍自觉选择毕生从事考据之学;或者身为义理学者,在总结审视自身学术得失之余,重新认识汉学、考据之学的优劣,并且主张考据学与义理学相结合。但都将考据之学置于新的学术背景下认识,并自觉运用考据方法,或研究朴实学术,或补充义理之缺。宋代雕版印刷兴起以后,读书、藏书、校书、刻书成为普遍的学术或非学术活动,文献考订、校勘才真正成为学者日常化的、普遍化的学术行为,即使义理学者,义理阐发需建诸坚实的文献基础之上,也日渐成为一种新的学术常识。因此,自觉的考据学意识、大量的考据学活动、丰厚的考据学成果,使宋代真正成为考据学独立自觉的时代。明代,不论是中期还是晚期,本质上说,是对宋代这一学术传统的短暂复兴,真正接续这一传统的正是清儒。因此本书所讨论的宋代考据学,是作为学术史的考据学,这不仅因为其自觉独立的理论认识价值,也在于它超越一朝的学术史意义。

从更宽泛的学术、政治环境看,辨疑思潮盛行的两宋时代,考据学更成为宋儒求得经典文本、圣人本意的重要手段。宋学辨疑的目的,是

---

[1] (宋)周必大:《毛拔萃洵文集序》,《庐陵周益国文忠公集》卷五十二,《宋集珍本丛刊》,线装书局 2004 年影印本,第 51 册,第 537 页。

求得证实，考据学不仅仅是经学文字训诂释义的工具，也是辨伪存真的重要方法。在辨疑思潮发展过程中，宋儒越来越认识到，以义理为目标的宋学，并不能排斥训诂、校勘、辨析的考据学。北宋到南宋，宋代学术经历了义理、考据对立再到将义理建诸考据活动之上的否定之否定。南宋晚期宋学的回归经史博考，正是新的关系认识层次上的回归。此外，两宋党争，包括与之密切相关的国史朱墨本之争，也使得当代史为中心的史料考证辨析，成为更加自觉的方法，被运用于各类史部文献的编撰中。不同政治立场的士大夫，在参与史书编撰过程中均有自己坚持认可的叙写标准，都有各自以为真实的历史叙述，史学考据不再仅仅是对古史的书斋式的文字考订，而是现实政治的需要和党派利益的展现。在考据中坚持何种原则、精神，成为关涉君子之德的重要选择，能否坚持价值中立式的考据，不是纯粹文献真实的问题，也是政治立场和道德价值取向的问题。正是在这样的学术、政治、文化交织的环境中，考据学不再仅仅是附庸和工具，而是一种政治文化力量和道德价值选择。也正是在这样的学术文化语境中，考据学真正进入了学术史、文化史的范畴。

关于本书的时间断限问题。北宋士大夫关心如何超越汉唐文献，获得自得之学，体悟宇宙天地的"道理"，追求形而上的义理；南宋士大夫则更关心如何在日常文化生活中，兼容古今文献、并举诸儒众说，希望从中获得天道性命的文献印证。在南宋士人看来，北宋儒学尽管多原创的哲理阐发，却难免空谈心性，缺乏博雅之风。大致而言，南宋不论是理学士大夫，还是一般文人士大夫，对于考据学的运用都更为重视，对于考据学意识更为强烈、更为自觉，都表现出了对于博学考辨、朴实据信的态度。南宋学风与北宋不同，开拓性不足而深化有余，在趋向内转心性的同时，重视总结与反思北宋学术，体现出更多的立足文献、考辨证实的特点。因此，本书选择南宋为讨论断限，考察理学背景下的南宋文献考据学发展，同时也希望有助于更全面深入地认识南宋的学术史状况。

三 学术史回顾

作为文献研究的治学方法，考据学所涉及的领域相当广泛，因此各个相关领域的研究都涉及了考据学的讨论。这些个案研究，从不同角度、层次展现了前人对宋代考据学的研究成就与特点。

经学领域的考据学研究，主要集中在对经学文献的辨伪考订上，如叶国良《宋人疑经改经考》①，杨新勋《宋代疑经研究》②，杨世文《走出汉学：宋代经典辨疑思潮研究》③ 等。两宋的疑经辨伪运动本质上说，是一次经典的古文献复归运动，很大程度上体现的是将经典视为古代文献进行考据、校勘、辨伪的求实学风。因此，疑经运动对于考据学独立自觉意识的形成和学术方法的创新的影响，是现有研究较少涉及而值得关注的问题。

史学考据是传统考据学的重点，这方面的研究也较其他领域翔实，主要包括宋人史籍校勘、编纂、考异等。如王仲荦、郑宣秀《〈通鉴考异〉的史料考订价值》④，裴汝诚、许沛藻《〈续资治通鉴长编〉考略》⑤，邹志勇《正史与说部之互证：李心传考据史学辨析》⑥ 等。前贤的研究多集中于《通鉴考异》《长编》《要录》等少数著作上，主要是史料来源的考辨。宋代以"考异"为名的著作还有不少，甚至不限于史部，考异作为书籍修纂及学术研究体例，仍值得更多地关注。

宋代笔记较唐代具有更浓厚的学术性，各种杂考类笔记多有名物典章的考证，并且出现了以考据为主的笔记作品。不过学界对宋代考据笔记，较多在史料利用，真正的本体研究较为少见，较为系统性论著只有是廖菊栋《宋人考据笔记研究》⑦，其前三章概述部分，主要论述了宋代考据性笔记兴起的学术背景，宋代考据笔记注释、分类体例的演变及其与类书的关系等，第四章则杂考三部笔记的文献形态、编撰方面的问题，与考据学的关系并不密切。对于考据笔记的个案研究，主要集中于《梦溪笔谈》《容斋随笔》等少数作品上，如孔天祥《沈括〈梦溪笔谈〉的

---

① 台湾大学出版委员会1980年版。
② 中华书局2007年版。
③ 四川大学出版社2009年版。
④ 《史学史研究》1984年第2期。
⑤ 中华书局1985年版。
⑥ 《山西师大学报》2003年第4期。
⑦ 博士学位论文，北京大学，2003年。

文献学成就》①，周建《试论〈容斋随笔〉的考据学成就》② 等。

总体而言，宋代类书、政书、目录书研究，极少涉及考据学研究。其中冯浩菲将古籍整理体式中类书体式的一种称为"考论体类书"，包括"逐次考论体类书"和"撮撰加考论体类书"两种③，包弼德（Peter K. Bol）的"The Qunshu kaosuo, and Diversity in Intellectual Culture: Evidence from Dongyang County in Wuzhou"一文④，讨论了科举、类书编撰与《周礼》文献考订风气对《群书考索》的影响，并举其中有关古今田制的摘取、编纂和考订为例，说明《考索》的学术特征。宋代书目著作多考据精审、体例严密，故前人对书目的考据研究稍多，武秀成师将《玉海·艺文》著录体式总结为"辑考体"："大量汇辑各类文献中的相关记载为基础，同时又融入作者自己的考订与见解"⑤；郝润华讨论了晁氏《读书志》文献考辨方法、辨伪、年代考证、生平事迹名物等史实考证⑥。相关书目的类目编排对于知识体系的总结与认知的影响，博学考据之风与书目的发展关系，南宋书目考据之风兴起的动因及学术史意义讨论等，仍是尚可开掘的领域。

对于学者考据学成就及方法的研究，白寿彝成于20世纪30年代的《周易本义考》《朱熹辨伪书语》，前文强调了朱熹恢复古《易》的观念和努力，突出了朱熹重视古本之真的文献意识，后文辑录了朱熹有关辨伪的文字，提出朱熹辨伪考据"左验"的七大方法，认为朱熹的考证方法与后世考证学相比虽不免"幼稚"，却具有开创新意义⑦。钱穆《朱子学新学案》⑧，也是早期的重要成果。全书反复提及并映证朱熹作为理学巨擘的汉学功夫，包括其经学训诂考据、史学考据求实精神、礼制典章名物的考索之功，还特立《朱子之校勘学》《朱子之考据学》等章对其校

---

① 硕士学位论文，北京师范大学，2008年。
② 载刘乃和主编《洪皓马端临与传统文化》，中国青年出版社1997年版。
③ 冯浩菲：《中国古籍整理体式研究》，北京图书馆出版社1997年版，第390—393页。
④ 田余庆编：《庆祝邓广铭教授九十华诞论文集》，河北教育出版社1997年版。
⑤ 武秀成：《陈振孙评传》，南京大学出版社2006年版，第384页。
⑥ 参见郝润华《晁公武评传》，南京大学出版社2006年版。
⑦ 白寿彝：《朱熹撰述丛考》，《白寿彝史学论文集》（下册），北京师范大学出版社1994年版，第999—1194页。
⑧ 九州出版社2011年版。

勘学、考据学成就予以表彰。这些研究多为发前人所未发，独异地凸显了义理与考据之学在同一学者身上的矛盾共存。唯其因学案体所限，并未作具体阐释，且又难免推崇过甚，而不能论及朱熹校勘考据之短处。此外，汤勤福《朱熹的考据学》①，专论朱熹校勘、辨伪、训诂与考证的多方面成绩；戴从喜《朱子与文献整理》②第三章第二节《朱子考据论》，着重讨论了朱熹对于考据学的复杂心态以及理论总结，分析较为细致。关于考据学者的个案研究，还有顾永新《欧阳修学术研究》③第十二章《欧阳修的考据学》，赵振《二程考据论》④，张其凡《宋代考据家李大性》⑤等，多为考据成就、方法的简单概述，较少于宋代学术史的背景中作更深入的考虑，从而更全面地把握宋代考据学及其宋代学术的发展脉络，探求这些学者重视和从事考据活动背后的动因及其学术史意义。

对于黄震、王应麟等考据学重镇的研究，如钱穆《黄东发学述》、《王深宁学述》⑥，前文旨在标明黄震面对理学发展的流弊，力主义理考据相结合的"新学风"、汉学宋学并重的"会通精神"。与一般介绍评述考据成就不同，这些成果已经涉及考据学的学术史视野。类似的研究还有林素芬《博识以致用——王应麟学术的再评价》⑦，讨论了"王应麟学术形成的内在脉络"，即博学宏词科考试与对当时学风的响应，以及这两大因素与其提倡通儒之学、重拾汉学考证的关系、文献知识考证与"求道"的关系；钱茂伟《王应麟与中国学术形态的演变》⑧，则重点讨论了王氏文献考据之学在中国学术史形态转变过程中的价值与影响，也是较有新意的深入研究。

黄震考据学方面的研究，成果数量、深度及广度皆不及王应麟研究。其中葛晓爱《〈黄氏日抄〉研究》⑨，中编的考证学研究，将其考证

---

① 《北方论丛》1998年第6期。
② 博士学位论文，华东师范大学，2006年。
③ 人民文学出版社2003年版。
④ 《史学史研究》2008年第3期。
⑤ 《宋代人物论》，上海人民出版社2007年版。
⑥ 《中国学术思想史论丛》第六卷，安徽教育出版社2004年版。
⑦ 硕士学位论文，台湾大学，1994年。
⑧ 中国社会科学出版社2011年版。
⑨ 博士学位论文，北京师范大学，2004年。

形式总结为考异、考辨、纠谬、探源四种，不乏新见；此外该文还讨论了《日抄》注释的求实存真原则，不存门户之见的学术精神等。另外，张伟《黄震与东发学派》①，略述了黄振的史学考证方法，林政华《黄震及其诸子学》②则集中讨论黄震的辨伪学。相比王应麟研究，现有的这些成果尚未能很好地回答：黄震博杂考据学的学术渊源，在以《四书》学为中心的理学立为官学的宋末，黄震何以回到经史之学转向考证等问题。

对宋代考据学相关领域的通论性研究，主要有陈江《宋代的考据之学》③、孙钦善《中国古文献学史》④、张富祥《宋代文献学研究》⑤、邹志峰《宋代历史考据学研究》⑥等。陈文是较早的全面介绍两宋考据学的发展历程、主要考据学者及其研究范围的成果，虽属综述性质的单篇论文，亦不失先导之功。孙先生的研究则较为详细地提出宋代考据训诂之学不仅继续发展，而且渗透到义理学之中的观点。张先生的成果广涉宋代目录学、校勘学、注释学、辨伪学、金石学、图谱学、辑佚学以及小学等诸领域，其主要立足文献学的成果，并不侧重广义考据学的讨论。不过书中还特别设立《考证学》一章，将考据成果分为三类：考异纠谬类、考证笔记类、综合文献考证类，不乏开创之功。此外，本书还在多个章节对宋代考据学的方法，尤其是朱熹考据学的方法做了总结，是目前最为系统深入的综合研究。邹文则是本领域第一篇博士学位论文，内容涉及了宋代历史考据学的发展、主要考据方法、考据史学类型等，并具体论述了《资治通鉴考异》《续资治通鉴长编》《新唐书纠谬》《西汉年纪》等考据著作的考据方法和特点。但全文各个专题研究独立成文，彼此缺乏联系，并未将宋代考据史学作为一个整体对象进行研究，对于南宋朱熹、黄震、王应麟等考据大家，也只是概括性的介绍。

---

① 人民出版社2003年版。
② 硕士学位论文，台湾大学，1973年。
③ 《上海教育学院学报》1996年第4期。
④ 中华书局1994年版。
⑤ 上海古籍出版社2006年版。
⑥ 博士学位论文，四川大学，2000年。

四　主要研究方法及构想

由于前贤对考据学的理解主要限于具体的小学、文献学诸学,现有的成果主要集中于具体考据活动中的方法总结、成果介绍、特点概括之上,对于宋代考据学自身发展历程、成立与兴盛原因的分析,作为学术史的考据学与宋代学术体系的关系及其对宋代学术史发展的动态影响等问题关注较少。宋代的考据学,若不能将其作为一个整体过程进行研究,就不能很好地认识其历史过程与学术意义。如王应麟的考证学转向,世所公认,但为何要转向考据?因此,本书的研究,尝试回答以下几个方面的问题:宋代义理学与考据的关系究竟为何?不同士人群体、思想主张对考据学的态度如何?南宋考据学展现形态有哪些,这些形态与南宋文人学术生活模式有何关联?南宋考据学与义理学的关系究竟是什么?南宋考据学的特点有哪一些?

因此,本书对于南宋考据学的研究,(1)主要采用考据学与学术史研究相结合的方法,建立南宋考据学产生发展的学术史背景,讨论南宋不同学术流派对考据学的不同理解,所形成的不同文献形态。南宋学术史的一大主题,是理学的走向成功,因而形成了理学士群与非理学士群的分野,不同的士人群体对义理学与考据学的认识、实践成果也有所不同。同时理学内部,既有不同心性主张和治学方法,也有不同时期理学对自身发展认知的不同,以及对文献考据的不同态度。这些问题的认识和研究,都要求研究者应该将各种考据学成果放置于学术史的视野下加以审查。

(2)本书采用考据学与文化史研究相结合的方法,考据学的具体成果,作为个案研究,前人已广泛地涉及,但这些丰富的成果背后,所蕴含的社会文化史结构,则讨论不足。其中包括,南宋愈加发达的印刷技术,对当时人的文献意识有何影响,具体刊刻活动如何推动考据学的发展,当时人对书籍的认知与心态,如何塑造了新时代的公私目录论著的发展、版本、校勘的发展;科举考试与文献编撰之间存在何种联系,如类书的编纂与考据,历史、文学的发展,与文献校勘、注释之间的关系如何等;南宋社会文化与北宋不同,后者是汉唐的结束,前者是元明清的开始,其中文人士大夫更为关注地方事务,并通过地方的关注,表达对天下家国的关注,对儒学统一价值追求的实现。南宋社会文化的这一变迁,对新的文献形态的编撰重视考证有何影响,如南宋地志与年谱。

本书不仅要总结和整理南宋不同考据学形态的成果、方法、特点,更重要的是,结合学术史、文化史的方法,将宋代考据学作为一个学术整体,展开演绎的而非单纯的归纳研究。既重视南宋考据学发展的政治、历史、社会文化背景,又重视前人研究较少关注的个案研究。从经学、历史学、社会学、文献学等多学科角度观照考据学的研究,既讨论考据作为方法论的特性,也力图描述考据学作为文献学、作为学术史在南宋的意义,从而更进一步认识南宋宋学的整体状态。

(3) 具体结构上看,前贤有关考据学的研究,主要采用学案体因人系学的方式,即在具体评论某一时代考据学成就得失之时,以代表性考据学家为纲目,总结评述某位考据学家的各项成就及得失。这一方式适合于产生大批专门考据学家的时代,例如清代特别是乾嘉时期,而对于较少甚至几乎没有专门从事考据学方面研究的时代,则未必适合。宋代即是这样的时代,不论是北宋还是南宋,几乎没有专门的考据学家,不同类型和不同层次的文人士大夫,往往身兼经学、理学、史学、文学或者考据学的一种或若干种学术领域。对于大多数中上层士大夫而言,求道明理是终极追求,经义论说与文献考订是体用本末关系,或者例如作为理学之士,考据学只是其思想学术活动,文献注释、编撰活动的一个部分,又如作为非理学的文人士群,以学术性笔记为主要著述载体,也是考据和直接议论文字兼而有之。另外,宋儒的学术著作形式宏富多样,而几乎每一种文献形式都包含分量不一的考据部分。简言之,清儒考据大多"精核之考据",宋儒考据则大多是"浩博之考据"[①]。因此,本书拟采用以学系人的结构模式,即以不同的文献纂述形态为纲目,评述某一文献形态中相关士人的考据学成果、得失、方法等问题。清人卢文弨《书杨武屏先生〈杂诤〉后》云:

---

① (清) 阮元:《晚学集序》云:"尝谓为才人易,为学人难;为心性之学人易,为考据之学人难;为浩博之考据易,为精核之考据难。"阮氏所论虽非针对宋儒和清儒而发,却可概括二者的总体差异。(清) 桂馥:《晚学集》,《丛书集成》初编本,中华书局1985年版,第1页。

> 人之为学也，其径途各有所从入，为理学者，宗程、朱；为经学者，师孔、贾；为博宗之学者，希踪贵与、伯厚；为词章之学者，方轨子云、相如；为钞撮之学者，则渔猎乎《初学记》、《艺文类聚》诸编；为校勘之学者，则规抚乎《刊误》、《考异》诸作。①

这一观点正指出了宋儒之学的多样"径途"：理学、经学、博考、词章、类书、校勘等。总体而言，南宋包含考据之学的文献形态有：经史文集的注释，经史论说、讲义、语录、政书、笔记、方志、年谱等专门著述，目录、校勘之作，资料汇编、类书抄撮文献等。

---

① （清）卢文弨撰，王文锦校注：《抱经堂文集》卷十一，中华书局1990年版，第160页。

第 一 章

南宋考据学的学术文化史考察

不论就士人家族出身、学术师承关系而言，还是就其学术思想内涵、方法上看，南宋学术，都可称为是对北宋学术的继续深化、拓展和完成。所谓完成，是指众所周知的南宋朱熹理学是北宋新儒学兴起发展的集大成；所谓拓展，北宋主要的学术流派所开创的学术范式，在南宋不同时期，均有各自不同程度的影响和壮大；所谓深化，是指北宋诸儒所开创的宏阔的学术视域，都得到了广泛深入的发展，所具有的学术精神和方法，都得到了更为普遍的继承和运用。考据学作为一种学术精神原则和方法，正是在欧阳修、司马光为代表的北宋诸儒的发展创新之后，更为普遍和自觉地在南宋各个领域学术活动中得以彰显和运用。考据学在南宋的兴盛，可以说既是北宋学术史演进的内在结果，也是南宋外在社会文化环境的产物。

第一节　宋学语境下南宋考据学的兴盛

"宋学"素有广狭义之分。所谓狭义"宋学"，大体指北宋庆历以后兴起的，与"汉学"相对重视义理阐发的新儒家经学思潮；所谓广义"宋学"，大致是作为"宋代学术"的总称，"从横的方面讲，它相当于包括哲学、宗教、政治、文学、艺术、史学以及教育等在内的具有划时代意义的赵宋一朝之文化；从纵的方面讲，它是中国儒家传统文化在11世纪初期兴起的一个新流派，一种跨时代的文化模式"[①]。广义"宋学"

[①] 陈植锷：《北宋文化史述论》，中国社会科学出版社1992年版，第6页。

对理解宋代学术丰富多元的成就，无疑具有认识价值，因此为学界所广泛认同。不过，宋代学术确乎在多方面具有划时代的意义，但真正代表宋代学术核心精神，具有独特意义的，无疑仍是北宋中期以降经学疑古、性理阐发为代表的"新儒学"思潮及其相关成就，而广义"宋学"中的其他诸方面，实际上是狭义"宋学"影响所及的产物。换言之，讨论宋代诸种学术，包括考据学的兴起自觉，都应该在最具特色的学术新思潮即狭义"宋学"的语境下进行，其不同于汉唐、明清的独特性，才能得以真正彰显。考据学在南宋成为士大夫学术活动中普遍追求的精神原则和自觉运用的方法，首先是"宋学"疑古思潮发展的产物，其次也是"宋学"义理思索、阐发的产物。即使在宋学时代，义理与考据，也并非汉宋之争学术背景下所描绘的简单对立的关系。

一　两宋经学疑古思潮中的南宋考据学

经学是传统学术的核心，宋代也不例外。在"唐宋变革"的文化历史背景下，经学转型代表并影响了整个时代的学术发展课题[1]。宋代经学疑经、改经和以己意说经，真正代表了汉唐经学发展系统迥然不同的一代之经学。唐代中期开始的这一新经学思潮，不仅是经学发展的转向，也"为宋代一切学术的先河"[2]，也直接影响了宋学诸领域的发展。

疑经改经为主要特征的宋代辨疑思潮，是宋学的重要内容和精神特征，对于这一问题的研究，学界目前已有较多重要成果[3]。经学疑古，既是宋学兴起的直接原因，也是宋学的重要内容和宋学精神的核心。关于宋学的精神，前贤多有论及，例如钱穆认为："宋学精神，厥有两端：一曰革新政令，二曰创通经义，而精神之所寄则在书院。"[4] 陈植锷认为，

---

[1] "唐宋变革"问题由来已久，讨论成果相当宏富，参见张广达《内藤湖南的唐宋变革说及其影响》，荣新江主编《唐研究》（第十一卷），北京大学出版社2005年版，第5—72页；柳立言《何谓"唐宋变革"》，《中华文史论丛》2006年第1期。

[2] 蒙文通：《中国历代农业产量的扩大和赋役制度及学术思想的演变》，《古史甄微》，巴蜀书社1999年版，第355页。

[3] 参见叶国良《宋代疑经改经考》，台湾大学文史丛刊1980年版；杨新勋《宋代疑经研究》，中华书局2007年版；杨世文《走出汉学：宋代经典辨疑思潮研究》，四川大学出版社2008年版。

[4] 钱穆：《中国近三百年学术史》，商务印书馆1997年版，第7页。

宋学精神包括议论、怀疑、创造、开拓、实用、内求、兼容精神[1]；张立文、祁润兴认为宋学精神包括求理、求实、道德、忧患、主体精神[2]；宋晞则把宋学精神概括为博学与善疑、身心与修养、伦常与名分、经国与济世[3]。实际上，宋学精神的这些方面，总而言之不外怀疑创新和通经致用两端，根本上说也是经学疑古的核心精神。因此，疑经改经，整体价值和影响而言，并非背弃儒家经学的"变古"，而恰恰是恢复儒家经典真精神的自觉追求，是真正的尊经法圣。宋代学术诸领域所表现的这些创新、兼容、致用等精神背后，无疑都是经学疑古为先导的经宋学的衍生。

作为"宋学"先导的经学疑古，既以尊经法圣为根本追求，除了超越经典传注文字，探求圣人本意，重新确立真实可信的经典文本，自然也是其题中之义和逻辑结果。唐宋疑经思潮大致也经历了从疑古到考信的过程，即前期偏重疑，后期则偏重在质疑的同时，采用一定的考据方法，试图探求文献流传中疑误脱漏的本来面貌。换言之，经学疑古本身推动了南宋考据学的发展。据学者研究，疑经改经的人数南宋是北宋的两倍[4]，但这只是问题的一个方面，南宋学者对经典文字提出更多的质疑的同时，也更为自觉地试图为存疑文字寻找或者证实其应有的"原貌"。

北宋士人读书仔细，并善于发现文献前后矛盾、错乱、不可信之处，但其根据往往是经典记载与一般事理不合，或经典义理与自身所持思想主张存在抵牾矛盾，而并无基本的文献佐证。这种"疑"固然体现学者敏锐的文献领悟能力，确能发现文献记载流传的部分问题所在，但总体上其大胆疑经，甚至增减文字的做法，在哲学思想阐发上有其必要性和合理性，就文献学考实据信，保存原貌角度看，显然是流弊不少。例如《二程遗书》所载二程质疑五经文字的言论：

---

[1] 参见陈植锷《北宋文化史述论》，第287—323页。
[2] 参见张立文、祁润兴《中国学术通史》（宋元明卷），人民出版社2004年版，第65—69页。
[3] 参见宋晞《论宋代学术之精神》，张其凡、范立舟编《宋代历史文化研究》（续编），人民出版社2003年版，第110页。
[4] 参见杨新勋《宋代疑经研究》，第154页。

《尚书》文颠倒处多,如《金縢》尤不可信。(卷二十二上)

棣问:"如《仪礼》中礼制,可考而信否?"曰:"信其可信。如言昏礼云,问名、纳吉、纳币皆须卜。岂有问名了而又卜?苟卜不吉,事可已邪?若此等处难信也。"(卷二十二上)

"纪子伯莒子盟于密。"此是伯上脱一字也,必是三人同盟,若不是脱字,别无义理。(卷二十二下)①

就其义理探讨而言,自有其价值指向,但就文献考证角度说,此类语言均只是一般口耳相谈的质疑,而未提出任何证据。即如"子言:《左传》非丘明作。'虞不腊矣'并'庶长'皆秦官、秦语"之语,提出了简单的内证材料,可属考证范畴②。不过总体上北宋疑古尚属疑多于考。相较之下,南宋以后的疑古,往往不仅能疑,也能进行细致的考。如南宋初范浚对《礼记·月令》作者所进行的考订:

然窃考之,周三公不称相,至六国时始称相,而《月令·孟春》曰"命相布德和令"。周有大司马无太尉,至秦官始有太尉,而《月令·孟夏》曰"命太尉赞桀俊"。周有内宰无奄尹,而《仲冬》曰"命奄尹申官令"。周有酒人无酋人,而《仲冬》曰"命大酋秫稻必齐"。周以建子为正,而《季秋》曰"合诸侯制百县为来岁受朔日"。周以上春衅龟,而《孟冬》曰"命太史衅龟"。周五时迎气,皆前期十日齐,而《孟春》曰"先立春三日,天子齐"。又若《孟春》言"兵戎不起,不可从我始";《仲冬》言"农有不收藏积聚者,牛马畜兽有放佚者,取之不诘"之类,决非周公语也。则《月令》不出周公时明甚。③

---

① (宋)程颢、程颐著,王孝鱼点校:《二程集》,中华书局1981年版,第290、286、304页。
② 关于二程考据的得失特点,参见赵振《二程考据论》,《史学史研究》2008年第3期。
③ 曾枣庄、刘琳主编:《全宋文》卷四二七三,上海辞书出版社、安徽教育出版社2006年版,第194册,第32—33页。

从制度、名物、历法、语言等四个角度归纳考证《月令》篇绝非周公之作。此条对于经书作者及时代的考证，不仅仅是推测之词，均能考证有据。面对经典疑误，不再是简单的怀疑，而能从不同角度、不同方面，运用多种方法进行考证，体现出较为突出的无征不信、实事求是的治学原则和精神。

再如经学辨伪的重要命题，对《古文尚书》的疑伪，是宋代经书辨伪的重要成果，北宋儒者如程颐、苏轼等只是怀疑其中部分篇章可能存在文字颠倒错简，其文字仍属议论推测之语，至南宋诸儒则试图从不同角度，提出更多有利的考证证据加以落实。首先是南宋初的吴棫，不仅善疑，也善考，在惑古疑经的同时，试图重新建立对古代经典文献的真实面貌。其《书裨传》十三卷，是这一时期《尚书》疑古的代表之作，陈振孙称其"首卷举要曰《总说》，曰《书序》，曰《君辨》，曰《臣辨》，曰《考异》，曰《诂训》，曰《差牙》，曰《孔传》，凡八篇。考据详博"①。其书久佚，南宋蔡沈《书集传》中存引15条片段，今引两条，以见其一二：

> 吴氏曰："《酒诰》一书，本是两书，以其皆为酒而诰，故误合而为一。自'王若曰明大命于妹邦'以下，武王告受故都之书也。自'王曰封我西土，棐徂邦君'以下，武王告康叔之书也。《书》之体，为一人而作，则首称其人；为众人而作，则首称其众；为一方而作，则首称一方；为天下而作，则首称天下。《君奭》书首称'君奭'，《君陈》书首称'君陈'，为一人而作也。《甘誓》首称'六事之人'，《汤誓》首称'格汝众'，此为众人而作也。《汤诰》首称'万方有众'，《大诰》首称'大诰多邦'，此为天下而作也。《多方》书为四国而作，则首称'四国'。《多士》书为多士而作，则首称'多士'。今《酒诰》为妹邦而作，故首言'明大命于妹邦'，其自

---

① （宋）陈振孙撰，徐小蛮、顾美华点校：《直斋书录解题》卷二"《书裨传》十三卷"条解题，上海古籍出版社1987年版，第30页。

为一书无疑。"(卷四《周书》"《酒诰》"条)①

吴氏曰:"《前汉书》两引'公无困哉',皆以'哉'作'我',当以'我'为正。"(卷五《周书》"王曰:公定,予往已。"条)②

考《宋史·艺文志》《尚书》类,吴姓《书》传,唯吴孜《尚书大义》和吴棫本书两种。淳熙间黄伦作《尚书精义》引吴孜作"吴氏曰",全为阐发经义大旨,与蔡书所引"吴氏曰"迥然不同,蔡书所引文字多考证校勘,正与陈振孙所论"考据详博"合,因此,蔡书所引"吴氏曰"当即吴棫《书裨传》。前一条大体依据本经引证、古书文例,考证《尚书》文字的分合错简,故蔡沈按语评之曰"吴氏分篇","引证明甚",其结论与陈振孙大致可相互印证。关于后一条,吴氏则以其所见本《汉书》引《尚书》文字,校正其所见之《尚书》文字,属于旁证文献他校方法的运用,体现了较为严格的校勘考证,借以试图探求经书文献原本之真,并以此为儒家经典本义阐发建立文献基础。吴棫经学,与北宋以来经义为主的经学阐释不同,总体上体现出了汉宋兼容的学术方法和特点。吴棫的考证成果,也为清人所认可。今本《汉书》并无引《书》曰"公无困我"相关文字,不知吴棫所据何本,清儒毛奇龄《古文尚书冤词》卷八云:"古文《洛诰》'公无困我'作'公无困哉'。《汉书》两引'公无困我'皆以'哉'字作'我'字。故此窃其说。"③所谓"《汉书》两引"云云,或当正出自吴氏之语。

吴棫之后,南宋中期朱熹受其影响并更进一步做了考证。吴棫辨古文之伪曾云:"安国所增多之书,今书目具在,皆文从字顺,非若伏生之书屈曲聱牙,至有不可读者。"④朱熹进一步言:"《书》有古文,有今文……况又是科斗书,以伏生《书》字文考之,方读得。岂有数百年壁

---

① (宋)蔡沈注,钱宗武、钱忠弼整理:《书集传》卷四,凤凰出版社 2010 年版,第 171 页。
② (宋)蔡沈注,钱宗武、钱忠弼整理:《书集传》卷五,第 189 页。
③ (清)阎若璩撰,黄怀信、吕翊欣校点:《尚书古文疏证》附《古文尚书冤词》,上海古籍出版社 2010 年版,第 888 页。
④ (清)阎若璩撰,黄怀信、吕翊欣校点:《尚书古文疏证》卷八《言疑古文自吴才老始》引,第 598 页。

中之物，安得不讹损一字？又却是伏生记得者难读，此尤可疑。"① 二者考证已较为严谨，辨析矛盾切实，不过基本上仍属于理证法。南宋后期目录学家陈振孙则提出更切实的证据，考证古文之伪：

> 考之《儒林传》，安国以《古文》授都尉朝，弟弟相承，以及涂恽、桑钦；至东都，则贾逵作训，马融、郑康成作传、注解，而逵父徽实受《书》于涂恽，逵传父业，虽曰远有源流，然而两汉名儒皆未尝实见孔氏《古文》也。岂惟两汉、魏、晋犹然，凡杜征南以前所注经传，有援《大禹谟》、《五子之歌》、《胤征》诸篇，皆云《逸书》，其援《泰誓》者则云今《泰誓》无此文。②

陈氏解题从师承与文献征引考证汉晋人未见《古文尚书》。尽管三条考证方法仍各显单一，尚无法完全证伪《古文尚书》，但已经能从不同角度对后世《古文尚书》证伪提供部分证据。

总之，北宋以来的经学疑古思潮，在其自身发展过程中，随着文献的增多，文献辨疑活动的不断常态化，后出转精，南宋初开始，宋儒经典辨疑文字越来越不限于简单的质疑，而是试图采用不同的考据方法，对经典作还原求真的工作。疑古的深入，不仅直接形成了经学辨伪考证成果的出现，还推动了南宋晚期理学家回归经学运动的出现（详见下节），以及经学文献考证专门群体的出现。正如研究者指出，南宋疑经的一个走向，便是越来越分化为两条学术路向，一是王柏等为代表的宋儒，延续北宋风气，疑经改经，仅衡之以理，乃至率意为之，考证不足；一是黄震、王应麟等为代表的宋儒，转向征实据信的文献考证。黄、王二人为代表的经典专题考证，正是经学疑古思潮对南宋考据学兴盛所起推动作用的集中体现。这一推动作用，除了疑古所具有的破旧而立新，疑古而考实的内在必然逻辑，还体现在另外两个方面。

首先，经学疑古运动客观上使经典文字从汉唐经学所具有的神坛地

---

① （宋）黎靖德编，王星贤点校：《朱子语类》卷七八，中华书局1986年版，第1978页。
② （宋）陈振孙撰，徐小蛮、顾美华点校：《直斋书录解题》卷二"《尚书》十二卷、《尚书注》十三卷"条解题，第26页。

位上回归学术文化视野，经典成为学术辨疑、考证的古籍文献，特别是南宋朱熹时代，《四书》越来越突出地取代《五经》，成为士人立德、为学、科举的新经典系统，《五经》在南宋以后地位不断下降，事实上成为少数学者研究的上古典籍。与南宋《四书》文献多讲义、口说、大义等体式，以直接论说义理为主不同，南宋《五经》之学，则主要包括简明兼容的新式训诂，专题的读经训诂考据笔记，以及经书校勘、考证专著等更显实事求是的文献体式，代表著作包括朱熹《四书章句集注》、张淳《仪礼识误》、毛居正《六经正误》、黄震《黄氏日钞》、王应麟《困学纪闻》等。在疏不破注的汉唐经疏范式中，对经典文字进行质疑、考辨是极为罕见的，而正是经典本身在宋代逐渐淡出信仰知识世界，而成为学术和文化对象的上古典籍，对经典本身的各种考据运用，才成为可能。正如尹达所言："（王应麟）把汉人注疏中有关制度的材料剔出来，把它们还原为汉代的资料，而不是象前人那样盲目相信汉人注疏为先秦甚至是三代之制，并能把它们与史学中的资料相印证，这就是历史地对待史料的一种方法。从经书注疏特别是字书中寻找史料，考证典制，也是开辟了一个新的史料领域。"[①] 南宋乃至明清以来考据学的兴盛，经典古籍化甚至史料化无疑是其重要前提之一。

其次，经学疑古所推动的经典辨疑、考证，也引发了南宋儒者在四部其他各类文献阅读、教学中，所进行的质疑、校勘、考证。南宋考证的范围更为宏大，体例领域更为多样，这也成为南宋考据学兴盛的重要方面。南宋考据学成果与此密切相关者，包括经学疑古所直接衍生的古籍辨伪学在南宋的发展；小学的新发展，特别是吴棫等人为代表的古音学的开创[②]，以及南宋人笔记中有关文字、训诂的专门论著，如王观国《学林》等；南宋笔记中考据内容的增多，随笔记录士人读书过程中对各种文献记载的怀疑、考证；对文献史料记载多闻阙疑的态度影响下形成的，司马光《通鉴考异》开创、南宋李焘《资治通鉴长编》和李心传《建炎以来系年要录》继续发展的长编考异体；以程大昌为代表的《禹

---

① 尹达：《中国史学发展史》，中州古籍出版社1985年版，第275页。
② 有关吴棫及南宋古音学成就，参见张民权《宋代古音学与吴棫〈诗补音〉研究》，商务印书馆2005年版。

贡》古地理、地图知识考证，以及由此发展的南宋地志编撰的兴盛和考据的广泛运用；经书文字考辨、校勘专门成果，以及由此扩展的南宋各类古籍校勘学成就，等等。

以史学考据为例，长编考异的创例，不仅有六朝史注的渊源，也是宋学疑古精神的结果，正如张煦侯指出："北宋之时，刘敞、欧阳修于治经方面，稍开疑古之风，至温公乃大用之于《资治通鉴》。《考异》也者，因众说之可疑，而务求其信者也。"[①] 面对典籍史料，宋人更自觉地以存疑考辨的精神加以理性审视，而不仅仅限于六朝史注，重点在补史阙，长编考异体之考证求是精神的形成，虽根源于中国史学实录的传统，更为直接的影响则来自于宋学精神，因可疑而务求其信。南宋学者对文献的多闻阙疑，在现实政治推动下，更显自觉而深入，这突出表现在南宋四川二李的长编考异，直接对党争纷杂、歧说迭出的当代史料进行质疑考辨，可疑更多而求信愈勇。南宋史学既有宋学影响下愈加浓烈的义理化倾向，但也不应忽视二李所代表的史料长编考异所体现的考据取向，更为重要的是，二者实际上同为宋学精神的结果。又如小学的新拓展，南宋儒者一方面受疑古思潮影响，勇于突破汉唐成说的樊篱，大胆怀疑和提出新说；另一方面则又有感于北宋学风所形成穿凿苟简弊病，而努力恢复考据学"援据精博，信而有证"的精神原则[②]。如南宋初郑樵，不满王安石新学新经学训诂的穿凿牵合，重新对传统的六书学进行研究，似乎透露出了，建炎、绍兴间学者的文字学讨论，与新学"牵合"有正反不同的关联。北宋新儒学对于传统经学音义笺注的毁弃所造成的种种弊病，引起了南宋以来儒者对于文字、音韵、训诂的重视，这是标新立异的经宋学对汉学的舍弃。小学废弛的隐忧触发了新的理论和方法的探索。南宋中期楼钥《跋赵共甫〈古易〉补音》云：

> 小学之废久矣，陆氏《经典释文》可谓详尽。近世读书或至苟

---

① 张煦侯：《通鉴学》，安徽教育出版社1982年版，第70页。
② （宋）陈振孙撰，徐小蛮、顾美华点校：《直斋书录解题》卷二《毛诗补音》解题，第38页。

简，率意诵习，字有不识者，始加阅视，有讹谬终身不自觉知，而况补音乎？吴氏好古博洽，始作《诗补音》，虽不能变儒生之习，而读之者始知《诗》无不韵，韵无不叶，祛所未悟，有功于古《诗》多矣……共甫今本诸吴氏，多以《集韵》为证，更当以《说文解字》定之，可传无穷。吴氏之书，不知者以为苟然而已。[1]

这里"吴氏"即南宋初的吴棫，赵共甫小学则是受吴氏的影响，二人与楼氏实际上皆有感于北宋以来"小学之废久"之弊，一般儒生，开新有余守成不足，不通文字、音韵、训诂，以至于"读书苟简，率意诵习"，南宋小学发展，正有意于"变儒生之习"，重提许慎以来的汉学传统。南宋古音学在吴棫开创之后得到了极大发展，重要的学者包括项安世、程迥、赵共甫、冯椅、朱熹、龚颐正、魏了翁、李从周、王应麟等，北宋以来的疑古之风对南宋整体考据学的兴盛，影响可见其崖略。

二 宋学义理的发展与南宋考据学

经宋学发展过程中，过分脱离经典文献所进行的经义论说阐发，导致了缺乏经典根基的空疏之弊，南宋经学义理因此逐渐重归对于经书的理会和整理。在宋学义理时代中的南宋考据学，一方面得到了相当程度的重视，表现出汉宋兼采的学术趋向，并且使得考据学成为士人各类文献活动中普遍自觉的选择；另一方面，南宋考据学不再以繁琐的训诂笺证、名物制度为特点，而是以在文字上普遍简明扼要，在方法上重视以"理"考证为特点。

北宋新儒学在庆历以后呈现出学统四起的局面，但影响最大的主要是以王安石为代表的新学和以二程为代表的理学，他们极力主张废弃汉唐注疏，以阐发道德性命之说为取向，集中代表了北宋新儒学的开拓创新精神和方向。在北宋义理学的发展中，王安石新学首先真正明确提出贯通体用、性理思辨的境界，晁公武《郡斋读书志》卷十二《王氏杂说》

---

[1] （宋）楼钥撰，顾大鹏点校：《楼钥集》卷七一，浙江古籍出版社2010年版，第1260页。

解题引蔡京《王安石传》云：

> 宋兴，文物盛矣，然不知道德性命之理。安石奋乎百世之下，追尧舜三代，通乎昼夜阴阳所不能测而入于神。初著《杂说》数万言，世谓其言与孟轲相上下，于是天下之士，始原道德之意，窥性命之端云。①

新学对性命之理的探求，目标是要为革新政治树立理论根基，同时造就通达经义政事的能吏儒臣，"训发义理，以新人才"，而"谓章句破碎大道"，通过"罢诗赋，试以经义"的行政手段，最终造成了北宋中期"士儒一变，皆至于道"的学术文化和现实政治格局。②

理学家则更强调从培养理想道德人格，根本上解决现实政治问题出发，重视儒者体贴天理性命的重要性。如程颐的理学建构，从理想到现实不同层面，都表现出对廓清天理性命相关概念的强烈使命感和责任感。理学不仅要超越汉唐经学训诂章句，认为后者溺于训诂而非儒者知道之学，并且认为作为实学的经学，暂不值得儒者初学用力于此，将其视作学术歧途之一：

> 今之学者，歧而为三：能文者谓之文士，谈经者泥为讲师，惟知道者乃儒学也。③

真正的儒者学道，应以正心养性为先，面对汉唐经学流弊和现实需求，北宋理学家特别强调超越文章训诂而证得圣人大义、体贴天理之性的重要性。北宋理学家对于认知形而上之"理"是相当自觉而强烈的，

---

① （宋）晁公武撰，孙猛校证：《郡斋读书志校证》，上海古籍出版社1990年版，第525—526页。《郡斋读书志校证》卷十九《王介甫临川集》解题文字与此差近而作"蔡卞"："其壻蔡卞谓自先王泽竭，士习卑陋，不知道德性命之理，安石奋乎百世之下，追尧舜三代，通乎昼夜阴阳所不能测而入于神，著《杂说》数十万言，其言与孟轲相上下。"（第1000页）

② （宋）刘挚撰，裴汝诚、陈晓平点校：《忠肃集》卷四《论取士并乞复贤良科疏》，中华书局2002年版，第93页。

③ （宋）程颢、程颐著，王孝鱼点校：《二程集·河南程氏遗书》卷六，第95页。

在学术竞争和现实关切中,理学家必须首先强调对于贯通之理的哲学原创,"天理二字却是自家体贴出来"①,其排斥任何师承的得意,鲜明地表示了北宋理学发展对义理哲学的原创追求。原创的哲学,首先是思想家独立的精神思辨活动,往往对文献整理、校勘、考证等活动是相排斥的。另外,中国哲学义理,从来不是纯粹知识的思索,而最终需要落实到伦理社会实践。理学家对于天理的终极思索,也必须进入个体的实践,即由普遍的"道"和"天命之性",进入个体现实之德,个体的自得,是天理实现的前提,是一切伦理道德实践的开端,也是解经的开端。以道为学,文献活动的全部意义,就只是在于知道进德,即体会天理、自得于心。

北宋中期理学家对体贴性命的强调,至北宋末南宋初谢良佐、王蘋、张九成等人,则越来越偏向于静坐修悟,在南宋理学家看来,这不仅空疏无学,且有流于佛教异端的危险。实现儒家的仁,既无需知识的格物,也不必社会政治的实践,只需主体意识的觉悟,读书博学的外求工夫更是多余。两宋之际的理学大多类此,或近于心学,或已入禅门。在南宋朱熹看来,北宋理学所强调的自得,主要是伦理道德实践,是从内心持养上下工夫,其佛教修行痕迹是非常明显的。其负面影响也同样明显,南宋叶適评论道:"程氏兄弟,发明道学,从者十八九,文字遂复沦坏。"② 程子之学当然重点在强调为学本末次第,希望儒者有所发明,并未摒弃经典,但这种德性发明的片面强调,客观上确实引发两宋之际儒学文献博识的沦落。

宋学在南宋表现出强劲而持续的回归儒家学统的趋向,朱熹为代表的理学之士,更为自觉地为义理的发展总结重建经典体系。这一时期宋学的发展对考据学兴盛的影响,主要表现为文献博识传统的恢复、经学方法的重建、以理考证方法的自觉。

(一)文献博识传统的恢复与考据的复兴

传统学术不重抽象思辨,宋学没有也不可能长久地脱离文献基础展开哲学思辨分析。北宋中后期,以性命之学为标志的宋学根本价值体系

---

① (宋)程颢、程颐著,王孝鱼点校:《二程集·河南程氏外书》卷十二,第424页。
② (宋)叶適:《习学记言序目》卷四七,中华书局1977年点校本,第696页。

建立后，如何在伦理、政治和历史实践中贯彻这一价值体系，便成为两宋之际以后宋学发展的新主题。宋学发展中所体现的义理化成果，同时也正是南宋新儒学发展转变的起点和参照。只有准确认识北宋新经学、新儒学发展的这一根本趋向，才有可能真正揭示南宋经学、理学发展转向的背景和渊源。对于早期理学的反思，和对王学的批判，推动了南宋理学在义理完善的同时，重建文献基础。将义理之学重新建诸经典注释基础和形态之上。南宋时期，义理和考据也突破简单排斥的关系，而是可以相互借重共依共存两种经典诠释方式。

北宋经学的核心特征是求新，在打破汉唐烦琐经学的突破精神和相关实践，对汉学系统经传成果，对汉学训诂章句、名物考据的方法，对汉儒经典传承的师法家法等均表现出不屑一顾的废弃。宋学在其发展期是开放多元的，内部学术主张并非一枝独秀、只有一种声音。多元并存、宏阔兼容正是宋学的精神之一。其实早在北宋中期二程与新学突起的时代，便有另一些宋儒对绝对推倒汉学所造成的学风畸变提出了质疑。科举社会的宋代，经典之学不仅是士大夫个人的为学基础，也是广大士人科举仕进所赖以建立的知识结构和来源。经典的留存废用影响的是一代学风走向。士大夫废弃笺传注疏发明深邃义理自无可厚非，而一旦将一家义理作为唯一的经义学习典籍，以专经之学钳制士林，则是狭隘的也是专断的，所造成的必然是空谈无学的浅薄之士。至北宋末，空疏学风日渐显现，主张重新反思汉唐经学的宋儒也日渐增多，其中北宋末南宋初的晁说之是其中的典型代表。

晁氏是宋代典型的文学、文化大族，绵延百余年而不坠其风。其家学传统即表现出兼综并蓄的特征。晁氏家学在强调三教圆融、重视文学研究与创作外，一大特色是注重文献传承与整理研究。陆游《晁伯咎诗集序》云："晁氏自文元公（迥）以大手笔用于祥符、天禧间……五世百余年，文献相望，以及建炎、绍兴。"[①] 晁说之自己也曾表示，其藏书虽不如宋绶、宋敏求家族多，却多精校之本，绝不逊于宋氏："予家则五世于兹也，虽不敢与宋氏争多，而校雠是正则未肯自让。"[②] 正是在这一家

---

① （宋）陆游：《陆游集·渭南文集》卷一四，中华书局1976年点校本，第2100页。
② （宋）晁说之：《嵩山文集》卷一六《刘氏藏书记》，《四部丛刊》续编本。

学背景下，形成了晁说之学术广涉五经、兼容汉宋的特点：

> 公之学深且博矣，于《易》自商瞿下至河南邵先生，于《书》自伏生下至泰山姜先生，于《诗》杂以齐、鲁、韩三家，不梏于毛、郑，于《春秋》考至贾谊、董仲舒，不胶于啖、赵。其所引据，多先秦古书，藏山埋冢之秘。①

说之反对王氏新学，重要一点便在于后者强烈的排他性和专断穿凿的学风，也反对新学学者及科举士子专守新义以射利禄，空疏不学。这些批判都切中新学之弊。不仅如此，晁氏对北宋理学脱离经典、以语录论辩代替训诂注疏新奇学风也不无批评，二程、张载"专明大道而本乎仁义，其徒既少，又亦未尝著书"，"夫三先生者，亦岂无蔽哉？明道取人太吝，横渠轻视先儒，伊川时出奇说，足下亦不可不知也"②。晁说之其实并不反对理学的基本义理主张，唯其更明确地主张义理新说当建诸广博、深厚的经学基础之上，一味"斥先儒训诂而为新说"③，其实难免郢书燕说。在他看来，真正的经学，应当注重文字训诂、博识名物，考证文句脱讹，避免坠简残经，最后遍通五经，方能真得圣人经学之精微。

晁氏对于经典学习的主张，与二者学术精神之继承关系可见一斑。而之后的朱熹，在其《学校贡举私议》中，对此亦有所继承，究其学问进路而言，也正是由四书大意而经史并重，而朱熹亦重视汉唐训诂考据之学，对说之也多有肯定。二人学术当有密切联系，亦可见说之承前启后之学术史地位。晁说之的学术批判体现了对于经史文献、笺注训诂的重视，具有与时风不尽相同的学术精神，其自身学术研究活动，也体现了与所谓"儒者之学"不同的对文献考订、文字校勘的方法。例如晁氏对古本《周易》的考订及其对诗文作品的版本考订与文字校勘，《竹坡诗话》云：

---

① （宋）陆游：《陆游集·渭南文集》卷一八，第2144页。
② （宋）晁说之：《嵩山文集》卷一五《答袁季皋先辈书》。
③ （宋）晁说之：《嵩山文集》卷一五《答朱秀才书》。

晁以道家有宋子京手书杜少陵诗一卷，如"握节汉臣归"乃是"秃节"，"新炊间黄粱"乃是"闻黄粱"。以道跋云："前辈见书自多，不如晚生少年但以印本为正也。"①

见书多方能据以在异文中择其是者，而非如"晚生少年"以印本为是而缺乏版本意识。不同版本的对校，体现了晁氏对于文献求真的重视，而其跋语正点明了北宋末的学风确不如前辈精审笃厚了，这也正是他的学术追求的一个重要背景。

南宋初期，高宗对不同学术派别采取了以权术平衡对待的策略，以期异论相搅，为君权所用的目的。绍兴时期，新学与理学互有隆替。士大夫对二者的学术弊端实际上是都有所论，尤其是王安石新学，因受北宋灭亡的政治负累，受到各方猛烈抨击，理学因无力回应军事外交压力，也饱受空谈无用的指责。这些批判和反思，事实上也促进了理学内部的自我调整，开始走出二程哲学原创期方法论的影响，重新回望经学注疏传统的利弊得失。理学外对北宋义理学发展结果的反思，自然更为激烈。这一时期如郑樵的"会通实学"，针对当时主流学术的僵化荒疏，空言义理性命、出入禅门，郑樵提出反对"操穷理尽性之说"，"以虚无为宗"，主张"实学"②。其所谓穷理尽性之说的，主要即是新学与理学，而其所谓"实学"，当包括三个层次：名物训诂博物之学，礼乐制度职官之学，分类编目凡例之学。从为学先后而言，郑樵先作具体学术领域的考证研究，形成广涉百家的"专门之学"③，主要是文献目录学、文字学、图谱学及博物学等。根本上说，郑樵所谓会通之学，纵向上是历代会通的制度实学，横向上看，则是要从文字学、博物学出发，借助文献目录之学，为经学义理的理解提供坚实的基础，换言之，即强调从小学入手，研究经学并视其为获知圣人之道的唯一途径。在郑樵看来，经学的基础首先

---

① （清）何文焕：《历代诗话》，中华书局1981年点校本，第349页。
② （宋）郑樵撰，王树民点校：《通志二十略·昆虫草木略序》，中华书局1995年版，第1979页。
③ （宋）郑樵撰，王树民点校：《通志二十略·图谱略·索象》，第1826页。

是文字语言及其名物制度所构成的文献:"何物为六经?集言语、称谓、宫室、器服、礼乐、天地、山川、草木、虫鱼、鸟兽而为经,以义理行乎其间而为纬,一经一纬,错综而成文,故曰六经之文。"① 故其尤重《尔雅》训诂名物与笺注之学在经学中的基础地位,这与北宋以来的义理学趋向不尽相同,而与前揭晁说之等人回归六经注疏名物的主张暗合,亦有后世寓理学于经学之意。总之,义理阐释的基础,不是内心自得体悟,而应以小学、制度、博物、文献目录等广博知识作为基础,重建圣人之道的知识基础,是南宋学风中的一个重要转向。

(二) 经学方法的重建

对于汉唐经传注疏传统的重视和认可,至南宋中期以后,朱熹以后,变得更为明确、普遍。朱熹以后,天理体系不断完善,理学立为官学,学术定于一尊的局面基本形成,理学之外也不再有稍具说服力的对于"天理"的不同意见。思想史领域对于天理的争辩,亦即经学义理化建构不再是讨论的中心话题。南宋中后期的学术话题中心,是如何通过折中古今经学各家之说,更全面准确地呈现和印证理学有关天理的理论认知,以及更为重要的是,通过文献考据相关活动,作为道问学工夫,真正实现进德修业的自得工夫,使个体真正体现天理之性的自然呈现。

朱熹之学,向以集大成之说称之,大体上是指其理学体系折中自北宋五子,特别是程颐天理之说。不过朱熹天理体系的建立,其思想资源固然源自北宋诸儒,其自身组织建立义理之学的过程,则是通过兼综汉唐先儒乃至北宋各家的基础上进行的。在朱熹看来,治经必兼综汉儒成说,毕竟汉儒多专门之学,师法严谨,离圣人之世不远,学风尚属淳厚。北宋以来诸儒废弃汉学,其实是学风苟且的表现。朱熹对于义理的阐发,正是从先儒训诂之说出发,折中古今,从而获得更为精细全面的对于天理一贯的认识。其具体论述为学方法云:

> 本之注疏,以通其训诂;参之《释文》,以正其音读,然后会之

---

① (宋)郑樵:《尔雅注序》,曾枣庄、刘琳主编:《全宋文》卷四三七四,第198册,第64页。

于诸老先生之说，以发其精微。一句之义，系之本句之下；一章之指，列之本章之左。又以平生所闻于师友而得于心思者，间附见一二条焉。本末精粗、大小详略，无或敢偏废也。①

汉唐文字训诂、音读注疏举之于前，师友宋儒之说及心得按断列之于后，各家之说兼收不废的文献注释之法，并不止于本书，在其他经典、文学文献的整理中，同样可见。大抵于"注中训释文意、事物、名义"，同时"发明经旨"②。他反对北宋以来包括二程在内，脱离经典自注为文，甚至空谈义理的作风，主张在格致修养工夫中，避免先入为主的私见，以"虚己从善，公平正大之心"阅读和整理圣人经典③。因此，朱熹力图通过校勘、辨伪考证，获得准确真实的圣人经典文本原貌，理解圣人本意，在"一字一句都不放过"的广博读书的基础上，达到对天理德性之知的完整体会。

朱熹在思想史上的地位，不仅在于其对北宋理学思想的总结提炼，从而最终建立起完整精深的哲学体系，更在于其重新体现了传统学术兼采广博的精神，立足文献的方法，其天理本体之说，持敬修养、进德问学实践工夫，都来自对这一学术传统的深切理解。朱熹所完成的理学体系，最终取得成功，获立官学影响后世，一个重要原因，也在于其将义理学说建诸简明深透、集众家之长的《四书》经典训诂阐释体系。正如南宋景定年间林同对于朱子学集大成的理解："以性命之书加训诂之学，若朱夫子所谓集大成者"④，明确指出朱熹义理之学对于考据学的借重。

对于考据学，朱熹的态度较为复杂，既反对"汉儒一向寻求训诂，更不看圣贤意思"⑤，认为"若论为学，则考证已是末流。况此又考证之

---

① （宋）朱熹撰，郭齐、尹波点校：《朱熹集》卷七五《〈论语训蒙口义〉序》，四川教育出版社1996年版，第3925页。
② （宋）黎靖德编，王星贤点校：《朱子语类》卷一一，第191页。
③ （宋）朱熹撰，郭齐、尹波点校：《朱熹集》卷三七《与刘共父》，第1630页。
④ （宋）林希逸撰，周启成校注：《庄子鬳斋口义校注》（附序跋），中华书局1997年版，第515页。
⑤ （宋）黎靖德编，王星贤点校：《朱子语类》卷一一三，第2748页。

末流"①,又指出"读书玩理外,考证又是一种工夫"②,有学者认为,"朱子相当轻视考证,考证方法及建树在其学术系统中仅居边缘位置。朱子认为,考证属一种微不足道的技能,甚至被排斥于他倡导的读书穷理工夫之外"③。这显然未能从义理与考据关系发展的学术史视角理解朱熹的意义。实际上朱熹相当重视考据学对于阐发义理的重要性,其本人的学术活动中广泛包含训诂、校勘、版本、辨伪等考证活动,只是同时并不为考证而考证,而是将义理与考证相结合,义理阐发借重考据学,考据学之上仍须进行深入的哲理思辨。这也正是宋学语境下考据学精神和方法特征的恰当总结。

北宋学术论争主要是本体论层面的问题,焦点在于各家对天理、性命的理解各不同。南宋特别是孝宗以后的学术论争主要是个体和历史如何实现天理,如何符合天理,对此形成巨大差异,甚至尖锐对立,如朱熹、陈亮的论辩,朱熹、陆九渊的论辩等。浙学事功之学,将具体历史成败、事功经验的实现,作为体现天理的首要标准,个体道德完成只是外在事功的条件。朱熹理学则以个体道德之性的转化完善即是天理的实现,外王工夫也只是进德修业的一部分。与拥有悠久显赫政治家族传统的吕祖谦不同,身处民间的地方学者朱熹,在外王工夫之外,更强调沉潜经典的文献工夫和学术思索层面的道问学。在道问学与尊德性的关系中,尽管象山本人及其早期门人并不反对读书为学,其门人如俞廷椿在礼学文献学领域有突出地位,但陆学特别强调了真正善学者,应更多地超越文献,返归内省,将读书为学视为体悟天道、发明本心的工具,对文献本身并不重视。

从学派发展来看,朱、陆、吕以后的南宋学坛,朱学的发展似乎更具优势,不仅被尊为官方学术,其学脉传承也更为兴盛。朱学不仅弟子数远过于陆学,并且经过真德秀、魏了翁等门人的努力下,至嘉定以后,几成理学独门,陆学则从此沉寂不闻,直至明中期阳明之学的复举。究其原因,除了朱熹本身更具兼容开放的特性,朱熹及其门人,不仅进则

---

① (宋)朱熹撰,郭齐、尹波点校:《朱熹集》卷五九《答吴斗南》,第3047页。
② (宋)朱熹撰,郭齐、尹波点校:《朱熹集》卷五四《答孙季和》,第2690页。
③ 赵刚:《告别理学:顾炎武对朱学的批判》,《清华学报》(新竹)1995年第1期。

为相，退则著述，在地方文教、社会救济方面也多有建树之外，朱学重视文献整理、训诂，并通过各级书院等文教体系，使典籍阅读成为学派流传的稳定基础，是一项重要条件。义理学习和体悟借重文献训诂、注释、阅读、阐发，无疑是朱学更为成功的重要原因。南宋后期理学，一定程度上强化了文献考据意识，形成了考据学发展历程中第一个自觉的、乃至具有为考据而考据色彩的兴盛时代。

正如前文所揭，朱熹本人是重视五经并以之为圣人经典，但是理学家更强调，文献记载的隐讳深远以及单纯的训诂章句，难以完整准确表达圣人心意，故必须首先从《四书》等体现圣人心法之书入手，寻求天道人伦贯通之理，方可研习。这事实上形成了以《四书》求道心、人心，搁置乃至轻视经史文献的取向。南宋末周密即认为，"伊洛之学行于世，至乾道、淳熙盛矣。其能发明先贤旨意，溯流徂源，论著讲解卓然自为一家者，惟广汉张氏敬夫、东莱吕氏伯恭、新安朱氏元晦而已"，自然能"上极于性命天下之妙，而下至于训诂名数之末"，将文献与义理结合。而其末流，则一以《四书》《语录》为学，高谈无知：

> 世又有一种浅陋之士，自视无堪以为进取之地，辄亦自附于道学之名。哀衣博带，危坐阔步。或抄节语录以资高谈；或闭眉合眼号为默识。而扣击其所学，则于古今无所闻知，考验其所行，则于义利无所分别。①

此类浅陋之士，完全脱离儒家以经典文献为基础的学术传统，而另一类理学后进，虽重视《四书》训解注释，却好立新奇，自说为文：

> 近世辟晦庵字义者，固不屑事此；其尊而慕之者，又争欲以注解名家，浩浩长篇，多自为之辞，于经渐相远，甚者或凿为新奇，

---

① （宋）周密撰，张茂鹏点校：《齐东野语》卷一一"道学"条，中华书局1983年版，第202、203页。

反欲求胜,岂理固无穷耶!①

"辟晦庵字义者",当指象山门人,其固不为文献注解之学。而朱学门人或尊慕其学者,亦不以文献为意,脱离经典任意阐发新奇之说。此外,科场举业也使一般从理学之士沉溺文字记诵,不仅于圣人义理无所体悟,对经典本身也缺乏深习考订。面对自身各种空疏浮华学风,理学名儒纷纷进行反思,并提出回归经史文献、汉宋兼采的纠偏完善朱学的主张,认为"读史而订其事之是非,正穷理之要也",以"本之以经,参之以史""明理而达诸用"为善学②。前期代表如蔡沈、黄榦、陈淳、魏了翁,后期代表如黄震、王应麟、金履祥等。

蔡沈、黄榦等朱门亲传弟子主要完成朱熹未尽或指定的文献编纂,如《书集传》《仪礼经传通解》等。他们在文献义理关系方面的主张和实践,本质上是朱熹的体现和延续,陈淳对朱学的贡献,除持守朱子思想外,主要体现在对《四书》、经书文字音义的深入浅出的训解,属教科书式的蒙学训诂,并针对其时学风,提出由字义训诂探求天道之理的循序渐进之法:

> 凡今之学者,如欲有志于圣贤之学,须是屏除举业一切新奇意见,放下世俗一切人我态度,脱然一意于此,从头逐句逐字,一一子细虚心以求焉。一字亦不敢自是,而必细考其义之的为何训,一句亦不敢自专,而必平玩其旨之的为何归。③

如果说陈淳一字一句、日积月累基本还属训诂学,另一学者,私淑朱熹的魏了翁则更凸显了从学术史意义上对理学的推进。鹤山之学经历两变,即宁宗嘉泰末开禧初,魏了翁得遇朱子门人而始由记问词章之学,

---

① (宋)黄震:《黄氏日钞》卷二《读论语》,张伟、何忠礼主编:《黄震全集》,浙江大学出版社2013年版,第1册,第5页。
② (宋)真德秀:《西山先生真文忠公文集》卷二八《周敬甫晋评序》,《四部丛刊》初编本。
③ (宋)陈淳:《北溪先生大全集》卷二六《答陈伯澡十》,《宋集珍本丛刊》,线装书局2004年影印本,第70册,第152页上。

博约转入朱门理学，并与真德秀一道推崇程朱理学，将理学落实为政治实践；理宗宝庆、绍定间贬谪靖州（今湖南靖县）时，魏了翁由约复归于博，主张汉宋兼采，义理考据并重：

> 今仅从残编中搜讨，于孔、毛、王、郑、伏、杜诸儒对注中参求。古今之物，称谓各异，风气亦殊。汉去古未远，诸儒已是臆度悬料，其大者如郊丘、明堂、庙祧、尸主、田制、邦域，往往一人之见，一时之意，遂定为不可易之制。其不可忽者，音训、声韵、偏旁、点画，往往诸儒所未及。①

对于一般理学之士及自己大半生由理学著作精思义理的困惑，鹤山提出道问学工夫要一字一义不放过，从文字、音韵、训诂出发，研习汉、唐、宋儒的注疏、笺释，以及制度名数，完整准确地体会圣人精神，而不能从寻章摘句的语录片段地认识圣人义理，肯定了传统儒家经典作为理学义理的源头活水。因此，谪居靖州期间，鹤山重新在经史典籍上下功夫，名物度数、音训偏旁，不仅温习了汉唐文献旧籍、郑注孔疏，又折衷汉宋诸儒，试图以此发明义理新知。如其比较郑玄、王安石经注并发现二者之关联云："康成以汉制解经，以赋为口率出泉。三代安有口赋？王介甫用之以误熙宁，皆郑注启之。传注之误，最系利害。"② 不仅指出荆公对于典制的注解有源于汉儒，也意识到文献传注考订对于义理阐发的重要意义。这一时期鹤山完成了其大部分著作，包括《九经要义》《鹤山渠阳读书杂钞》（即《经史杂钞》）及《鹤山渠阳经外杂钞》《古今考》等。其中《九经要义》全为删节汉唐注疏及经史诸书，分主题次第编纂而成，而无按断论述，《读书杂钞》《经外杂钞》及二十条《古今考》则较纯为考经证史之作。如《读书杂钞》卷二"檀弓篇首子游问立后"条云：

---

① （宋）魏了翁：《鹤山先生大全文集》卷三六《答巴州郭通判黄中书》，《四部丛刊》初编本。

② （宋）魏了翁：《鹤山先生大全文集》卷一〇九《师友雅言下》。

愚按，檀弓，莫知为何人。郑氏意其为六国时人，而愚谓必学于言游之弟子者。盖二篇之中，是言游而非曾子者极多。至凡曾子、言游并称，则亦是言而讥曾。曾子，孔门高弟，亲授一贯之传，《鲁论》无讥词，而此篇多非笑之。①

这些论著虽未尽有按断考辨，但其博引排比经籍史料，"存其繁冗，去其简当"的实事求是精神②，正是与理学义理阐发、语录为学迥异的考据学原则与精神，"今骤然理会"，时人难免"惊怪"。而需要指出的是，删节经史文献编题成书的编纂方法及其考据学原则，并非"程、邵、张、朱诸公"皆有。魏了翁为学两变，即由博返约与由约复博，正是代表了两宋文献学史的发展轨迹。北宋中期诸儒由汉唐章句注疏之博，转而寻求简洁的解经明道之法，故返约于经典义理的贯通，至朱熹、吕祖谦才真正由约复归经史之博，故黄震云："自本朝讲明理学，脱去诂训，其说虽远过汉、唐，而不善学者，求之过高，从而增衍新说，不特意味反浅，而失之远者或有矣。至晦庵为《集注》，复祖诂训，先明字义，使本文坦然易知，而后择先儒议论之精者一二语附之，以发其指要。诸说不同，恐疑误后学者，又为《或问》以辨之。"③ 魏氏正是继承朱子由训诂字义、考辨经史文献而证悟天道人伦之道问学的思路，同时当亦借鉴了吕学文献编集之法，而成的义理考据并重之学。鹤山之学在义理上并无重要突破，其理学地位主要体现在推扬朱熹及具体政治践履方面；其文献考据之学也主要限于删节经史特别是《五经正义》，以及读书抄录等方面。但其回归经史、考据征实的学术取向，以及读书杂录、杂抄的学术形式，对此后理学的"学术化"④、考据化产生了影响。宋末理学家的读

---

① （宋）魏了翁：《鹤山渠阳读书杂钞》，《丛书集成》初编本，中华书局1985年版，第31页。

② （清）阮元：《〈礼记要义〉提要》，魏了翁：《礼记要义》，《宛委别藏》，江苏古籍出版社1988年影印本，第7册，第2页。

③ （宋）黄震：《黄氏日抄》卷二《读论语》，张伟、何忠礼主编：《黄震全集》第1册，第5页。

④ 何俊将庆元党禁后的儒学发展分为"思想的形态化及其走向生活落实""思想的政治化"与"学术化"，颇有独见。何俊：《南宋儒学建构》第五章《思想向文化转型》，上海人民出版社2004年版，第283—385页。

书"杂钞"、编题纂集之考据学，在广度上较鹤山更为宏博，在深度上"考"的特点更为明显。

将考订古今之学与理学性理结合在宁、理宗时期似已成理学有识之士的自觉意识，他们对理学的纠偏完善多转向了博学考据。讲学穷理而不可废记诵考订。由约复归博的，还有不少，其中与鹤山表现出更多相似的著名学者是黄震和王应麟。其考据著作，或删节抄录，或读书杂考，而又表现出更为自觉的考据意识和更为精密的考据成果。

黄震的文献研究，超出单纯的经典注疏，不仅包括《孝经》《论语》《孟子》《毛诗》《尚书》《春秋》《礼记》《周礼》等经典，也包括正史、杂史、诸子以及历代文集等文献的考订、辨伪等，体现出更为广博的考据学视野，真正体现了清儒式的读书杂考札记的规模。不仅如此，黄震对汉唐以来的学术表现出更多的肯定，并在学术史历程的叙述中，总结汉宋之学的得失短长。王应麟的文献考据学，与朱学门人的最大不同，在于突破了经学校注、订补、阅读的局限，而更重视史学考据，包括制度、地理、目录等，这显然是受到吕祖谦浙东史学的影响。学界对于王应麟的师学渊源多有争论，或归于朱或出于吕，从义理与考据关系及其学术史发展来看，应当是兼综朱、吕。其重视制度、史籍和类书编题抄录为主的考证方法，具有明显的吕学特色，而其文献考据学并非单纯的汉学，相反，王氏之作时时处处体现其义理追求，通过文献工夫所申论之义，往往合于朱学主张。这或许正是引发学源争论的原因。就王氏义理与考据的关系而言，广泛收集准确相关的史料，并根据主题需要编次节略，已将定见结论隐含其中，且广泛准确地收集资料作为考证之资，已属高妙之考证。

学术发展贵在融汇而创新，东发、厚斋等人之学在宋末成为一代之学，正在于根于朱子而融合诸儒，出于朱学而超越朱学。相对而言作为"朱学正传"的北山四先生中学行活动于南宋的何基、王柏、金履祥，不论在心性义理还是文献方法上，都更具继承株守特性，更多体现了"护翼"《四书》之学的意义。不过，从本义角度而言，宋末金履祥的《四书》考证学，也体现了南宋后期理学由约返归博、学者学风取向朴厚征实的学术特点。正如四先生之一的许谦为其师所作序曰："凡世之诋訾混乱务新奇以求名者，其弊正坐此，此考证所以不可无也。先师之著是书，或檃括其说，或演绎其简妙，或摭其幽、发其粹，或补其古今名物之略，或引群言以证之。大而道德性命之精微，细而训诂名义之弗可知者，本隐以之显，求易而得难，吁！尽在此矣。"① 从名物训诂方面补缀完善朱子《四书集注》之意甚明。兹举一例，《论语·述而》"子疾病子路请祷"章云："有《诔》曰：祷尔于上下神祇。"朱熹《集注》曰："'诔'者，哀死而述其行之辞也。"金氏考证云：

> 古本《论语》元作"讄"，《说文》引《论语》云：《讄》曰：祷尔于上下神祇。"讄"亦作"喿"，祷也，累其事以求祷也。其作"诔"者，述行以谥之之辞。同是力轨反而义不同，必开元、长兴吏书之误。《集注》偶未之考尔。②

此考有版本依据、异文他证，并对讹误之由做了分析，是相当精细完整的考证。从中可见宋末考据学所达之境，亦可见由约返归博的文献考据，借重考据以明朱门义理，是南宋后期理学的共同趋向。

（三）以理考证方法的自觉

宋代义理学发展至南宋，愈加重视文献考据的知识基础，另外，作为义理学时代的考据学，宋儒各家对性命道德之理的探索，也为考据学形成发展提供了精神价值指引、理性精神参照。尽管宋儒各派所追求之"理"的内涵各不相同，义理学对考据学的影响却是共通的，如以是否合乎"理"作为发现矛盾的重要依据，又如对理证方法的自觉运用，以理考证过程中的理性思辨精神等。南宋学者努力在义理与考据学之间寻求二者的平衡发展，单纯的义理追求，是"空于用处作工夫"，而单纯的考据工夫，则是"专于博上求之，而不反其约"，二者均偏颇无益③。为义理思索提供文献、考证的知识基础，才能避免空疏无用；同时，琐细的考证活动，必须有理的指引，并最终有助于义理的认知和德

---

① （元）许谦：《论孟集注考证序》，李修生主编：《全元文》卷七八二，江苏古籍出版社2001年点校本，第25册，第38页。
② （元）金履祥：《论语集注考证》卷四，《金华丛书》本。
③ （宋）黎靖德编，王星贤点校：《朱子语类》卷一一，第188页。

北宋诸儒对于训诂考据之学，多持负面态度，作为原创哲学的思想家，对于妨害士人趋向于最高义理之道的文学、考据、释道，程颐基本是持否定态度的。不过仔细考察伊川的整体文化学术活动，与异端之学不同，对于诗文和考据，他本人也未完全根绝。首先伊川也有诗文流传，这是作为儒者表达不能不进行的一种活动；其次，在日常教学语录中也对经传矛盾进行考辨式的质疑，也可视为简单的考据活动的一部分，体现其作为严肃的学者严谨求证的学术精神。只是，这些活动都无疑是必须以发明道体为最终价值指向的。另一位宋学大家王安石，对于文章和训诂同样也持批评态度："章句之文胜质，传注之博溺心，此淫辞诐行之所由昌，而妙道至言之所为隐。"[①] 与伊川不同的是，荆公此言更明显地表示了，章句（文章）、传注（训诂）的危害所在，并非其本身，而是文胜质、博溺心，过分关注其中远超正常限度，而对"妙道至言"造成了遮蔽，才是问题的关键。程、王的影响，一方面确曾造成了北宋学风的空疏；另一方面也应该看到，二人之论实际上也蕴含了对训诂考据一定程度的认可空间。其中的尺度就是，无论文章还是训诂，均不能倾心为之，而只能作为探求义理之学的辅助工具。

经过北宋诸儒的讨论，南渡以后的宋儒，对考据学有了更深的认识，更为明确地指出了考据学的价值和意义，同时也更明确自觉地将其视为义理之学的重要条件，而考据学也更自觉地以阐发圣人之心、天命之道为旨归。不论是经典文字训诂、篇章结构和顺序的理定，还是作者考辨、年代和制度考证等，都是为了真正树立经典的地位，为了探求经典本来义理，为了探究圣人之心。这是宋学对考据学性质的认定。建立考据学的义理导向，在宋学语境下，并非对考据学的漠视，而恰恰是通过义理与考据关系的重新认识，发现了义理之外考据的存在和考据特性的所在。相对北宋而言，南宋儒者实际上是更为明确地肯定了考据学的地位和价值。对此，南宋末的黄震表达得更为清晰："《六经》所以载理，传注所

---

① （宋）王安石：《临川先生文集》卷五七《除左仆射谢表》，复旦大学出版社 2016 年点校本，第 1080 页。

以明经。"① 训诂注释的目的是明经,即阐明《六经》中所载之理。与北宋诸儒相反,南宋儒者肯定并强调了训诂考据的必要性和重要性,训诂考据恰是儒者之学的起点。

宋儒对于理的理解,大致有三个面相,一是现实自然、社会中的法则、情理,以欧阳修为代表的;二是自然、人世法度秩序的最高本体,以王安石为代表;三是自然、人世的道德本体,以程朱为代表。尽管各家道论差异甚大,在探究经验世界背后的抽象之"理",以高度理性的眼光看待内外世界方面,则是相通的,都是宋学求理精神的体现。宋儒坚信世界存在一个理,并按照一定的理运行,坚信汉代以后即已失传的古代圣人之心就是理。宋儒的这一理性精神,不仅对义理学发展产生了影响,对宋代考据学的发展影响也很大,并主要体现在自觉以"理"作为考据的参照标准,重视以理考证的方法。以理考证方法的具体体现和运用,详见后文,兹不赘述。需要特别指出的是,考证对义理的借重,并不一定带来考证不实或者学风疏漏,因为一般儒者对"理"的理解,本身常常包含两个层次,所谓义理之当否,既包括一般事理,如对《古文尚书》的辨伪,以语言古奥简易之理作为理证,也包括儒学的义理信仰,如朱熹对《孝经》的刊误,对《大学》的错简、阙文的考订,均不属于客观考据的范畴,而是出于思想家义理学体系建构的随意改经。为考据学实践树立"理"的评判标准,毋宁是一把双刃剑,既提升了宋代考据学的理性思辨水平,也常常使考据活动限于推想而无实证。不过这也正是宋学时代考据学的精神特点所在。

第二节 南宋考据学兴起的社会文化机制

清代乾嘉考据的鼎盛,既是明清以来儒学自身发展的内在理路的必然结果,也受清初文字狱、四库开馆等具体政治形势的影响,同时又与乾嘉时期江南为中心的士人的命运和文化环境息息相关。南宋考据学的兴起和普遍化,也受上人、文献两方面社会文化因素的影响。概言之,

---

① (宋)黄震:《黄氏日抄》卷五五《读诸子一》,张伟、何忠礼主编:《黄震全集》,第5册,第1760页。

南宋士人社会的形成，使得读书为学、博学考索成为社会普遍的风气，是南宋考据学兴起的主体因素；另外，南宋印刷术的普及兴盛，既为广泛的文献阅读提供了载体，也为文献考据的兴盛提供了有利的外在条件。

一 南宋士人社会的形成与考据学的兴起

士人社会，是一个使用广泛的名称，一般而言，春秋战国时期依靠文化知识立足于世的流动的"士人"阶层形成以后，也就有"士人社会"，即由士人群体所构成的社会结构和交游网络。不同研究者也常用"士人社会"来表述不同时期的这一社会结构和特征，例如汉魏士人社会、唐代下层士人社会，宋代士人社会，明代士人社会等[①]。但是由于不同时代士人所处社会地位、文化思想特征都有所不同，这一实用广泛的"士人社会"一词，实际上难以代表不同时代士人地位、交游和学术文化的特征，例如魏晋士人主要依托于士族豪门，所谓"士人社会"毋宁是士族社会；唐代士人，有自觉的学术文化活动和成就者寥寥，其主要的文化生活是诗赋创作，所谓"士人社会"毋宁称为文人社会。此外，要真正构成"士人社会"，士人应该在社会群体中占有足够数量，并具有相当流动性，形成有效的文化学术知识方面的交流，否则少量士人且缺乏必要的流动和交流，只能说有"士人"无"社会"。依据这一基本认识，中古时期恐怕很难称得上是"士人社会"，首先典型的士族社会，不仅社会流动性小，其学术文化交流也多限于门户之内，正如韩愈《师说》所抨击的家学门风远过于自由开放的问道研讨，其次即便到了唐代，科举制度造成了一定程度的社会流动，通过进士科举考试所形成的文人数量毕竟相当有限，且多限于诗酒唱和，谈不上真正意义上的文化学术交流。

因此，真正的士人社会的构成，有赖于士族门第的消融，科举社会

[①] 参见祝捷《曹魏之政治格局、士人社会与思想对话》，博士学位论文，南开大学，2012年；黄云鹤《唐朝下层士人社会交往特征及其心态》，《史学集刊》2005年第1期；高津孝《科举与诗艺宋代文学与士人社会》，上海古籍出版社2013年版；徐林《明代中晚期江南士人社会交往研究》，上海古籍出版社2006年版。

的成熟,以及由此而来的足够社会流动和自觉文化学术交流。从这一标准和条件出发,宋代以后的社会,才真正称得上是士人社会[①]。正如学界已有的丰富而深入研究所阐明的,宋代不仅是门第真正消融的时代,也是成熟的科举社会[②],并且因此表现出明显的社会流动[③]。这些因素构成了宋代科举社会的若干特征,也为士人社会的真正形成提供了充分条件。

首先,由于科举录取人数大为增加,参加科举条件放宽,参与科举的士人数量空前扩大,士人数量在社会群体中的比重也大为增加,这是构成士人社会的基本前提。关于这方面的量化研究,美国学者贾志扬(John W. Chaffee)已有出色的研究。更为重要的是,北宋作为相对统一的王朝,其政治空间相对较大,为数不算太多的士人通过科举,往往集中于洛阳、汴京等少数通衢大都之中,因此北宋从事文化学术活动者,多为名公显宦,如宋绶、余靖、晏殊、范仲淹、欧阳修、苏轼、王安石、司马光等,真正仕宦不达或布衣士人而又从事文化学问者,并不多见。至南宋偏安,政治空间大为缩减,能够通过科举通达显贵的可能性也随之减少,而与之相反,南宋参加科举的人数则是有增无减。时人记载南宋以降温州、福州地区科举人数和解额日益严重的矛盾[④],体现出政治

[①] 又有学者提出:"从官僚士大夫为主体的士人社会向普通居民为主体的市民社会过渡,是唐宋城市社会最重要的变化。"主要着眼于城市功能和士人身份的演变,实际上也表明宋代士人在中古贵族向近世市民的过渡性特征,参见宁欣《从士人社会到市民社会:以都城社会的考察为中心》,《文史哲》2009年第6期。

[②] 最早提出"科举社会"一说的是日本学者近藤一成,参见近藤一成《宋代中國科擧社會の研究》,汲古書院2009年版;梁庚尧《宋代科举社会》,台大出版中心2015年版。

[③] 关于宋元明清科举与社会流动问题的成果更为丰厚,参见何炳棣《明清社会史论》,徐泓译,联经出版事业公司2013年版;Robert M. Hartwell, "Demographic, Political, and Social Transformations of China, 750 – 1550." *Harvard Journal of Asiatic Studies*, Vol. 42, No. 2, 1982, pp. 365 – 442. 中文翻译参见郝若贝《750—1550年期间中国的人口、政治和社会变迁》,单国钺主编:《当代西方汉学研究集萃》(中古史卷),上海古籍出版社2012年版;Hymes, Robert P., *Statesmen and Gentlemen: The Elite of Fu-chou, Chiang-His, in Northern and Southern Sung*, Cambridge: Cambridge University Press, 1986. 李弘祺《宋代官学教育与科举》,刘耕荒译,联经出版事业公司1993年版,第263页;贾志扬《宋代科举》,东大图书股份有限公司1995年版,第273页等。

[④] (宋)王之望《汉滨集》卷十六《福唐解试告谕举子文》。《淳熙三山志》引此条系于乾道元年秋,而绍兴末福州解额不过增到62人。(宋)梁克家纂修:《淳熙三山志》卷七"试院"条,《宋元方志丛刊》,中华书局1990年影印本,第7850页。

空间的缩减与应举士人数量的不断增加，造成了士人群体密度的增加，随之则带来士人交流的频繁，这正是士人社会得以形成的重要条件。

其次，政治空间缩减、科举人数增加，而京城到地方的解额人数总是有限，二者的矛盾必然造成大量读书士人，或只能沉寂下僚，流向地方基层，或只能返乡，流落社会寻找出路，成为地方布衣士人。因此，与北宋文化学术主体以名公显宦为主不同，南宋士人则多为地方基层官吏，或追随师从少数乡居精英，或在地方乡野开坛授学，这一时期的文化学术主体是数量更为庞大的中下层士人。相较于少数名儒集中于京城大都，南宋地方小邑却拥有人数众多、密度庞大的士人，文化学术交流则更易显得频繁而广泛。这一点从南宋笔记作者多为中下层士人，以及内容多为反复考证不同笔记记载是非得失的同题之作中可见一二。科举社会所造成的这一状况，正是典型的士人社会和交游网络的特点。

最后，随着制度的进一步完善，从北宋至南宋，科举越来越成为士人入仕、家族保持兴旺的唯一途径，读书科举成为保持社会成员竞争力的几乎唯一出路，正如梁庚尧所认为的，在日趋激烈的宋代科举考试中，"很难认为亲属关系可以对士人登科发挥什么直接的作用，不论家族背景为何，参加科举考试的士人都必须面对竞争"[1]。这极大推动了社会成员以儒家经典为中心的读书、教育活动的普及和自居。宋代社会所重者，不再是仗剑抒怀、壮游山水的文人，而是读书学问、应举入仕的士人。这种文化身份的转换，既是宋代士人社会成立的重要因素，也是士人精神、社会风貌趋向严谨、理性、求实的重要因素。正如有研究者指出，基层士人和文化自觉是南宋士人社会最终成立的关键[2]。

不论是地方基层官员的士人，还是乡居地方的普通士人，基本立场

---

[1] 梁庚尧：《宋代科举社会》，第161页。
[2] 参见宋燕鹏《因文化而地位：南宋"士人社会"的成立及其意义》，姜锡东主编《宋史研究论丛》（第16辑），河北大学出版社2015年版，第259—292页。

显然并未如西方学者所主张的是相对于朝廷的分离性力量①。正如国内学者指出的，士人的地方化毋宁是"被地方化"，其秉持的价值立场，仍然是儒家的王道教化理论②。因此，与南宋士人赈济疾患、文教公益等地方社会参与不同，他们在文化学术活动方面的参与，实际上更突出体现了超越地方的特点，即个体文化成果以三代之治的儒家王道理想价值为指向的名世事业。立足地方，而成就王道理想，正是南宋士人社会及其学术方式的特点。

南宋士人普遍身处地方一隅，往往远离权力中心，陈傅良言："人何必皆欲仕？仕不必能行其志，不仕岂必不如志也。"③ 儒者理想的实现未必依赖于仕与不仕。叶適也认为："士患不贤与无德，贤有德矣，进而至公卿之位，则为其事，不至者世以为有命焉。夫贤有德，岂必为公卿哉？"④ 既无多少机会参与外王建设，以书籍文献为业，以文化学术活动参与地方文教事业，则是作为儒者价值理想的主要选择。与中古社会士人以贵族门第作为士人精神自命的条件，明清乡绅以经济政治特权作为士人自我界定的标志不同，南宋士人较多地以官场之外、农商之上的义理信仰、博学洽闻作为群体自我认同的标准：

> 不惟使之识义理，不为小人之归，亦望之使之多闻博识，进可应举，退可以为书会，以不失其衣食之计。⑤

---

① 美国学者 Peter K. Bol（包弼德）尤其强调南宋地方志作为"地方史的兴起"的代表，参见 Peter K. Bol, The Rise of Local History: History, Geography, and Culture in Southern Song and Yuan Wuzhou, *Harvard Journal of Asiatic Studies*, Vol. 61, No. 1, 2001, pp. 37–76. 中译参见包弼德《地方史的兴起：宋元婺州的历史、地理和文化》，吴松弟译，《历史地理》（第21辑），上海人民出版社2006年版，第432—452页。

② 包伟民：《精英们"地方化"了吗？——试论韩明士〈政治家绅士〉与"地方史"研究方法》，《唐研究》（第11卷），北京大学出版社2005年版，第653—672页。

③ （宋）陈傅良：《陈季阳墓志铭》，曾枣庄、刘琳主编：《全宋文》卷六〇五七，第268册，第291页。

④ （宋）叶適著，刘公纯、王孝鱼、李哲夫点校：《水心先生文集》卷九《乐清县学三贤祠堂记》，中华书局1961年版，第149页。

⑤ （宋）黄榦：《与胡伯量书》，曾枣庄、刘琳主编：《全宋文》卷六五三九，第288册，第53页。

除了少数理学思想精英的哲学义理思考之外，大部分普通士人，则主要以更为自由、自主的各类编纂、著述，以及注释、校勘、目录、考证等具体文献活动为主。一般士人对抽象义理的深入思索普遍减少，对现实政治革新的热情和参与也大为减弱，士人自我生命价值的独特性被重新定义。尽管难免有士人被迫滞留科举之外的自嘲意味，其中确也包含了士人群体以道自任的独立精神，是对士人责任与道德地位的群体觉醒，也是科举社会中，士人阶层对自身角色的认知和认同。更重要的是，南宋士人精神的相对独立，绝不仅仅是自命清高的道德自嘲，而是将这一人格姿态，转化为实际的文化和社会行动，除了学者已多有探讨的社会慈善公益事业，还有学术文化的自觉思索。"他们对于自身身份的共识，主要建立在文化（包括道德）修养的基础之上，是否已经通过了科举、是否曾经入仕，并不构成人们相互交往中的重大障碍。换言之，当时生活在地方的士人们，在择群时所看重的，主要不在于对方以往或目前的仕宦身份，不在于一时的'穷达'，而更注重其本人的文化背景"①。

南宋绝大多数士人是否能做到如此进退自如，是很有疑问的，但是其中所体现的士人以义理道德、文化博识自诩的自信，还是表现地相当明显的。从中还可以看到南宋士人独立精神形成的一些基本条件和原因：首先，身处东南沿海，地方经济和海外贸易繁荣，在政治中心外，形成了中国较早的经济中心，经济发达和商业繁荣，不仅为士人提供了一定程度脱离仕途的物质条件。何佑森曾分析两宋学术变迁，认为北宋学术中心，如汴京、洛阳和长安，同时又是政治中心，而南宋学术中心，如江西、福建和湖南，同时也是经济中心。② 学术中心的这一转变，也反映出以士大夫精英为核心的北宋学术与政治、党争的密切关系，而南宋士人为主体的学术，主要受经济条件、文化教育等地方因素的影响，表现出一定程度的远离政治中心的地方性和政统之外的相对独立性。其次，

---

① 邓小南：《北宋苏州的士人家族交游圈》，《国学研究》（第3卷），北京大学出版社1995年版，第479页。
② 何佑森：《两宋学风的地理分布》，《儒学与思想：何佑森先生学术论文集》（上），台湾大学出版中心2009年版，第183页。

科举社会的形成，社会对于读书科举的需求增大，作为长期浸淫经史学术文化的士人而言，从事文化教育活动，是其当然的选择，而这些活动的场所，不管是书肆、各类私学、书院乃至官学机构，乃至城市商业地带的书会瓦肆之所，都成为士人群体集中、交流、研讨的相对稳定的场所。不同地方的游学之士与本地士人通过各类文化教育机构场所，实现了频繁的文化知识传递和交流，也促进了士人群体的成长和认同。在现代研究者看来，南宋的书院等场所，与士人独立精神正是一个互动关系："由于士人独立文化的形成，以及书院在南宋的复兴，两者交互为用，书院成为士人价值、理想依托的场域。"[1]

在新的时代文化环境和社会机制中，南宋士人在政治与门第家族之外，有了自身价值的重新定义，以学术文化创造活动和思索为自身生命方式，南宋时代的儒学真正成为一般士人乃至普通百姓可以欲求和能够参与的日常生活文化形态，"实现了从理论和修身实践高度自洽"[2]。不论出于何种目的和原因，大体而言，南宋地方士人所从事的日常化、生活化的文化学术活动，内容上自然以讲授、实践儒家价值为主，方式上除了婚丧家礼、洒扫应对等日用人伦实践外，主要即是沉潜文献的具体活动，包括如立足官学、书院聚徒讲学，利用公私钱款校勘、整理、刊刻、注释古今四部典籍，组织士人编撰方志、年谱，个人著书立说等。南宋印刷技术的进步普及与科举、士人社会，三者之间构成了密切的良性互动，共同影响了以文献活动为中心的考据学的兴起。以儒家典籍为中心的读书生活，成为士人个体文化生命的自觉选择和自我存在方式，印本时代书籍的方便获得，更使读书成为日常可求的生活方式。与北宋理学家强调抽象义理思辨，和得君行道的上层精英路向不同，南宋理学士人的文化名世理想，更重视转向地方讲授生徒的文化传播事业，趋向立足文献考证活动阐释天道义理的学术方

---

[1] 陈雯怡：《由官学到书院：从制度与理念的互动看宋代教育的演变》，联经出版事业公司 2004 年版，第 385 页。

[2] 金观涛、刘青峰：《中国思想史十讲》，法律出版社 2015 年版，第 258 页。当然，正如汪晖所说，理学的这个自洽系统，是一种"公共空间"，统治者从中获得了更高权威的合法性，士人则从中获得了批判性，参见汪晖《现代中国思想的兴起》，生活·读书·新知三联书店 2004 年版，第 111 页。

式,使理学原本抽象的天道理论成为普通儒家士人皆可习得实践的生活方式。细密的训诂、考据也成为朱熹理学重要的治学工夫,乃至于日夜沉思,彼此研析校理,至病榻之上而不辍。朱熹曾致信其友程大昌,言其校理《易老新书》文字云:

> 病中得窥《易老新书》之秘……神思昏愦,未容尽究底蕴。独记旧读"俨若客止"作"容"字,而苏黄门亦解为修容不惰之意,尝疑此或非老子意。后见一相书引此,乃以"容"字为"客"字,于是释然,知《老子》此七句而三协韵,以"客"韵"释",吻若符契。又此凡言"若某"者,皆有事物之实。所谓客者,亦曰不敢为主而无与于故事,其容俨然耳。近见温公注本亦作"客"字,窃意古本必更有可考者。①

朱熹病中读程大昌《易老新书》,偶然记起曾经读过的《老子》中关于"容"字及其释义的疑惑,先疑"容"字于意不通,因他书引文作"客",又印证以叶韵当作"客",再推测古本当有可考者。从校勘方法上说,这里已经意识到并部分运用了理校、他校、对校等现代所谓校勘四法中的三种,而这些校勘的思考发现,实际上是朱熹在日常读书生活中,在路途之中,神思昏聩的情况下的心得。朱熹与程大昌的校书研理的交往,可谓理学之士,乃至南宋一般士人日常学术生活场景的一个缩影。这一学术侧面和生存方式,与清儒乾嘉考据学老师宿儒,价值信仰上尊崇理学,而现实文化活动则受盐商巨贾资助,一生潜心经史典籍校勘,书札往还,研析校理,实具有内在精神的一致性,只是精深程度不同。读书严谨,校勘文字自然不会仅仅流于记录异文,而当求反复考证、乙正文字之本务。因此,读书校勘进而考证求是,自然成为治学的另一项自觉追求。此外,古本文献尤其是已亡佚的古籍文献成为收罗对象,产生出辑佚古籍的意识也是这一系列活动的题中之意。《朱子语类》载朱熹云:"李善注《文选》,其中多有《韩诗》章句,常欲写出。'易直子

---

① (宋)朱熹著,郭齐、尹波点校:《朱熹集》卷三七《答程泰之》,第1670—1671页。

谅',《韩诗》作'慈良'。"① 校勘考证很重要的方法之一是寻找别本证据，很自然地会重视古籍佚本的价值。沉潜其中的朱熹，即在古书古注的阅读中意识到辑佚的价值。真正意义上的辑佚之学，始于南宋，正是校勘考证兴盛的结果。黄永年先生曾言："在北宋之前，是很少纯粹研究学问的，确切一点，太讲学以致用了，骈体文就是一种应用文，考据学以前也是没有的。"② 宋以前有考据而无考据学，只有儒者文士将考据作为一种较为纯粹的学问，才是真正意义上的"考据学"，至宋代乃始有真正的学者，和真正的纯粹考据学家，这无疑是时代社会风气和以文化学术为业的士人社会机制的产物。如果说汉唐至北宋的经史训诂考据，往往具有经世致用的政治需求，具有官方色彩，而南宋的考据学，才真正开始成为一般士人学者生命方式和文化的普遍且自觉的追求。

作为日常生活交游一部分的学术文化活动，南宋考据往往具有随性自主，而非专门精深的特点。南宋士人对文献的考据，不似清儒式纯粹学究出于严肃乃至刻板的考据求真眼光，对留存至今的典籍文字重新加以精细苛刻的审查，而是出于道统传承的强烈责任感和对古代诗哲深挚的眷恋，考据经史典籍、诗文篇章，是为了更加真实透彻地理解古圣先贤悠远的道德意图和深厚的灵性诗心。南宋士人们对孔孟先圣、杜韩先贤的崇敬向往是如此强烈而迫切，或以五百年道统托命自任，或以汉唐诗道自存，以至于日夜追思，即便是在梦中，也不忘得诗人逸篇、求文句本意。宋人辑佚活动的展开，正是出于这种对先儒巨擘的崇敬和纪念，以及对于诗情高德真切体察的需要，未必有多少严格的辑佚条法。考据学是出于鲜明的文化动机的产物，方法是否严谨倒在其次，而往往是依理按断，不拘左验，关于这一点，在诗文辑佚、校勘、注释等考据活动中表现得更为突出。这在清儒看来难免空疏可笑，从理解之同情的角度看，未始不是宋代考据学的重要特征。对诗句含义的涵咏，更是体贴诗人诗心本意的重要活动，究竟哪一种解释更符合作者之意，对宋人而言

---

① （宋）黎靖德编，王星贤点校：《朱子语类》卷八〇，第 2066 页。
② 曹旅宁：《黄永年先生编年事辑》，中华书局 2015 年版，第 156 页。

是如此重要，以至于日思夜梦①，苏轼云：

> 仆尝梦见一人，云是杜子美，谓仆："世多误解予诗。《八阵图》云：'江流石不转，遗恨失吞吴。'世人皆以为先主、武侯皆欲与关羽复仇，故恨其不能灭吴，非也。我意本谓吴、蜀唇齿之国，不当相图，晋之所以能取蜀者，以蜀有吞吴之意，此为恨耳。"此理甚近。然子美死四百年，犹不忘诗，区区自明其意者，此真书生习气也。②

北宋苏轼所表现的宋代文人对前代诗人作品接受的这种热情，正是两宋之际以降至南宋，各种杜诗注释为代表的文人别集注释文献兴起的重要原因。南宋诗文注释之学的发达，一个基本的动机便是探求诗人本意，对诗文篇章考证最终目的，无疑是为了更好地展示典故名物等才学背后的真实心灵。苏轼之梦自然也是其长期涵咏杜诗的结果，这种涵咏，在日常解诗活动中，自然体现为对具体文字的细致考证注释。两宋之际兴盛的江西诗派的才学、诗法主张，更使得探求诗人本意的诗文注释进入了文献、知识考据的范畴，成为一种文人普遍化、日常化的文化生活，"娱闲暇而资见闻"的活动，不断深化为"一句一字，推究来历"，检核"经史子传、僻书小说、图经碑刻、古今诗集、本朝故事，无所不览"的文献考据活动③。北宋以来新儒学的一种主导倾向，便是侧重强调从圣人典籍中自得体悟圣人之心，而对于南宋普通文士来说，对圣贤义理的探求，更需从一字一句的博学知识性的探究理解开始，相对抽象义理的思辨，对普通士人而言，文献编撰、注释、校勘考据显然是更易普遍习从的实学。不过，与清儒考据学不同，日常文化学术生活中的南宋考据学，是融化于宋儒学术文化生活中的一部分，是其道德政治使命和文化艺术

---

① 参见［日］浅见洋二《作者之梦与读者之梦》，《距离与想象：中国诗学的唐宋转型》，金程宇、冈田千穗译，上海古籍出版社2013年版，第370—389页。
② （宋）苏轼撰，孔凡礼点校：《苏轼文集》卷六七《记子美〈八阵图〉诗》，中华书局1986年版，第2101—2102页。
③ （宋）赵夔：《注东坡先生诗序》，题王十朋纂集：《王状元集百家注分类东坡先生诗》，《中华再造善本》，北京图书馆出版社2004年影印本。

生命追求过程中的一部分。

二 从技术到学术：南宋书籍刊刻与考据学的兴盛

雕版印刷技术的发展，是宋代社会文化领域的重要事件，它构成了一系列文化学术样貌和发展演进的基本条件和机制[①]。考据学作为直接以书籍文献为载体的学术形态，其在宋代特别是南宋的广泛兴起，理所应当地与这一技术的进步有着千丝万缕的联系。

北宋是雕版印刷技术发展的重要时期，主要表现为印刷术突破了唐五代以来，以印刷历法、佛经以及科举经书为主的限制，而广泛应用于各类书籍的刊刻，朝廷民间书籍总量成倍增长。《宋会要辑稿》职官二八《国子监》载真宗时邢昺言："国初印板止及四千，今仅至十万，经史义疏悉备。曩时儒生中能具书疏者，百无一二，纵得本而力不能缮写。今士庶家藏典籍者多矣，乃儒者逢时之幸也。"[②] 按照邢昺的说法，至少到北宋真宗年间，印刷书籍已经广泛涉及经部和史部各类，一般士庶家庭都能拥有相当藏书，这为儒者从事文化活动，无疑提供了极大便利，让其倍感生而逢时。至迟到苏轼的时代，书籍刊印已经包含四部各类文献，"近岁市人转相摹刻诸子百家之书，日传万纸，学者之于书，多且易致如

[①] 关于宋代雕版印刷方面的专题研究，参见宿白《唐宋雕版印刷》，文物出版社1999年版；周宝荣《宋代出版史研究》，中州古籍出版社2003年版；杨玲《宋代出版文化》，文物出版社2012年版；田建平《宋代出版史》，人民出版社2017年版。海外相关研究如Ming-sun Poon, *Books and Printing in Sung China, 960–1279*, Ph. D dissertation, Chicago: University of Chicago, 1979. 其中第三章"学术、教育与印刷品"，主要讨论作者、文本和学术取向，印刷与书院，科举对印刷的影响等；Cherniak Susan, Book Culture and Textual Transmission in Sung China, *Harvard Journal of Asiatic Studies*, Vol. 54, No. 1, 1994, pp. 5–125. 在论述印刷时代中国人对经典文献的怀疑风气的同时，更多地研究了印刷术对版本权威、校勘理论与方法的发展等方面的贡献。日本学者清水茂《印刷术的普及与宋代的学问》，《清水茂汉学论集》，中华书局2003年版，第88—99页，主要讨论了印刷书籍的普及对学者读书态度、学风的影响，印刷书籍的丰富及印本形式对"数据汇集一处、比照检核"的考证方法产生的推动，以及书籍刊印地域性与道学地域性的关联等几方面问题。此外，参见［日］内山精也《宋代刻书业的发展与宋诗的近世化现象》，《东华汉学》2010年第11期，张高评《雕版印刷之繁荣与宋代印本文化之形成——兼论印本图书对学风文教之影响（下）》，《宋代文学研究丛刊》，高雄丽文文化事业公司2006年版，第1—45页，均侧重于印刷与宋代文学发展的关系。

[②] 刘琳、刁忠民、舒大刚、尹波等点校：《宋会要辑稿》，上海古籍出版社2014年版，第3749页。

此，其文词学术，当倍蓰于昔人"①，并且因此而使得从事文词学术的士人较过去，也是成倍增多。不过，北宋前中期的刻书，据宿白、张秀民等学者的研究，主要仍以官方刻书为主，所刻书籍以法律、医药书籍，经史注疏、字类、韵书等科举用书为主，其印书工具性、实用性较强。

神宗以后印刷技术和行业的进一步发展，最主要的表现为，五代以来官方印书长期垄断之外，民间印刷的兴起印刷业的持续兴盛。根据宿白先生的研究，这一变化主要体现在：一是神宗时期官方禁民间私印的诏书、奏章、文告增多；二是民间印刷能力不断发展，至元祐中甚至"有能力摹印卷帙众多的《会要》、《实录》"，引起官方严令禁止；三是神宗以后，私家刻书直接见于文献著录的日益增多②。推动民间刻书发展的因素，除了技术发展带来的成本降低、工艺改进等纯技术因素，以及民间对历法、医书、营造法式等实用工具书需求始终较旺盛外，主要是科举和学校教育的发展改革，一般士人对读书需求的增大。特别是徽宗崇宁兴学，以学校养士代替科举考试，对印刷业的发展影响更为直接。兴学之法虽号称以学校养士，实际效果却造成了以纯粹考试知识取代传统儒家道德修身知识的种种弊端，其流弊较科举有过之而无不及，为南宋理学广为诟病，甚至将这一制度造成的士风败坏与北宋灭亡相联系。不过对于宋代印刷业发展而言，各级学校所谓三舍之法、月书季考，更为频繁的考试和更为直接功利的知识应用，直接造成了各种诀科机要、类书小抄一类的书籍大量刊印流布。《宋会要辑稿》选举四《考试条制》记载徽宗政和二年（1112）臣僚进言曰：

> 鬻书者以《三经新义》并《庄老子说》等作小册刊印，可置掌握，人竞求买，以备场屋检阅之用。③

这里主要针对考试小抄作弊书提出的禁令，但实际上除了刊印小册，

---

① （宋）苏轼撰，孔凡礼点校：《苏轼文集》卷一一《李氏山房藏书记》，第359页。
② 宿白：《唐宋时期的雕版印刷》，文物出版社1999年版，第47—50页。
③ 刘琳、刁忠民、舒大刚、尹波等点校：《宋会要辑稿》，第5320页。

显然还有许多应对场屋检阅的参考书，人竞求买的场景也绝不仅仅是对作弊小册。《三经新义》在内的各种经史典籍、名家时文别集、前述《会要》《国史》《实录》等经义、策论考试相关书籍，无不成为民间刻书，尤其是书坊商业刻书的主要摹印对象，屡禁不止和人竞求买的形象描述，清楚地表明科举、学校与民间印书，特别是商业印书的互动关系。可以说，正是民间刻书的参与和科举社会带来的巨大市场需求，最终造成了北宋末以后刻书业的迅速发展。因此，整体而言，北宋末以前，雕版印刷还只是官方垄断的实用技术，只有到南宋初以后，才真正成为民间士人、书贾普遍参与的自觉文化活动。"雕版印刷业在南宋是一个全面发展的时期。中央和地方官府、学宫、寺院、私家和书坊都从事雕版印刷，雕版数量多，技艺高"①，民间刻书的普及和自觉，则是印刷技术得以影响学术文化发展的基础。

关于印刷书籍与学术史发展的关系，南宋人已经有所讨论，南宋朱熹、吕祖谦后学彭龟年（1142—1206）在策问曾这样问道：

> 书所以传道也，非书，道其不传矣乎？……本朝盛时，学于太学者至手抄《公》、《谷》、《后汉书》以读，未几书尽椠刻，往往易得。自刘氏为《七经小传》，以经名家者皆有训义，欧阳氏、陈氏、王氏、苏氏其最著也。虽其学深浅不同，然其间析理精微，守道纯固者，自汉以下诸儒鲜能及之。本朝学术远继三代，实发于元祐，然一时人才，其所植立卒不盛于元祐之前，何也？岂道之明晦不系于书之多寡欤？②

所谓"未几书尽椠刻"，应当是刘敞、欧阳修等人进入学术史之前，即大约仁宗庆历前后。宋初典籍以抄本居多，至真、仁之际，刻本书籍日渐普及易得。更为重要的是，在南宋人看来，书籍流通的加快，得书容易而士人方能对经典"析理精微"，探求纯固之道，即宋学的明晦系于

---

① 宿白：《唐宋时期的雕版印刷》，第 84 页。
② （宋）彭龟年：《策问四》，曾枣庄、刘琳主编：《全宋文》卷六三〇七，第 278 册，第 297 页。

书籍的多寡，正是庆历以后椠刻兴盛，导致了宋学的显明。图书典籍作为文献学的基础，当然不是仅仅推动了宋学义理的发展，其与南宋文献考据学的兴起也存在紧密关联。

首先，书籍刊刻的增多和士人的参与，直接推动了以书籍自身为研究对象的版本学、目录学的发展。

版本学本质上正是雕版印刷发展的产物，"版本"二字也最早出现于北宋《梦溪笔谈》。书籍在不同时间不同地域，依据相同或不同祖本刊刻，不仅造成了版本体式的差异优劣，也形成了版本源流关系等问题，这些都构成版本学的基本内容。版本选择、鉴定以及区分著录，则成为士人文献活动过程中不得不注意的问题。因此，雕版印刷的全面发展，极大地促进了士人研究文献版本问题的热情和自觉性，北宋以来的长期实践也为中国版本学的独立成熟，提供了重要的技术和物质条件。至南宋版本学不仅明确了自身研究对象，形成了尊古本、官本、精校本核心的善本观，实践和总结了多样的版本学方法，还有了较为稳定的版本学呈现方式，包括序跋、叙录、校勘记、版本目录及版本专著等。尤其值得注意的是宋人，特别是南宋士人通过版本学进行的版本源流考订和版本校勘辩证。

宋代雕版印刷的发展，刻本频繁出现同书异本的情况，对于同一本书的不同版本之间的比勘，考订其源流关系，便成为书籍文献利用的首要问题，北宋苏颂《补注神农本草总序》是较早的单书版本源流考订的文字，北宋末以降至南宋此类文字逐渐增多，对不同地域印刷书籍所形成的版本优劣的认识也更为普及，在重刻典籍和校勘文字之时，更为自觉地利用版本对勘、精校善本。刻书业的兴盛，带来了不同版本的流传，反之，南宋士人刻书之前所进行的整理、校勘，也往往首先对照不同版本，并以此作为正文字的重要佐证参考，如高宗绍兴十一年（1151）惠州州学主管郑康佐刻唐庚文集《眉山唐先生文集》，其跋云：

> 既而进士葛彭年以所藏闽本相示，文凡五十六首，诗赋二百八十七首，较之所见稍加多矣，而篇帙淆乱，句读舛谬不可辨。未几，又得蜀本于归善令张匪躬之家，文凡一百四十二首，诗赋三百有十

首，较之闽本益加多矣，而增损甚少，可以取正。康佐以郡事倥偬，遂属教授王维则雠校。旁援博取，凡所辨正，悉有据依，而唐公之文遂为全篇。因其名类，勒为二十二卷，命刻板摹之。既以博示学者，俾识其真，且以著先友之义，不没其传。①

闽本刊印质量不高，因而参照蜀本、加以增损取正，再旁援博取，校勘辨正。郑氏强调其校正文字"悉有据依"，应该是包括旁证文献和版本依据。正是刻书以博示后学，流传前贤，这一文化动力推动了南宋学术中辨正据依朴实风气的浓厚，直接影响了南宋文献学的进展。又如丁黼光宗绍熙三年（1192）"游吴中，得许氏本（《越绝书》——引者），讹舛特甚；嘉定壬申令余杭，又得陈正卿本；乙亥官中都，借本秘阁。以三本互相参考，择其通者从之，乃粗可读，然犹未也。念前所见者，皆誊写失真，不板行则其传不广，传不广则各私其所藏，莫克是正，遂刻之夔门，以俟来者"，在多年各地游宦过程中，丁氏不断借得不同版本，加以参校，最终形成粗可阅读的本子，仍觉尚有不足，而刻之夔门，等待未来作进一步校勘整理②。士人刻书活动中，越来越体现出对版本优劣和善本的不懈追求，正是在这些刻书、读书、校书活动中，南宋士人的文献意识不断增强，考据求真的学术精神也得到反复彰显。实际上至南宋已经发展出成熟的版本源流考订，版本学已经相当程度地独立发展。南宋张淳《〈仪礼识误〉自序》云：

此书初刊于周广顺之三年，复校于显德之六年，本朝因之，所谓监本者也。而后在京则有巾箱本，在杭则有细字本。渡江以来，严人取巾箱本刻之，虽咸有得失，视后来者为善，此皆淳之所见者也。淳首得严本，故以为据参以群本，不足，则质之《疏》，质之《释文》；《疏》《释文》又不足，则阙之，盖不敢以谀见断古经也。

---

① （宋）郑康佐：《眉山唐先生文集跋》，曾枣庄、刘琳主编：《全宋文》卷四五九五，第207册，第217页。
② （宋）丁黼：《校刻越绝书跋》，曾枣庄、刘琳主编：《全宋文》卷七三二七，第319册，第263页。

监本者天下后世之所祖，巾箱者严本之所祖，故其有误则亦辨之，余则采其所长而已。①

历数考辨《仪礼》一书从五代初刊到南宋的版本流传情况，北宋监本作为祖本的地位、南宋严本与巾箱本的关系。考订阐明版本的源流，为选择善本、确定文字讹误的流传关系和校勘乙正无疑提供了坚实的依据。刻本的歧出，版本的流传差异，为校勘学的形成和规范化提供了基础。版本源流考订和版本校勘辩证，以及整个宋代版本学的形成发展，构成了南宋文献学考据的重要方面。这不仅是南宋书籍文化的重要内容，也使南宋士人社会呈现出逐渐浓厚的求真尚实的学术精神，在版本鉴定、善本比较选择过程中，考据学的精神原则也渐次得到彰显，考据方法不断完善。

雕版印刷的发展，最为直接的表现，即是官私藏书的增加，藏书的迅速增加，也推动了官私目录著作的发展，以及目录学的不断成熟。一方面，与汉唐目录书多无叙录解题不同，宋代主要官私目录，如北宋官修《崇文总目》、南宋官修书目《中兴馆阁书目》、南宋著名私家目录《郡斋读书志》和《直斋书录解题》等，均为解题目录。另一方面，宋代目录著录体例不断完善，至南宋后期最终诞生了目录学、考据学史上重要著作：《直斋书录解题》和《玉海·艺文》，前者不仅著录图书异常丰富，其解题内容完整考证记录了作者字号、里贯、生平等珍贵信息，还对著录图书相关信息、流传情况进行辨析考证，具有很高的学术价值，后者的解题则为专门的考证文字，开创了中国目录学"辑考体"的著录体例。陈振孙《直斋书录解题》，正是寻访各地主要藏书家，眼见众书加以著录考辨的结晶，而王应麟所采用的辑考体著录体例，需要辑录众家文献加以删节拼接，构成完整的考证内容，没有大量的藏书，也是无法完成的。二人的目录学成就本身就是南宋书籍文化的产物。此外，南宋目录学的发达，还包括南宋初郑樵《通志·校雠略》为代表的目录学理论研究的进展，以及南宋末王应麟的《汉艺文志考证》，这部"首次将《汉志》从《汉书》中分离出来，专题进行考证研究"的古代目录学专

---

① 曾枣庄、刘琳主编：《全宋文》卷四八七七，第220册，第113页。

题考证类著作①。总之，南宋文献目录学的总结和发展，无疑是印刷技术发展、书籍增多所带来的文献意识、学术精神的产物。与前代书目解题的内容十分简略或者侧重借图书著录阐发学术源流不同，南宋书目更注重书籍自身信息的著录和辨析，充分彰显了书籍印数带来藏书增加之后，南宋士人所具有的严谨考据的学术精神。

其次，士人刻书的发展，直接推动了文献校勘的发展成熟。校勘学的兴起，出于两个重要的社会条件，一是士人读书风气的形成，更为理性、学术性的阅读，带来了阅读过程中随时进行的"手自雠校"，如宋初毕士安"年耆目眊，读书不辍，手自雠校，或亲缮写"②，刘挚"家藏书多自雠校，得善本或手抄录，孜孜无倦"③。王钦臣则"性嗜古，藏书万余卷，手自雠正，世称善本"等④；二是印刷书籍的发展，在雕版梓行之前，需要对典籍文字进行校勘，而雕版书籍越是丰富，需要刊刻书籍可能流传的版本越是多样，也就越需要进行多种版本的对勘校订。前者是宋代校勘学发展的主体性因素，后者则是南宋校勘学成熟的技术条件。一方面，文献刊刻过程形成了不同的版本流传系统，从而产生了大量的异文，需要在刻书之前对典籍进行校勘考订；另一方面，出于传送先辈思想文化成就的需要，南宋刻书表现出越发浓厚自觉的善本意识，也推动了刊印之前请名家精校的需求。总之，印本时代，正是士人的参与，刊刻前代名公先贤文集著作，极大地推动了南宋校勘学的发展成熟。如《石湖集》跋云："诗文凡百有三十卷，求序于杨先生诚斋，求校于龚编修芥隐，而刊于家之寿栎堂。"⑤范成大去世十年后，子范莘、范兹于嘉泰三年（1203）刊刻其父文集于家，刻书之前，先求序于杨万里，再校勘于龚颐正。士人出于对先人的敬重，往往广泛收罗、精加校勘而成善本精刻。宋代文献的刊印，又往往几经整理、校勘、重印，这一过程也

---

① 刘玉才：《王应麟〈汉艺文志考证〉文献学旨趣发微》，傅璇琮、施孝峰主编：《王应麟学术讨论集》，清华大学出版社2009年版，第79页。

② （元）脱脱等：《宋史》卷二八一《毕士安传》，中华书局1977年点校本，第9521页。

③ （元）脱脱等：《宋史》卷三四〇《刘挚传》，第10858页。

④ （宋）徐度撰，朱凯、姜汉椿整理：《却扫编》卷下，《全宋笔记》，大象出版社2008年版，第3编第10册，第175页。

⑤ 祝尚书：《宋集序跋汇编》卷三一，中华书局2010年版，第1443页。

校勘学实践的进一步开展和完善。如北宋名臣包拯的奏议，由其门人张田编成，但一直未刊印，绍兴二十七年（1157），"庐江帅毗陵胡公彦国、倅建安章公籍，一日相与言曰：'此邦素多奇士，如包公实间出也。惜其后无显人，弗克为之发扬。'因搜访遗稿，欲传之为不朽计"。经多方努力才得以"镂板郡学"。后刊板毁于兵火，淳熙元年（1174），庐州假守赵磻老重新访旧本，补亡佚，"是正讹谬及遗脱计二百八十六字，遂为缮本，镂板以附新学"①。包拯文集的刊刻历程代表了宋人整理刊印各类著作、文集的大致情况，首先是门人后辈予以整理或有前代抄本流传，后由富于文化责任感的地方官镂板官学初刊，至南宋再经士人收集整理、校勘讹谬而成完备精良的善本，其次镂板官学。对已有刻本的校勘重印，本身即反映出南宋士人的文献意识和考据精神，已达到十分自觉的程度。

再次，书籍刊刻成为地方士人富于文化学术追求的自觉活动，并推动了一系列的文献编撰、注释、考异等文献体式的开拓创新和考据学成果的诞生。北宋二程为代表的新儒学，总体上表现出不重文献功夫的倾向，或片面追求领悟自得，或片面追求经典为现实政治变革服务，读书博识的风气至北宋末已相当单薄。南宋士人，包括理学之士，有感于此，尤其强调立足官学、书院的读书教育，形成对宋学的传播流衍。这正与印本书籍的兴起为士人普遍认同，而不简单批评甚至拒斥相互呼应。儒学的复兴，理学的深入人心，需要文献作为基础和依托，南宋士人往往有感于书籍匮乏所导致的教育的凋敝，在南宋理学家看来，真儒精神，不仅在于开创性地继圣道、续绝学，在义理的体贴，还要"无所不用其极"地在史事记载中加以省察，形成对道统全体大用的认知。朱熹门人李方子《资治通鉴纲目后序》云：

> 慨郡计董董无乏，乃相与隐核渗漏之余财，复求寺正君新校之本，参定而镂诸木，盖将上裨乙夜之观览，而下淑学者之讲明。阅岁书成，而侯易帅江右，元戎将启行矣，于是亟以告诸朝廷，请上其板于成均，以给四方之求，且庶几乎！转以上闻，又俾方子书其所为刻之故，方子固不得而辞也。昔者窃闻之，二程子倡明斯道，

---

① 祝尚书：《宋集序跋汇编》卷四《包孝肃奏议跋》，第142—143页。

以续绝学之传,其于史事,若未数数然也。然伯子读《汉书》,未尝辄遗一字,叔子每观史至半,必掩卷思其成败,其有不合,又复深思,研精若此,岂有他哉!学之全体大用,固当无所不用其极也。①

与二程不同,南宋士人不仅精于史事文献、著书立说以理解理学之全体,而且直接参与刻印出版理学著作。朱熹尽管也对印本流行之下士子读书"苟简"忧心忡忡,但他同时认为,摹刻书籍,能"广其传,亦深有补于世教"②,乃"成仁者开广道术之意"③。学者统计,朱熹一生即亲自主持刊刻各类书籍四十余种④。通过编选、整理、刊刻周、邵、二程著作,如《近思录》《程氏遗书》《太极图》等,朱熹得以接续理学正统,阐释和构建理学思想体系,并极大地推动了理学在南宋的复兴。不仅是朱熹,南宋理学家大多编撰文献并将其加以刻印流布,已经成为不同士人群体扩大学术和政治影响的重要技术手段。印刷技术的发展带来的文献创新活力,推动了各种文献体式的创新,士人们拥有了更为丰富的文化资源和载体形式来进行继承前辈思想价值、传播影响后世的工作。

南宋人民间刻书与明代人刻书的一个重要差异是,明代"为利而刻"的商业刻书更为发达,而南宋时期士大夫参与,特别是地方官员利用职务和公款便利,自身进行编撰并校勘刻印的工作,重视文献的文化和学术价值。如周应合为建康府尹马光祖幕僚之时,主持编撰《景定建康志》,自言其"每成一稿,必取正于公。夜考古书,朝订今事。右分编稿,左付刻梓。自禊节以来周两甲子,而大略粗备"⑤。具有严谨的编撰、校勘、刻印过程,从而保证了南宋方志较高的学术和文献价值。

北宋司马光所开创的长编考异,在征引典籍方面远过于前人,一方面,所征引唐代国史、实录等官方原始档案多得益于神宗时期官方藏书的丰富;另一方面,大量的传世经典、小说、杂史等,显然也应与北宋印刷术所推动的书籍流通的广泛和私人藏书的增加有密切关系。直接受

---

① 曾枣庄、刘琳主编:《全宋文》卷六七〇二,第294册,第263页。
② (宋)朱熹撰,郭齐、尹波点校:《朱熹集》卷三三《答吕伯恭》,第1440页。
③ (宋)朱熹撰,郭齐、尹波点校:《朱熹集》卷二六《与杨教授书》,第1093页。
④ 马刘凤、张加红:《朱熹与刻书》,《山东图书馆季刊》2005年第4期。
⑤ (宋)周应合:《景定建康志》,南京出版社2009年版,第3页。

此影响而起的南宋《续资治通鉴长编》《建炎以来系年要录》等长编考异体编年史书，分别作为北宋九朝和高宗一朝的当代史巨著，其征引考异文献相对更为繁复多样，而多为民间学者独立完成动辄二百上千卷的长编考异，更是非益于刻印书籍的增多和得书的便利所不能为。二李自注考异所引诸书一大特点，是除了以第一手史料，如国史、实录、日录、会要等为基础外，均征引了种类繁多的北宋以来的杂史笔记①。除了北宋部分国史材料可能已有刊刻流传，为南宋士大夫私家所藏外，大量的杂史、笔记也正是南宋以来民间刻书的重要内容。如《涑水记闻》至迟高宗绍兴十五年已刊刻成书，《建炎以来系年要录》卷一百五十四"绍兴十有五年秋七月丙午"条载："司马伋言建安近刊行一书，曰《司马温公记闻》。"② 乾道二年（1165）汤修年刊刻了《梦溪笔谈》二十六卷，嘉定八年（1215）六丰县斋刘昌诗则自刊了《芦蒲笔记》十卷，又如杭州书贾陈起父子更是"出版了唐宋人集和笔记小说约近一百种"③。尽管二李考异文字中并未明言其所引用文献是否为当时刊本，但南宋笔记等各种史料的普遍刊行与考异大量征引之间应当存在较为密切的联系。另外，如《长编》注文考异中有大量文字辨析"别本"记载差异，不仅体现出史料考异对不同文献记载差异进行质疑辨析的特点，也反映了作为印本时代的长编考异，尤其重视同一种文献不同版本记载所造成的文字差异，如卷九十七真宗天禧五年"梓州路则梓资遂合戎荣果普昌渠泸十一州"条注曰："《三朝志》无合、戎、荣、渠四州，疑本或脱略也。"卷二百五十二神宗熙宁七年"又白上降此诏申明之"条注曰："元祐本'白'字下脱漏，绍兴本因之，当求别本考定，恐尚有他语也。"④ 虽然不能确定这些别本是否为不同刻本，但利用不同版本史料进行文字校勘，似乎已经成为南宋长编考异的新特点。相比较而言，北宋《通鉴考异》多以传

---

① 关于二书的引书情况，参见裴汝诚、许沛藻《〈续资治通鉴长编〉考略》，中华书局1985年版，孔学《〈建炎以来系年要录〉取材考》，《史学史研究》1995年第2期。
② （宋）李心传撰，胡坤点校：《建炎以来系年要录》，中华书局2013年版，第2903页。
③ 张秀民：《南宋刻书地域考》，《张秀民印刷史论文集》，印刷工业出版社1988年版，第90页。
④ （宋）李焘撰，上海师大古籍所、华东师大古籍所点校：《续资治通鉴长编》，中华书局2004年版，第2261、6172页。

世典籍旁证为主，涉及同书"别本"的考证、校勘只有一条。考证校勘的这一差异，正是印本时代学术方式侧重不同的表现。

南宋书籍印刷技术的发展，在文献体式创新、文献考证求实精神和长编考异、校勘、注释、考证等具体文献整理方法上，也推动了士人文化学术的发展，这构成了南宋理学学术之外，重要的文化学术史内涵。技术的发展，为宋学为中心的时代，抹上了考据重实的学术色彩。

第 二 章

士人的知识世界：南宋编撰文献与考据学（上）

思想史上的宋代，与先秦、魏晋时期一样，都是充满创新活力的重要时代。不过，从学术文化史上看，先秦思想主要是诸子思想争鸣和游说王侯过程中的言行及其记录流传的成果。魏晋及整个中古时期最重要的文化成果，主要是少数世家贵胄清谈的玄学、佛教义理文字，以及佛经翻译等宗教典籍。宋代学术文化史的一个显著特征，正是士人群体的扩大，文化教育的普及和纸本文献、雕版印刷的繁盛。这些外部文化条件的具备，不仅构成宋代思想创新活力的基础，也推动了宋代士人社会更为丰厚多样的知识积累和文献成果。因此，宋代学术的发展，不仅仅有比肩前代的新儒学为代表的思想创新，也有科举教育和印刷技术背景下，士人群体所进行的文献创新和整理成果。作为士人社会最终成立的南宋时期，其学派争鸣的活力或许逊于北宋，但一般士人所完成的文献考据整理成果，不在北宋之下，包括经书解说，科举类书的类编汇集，文献校勘整理，诗文笺释集注，方志、年谱等文献体式的发展完善，笔记的大量编撰和学术化等。这些成果不仅直接推动了宋代文献学、考据学的发展，其所代表的学术文化意义，也应该是宋代学术史、文化史考察的重要部分。

第一节　南宋经典类编与考据

宋代是经学变古的时代，也是经典文献体式的创新时代。宋人的经学研究文献,包括:1.考辨疑经专论文章;2.讲论经义的讲义、说解;3.训诂、说解结合的经注;4.纂集成说的经疏类编等。第2、3类文献,是典型的宋学解经文献,其解经方法,或直接论说、讲解经学义理,或简易的文字训诂与经学义理说解相结合,与汉唐注疏重点在文字训诂、笺注,名物典章制度考证训释以明儒家礼法秩序为主不同。典型的宋学解经之作,主要是论说、讲解理学心性义理,而较少涉及名物制度考证辨析,此类著作基本归属宋学范畴。第1、4两类著作,大体属于文献学范畴,与文献考据关系更为密切。其中前者属于宋代经学疑古范畴,其与经学考据的关系,详见前章,本节重点讨论后者,即经疏类编文献及其考据学。

一 南宋经疏类编文献的兴起

解经体式,宋人总结大约可分为两大类,一是自作注解、讲论大义,一是辑录成说以解经书。前者是单注,后者一般有如集解、集注或汇纂、集成等。根据冯浩菲先生关于中国古籍整理体式的研究,以汇集诸家成果作注释的文献体式,主要有集解体和纂集体两种,前者产生自东汉以后,又称集解、集注、集说、集疏、集释、训纂等,后者则于宋代以后产生并广泛使用,又称纂传、纂言、汇纂、集编、集成、大全、粹言、附录[1]。集解体汇集各家各种材料,包括音义训诂、史料考证、疏解经说等,经过精心剪辑、编排,有体系、有逻辑地置于注释文句之后,与撰者按语判断,构成训解注释的有机整体,是注释者学术思想的体现。这一注释体式不限经书,子史、文集均大量采用,也不限时代,自汉魏以后为历代注释者广泛使用,如魏何晏《论语集解》、晋杜预《春秋经传集解》、刘宋裴骃《史记集解》,南宋高闶的《春秋集注》,朱熹《四书集注》等。纂集体则主要属于资料汇编性质,"组织松散的注释体式","往往但求资料详备,不深究训释效果,多无按断,几乎没有什么学术价值"[2]。纂集体作为一种方法的出现,似乎并不是在宋以后,此前中唐李鼎祚的《周易集解》,即是汇编前贤三十余家注疏文字而成,至中唐时期

---

[1] 参见冯浩菲《中国古籍整理体式研究》,高等教育出版社2003年版,第174—178页。
[2] 同上书,第177页。

经学传注文献已出现以汇编前人资料性质的作品，在方法上开南宋之先。

集解体主要仍属于注释方式范畴，而所谓纂集体则已属于资料分类汇编的范畴。作为资料汇编，这一体式主要是以某某曰的方式汇编前人诸家成说文字，并且主要是训解疏通经文大义的书面或口语文字，而几乎看不到编集者主观训解、评述。这种节录现成文字段落于相关正文片段之后的方式，与类书编题分类附录抄录文献的编纂方式更为接近，都属于按类抄录编集的方法，因此，南宋此类文献可统称为文献类编，其本质都是以科举为导向所编的士人阅读、应考资料。此类文献延续了相当长的时期，南宋至元明均有大量编集，最高和最终形态便是明代的《四书大全》和《五经大全》。

宋代编纂的经疏汇编类文献，主要产生自南宋，根据《宋史·艺文志》、《直斋书录解题》、《郡斋读书志》等官私书目与解题及现存宋人经学论著内容考察，主要有：方闻一（舒州人）《大易粹言》十卷（淳熙二年曾穜序），黄伦（闽县人）《尚书精义》五十卷（淳熙七年建安余氏万卷堂序），夏僎（龙游人）《尚书详解》二十六卷（淳熙十三年时澜序），吕祖谦（金华人）《吕氏家塾读诗记》三十二卷、《春秋集解》三十卷①，冯椅（南康人，朱熹门人，绍熙四年进士）《尚书辑说》、《诗辑说》、《论语辑说》、《古孝经辑注》一卷、《周易明解辑说》、《西铭辑说》等，段昌武（庐陵人，嘉定元年进士）《毛诗集解》二十五卷，李明复（合川人）《春秋集义》五十卷（嘉定十四年魏了翁序），严粲（邵武人，嘉定十六年进士）《诗缉》三十六卷，卫湜（吴郡人）《礼记集说》一百六十卷（理宗宝庆二年作），王与之（乐清人）《周礼订义》八十卷（淳祐二年奏进），成申之（眉山人）《四百家集解》五十八卷等十余种。其中，南宋淳熙、嘉定年间是经疏汇编产生最多的时期，撰者里贯也多集

---

① 对于《春秋集解》的作者，学界争论不一。四库馆臣考证认为是吕本中，崔富章《四库提要补正》认可此说（《四库提要补正》，杭州大学出版社1990年版，第159页），最近又有研究者补正此说，如张宗友《吕氏〈春秋集解〉十二卷本作者与流传之探索》（《中国典籍与文化》2009年第4期）；而李解民《〈春秋集解〉为吕祖谦撰考——〈四库全书总目〉辨正札记》（《中国典籍与文化论丛》第8辑，北京大学出版社2005年版，第28—39页）则考证为吕祖谦所作。楼钥《攻媿集》卷五一《止斋春秋后传左氏章指序》："东莱吕公祖谦又有《集解》行于世，《春秋》之义殆无遗蕴。"这一明确记载至少说明吕祖谦确曾著有《春秋集解》行世。

中于刻书业发达的浙江、四川、江西等地。宋末以前，类编经疏所涉经典基本以《五经》为主，这一情况至宋元之际，发生了根本改变，基本以《四书》纂疏为主，辑录汇编的对象，也从汉、唐、宋诸家，日益集中于程朱为中心的理学诸家学说。各家书名各异，或"通释"、或"集义"、或"附录"、或"集成"、或"发明"、或"通"、或"指义"、或"辑释"等，宋元之际不下数十种。其编撰体例不外"纂疏"之义，"在形式上是《语录》、《文集》等内容的纂辑整理"。"纂疏"之作，仍主要指理学弟子纂集朱熹及高足语录、文集以疏通《四书》的作品。主要都是讲解、口义、语录文字疏通解释经书大义的内容。南宋类编经疏文献，经历了专门化的演变过程，即解经对象由《五经》转为《四书》，所抄录对象由汉宋诸家集中于两宋理学，抄录内容从训诂考证、解经疏义混杂，转为单纯的理学大义为主。因此研究者甚至径以"纂疏之学"指称南宋末以后，朱门弟子及再传所编撰《四书》类新注疏和部分受此影响的《五经》新疏[①]。不过，此类文献实际上应该是唐宋以来，特别是南宋中后期经疏类编文献专门化的产物。

前列诸家除冯椅外，现存较为完整的前 9 种经疏类编，其对汉宋重要经说的辑录情况，统计情况如表 2—1 所示。

表 2—1　　南宋 9 种经疏类编引汉宋重要经说辑录情况　　单位：条

	大易粹言	尚书精义	尚书详解	吕氏读诗记	毛诗集解	春秋集义	诗缉	礼记集说	周礼订义
毛苌				1560	1221				
孔安国			95	488					
郑玄	4		51	1139	1032			2317	2166
陆玑				11			81		
孔颖达			168				1164	2004	
贾公彦									1373
刘敞		2						34	59
欧阳修			168	137					
司马光	9							33	

---

① 谷继明：《试论宋元经疏的发展及其与理学的关联》，《中国哲学史》2014 年第 1 期。

续表

	大易粹言	尚书精义	尚书详解	吕氏读诗记	毛诗集解	春秋集义	诗缉	礼记集说	周礼订义
王安石		19	76	334			153	62	560
苏轼		97	126	345	362		167		
曾巩				65	20				
陈师道				89					
范祖禹		11		88	18	22		2	
陆佃				3				948	16
方慤								1589	9
王昭禹									1353
马晞孟								631	
陈祥道								616	22
程颢	60					4			5
程颐	790	7	19	296	233	243	92	83	3
张载	552							252	7
谢湜						1211			
谢良佐				2	5	1		9	
游酢	88			1			1	37	
尹焞	8			28		5		2	
杨时	354			26	28	21	7	41	25
胡安国						754		2	4
张九成		624	12					31	
陈鹏飞		18	25						
郭忠孝	171							19	
郭雍	813								
郑锷									2250
林之奇		84	238						40
吕祖谦		196			83	203	29		69
张栻						10	7	8	
朱熹				700	1157	70	591	204	14

注：卫湜《礼记集说》所辑录部分宋人文献条目数量的统计，另参见潘斌《宋代〈礼记〉学研究》（博士学位论文，四川大学，2009年）相关章节统计数字；《周礼订义》所辑录各家条目数量，参见夏微《〈周礼订义〉研究》（博士学位论文，四川大学，2008年）。

从表2—1中大致可见，首先，各家辑录文字中，理学家文字言论都是重要来源，如淳熙间《大易粹言》"裒伊川家所尝发挥大易之旨者，明道（程颢）、伊川（程颐）、横渠（张载）、广平（游酢）、龟山（杨时）、兼山（郭忠孝）、白云（郭雍）合七先生，集为一书"①。其次，诸书辑录范围也多有不限于理学诸说者，而是包括汉唐注疏各家之说，以及北宋理学之外各学派的文字，包括苏轼兄弟、王安石及新学门人等，如王与之《周礼订义》"所采旧说，凡五十一家。然唐以前仅杜子春、郑兴、郑众、郑玄、崔灵恩、贾公彦等六家，其余四十五家则皆宋人，凡文集、语录无不搜采。盖以当代诸儒为主，古义特附存而已"②。此语实际上并不严密，从现存情况来看，部分文献所辑录的毛传、郑注、孔疏文字也占相当比例。此类文献的辑录众家之说，并不限于一家一派，而力图达到纂辑无遗、博览不繁的目的，如黄伦《尚书精义》，收罗辑录汉宋诸家之说，以全面多元为汇编标准，试图达到以一书而收经说之全，"不必他求"的功能："取古今传注，及《文集》、《语录》，研精而嶄截之。片言只字有得乎经旨者，纂辑无遗，类为成书，博而不繁，约而有要，实造浑灏噩之三昧，非胸中衡鉴之明焉，能去取若是，志于经学者，倘能嚅哜是书，不必他求矣。"③ 将各家学说纂辑无遗，类编成书，此类经疏类编文献，反映出南宋晚期以前的学坛，一般士人日益接受理学一派的思想价值体系和主要理学家的学说，但仍然保持着开放兼容的姿态，主张通过博学广知的学术活动以治学修业，提升儒者道德和文化境界。

其次，部分类编文献对一些并不知名的特定儒者，甚至在南宋已为主流学术所遗忘或刻意回避的儒者之说情有独钟，力求完整地辑录征引，在当时和后世实际上都起到了辑佚保存解经文字的功能，成为辑佚之学成立的先导。如卫湜《礼记集说》，对荆公新学后人文字，全书完整分类编排予以抄录，表现出了辑佚以存书的旨趣。因此，此类文献的编纂，

---

① （宋）曾穜：《大易粹言序》，曾枣庄、刘琳主编：《全宋文》卷五八一六，第258册，第389页。

② （清）永瑢等撰：《四库全书总目》卷一九《周礼订义》提要，中华书局1965年版，第152页。

③ （宋）黄伦：《尚书精义》（序），《丛书集成初编》本，中华书局1985年版，第2页。

不仅在南宋学术史、经学文献学史还是考据学方法创新运用等方面,都是值得关注的文化现象。

南宋此类经疏类编的产生,首先是科举社会成熟与雕版印刷,特别是书坊印书发展相互作用的产物。关于这一点,黄伦《尚书精义》的刊刻者,建安余氏说得尤为清楚:

> 释褐黄公以是应举,尝取古今传注及文集、语录,研精而蕴截之,片言只字有得乎经旨者,纂辑无遗,类为成书,博而不繁,约而有要……志于经学者,倘能嚅哜是书,不必他求矣。余得之,不敢以私,敬锓木与天下共之。①

黄伦编纂此书正是为了在应举过程中方便阅读,纂辑类编各家文字,而不必他求众多典籍,余氏刻此书正为了让天下初学士子均能"共享"此便利。夏僎《尚书详解》的编纂,据陈振孙的解题,也是"集二孔、王、苏、陈、林、程颐、张九成及诸儒之说,便于举子"②。其他诸书,虽未明言是为了科举应试,但同样表达了以微知著,省去一般士人遍览群书的方便目的,如严粲的《诗缉》,杂录新旧经说,就是要使不同经说博收于一,达到"一见可了,以便家之童习"的目的③。

同时,此类文献的编纂,征引汉宋诸家且以宋代理学家文集语录为重,既是南宋理学社会地位不断提升的结果,更反映南宋理学家在孝宗以后大力参与科举以扩大影响的现实状况。南宋理学官方地位的取得,除了思想史演进的必然性和南宋政治现实需要之外,理学之士的科举运作,也是十分重要的因素。出于科举而追随理学家的社会热潮,自然也推动了理学本身在南宋一般士人中的认可程度。理学家参与科举成鼎盛之势,要求将《四书》作为官学教材,也是顺理成章的诉求。嘉定四年(1211),秘书省著作佐郎李道传奏文,将朱熹《四书章句集注》颁行太

---

① (宋)余仲则:《尚书精义序》,曾枣庄庄、刘琳主编:《全宋文》卷六五二五,第287册,第287页。
② (宋)陈振孙撰,徐小蛮、顾美华点校:《直斋书录解题》卷二,第34页。
③ (宋)严粲:《诗缉》(条例),文渊阁四库全书本。

学。宁宗时期《四书》立为官学，还是将其与诸经相次第，汉宋诸家之学并而习之，到理宗淳祐元年（1241）立官学诏，已经不再次第诸经，而唯尊《四书》，"自此非《四书》、《东西铭》、《太极图》、《通书》、《语录》不复道矣"①。

南宋经疏类编的编撰，正是南宋理学渗透举业及科举内容变化的结果，南宋中期科举，尽管仍以《五经》为考试范围，但理学家广泛参与其中，理学对经义理解的学习变得至为关键。因此，这一时期的类编之作，既以《五经》为限，又多吸纳理学家言。南宋末叶，随着科举考试范围的变化，经书类编也逐渐转为单纯的《四书》纂疏，汇编程朱一系理学家文集、语录文字，以便于举子备考。

二 南宋经疏类编文献的考据方法

南宋经疏类编文献，主要作为科举应考的方便工具，在经文之下抄录古今诸家经说，免去一般士人翻检之苦，因此只求资料详备而多无按断。尽管如此，作为一类卷帙宏大的传世文献，恐怕不能简单视为科举兔园之册，从学术史上看，此类文献所体现的汉宋兼容精神，博通经典意识，也是南宋理学自身演变的一个重要环节。仅就其编纂精神和方法方面，也体现了南宋士人文献考据精神的若干侧面。

首先，南宋经疏类编过程中，所引录经说，不仅限于常见的汉唐重要典籍文字，包括郑注、孔疏等，也不限于宋代著名理学之士的语录、文集，而是重视对主流之外名不见经传的经说加以辑录保存，尤其对被时人遗忘的经说遗文进行辑录，体现出辑佚存真的文献学意识。

中国文献辑佚学，一般认为始于宋代，张舜徽《广校雠略》云："雕版至宋乃盛行……于是而有好古之士，或私淑诸人，或歆慕其学，深憾书之不传于后，百思有以搜罗而补缀之，以复古人之旧，此辑佚之所由兴也。"② 雕版印刷在北宋兴盛，文人学士整理前辈文集著作，往往需要收罗逸文遗集，辑佚学孕育于此。真正专门的辑佚学著作，以南宋末王

---

① （宋）周密撰，吴企明点校：《癸辛杂识》后集"太学文变"条，中华书局1988年版，第65页。

② 张舜徽：《广校雠略》卷四，华中师范大学出版社2004年版，第82页。

第二章 士人的知识世界:南宋编撰文献与考据学(上) / 71

应麟的《诗考》和《周易郑康成注》为最早①。而王应麟对经书旧说的辑佚,除了前代搜罗补缀的渊源,直接的源头,正是南宋经疏类编对经典旧说的保存。如卫湜《礼记集说》等经疏类编文献,便是以较为纯粹的文献文化学者的姿态,不拘守理学门户,而对宋学诸派学说训解文字均给予重视,并且发源起覆,力图恢复被有意无意掩盖的学说渊源关系。书中不仅大量汇编汉唐重要经说,还特别辑录了新学门人方悫、马晞孟、陆佃等人的《礼记》解说文字,几乎是全文辑录而分类汇编。陆、马、方等新学门人学说南宋已有刻本流传,当并不难得,而对方悫《礼记解》的全文辑录,主要是其解说最为详悉,且有补于初学者。而卫氏辑录另一些名不见经传的训解学说,主要动机则是发源起覆,面对宋儒"剽取前人之说以为己出"的经学之弊②,试图推本溯源,保存那些被遮蔽的原初学者的经说文字。卫湜汇编诸家之说的一个目的,即在于辑录那些被人遗忘的学者之说,属于文献辑佚的思想范畴,对被新说湮灭的旧说的自觉保存。出于政治和学术的原因,部分学者的经学旧说,到卫湜的时代已经开始逐渐被人遗忘,先儒之书也逐渐有湮灭隐晦的趋势。正是有感于此,卫湜特别重视对这些当时主流学术之外的学说加以掇拾。因此,南宋经疏类编文献,尽管科举应试是兴起的重要原因,但是在理学《四书》尚未独占的时代,严肃的学者仍然重视在其中保存多元学派的广博知识,将不同经说加以保存流传,是此类文献编纂者自觉的文献辑存意识的主动选择,同时也影响了此后南宋士人对已经散亡文献的辑佚。反对据新忘旧,对古人或前人经说旧学文字加以辑佚保存,便是此类汇编文献的一大动机和创获。南宋晚期大儒王应麟,重视文献辑佚考据之学,学问渊博宏通,从根本上是南宋学术兼容折中的发展结果,在经学领域,也是经疏类编文献所形成的学术精神和方法的发展结果。王氏辑佚之作《诗考》自序,言其辑佚汉代《诗》学今文三家,主要师法渊源的朱熹,乃出自学派的门户认同③,但实际上收集汇编前人经说,正是南宋以来普

---

① 曹书杰:《中国古籍辑佚学论稿》,东北师范大学出版社1998年版。
② (宋)卫湜:《礼记集说后序》,曾枣庄、刘琳主编:《全宋文》卷七四七一,第325册,第200页。
③ (宋)王应麟撰,王京州、江合友点校:《诗考》,中华书局2011年版,第9页。

遍的学术方式。对于后世一种学说独传导致旧说消亡和被遗忘，以及今人经解网罗异佚，稡编诸学以扶微学的学术方法，均与南宋中期以来兴起的经疏类编文献活动相一致：在现有成说之外，推原起覆，探寻原始旧说。当然，严格地说，王应麟以前的经疏汇编，仍属辑录范畴，以抄录现成文字为主，至王应麟始真正进入辑佚范畴，从四部典籍及其注释中，辑录出亡佚文献的只言片语，但二者的学术精神和目的，显然存在相通之处。

其次，南宋经疏类编，所辑录的经说文字，对理学之外，包括汉唐诸儒经说，也多有辑录，这些汉学经疏文字自然也包括设计名物制度、训诂考证的内容。如《周礼订义》卷五"掌百官府之征令辨其八职"条引郑锷曰："自上召下谓之征，自上使下谓之令，百官之府，皆有征召，然非其职之所统治，则虽有所征而不至，虽有所令而不从，宰夫掌征令，而辨其八职，使各有所统治，然后上可以号下，而下不敢以违。"又引黄氏（度）曰："《周礼》征令有二：王与冢宰有所征召之令，宰夫百官府之征令是也；征敛税赋之令，司书逆群吏之征令是也。"① 辑录各条主要对《周礼》卷一天官冢宰中有关"征""令"适用范围对象的考证，郑氏之言主要在辨异，黄氏之言则在举例，从不同角度辨析典制实学问题，而非宋学义理阐发。南宋经疏虽以理学家经说为重点，对汉唐训诂考证的汉学经说，也并未简单排斥，体现了汉宋兼采的学术路向。

再次，更为重要的是，南宋经疏类编的编撰过程中，主要的考据方法，一是辑录相关文字，不加按断自身构成一个分类考证题目，为宋末王应麟辑考体之先；二是直接附录按断文字加以考证。

经疏类编的编撰目的，主要是辑录诸家解经文字，以便于初学者折衷取舍。其编撰重点，在于选取相关文字旧说，相互发明经旨。在理学独占以前，士人对经学的理解，不仅限于心性义理，也包括对经典训诂、度数的训解考证，其中汉学训诂考证和宋学性理精微是相互发明贯通的。如段昌武《毛诗集解》卷一《汉广》"翘翘错薪，言刈其楚。之子于归，言秣其马"条引：

---

① （宋）王与之：《周礼订义》，《通志堂经解》本。

毛曰："错，杂也。秣，养也。六尺以上曰马。"孔曰："《学记》注：以楚为荆。"朱曰："之子，指游女也。秣，饲也。"张曰："刈楚刈蒌，以秣之子之马也。"朱曰："以'错薪'起兴，而欲秣其马则悦之。至以'江汉'为比，而叹其终不可求，则敬之深。"①

毛公"秣，养也"与朱熹"秣，饲也"反复训解，孔颖达所引经注"以楚为荆"，与张氏"刈楚刈蒌"相应，言楚、蒌均为秣马之草料，训诂明晰之后，再引朱熹说解前二句与后二句的关系，在于刈楚秣马是为了取悦之子。其中对于《诗经》文字名物的训诂，是解诗之意的必要前提，段氏反复征引诸家之说，共同构成一段完整的解说。此类纂疏文字，与一般讲义、说解文字的直抒议论显然不同，近乎于对经文的铺排引证前人训诂材料所作的考据。

文献类编对于制度典章的考证，更是通过征引不同文献以相互补正、佐验，构成对某一典制的全面正确认知，这一方法在宋末王应麟的主要著作中，都得到了大量的使用，成为其《玉海》《诗地理考》《汉艺文志考证》等考证专书最主要的考证方法。如《诗地理考》六卷，每卷下列若干《诗经》地理名物，每一地理名物之下，辑录征引汉宋诸家之说，历代文献，以考证其地理山川的方位、名称沿革等相关问题。如卷四"阮共"条：

郑氏曰：阮也，徂也，共也，三国犯周而文王伐之。
孔氏曰：《鲁诗》亦以阮、徂、共皆为国名。孙毓云：文王七年五伐，未闻有阮、徂、共三国助纣侵周。文王伐之之事。
朱氏曰：徂旅、密师之往共者也。②

分别辑录郑玄、孔颖达、朱熹等人及文献以正阮、共之为地名及其方位归属及典故。其中人物引文顺序并未按时代先后，而是根据考证内容的逻辑先后，可见其顺序安排是有意为之的。王氏考证辑录引文往往

---

① （宋）段昌武《毛诗集解》，文渊阁四库全书本。
② （宋）王应麟撰，王京州、江合友点校：《诗地理考》，中华书局2011年版，第292页。

为密切相关文段的截取，重新编排过程完整的考证条目。这一考证方法的前身，即南宋形成的分类杂抄诸家之说分类汇编文献考证的方法，是王应麟在类编文献基础上的考据专门化。从根本特征上说，王应麟辑录考证的方法，实源于南宋中期经书类编。

另一种方法是直接在引文之余以按语考证，是作为编者直接的考证文字。尽管经疏类编这一文献体式的核心特征，是辑录前人成说以解经，重点在搜罗完备，但并非全无按语论断。赵汝腾淳祐二年（1242）进《周礼订义》奏文中，即言其书是"自附己见，剖析微眇，是非审确"。如《周礼订义》卷十"掌邦布之入出以共百物"条：

> 愚案：《周官》一书，半为理财，大率多是谷、粟、布、帛，出于天之所产，人之所成，上下所赖，以供不穷之用者在是，其实以钱与世交易绝少，观《司市》"国凶荒，则市无征，而作布"，则冶铸之事有时，无后世穷山竭冶以供鼓铸者矣。又《司市》一属，与民贸易，而上下交征利之地，"布"之一字，绝无而仅有，自《司市》"以商贾阜货而行布"、"以泉府同货而敛赊"而后，《廛人》有五布之入，《肆长》有总布之敛，极而《泉府》"以市之征布，敛市之不售"，泉布之行用有数，亦无后世倾市合廛，以取办于钱者矣。故《周官》自《廪人》以下数官，掌九谷之入出，以待国家之用者。

王与之以《周礼》为周公致太平之书，推崇周制，因此引证《周礼》记载文字，考证周代时天下的财物包括谷、粟、布、帛，重视物质生产的重要性，由此形成上下相赖的基础，并非如王安石变法，不重视物质财富的积累，而只关注钱币的增长。经疏类编文献对汉宋经学的融会贯通，对典制实学的考证辑录，主要体现了南宋士人，特别是浙学士人对国家经济、政治制度的关注，并以此实学为解决现实事物的出路。就文献知识结构而言，此类制度典章、现实政策的考证议论，与浙学思想追求结合科举应试教育密切相关。辑录引证诸家学说构成一个篇题考证的做法，在结构和知识类型、功能上，颇类似同时期的东南地区盛行的士人编纂类书，特别是应试类书分类编题抄录经史典章制度知识的方法。《周礼订义》每卷先截取《周礼》文字片段作为条目，每条附录所辑诸家考证、义理训诂说解文字，卷末以"总论""总论六典""总论会计""总论太宰""总论封建""总论八职""总论九献""总论司徒官署"等等编目，下引诸家训解经说，以考证典制之要。此类结构和辑录文字，既典型体现了经疏类编的体式特征，也透露出兼及汉宋名物考证与大义训解的方式，正是适应于一般初学士人应付经典学习、科举经义策论参考书目的产物。

三　南宋经疏类编考据的学术史考察

中国传统社会政治大动荡之下，对历史与现实进行反思和批判的，总是作为知识文化主体的儒家士人，而他们对现实政治失败的解释，也总是最终要上升到道德人心、学术风气的失败。两宋之际的宋儒亦是如此，面对北宋末年的政治衰微特别是靖康之难，宋儒一方面归罪于王安石变法所导致的社会经济混乱，以及新旧党争所引发的政治腐败、士风衰退；另一方面也将批判矛头对准了北宋以来新儒学末流所表现出来的空疏不学、空谈不实。南宋孝宗甚至将北宋以来新儒学的空谈道德性命，与永嘉之乱的玄学空谈误国相提并论。因此，南宋以来各类儒者均对空疏不文、空谈性命，以及分割儒学、穿凿专门、党同伐异的风气展开了激烈的批判，强调重视儒门博学宏大、兼收并蓄的学术传统，主张恢复祖宗家法宽厚博大的政治传统。南宋初江西诗人韩驹则上多道劝博学奏疏，针对徽宗以来新学、洛学所形成的空疏士风，认为"安石于书无所不读，故其讲解经传，训释文字，杂取百家诸子之说以发明之"，而其末流则"专治一经，其所旁取以为资者，《老》、《庄》、《扬》、《列》、《三经义解》、《字说》而已"，二程后学则多"峨冠曳带所有者，特栩然之腹而已"，其"通于道德性命之理，诚前世所不及，然一为吏，则素所蓄积不过以善其身而已"，终无用于天下之事[①]。孝宗淳熙间仍有大臣指出："近来掌文衡者，主王氏之说则专尚穿凿，主

[①]　（宋）韩驹：《请劝士博学疏》，曾枣庄、刘琳主编：《全宋文》卷三五〇九，第161册，第376—377页。

程氏之说则务于虚诞。"① 北宋诸名儒大臣在治世、博学、义理方面兼通并蓄，国之重臣精神气度令人称道，而穿凿空疏、高谈专门之学，都被普遍认为是无益于治国理政。在南宋士人看来，要重构南宋政治学术文化，重建养士得人之道，就必须恢复北宋宽厚博大、兼容并包的祖宗之法：

> 苏学长于经济，洛学长于性理，临川学长于名数。诚能通三而贯一，明性理以辨名数，充经为济，则孔氏之道满门矣，岂不休哉！②

北宋诸学各得儒学的某一方面，各有专长，发挥各家优长，"于经谊则闳而深，于史学则博以严，于笺传集类、兵家历法、农工国记、星官医药之书，与夫释老异家之所传授，经目则无所不考，考则无所不详"才是真正的"通儒"之学③。

不仅一般文士，南宋以后的理学精英，也往往表现出包容先儒之说，渐成博采集成的趋向，前有高、孝之际汪应辰、林之奇等人，后有孝宗乾淳时期的吕祖谦、朱熹等人。

汪应辰（1118—1176），字圣锡，信州玉山（今江西玉山县）人。汪应辰之学主要出于程门后学，但同时又博综各家，他曾致信朱熹表示不必对苏轼之学过于严苛，苏学主要在文章之妙，自有可取而于道无害，学者不仅当考究天文地理、刑名度数，还应当兼综汉唐注疏以及北宋诸儒包括苏轼、王安石的笺注研究。与前代理学高谈微妙、阔略不适于用不同，汪应辰注重文字声韵、校勘考异，以及各种适用之学，同时又以此为基础，通向心性天理之学，表现出体用并重、两不偏废的学术追求，这些学术风貌于稍后之吕、朱诸儒不无先导之意。

林之奇（1112—1176），字少颖，号拙斋，福州侯官（今福建福州）人，其《尚书全解》所引之302处"王氏曰""王氏云"及提及"王氏"，

---

① （宋）佚名撰，阮元辑：《皇宋中兴两朝圣政》卷五六，《宛委别藏》，江苏古籍出版社1988年影印本，第28册，第1790页。
② （宋）员兴宗：《九华集》卷九《苏氏王氏程氏三家之学是非策》，《宋集珍本丛刊》，线装书局2004年影印本，第56册，第243页上。
③ （宋）员兴宗：《九华集》卷一二《答洪丞相问隶碑书》，第267页下、268页上。

一方面对王学穿凿之风多有批评，另一方面也有不少肯定之语，其肯定之评多集中于王氏解经训诂、句读、校勘之得，如"王氏、苏氏皆以'延'字属上，句读盖得之矣"，"王氏疑其有脱误而不可知者宜阙之，此为得体"，"王氏解经，每不合于义者，不旁引曲取以为之说，至阙之。此王氏之所长也"①。其经学体现了以理学为主兼综各家而不褊狭的博杂之风。

朱熹虽反对吕祖谦等人的博杂，力图清理道统门户，以清晰的程朱理论体系，为理学的领域画出界限，成为一个相对完整封闭的学派体系，但这一学派体系本身却是集众家之长的产物。理学义理的集大成，使朱熹哲学乃至中国哲学，达到了前所未有的理论思辨高度和完整精密的思想体系。而朱熹学术上的"遍求诸家"，则是对其体系中各个范畴与方法平衡与完善。与前辈往往偏于一端相比，朱熹在义理与考证、博文与约礼、上学与下达、尊德性与道问学乃至内圣性理与外王经世等各个层面和角度的关系中，都努力寻求平衡与协调。其博杂兼取特点与吕祖谦等人并无不同。

朱熹也总是反复强调主体道德之心对理解圣人本意心法的前提，是对博学知物的重要性，既反对汉儒式的溺于训诂考证，也反对一味高论心性，上学而无下达的倾向，甚至对伊川"注脚成文"的经学注释也提出批评，对于一味返身而诚的空言义理进行了批评：

> 近日学者多喜从约，而不于博求之。不知不求于博，何以考验其约！如某人好约，今只做得一僧，了得一身。又有专于博上求之，而不反其约，今日考一制度，明日又考一制度，空于用处作工夫，其病又甚于约而不博者。要之，均是无益。②

很明显，朱熹在不同的场合针对不同为学之弊，都提出了批评，而其努力要实现的，正是文献考证功夫与自得持养功夫的平衡统一，其意并不在强分轩轾。所谓"如何知得圣人之心"，亦即，千百年后之人，若既未有道德内圣，亦无正确的方法整理和理解经典，则难以得知圣人之

---

① （宋）林之奇：《尚书全解》卷二七，山东友谊出版社 1992 年影印本，第 1458 页。
② （宋）黎靖德，王星贤点校：《朱子语类》卷一一，第 188 页。

心,自然也是危险的。朱熹在《学校贡举私议》中提出了可资兼采的各个学问领域。科举士人只热心于一般时文断章,而于学问之事,对于个体道德涵咏成长则弃之不习,而即如读书也只是摘抄片段、模仿造作,或讽诵时文范本,或饾饤兔园小册,碎片化阅读之风盛行,全然不顾经典文本和传注全文,不明经意也不能建立对圣贤之道的深入理解,显然于世道养成无补。作为科举弊端的补救,学校尤其是书院教育之中,应当首重学问,重视经典文本的完整阅读,同时对汉宋各家注疏训解之长者也加以融会旁通,避免妄牵己意。南宋经疏类编文献也应在这一经学史而不仅限于理学史的背景下加以认识考察。

另外,科举经书汇编,也与南宋浙学密切相关。浙学的一大特点,即重制度尚务实,表现出不空谈性理的文献编纂之风,重视经典记载与现实制度名物考证的方法特点。在杂录诸家之说,文献类编体式的发展创新上,浙江各州县的学者表现尤为突出。在经疏类编方面,前文主要类编作者13人中,包括吕祖谦在内5人出自浙江一地,其中夏僎为龙游(今属衢州)人,王与之为乐清(今属温州)人,赵顺孙为缙云(今属丽水)人,董楷为临海(今属台州)人。

王与之的《周礼订义》,即为吕氏之外浙学制度名物、文献编集的又一代表。尽管真德秀从理学家角度立场,认为《周礼订义》的重点在于发明理学精微之旨意,但从辑录文字看,书中并不废弃郑注制度训诂之学,反而大量征引,并以此为周礼之学的基础,对于汉唐诸儒的批驳,也多涉及制度名物考据,所引宋代诸家学说,首以郑锷为最,也不仅在阐发义理精微,仍以制度为主,正如研究者所论,"南宋后期,学者谈虚理者多,崇实学者少,学术风气更趋空疏不实,王与之与此之际,能钻研错综纷繁的礼制难题","不忽视传统的训诂考据,可谓兼义理考据之长"[①]。而王书的立场也不仅限于理学一派,从其对王安石、王昭禹等新学著作的大量征引,也可见其对新学制度之学的认可,并且从王与之本人的按语,也可见其学术渊源的多元。可以说,该书正如婺学的基本立场,以理学心性为内核,兼容制度名物的务实之风。

总之,不论是科举应试、书籍增多的影响,还是南宋学术发展对博

---

① 夏微:《〈周礼订义〉研究》,博士学位论文,四川大学,2008年,第336、343页。

通经典的讲求，南宋士人的知识结构都更显广博，真儒精神不再仅仅以得圣人心法之秘为目标，也还需要对文献典籍和历史知识作深入沉潜。宋人对学术的探求，从北宋的疑古求新，转向了南宋的博识精思。

第二节　南宋类书编撰与考据

南宋科举仍以诗赋科为重，在首场诗赋或经义之外，二、三场也仍有论、策两首，科举用书单纯经疏知识，显然是远远不够的。因此，南宋科举应试知识相关书籍的编撰，在经疏类编之外，其他各部均有采用分类编撰而成的文献。史部文献如北宋真宗端拱间即有杨侃《两汉博闻》，编题类目之下，辑录晋唐各家对两汉名物典章、风俗语词的训诂注释文字，清晰可采，究其性质，是宋人了解两《汉书》及两汉典制名物的入门阅读之作。辑录汇编以便于初学，这一点与上节所述经疏类编诸书在性质上多有相近之处。在考据方法上也有类似之处，即以若干条引文，从不同侧面共同构成对某一名物语词的训解考证。集部方面，宋人各种前代诗文集注，本朝诗文集注，特别是分类诗文集注，具有突出的知识分类编题。辑录文献成说的类似体例，其目的仍在于便于集中快速掌握相关科举技能。如《王状元集百家注分类东坡先生诗》《分门集注杜工部诗》等，卷首以诸家姓氏，卷次条目之下辑录各家说解，其中地理名物训诂考证与义理文意阐述也错综结合。各种便利于初学士子知识分类总汇文献中，子部类书的编撰无疑是最具特色、也最直接便利于科举应试的一种。其知识分类体系和抄录文献的选择，既是南宋科举考试内容的体现，也是南宋学术变迁的表征。

宋代类书的研究成果，主要集中于北宋四大书的研究，对南宋类书，仍有待全面深入。总体而言，相比较北宋而言，南宋类书具有如下几个特点：首先，南宋类书多为士人独立编撰完成，而非如北宋均为官修集体编撰而成；其次，南宋类书体例更为多样，既有综合类书，也有专门类书，从编撰方法上，既有抄录为主的类书。也有考论为主的类书。相对而言，北宋类书体例较为单一，主要是继承前代的抄录体式的综合类书，这反映出士人参与类书编撰所具有的活力和创新精神；最后，北宋类书主要是魏晋隋唐时期"御览"传统的延续，类书的主要功能是提供帝王观览阅读使用，其知识体系主要体现为中古以来的博杂知识或政治观念，南宋类书则具有明显的士人编撰者的学派主张和归属倾向，表现出逐渐增强的学术旨趣和追求，这一特点似乎是南宋类书的独有特征，既为前代所无，元明以后也较为罕见。

因此，官修御览类书和民间日用类书，都是单纯知识抄录和汇集，与二者不同，作为士人编撰的科举应试类书，不再仅仅满足于博杂知识的简单罗列，而需要更多考虑抄录知识的内在联系，通过重新编排，达到对相关领域知识准确、深度的理解，以适应于诗赋、策论、博学宏词等科举考试的竞争要求。科举社会的成熟发展，印刷书籍的繁荣，和士人的参与，一方面推动了类书编撰过程中对博杂知识考据辨析的自觉运用，类书内在结构变得愈加紧密；另一方面也使得南宋类书成为具有一定学术追求和倾向的大型文献，从中彰显出自身的学术史意义。

一　南宋类书编纂的主要考据方法

与经疏类编相似，作为抄撮文献加以编撰的文献体式，类书中所展开的考据方法，主要有两种：一是辑录考证方法，即辑录相关文献条目，通过一定编排方法，从而构成对特定主题的考证；二是按语考证方法，即在文献抄录过程中直接按语论断的考证，或专题按语考证中引录相关文献条目。南宋类书中，《群书考索》《全芳备祖》《玉海》正文部分，主要属于前一种方法；而《群书考索》极少量小字注、《玉海》的单行或双行小字注，以及《古今源流至论》和《古今合璧事类备要》正文按语均属于一种方法。

章如愚《群书考索》（以下简称《考索》），全称《山堂先生群书考索》，又名《山堂考索》，现存残宋巾箱本名为《新刊山堂先生章宫讲考索》，是南宋士人编纂类书的代表。对于其"考索之功"，清人以来已有评论，因此各家均认为属于按语考证，然而这是值得重新认识的。四库馆臣云：

> 宋自南渡以后，通儒尊性命而薄事功，文士尚议论而鲜考证。如愚是编，独以考索为名，言必有征，事必有据，博采诸家而折衷以己意。不但淹通掌故，亦颇以经世为心。在讲学之家，尚有实

际……大致网罗繁富，考据亦多所心得。①

本段提要，谈及《考索》最重要的两方面成就，一是在尊性命的理学兴盛的时代，本书特别突出考证工夫和言必征信的汉学精神；二是在博采诸家，抄录文字之余，表达了己意心得，抒发了编者之见。后人评论是书，多依此阐发，如认为《考索》"突破了历来类书编纂不加主观论断的传统"②，"其搜采繁复，考据精辟，指引辩证，博洽详实，历为人所重。其最有特色的地方是，此书能折衷群言，发抒己见"，甚至现存全书二百一十二卷，"每条附有按语，考据颇精核"③。

首先，提要文字只说是书"博采诸家""折衷以己意""考据亦多所心得"，并未言其以附录按语加以论断。折衷己意与按语论断，二者显然不同。前者谓其以博采抄录诸家文字，表达己意，后者则谓其直接以附录编者按语，表达己见。其次，提要所谓"言必有征，事必有据"，更多意在表明其考据征信的编纂、抄录原则，也未提及以附录按语文字进行考据。那么，《考索》是否有附录按语，其考据精核究竟如何体现呢？

通过检核全书，很明显绝无每条附有按语的情况，实际上全书明确属于条末附录按语的文字，仅30余条，相对于二百余卷的篇幅，几乎可以忽略不计。更为重要的是，此类按语文字，基本不属于编者自身的按断，而是抄自前代文献。限于篇幅，兹举部分条目为例，对比文字如下：

《考索》按语	前代文献
1.按《史通》云：裴几原删《宋略》实有功，而所录文章颇伤芜秽。始文帝《除溥官诏》，颜峻《讨三凶檄》，孝武《拟李夫人赋》，裴松之《上柱国志表》，孔熙先《罪许曜辞》，凡此诸文，是皆不宜载者而载之《史通》。（前集卷十四"宋书类"条）④	《史通》卷十七《宋略》："裴几原删略宋史，定为二十篇，芟烦撮要，实有其力，而所录文章颇伤芜秽，如文帝《除徐傅官诏》，颜延年《元后哀册文》，颜峻《讨二凶檄》，孝武《拟李夫人赋》，裴松之《上注国志表》，孔熙先《罪许曜词》。凡此诸文，是尤不宜载者。"

---

① （清）永瑢等撰：《四库全书总目》卷一三五《山堂考索》提要，第1150页。
② 孙彦：《一部重要的类书——〈群书考索〉》，《文献》1992年第2期。
③ （宋）章如愚辑：《群书考索》（前言），广陵书社2008年影印本，第1页。
④ （宋）章如愚辑：《群书考索》，第104页。

续表

《考索》按语	前代文献
2. 案《王度记》云：天子以鬯，诸侯以薰，大夫以兰，芝士以萧，庶人以艾。此等皆以和酒。诸侯以薰，谓未得圭瓒之赐，得赐则以郁鬯。《礼书》曰："天子鬯，诸侯以薰，误矣。特牲小牢，大夫士有奠而无祼。传又曰大夫兰，芝士以萧，庶人以艾，不可考也。"（前集卷三十六"郁鬯柜郁鬯类"条）①	《周礼注疏》卷十九贾疏："案《王度记》云：天子以鬯，诸侯以薰，大夫以兰，芝士以萧，庶人以艾。此等皆以和酒。诸侯以薰，谓未得圭瓒之赐，得赐则以郁耳。"陈祥道《礼书》："传曰天子以鬯，诸侯以薰，误矣。特牲少牢，大夫士有奠而无祼。传又曰大夫以兰芝，士以萧，庶人以艾，不可考也。"
3. 或云南越之君，亦夏禹之后也。按瓯越、闽越，禹后少康庶子所封之地，即南非阙种也。故《地理志》云：东南二越，其义详矣。或曰：自交趾至于会稽，七八百里越杂处，各有种姓。故知皆非少康后。（前集卷五十九"辨非九州之地"条）②	《通典》卷一百八十四："或云南越之君，亦夏禹之后。按瓯越、闽越，禹后少康之庶子所封之地，即南越，非其种也。故《舆地志》云：东南有二越，其义详矣。或曰：自交趾至于会稽，七八千里百越杂处，各有种姓。故不得尽云少康之后。"

第 1 条文字均出自《史通》而跟文意略有改动，类书对所抄录文字作部分删改，属常见现象，此应不属主观之见。第 2 条文字由两部文献拼接而成，第 3 条全文出自《通典》而未注明出处。《考索》所附小字注、按语，表面上看是博征不同文献，考证详细，实际上全文抄自一种或几种文献。

部分文字因删节过甚，无法查找出处，如后集卷二十七："尚道、尚功、尚情之说。按《礼书》又李氏阴阳心经所言，与此暗合。"③ 但大部分双行小字注文，均能查找出文献来源。因此，基本可以判断，《考索》各集正文及小字注文，均抄自先秦至宋代文献，并不存在出自章氏等编纂者自身语言的按语论断。书贾编刻类书简单抄录成书，是利禄使然，而文人自编类书亦大篇幅地抄录，包括正文与注文，是南宋类书编纂的一般成例，《考索》于此并无特出之处。

真正属于章氏本人的文字，是为数众多的段末关于出处的自注，或

---

① （宋）章如愚辑：《群书考索》，第 232 页。
② 同上书，第 381 页。
③ 同上书，第 1032 页。

者说明由哪些文献连缀而成。如前集卷二"禹贡江河"条注云："已上并程（大昌）《禹贡论》。""已上出《史记》，一段见《拾遗》，一段见《地理河门》。""禹贡三江"条注云："并程（大昌）《禹贡论》。"① 此类注文较为确定应当是章氏自注出处文字，主要用以表明出处及文字裁剪、组合方式。还有一类数量较多的附注，是门类下部分条目的说明性文字，也应当属于章氏本人所作。如《续集》卷十五"唐书"条下注："《唐书》不特指欧阳《唐书》，凡旧唐史之类皆是。"② 此类文字与出处附注相近，主要是补充说明和解释的作用，谈不上考证精核。

既如上文所述，《考索》并无按语论断或附录小注作为专门考证文字，所谓"考证精核"的按语也就无从谈起了。《考索》的"考据多所心得"，主要并不在所谓附注按语，而是其正文本身。换言之，其"考索之功"，主要在摘录文献、精心剪裁、考溯源流，然后按题编类，构成一个个考证专题。如《考索》前集卷五十九"辨九河"条：

原文	出处
①九河之名：徒骇、太史、马颊、覆釜、胡苏、钩盘、鬲津、简与絜。②按《九域志》，鬲津、徒骇在今瀛州；钩盘、太史、胡苏在今沧州；曰驾马者，即马颊也，在今济州；其他覆釜、简、絜，漫不可考，当在东光、平鬲县南北之间。③以汉许商之言考之，徒骇最北，鬲津最南，盖徒骇是河之本道，东分为八，④齐小白塞之为一，今河间弓高以东，至平原鬲津，往往有其遗处。盖塞其八枝，并使归于徒骇也。③	①《毛诗注疏》卷二十八孔疏：九河之名：徒骇、太史、马颊、覆釜、胡苏、简、絜、钩盘、鬲津。②《九域志》卷一：（济州）马颊河，禹九河之一。卷二：（沧州）鬲津河；徒骇河；钩盘河；驾马河，《舆地志》云即马颊河；太史河；胡苏河：以上皆九河之数……（瀛洲）徒骇河，禹道九河之一。③苏轼《书传》卷五"九河既道"条：以许商之言考之，徒骇最北，鬲津最南，盖徒骇是河之本道，东出分为八。④吕祖谦《增修东莱书说·东莱禹贡图说》"九河"：汉许商言徒骇最北，鬲津最南，徒骇是河之本道。东出分为八，齐小白塞之为一，自河间弓高以东，至平原鬲津，往往有其遗处，盖塞其支流，并归徒骇也。

---

① （宋）章如愚辑：《群书考索》，第23页。
② 同上书，第966页。
③ 同上书，第380页。

如上表，《考索》此段内容，4句文字分别出自唐宋4中文献，其中①③④为直接抄录，②不见于今本《九域志》，或是根据《九域志》相关文字改写，或者可能为《九域志》佚文。辑录各家文献，构成一个完整的考证内容，实际上形成了一篇短小的考证专论文字，并以一篇题标示其右。《考索》全书体例，分为前、后、续、别四集，集下分门，门下分类，类下即是篇题条目。如同卷条目"古今地理广狭""辨三江""辨非九州之地""禹贡九州之制"等，同样多为专题考证文字，《考索》全书即是门、类之下众多专题考证文字的集合。

综上所述，《考索》的考证，属于典型的辑录文献构成紧密内在关联的专题考证的考证方法，这一方法在宋末王应麟《玉海》中，更为广泛成熟地运用。特别是在《玉海·艺文》中体现更为突出，学者将其总结概括为目录解题中的新体——"辑考体"。所谓"辑考体"，武秀成师认为，"即指融辑录与考订于一体，既不主一家地征引汇集大量的目录文献及他书相关材料，同时又有自己的考辨订正。这种目录体裁是由王应麟在编纂《玉海·艺文》时所新创的"①。既辑录又考订这一体式运用于目录书的编撰，显然是王应麟的首创，其构成了古典目录学中叙录、传录、辑录、辑考体四大体式。不过作为一般考证方法的"辑考"，即辑录文献自身构成考证专题文字，在《玉海》其他部类中同样被较为普遍地采用，并且在王氏以前就已经出现。当然，成熟且普遍运用这一方法的，显然是王应麟。不仅在《玉海》的编撰中，在王氏其他文献编撰过程中，均普遍采用这一方法，如《通鉴地理通释》《诗地理考》《汉艺文志考证》等。

相比南宋其他士人编撰类书，王应麟《玉海》的编撰，其体例之严谨，收集史料之丰富，都堪称宋代类书之冠。士人一己之力编撰大型科举类书，实际上难免大量的抄袭复制前人类书或其他编撰文献之病，如《锦绣万花谷》，据研究者考证，其《续集》，明显出于出版射利之需，大量抄撮此前不久的类书等少数几种文献，而后、续、别三集也可能完全

---

① 武秀成、赵庶洋：《〈玉海·艺文〉校证》，凤凰出版社2013年版，第24页。

来自书商抄袭翻刻①。即如《群书考索》也恐怕难免此弊（详见下文）。同样作为抄撮文献的类书，整卷抄袭、连同篇题、内容一并抄袭，显然是射利卑下之行，而《玉海》则以一己之力，将大量的文献分割、重编，在严密的多层分类体系之下，构成一个个具有学术问题意识的独立文段，使《玉海》脱离了单纯的知识总汇的类书，而具有学术著作的价值，毋宁是众多短篇学术知识考论成果的分类汇集，就其辑录考证的方法而言，也较前人更为完整细密，如《玉海》卷四十一《艺文》"唐《论语笔解》"条：

> 《书目》："二十卷。题韩愈撰。《唐志》：韩愈《注论语》十卷，皇朝许勃为序。其间翱曰者，盖李习之同与琢磨，非独韩制此书也。"宋咸《增注论语》十卷，序云："韩愈《注论语》与《笔解》，大概多窃先儒义而迁易其辞。因择二书是否，并旧注未安，辨正焉。"刘正叟谓："笔解皆后人之学，托韩愈名以求行，徒坫前贤，悉无所取。为重注十卷，以祛学者之惑。"②

第一段引证《中兴书目》言《笔解》非韩愈独作，第二段引宋咸序，言该书内容主要来自窃取前人旧说加以重新表述，第三段则直接引证本书为后人托名伪作。整条解题从书目记载流传、内容考证、前人考证成果等多方面，构成具有内在逻辑的考证文字和学术认知。虽为书目解题，实际上可视为有关唐《论语笔解》这一编题的专题辨伪文字。

辑录考证，多征引少论证，所构成的考证专题，与注释体式中的笺证十分接近，而与清人考据札记中篇题之下大量引证的归纳法也有关联之处。当然，限于类书体例，这些辑录文字之间，往往缺乏必要的过渡和辨析，使其考证意味大为减弱。但是，这些类书所体现出来的对相关学术问题的关注，体现了南宋后期士人对通儒博学的自觉体认，其旁征

---

① 参见李更《渊源与流变：从〈锦绣万花谷续集〉看南宋坊贾之类书编刻》，《中国典籍与文化论丛》第12辑，凤凰出版社2012年版，第225—263页；王岚《〈锦绣万花谷别集〉编刻考》，《文史》第3辑，中华书局2009年版。

② （宋）王应麟纂：《玉海》，广陵书社2007年影印本，第772页。

博引的考证，则体现了南宋士人重视文献、考实据信的精神侧面。

类书考证的另一重要方法，是编撰者在文献抄录类编之外的直接按语考证。类书作为抄录史料分类汇编的一种文献体式，一般属于较为纯粹的"编"，因而一般不具编纂者主观按语，特别是工具性较强的官修类书和日用类书。南宋类书，作为文人私纂类书，则常有纂者按语文字。此类按语考证文字，又包括专题按语考论和小字夹注考证两种，前者如林駉的《古今源流至论》（以下简称《至论》）的正文专题考论，谢维新《古今合璧事类备要》（以下简称《备要》）的题下序论"古今源流""历代沿革""舆地提纲""事理发挥""格物总论"等；后者如《考索》《玉海》的小注等。

专题按语考证类书，北宋已有先例，如神宗时期高承的《事物纪原》，其分类编题之下，即有引文有按语，共同构成对各种知识的溯源考证。南宋林駉的《至论》也采用了类似的考证方法，在分类体系之下，多为专题考论文字，突破了类书以抄录文献为主的编撰体例，与其说是类书，毋宁是由一篇篇专题考论汇集而成的大型读书札记。实际上不仅是正文为编撰者考论专文，其类目也并未简单沿袭前代类书既有成例，而是根据编者知识结构所需而设，每条分类目正是其下文字讨论名物制度的核心。如《至论》前集卷四"会要"条云：

> 自建隆至庆历凡百五十卷，则进于章得象；由庆历至熙宁凡三百卷，则成于王珪；元丰而至政和以《续修会要》为名，则汪大猷删定之；建炎而至绍兴以《中兴会要》为名，则陈骙编类之：此国朝会要之源流也。（《宝训》：宝元二年，上以苏冕典章有足考者，乃诏史官纂国朝建隆以来止庆历二年凡制度沿革，大小毕录为《会要》百五十卷。庆历四年监修国史章得象上之。又《职源》：本朝《会要》，自建隆至庆历四年成一百五十卷，章得象上《玉牒》编修。又《长编》：元丰二年，宰臣王珪上《国朝会要》三百卷。）①

---

① （宋）林駉：《古今源流至论》，《四库类书丛刊》，上海古籍出版社1992年影印本，第47页。

《至论》的典型体例，即是首先正文概述相关知识源流大要，随之以小注征引文献考证或补充证明之。此条概述《宋会要》编撰大略，后征引《宝训》《职源》《长编》等史料记载内容，全段文字正如一专题考证文字。其体例已非北宋以前类书抄录文献、编题汇编之旧，而进入学术考论畛域。

《至论》中的各专题考证、议论，正是扩大的文人笔记，而南宋此类笔记，无异于微型的考证类书，资料类编与士人著述的界限已显得十分模糊。科举工具书，由于编纂者严谨的学术态度，细密的文献引证辨析，而上升为较为严整的学术论著，体现编者的学术文化精神，《至论》是较早的一部典型代表作。而《备要》条目之下的序论、总论等，如其中涉及历代典章制度的沿革，每卷大类条目之下，也往往设立"历代沿革"按语序论，考证历代制度沿革，后集卷十二《三少门》"三少"条目下"历代沿革"云：

> 周以少师、少傅、少保为三孤，贰公弘化，寅亮天地，弼予一人。《通典》曰："孤，特也。言卑于公，尊于卿，特置此三人。"秦汉而下省，后周置三孤以贰三公。《职源》："我国初沿唐制，置三师，以太尉、司徒、司空为三公。元丰肇新官制，于三师三公无所改。"政和二年诏：司徒、司空，周六卿之官，非三公之任，乃今之六曹尚书是也。太尉，秦官，居主兵之任，亦非三公。太尉、司徒、司空并罢，依周制，立三孤之官，乃次辅之任。或称三少，为次相之任。(《通典》、《续会要》)①

"《通典》曰"以前数据，源自《尚书·周官》，"政和二年诏"改自《宋会要》，此外还征引历代政书、官制类书，构成考辨简明、引证丰富的考证专文。又如别集卷二十四《花门》"牡丹花"条"格物丛话"云："牡丹，花之富贵者也。按《本草》，一名鹿韭，一名鼠姑，论者以为花

---

① （宋）谢维新：《古今合璧事类备要》，《四库类书丛刊》，上海古籍出版社1992年影印本，第654页。

王。考之前史无说，自谢康乐集中始言。"① 考证花王之名始于谢灵运。不论是《至论》的正文考论，还是《备要》的目下总论考证，都构成类书常见抄录体例之外独特的考证专文，既体现了南宋士人类书体例方面的独特创新，也构成南宋考据学的重要成果。

小字夹注的简短考证，其大体考证内容和方法，包括补证正文相关论述，对正文引文记载作不同史料的考异，以及追溯史源、标明出处等。如《至论》后集卷九"史学"条，实际上是一篇考论结合的历代史学相关问题，特别是涉及史学编撰、文字记载歧见等领域的问题为主，如有关孔颖达字的记载，传世文献与出土碑文的不同："议唐史者，以颖达之字，传云仲达，碑云冲远，字画之讹也。"下注更进一步补证曰：

《集古录》：孔颖达碑其文磨灭，今以其可见者，质于《唐书列传》。传云"字仲达"，碑云"字冲远"。碑字多残缺，惟其名字特著，可以正传之谬不疑。以"冲远"为"仲达"，以此知文字转易失其真者，何可胜数！幸而因《集录》所得，以正其讹舛者，亦不少也。②

注文不仅采用碑文记载考证传世文献之误，特别还做了进一步辨析：碑文字迹多残缺不全，而其中的名和字的记载却十分清楚，作为当事人的真实记载，碑文记载应该不至有误。尽管有孤证之嫌，但作为类书考证，已属于考证难得。

《玉海》正文属于辑录考证的方法，而书中同样存有大量小字注文，属于按语考证方法的运用。如卷十五《地理》"周九畿籍"条中，"蛮以近夷狄，縻系以政教。要者，要束以文教"下注云：

《蛮畿》与《大司徒》云："要服一也。"案：《大行人》是要

---

① （宋）谢维新：《古今合璧事类备要》，《四库类书丛刊》，上海古籍出版社1992年影印本，第146页。

② （宋）林駧：《古今源流至论》，第297页。

服，《大司徒》无之，当考。①

其注文按语形式与长编考异自注相似，对不同文献进行考异存疑，体现出学者考证的严谨态度和治学精神，实际上这已经超出了一般类书抄撮文献的范畴。此外《玉海》注文考证还有很多，或补注史事年代，或注文献出处，或补证文献详细记载等等，兹不一一列举。可以说正是其正文的精择其要，注文的按断考异，使《玉海》成为南宋类书的上乘之作。清人张大昌曰：

> 《玉海》一书，分类考典，溯源古初，不仅为宋代一朝掌故，而于宋代事迹尤必详述某年月日，实足与《治迹统类》、《通鉴长编》、《系年要录》等书相辅而行，为纪月编年家之考证，弟以类书目之，犹浅之乎？②

张氏所论可谓切中肯綮，不能将《玉海》归为一般类书，不仅在于其中辑录大量原始史料、掌故，而且还在注中纪月编年，溯源出处，还与《长编》《要录》一样，于小字自注中进行史料考异。将《玉海》与之并提，实际上突出了《玉海》在史学考据方面的学术成就。换言之，《玉海》虽为类书，已非一般类书，而是学术化、专门化的学者著作，是通儒之学的考证之作。

需要补充讨论的是，从现存版本看，《玉海》小字注文，分为双行小字注和单行小字注两种，且两类注文杂陈，应当是有意为之。这可从二者数量均衡上直观判断，同时，同一主题文字中，亦并用两种格式，亦可证其为王应麟本人之安排，如卷一百二十《官制》"汉仪同三司"条：

> 《晋志》（双行小注：兼《通典》）：开府仪同三司，汉官也。殇帝延平元年，邓骘为车骑将军，仪同三司。（单行小注：仪同之名始

---

① （宋）王应麟纂：《玉海》，第281页。
② （清）张大昌：《书局校补〈玉海〉议》，（宋）王应麟纂：《玉海》，上海书店出版社、江苏古籍出版社1990年影印本，第1页。

此）章帝建初三年，车骑将军马防班同三司。（单行小注：同三司之名始此）魏黄权以车骑将军开府仪同三司。（单行小注：开府之名始此）汉文元年始用宋昌为卫将军，位亚三司。自晋以来，又有如开府同三司之仪者，自羊祜始。唐为文散官，从一品。（单行小注：班视衮章，象参台曜）

（上略）唐开元后，唯姚崇、宋璟、王仁皎、毛仲得之。（双行小注：宋璟不以名称，止曰宋开府）①

双行注文"兼《通典》"显然为王应麟自注，而前三条单行注文分别见于《晋书》卷二十四《职官志》："开府仪同三司，汉官也。殇帝延平元年，邓骘为车骑将军，仪同三司；仪同之名，始自此也。及魏黄权以车骑将军开府仪同三司；开府之名，起于此也。"②《通典》卷三十四《职官十六》"开府仪同三司"条："汉文帝元年始用宋昌为卫将军，位亚三司。（下文略，与《晋书》同）"③ 第四条单行注文于宋前文献无考，当为典故成语，为王氏所见，如周必大《文忠集》卷一百七《赐赵伯圭上表再辞免除开府仪同三司充万寿观使进封天水郡开国公加食邑食实封恩命不允不得再有陈请诏》一文即有此语。"唐开元后"下双行注文，见于《唐国史补》卷下、《唐语林》卷四"企羡"条，均作"不以名而可称者，宋开府"④。则注文为王氏所改写。

此外，再如卷一百三十四《官制》"汉赐爵故事赐民爵"条：

惠帝三（单行小注：即位，五月，赐民爵一级。中郎、郎中满六岁，爵三级，四岁二级。外郎满六岁二级，中郎不满一岁一级。外郎不满二岁赐钱万。宦官尚食比郎中；谒者，执仗、执戟武士，驺，比外郎。太子御骖乘赐爵五大夫。舍人满五岁二级。元年，赐民爵户一级。五年，长安城成，赐民爵户一级。）高后一（单行小

---

① （宋）王应麟纂：《玉海》，第 2213 页。
② （唐）房玄龄等：《晋书》，中华书局 1974 年版，第 725—726 页。
③ （唐）杜佑：《通典》，中华书局 1984 年版，第 932 页。
④ （唐）李肇：《唐国史补》，上海古籍出版社 1979 年点校本，第 53 页；（宋）王谠撰，周勋初校证：《唐语林校证》，中华书局 2008 年版，第 358 页。

第二章　士人的知识世界:南宋编撰文献与考据学(上)　/　91

注：元年二月，赐民爵户一级。）文帝二（单行小注：即位，赐民爵一级。元年建太子，赐为父后者爵一级。）（以下略）①

列举两汉各朝所赐民爵，至肃宗，凡 1400 余字，均为单行注文，全辑自两《汉书》各卷。如此数量的单行注文，当是编者有意之体例。因此，《玉海》似以抄录或节录原文献者为单行注，王氏改写或考异、补注、议论之语等为双行注，另外，所引为原文献注文，则似亦作双行注。

有关《玉海》小字注的体例问题，尚需详细考察，但在确定其性质之前，应当慎重对待，区分其中属于引文原注还是王应麟自注，特别是在据《玉海》所引进行古籍辑佚之时，尤当严格区分。实际上，前贤利用《玉海》辑考古籍之时，或未详考此例，正有此弊，对于两类注文，或收或否，颇不一致。如民国赵士炜作《中兴馆阁书目辑考》（以下简称《中兴书目》）之时，于注文或删或收。如卷二《史部上》正史类：

《唐书》二百卷
　　［原释］：初五代晋宰相刘昫、史官张昭远等撰。唐三百年间国史野录参错不一，至昫删集为纪二十、志三十、列传一百五十，凡二百卷。今谓之《旧唐书》。（《考索》前十五、《玉海》四六。《玉海》注云："开运二年六月上计二十帙。"）②

此条参合《群书考索》前集卷十五唐史类与《玉海》卷四十六《艺文》"唐书、嘉祐新唐书"条文字，《玉海》所引《中兴书目》"凡二百卷"下单行小注"开运二年六月上计二十帙"③，此又不作原释。而卷三《史部下》刑法类：

《元丰敕令式》七十一卷
　　［原释］：七年刑部侍郎崔台符等撰。元祐中，刘挚等刊修。

---

① （宋）王应麟纂：《玉海》，第 2481—2483 页。
② 许逸民、常振国编：《中国历代书目丛刊》第 1 辑，现代出版社 1987 年版，第 385 页。
③ （宋）王应麟纂：《玉海》，第 874 页。

(《玉海》六六)①

《玉海》卷六十六《诏令》"元丰诸司敕式编敕"条引《书目》,"刊修"下双行小注:"元丰以约束为令,刑名为敕,酬赏为格。熙宁敕据嘉祐旧文,元丰敕用熙宁前例。"②《辑考》则删去。在借助《玉海》辑佚时,至少当以按语另作说明为上。实际上赵氏《辑考》已有此例,其卷三史部仪注类"萧嵩《开元礼仪镜》一百卷"条赵氏按语云:"按《唐志》一百卷,《玉海》引云:'止存第一至第五卷。'《宋志》同。"③ 即为《玉海》卷六十九引《书目》"一百卷"下双行小注。

二 南宋类书编撰考据与南宋浙学渊源

以抄录饾饤文辞为主的类书,一般而言无法展现与经史典籍同等的学术思想价值,因而"在古代精英阶层的士大夫的笔下,常常是嘲讽的对象",御览类书之外的科举日用类书更被鄙薄为浅薄的兔园小册。但是,正如学者指出,"从思想史的角度看,类书是这样一些文本,它在把经过确认的共识,经过简约化方式表现出来,并以最便于携带、背诵的形式充斥人们的记忆,也充当每一个受教育的人的启蒙读物,从一开始就成为他们知识思想和信仰的底色"④,从更宏观的文化史视野上看,类书也具有其独特的认识价值。英国历史学家彼得·柏克在其《知识社会史》一书中,考察了印刷术流行以后的欧洲,知识的广泛传播所导致的社会变化,特别探讨了知识分类、图书馆和百科全书兴起对欧洲人知识的拓展、学术的提升所产生的深远影响⑤。同样是将文献编撰和知识分类等,置于社会文化史的视野下加以考察。

南宋类书,既非官方集体修纂的御览类书,又非民间商贾粗略编纂的日用类书,而是士人读书应举的有为之作,无论是其编撰缘起还是编撰体例、方法,都有士人自觉学术倾向和文化观念的渗透。诚如

---

① 许逸民、常振国编:《中国历代书目丛刊》第 1 辑,第 406 页。
② (宋)王应麟纂:《玉海》,第 1261 页。
③ 许逸民、常振国编:《中国历代书目丛刊》第 1 辑,第 402 页。
④ 葛兆光:《中国思想史》(第二卷),复旦大学出版社 2001 年版,第 18 页。
⑤ [英]彼得·柏克:《知识社会史:从谷腾堡到狄德罗》,麦田出版社 2003 年版。

研究者指出,真宗以后的类书,与太宗以前的御览类书不同,往往"充满了编纂者的意志和对知识结构的想象","各类书编纂者呈现出来的知识编排倾向,越来越多元化"①,这一特点,在南宋类书中表现得更为突出。

类书编撰的自觉性,首先体现在南宋类书序中,对类书辑录广博价值所在的一番辩解和思索。类书作为百科知识的分类总汇,主要是按类直接抄录现有文献,属于典型的记问之学,而这与宋代以来宋学,特别是理学家对文辞博学"玩物丧志"的主张,难免抵牾。南宋前期,理学尚未成为主流意识形态,一般士人的知识结构也颇为庞杂,《锦绣万花谷》编撰者淳熙十五年序云:"晚益困,无以自娱,复留意于科举之外,凡古人文集、佛老异书至于百家传记、医技稗官、齐谐小说、荒录怪志,闻必求,求必览焉,久之,浩浩如也。"② 类书编者这样的博学知识追求,到理学盛行的时代,就自然与理学要求形成明显冲突。南宋类书编者每于序中,对此进行辩解反思。祝穆《古今事文类聚》淳祐六年(1246)序提出:

> 讲学固以穷理为尚,而考古订今亦必资记问之博,使有一书之未读,一物之不知,则将见群疑塞胸,无说可祛,万事搏手,无术可应,此其患在学力之未充,而亦记问空疏之过也。③

类书的记问知识,对理学是助益而非损害,并且学问空疏,反有伤于理学。持有类似主张的还有稍后的韩境和陈景沂。韩境在宝祐元年(1253)《全芳备祖》序中载:

> 一日,陈君过予山阴泽中,貌癯气腴,神采内泽,有道之士也。手数巨编以示。且叹曰:"吾不幸少事华藻,勤半生以资口耳之谈。犹幸晚归朴素,持一念心,穷性理之蕴。然少年之书,虽吾甚悔,

---

① 姚政志:《宋代类书中草木花果类叙述的演变》,《政大史粹》2008年第15期。
② (宋)佚名:《锦绣万花谷》,上海辞书出版社1992年版,第1页。
③ (宋)祝穆:《新编古今事文类聚》,书目文献出版社1991年影印本,第1—2页。

好事者或取焉，欲椟而藏之不可得也。"予拱而曰："盈天壤间皆物也。物具一性，性得则理存焉。《大学》所谓格物者，格此物也。今君晚而穷理，其昭明贯通，倏然是非得丧之表，毋亦自其少时区别草木，有得于格物之功欤。昔孔门学诗之训，有曰'多识于鸟兽草木之名'，陈君于是书也。奚其悔？"

陈景沂对好友韩境表达了半生勤于记问之谈而不能穷理的遗憾，韩氏则认为所谓理在万物之中，所谓格物就是贯通万物之理。类书的博学记问之学，与格物穷理并无矛盾。陈景沂显然也对此表示赞同，其序中也认为其类书编纂抄录博杂，乃"姑以便检阅、备遗忘耳，何至流而忘返而丧志焉"①。问题是，这些类书编者所理解的博学知识，其基本内涵是什么，其核心价值诉求又是什么？对此，王应麟的评论可能是一种答案。王应麟的《玉海》正是其备考博学宏词科的过程中，馆阁读书积累编纂而成的类书，也可以视为王氏国家所望之"通儒"期待的一部分，因此，《玉海》的基本价值理想，也可理解为即是通儒之学。而所谓"通儒"之学，一方面是博学经史、典章制度；另一方面是能将儒者之学与现实社会政治结合起来。本质上说，即是在宋学理学性命之学之外，还需博学经史典章。从学派上说，也就是讲程朱一系理学与浙东学术重视历史政治实践的"功利"精神相结合。实际上不仅王应麟正是南宋后期朱学与浙学结合的学者，南宋类书的主要编撰者都与浙学有着深厚的渊源。

首先，是章如愚所代表的类书编撰与婺学的关系。章氏为南宋婺州金华人，身处吕祖谦为代表的金华婺学的中心，不过吕氏淳熙八年（1181）即已谢世，章氏宁宗庆元中（1195—1200）方登第，二者应无学术交游。不过，从活动地域、学术旨趣、文献成果等方面看，章氏与金华婺学应当有密切的联系。

南宋"婺学"包括吕祖谦的金华学派、同在金华的唐仲友经制之学和同属婺州的陈亮永康之学三派。三派虽同出婺州，彼此略有异同，明

---

① （宋）陈景沂编，程杰、王三毛点校：《全芳备祖》，浙江古籍出版社2014年版，第1—4页。

人王祎《送胡先生序》云:"吕公以圣贤之学自任,上继道统之重;唐公之学,盖深究帝王经世之大谊;而陈公复明乎皇帝王霸之略,而有志于事功者也。即其所自立者观之,虽不能苟同,然其为道皆著于文也,其文皆所以载道也。"①吕氏重视经史文献、制度名物中的圣贤道心和统绪源流;唐氏与陈氏以及永嘉叶适之学更为相近,重视历史经验、制度运作和成败事功。前者重视制度的文献记载和总结,通过文献考证之学,格物穷理,呈现圣贤之道,后者重视结合历史成败事功和制度建设,指导现实政治实践,实现圣贤之道。虽诸家"皆著于文",唐氏是以地理图谱直接为帝王提供经世制度之宜,陈氏、叶氏主要是结合历史现实,通过上书议论发表对现实制度革新的看法。显然,章如愚的文献考证,与吕祖谦的金华学术更为接近,是通过文献辑录、汇编、考证的方法,求得圣贤之学。

《考索》一书,尽管为举业所编,但其书并非庞杂知识的总会,包括万象,特别是前集、后集主要门类,明显侧重于礼乐制度、政治典章、兵制财赋等制度之学的内容,同时人汪有开即称其"凡大议论、大制度、大沿革",皆"尽之矣"②。正如研究者所言,与传统类书百科全书式的工具性不同,"该书只是对我国古代的典籍及相关的典章制度,作了一番较为系统的考述"③。从元明本《考索》门类看,前集"礼""礼器",后集"官制""兵""财赋""财用"等门,均占全集的过半篇幅,具有明显的南宋婺学制度事功之学的特征。

吕祖谦除了重视制度"实学",还崇尚文献之学,吕祖谦本人即编纂大量的当世文献。章氏书中长篇抄录了吕祖谦《吕氏家塾读诗记》(以下简称《读诗记》)等其他类型文献,可以这样认为,章氏《考索》是在重视帝王经世、制度事功的婺学氛围中产生,并直接在金华文献考据之学的基础上完成的。前述章氏编题考订之法,与吕祖谦文献学的渊源关系,在书中并不鲜见,如《前集》卷二六经门《书类》,正文、注文主要抄自《汉书·艺文志》《儒林传》《尚书正

---

① (明)王祎:《王忠文集》卷七,文渊阁四库全书本。
② (宋)章如愚辑:《新刊山堂先生章宫讲考索》,中国书店2008年影印本。
③ 曾贻芬、崔文印:《中国历史文献学史述要》,商务印书馆2010年版,第254页。

义》与程大昌《禹贡论》；又如卷三《诗类》除个别条目出自《汉书·艺文志》《毛诗正义》等以外，几乎全部要抄自吕祖谦《读诗记》，如"诗乐"条载：

> 《周礼》：大司乐掌成均之法，以治建国之学政，而合国之子弟焉。以乐德教国子：中、和、祇、庸、孝、友。以乐语教国子：兴、道、讽、诵、言、语。以乐舞教国子：舞《云门》、《大卷（音权）》、《大咸》、《大韶（上昭反）》、《大夏》、《大濩》、《大武》。○乐师，凡射，王以《驺虞》为节，诸侯以《狸首》为节，大夫以《采苹》为节，士以《采蘩》为节。○及彻，帅学士而歌彻。（注云：彻者，在《周颂》臣工之什。）（下文略）①

《读诗记》卷一"诗乐"条载：

> 《周礼》：大司乐掌成均之法，以治建国之学政，而合国之子弟焉。以乐德教国子：中、和、祇、庸、孝、友。以乐语教国子：兴、道、讽、诵、言、语。以乐舞教国子：舞《云门》、《大卷（音权）》、《大咸》、《大韶（上昭反）》、《大夏》、《大濩》、《大武》。○乐师，凡射，王以《驺虞》为节，诸侯以《狸首》为节，大夫以《采苹》为节，士以《采蘩》为节。○及彻，帅学士而歌彻。（注云：彻者，在《周颂》臣工之什。）（下文略）②

《考索》此条一千余字，正文、注文均抄自《读诗记》。从编类主题设立到正文、注文都直接抄自《读诗记》而未作文字更动。章氏的类书编纂，既以制度典章之学为中心，又多用辑录考证方法，这些特点对后来的政书也产生了影响。类书和政书的密切关联，既是学术精神方面的，也有方法方面的沟通交涉。马端临《文献通考》为代表政书，虽远源可追溯至唐代杜佑《通典》的制度之学，近源还有南宋初郑樵的《通志》，

---

① （宋）章如愚辑：《群书考索》，第27页。
② （宋）吕祖谦：《吕氏家塾读诗记》，《四部丛刊》续编本。

但马氏之学与吕氏婺学也有学术资源。马端临虽出身饶州乐平（今江西），其学与金华婺学有着密切关系。其父马廷鸾多次提及自己的论著仿于吕祖谦，如其《读史旬编》"略仿吕氏（《大事记》——引者）义例"（《自序》），又"拟肖东莱公《读书记》，为《会心自览》"（《书课历序后》）等①，深受家学影响的马端临编撰《文献通考》自然受到吕氏文献学的影响②。而在文献编纂体例和方法上，马氏《通考》与章氏《考索》之间的渊源关系，更值得深入考察。兹举一例，借以窥见二者的密切关联：《考索》可能正是《通考》的文字来源之一，《通考》部分内容甚至直接抄自《考索》，而并非原始文献的辑录。如《考索》后集卷九"太府寺太府卿"条载：

> 宋太府寺判寺事一人，以两制或带职朝官充。凡财货廪藏贸易、四方贡赋、百官俸秩，皆隶三司，本寺俱掌供祠祭香、币、帨巾、神位席，及造斗、秤、升、尺而已。〇元丰改制，始正职掌。
>
> 此据《续会要》。而《题名》乃云："国初省部寺监，惟以寄禄，寺则光禄、太常、宗正、卫尉、司农、大理，或以卿，或以贰，或以丞，各寓一阶，别设主判之官以典室。惟太府则否，其职悉入三司诸案，故主判之任罕置。"与《会要》稍异，当考。
>
> 卿掌财货、出纳、贸易之事。凡贡赋之输于京师者，至则别而受之，供君之用；及待边费，则归于内藏，供国之用；及待经费，则归于左藏。
>
> 应禄赐，以法给历，从有司检察，书其名数，钩覆而后给焉。供奉之物，则承旨以进，审奏得画，乃听除之。若颁畿内军衣，则前期进样，定其颁日。将校部营兵支请，月具数以闻。凡贾商之赋，小贾则门征之，大贾则输于务。货之不售，平其价鬻于平准，乘时赊贷以济民用；若质取于官，则给用多寡各从其抵。岁以香、茶、盐、抄，募人入豆谷实边。即京都阙用物，预报度支。凡课入以盈亏定课最，行赏罚。大祀、晨祼则卿置币，奠玉则入陈玉帛。

---

① （元）马廷鸾：《碧梧玩芳集》，文渊阁四库全书本。
② 邹明军：《辑录体目录的确立与马端临的家学渊源》，《图书馆杂志》2015年第1期。

元祐三年，诏太府寺置长、贰，余寺监长、贰互置。○建炎三年，诏罢太府寺，拨隶金部，独以一丞治醝茗之质剂。凡省五年，而后复置卿、少一员。①

马端临《文献通考》卷五十六"太府卿"条的记载从正文到注文，文字基本完全相同②，由此可见两书史料来源之间的密切联系。要么《文献通考》文字直接抄自《考索》，要么至少二者史料同出一源。朱维铮曾指出："这种文、献加以通考的方法，与其说得自孔子的启发，不如说是受到宋代科举教科书的影响。"朱先生虽未明言所谓科举教科书具体所指，从这一文字关系上看，《文献通考》正可见出其所受到的南宋类书的影响。所谓"文、献加以通考的方法"③，正是章如愚《考索》所开创的辑考体编纂方法。

其次，是类书与明州学术的关系。明州位于今温州，唐宋为明州，南宋庆元元年（1195）升庆元府，因境内有四明山，故又称"四明"。四明之学，始于庆历五先生推行文教于乡里，"庆历建学之初，杨、杜、二王、楼公以道德文行，师表后进，或授业乡校，或讲道闾塾，衣冠文献益盛，以大五先生之功也"，由此形成四明文化精神主要特点："阐绎经训，躬行实践"，道重视德行实践和现实政事。至南宋淳熙间，四明学术以沈焕、杨简、袁燮、舒璘等"甬上四先生"传陆学为一大派，其主体仍不出"以尊德性、求放心为根本"④，而躬行实践的地域传统。在宋元士人看来，四明学派在宋季以前，主要即是"祖陆氏宗杨袁"，至宋季才由陆转朱。元人黄溍云：

宋季之士，率务以记诵辞章为资身取宠之具，而言道学者亦莫盛于此时。四明之学，祖陆氏而宗杨袁，其言朱子之学者，自黄氏

---

① （宋）章如愚辑：《群书考索》，第490页。
② （元）马端临著，上海师大古籍研究所、华东师大古籍研究所点校：《文献通考》，中华书局2011年版，第1658页。
③ 朱维铮：《中国史学史讲义稿》，复旦大学出版社2015年版，第222页。
④ （宋）王应麟著，张骁飞点校：《四明文献集·深宁先生文钞摭余编》卷一《九先生祠堂记》，中华书局2010年版，第264页。

震、史氏蒙卿始。……黄氏主于躬行而史氏务明体以达用。①

尽管学派风尚由陆转朱，躬行实践、明体达用的四明精神传统并未改变。从庆历时期开始，官私学和各种书院长期的儒学教化，南宋的四明文化昌明、重学尚儒，尤其以家族婚姻网络为基础的科举仕宦之风盛行，形成所谓"衣冠盛事"，实际上也是这一四明精神的现实体现。不过实践躬行、明体达用，只是四明之学的一部分，四明之学还有重史尚博的一面。元代四明学者曾言：

> 宋之南，文献故家多萃于四明……四明之学，惟尚书（王应麟——引者注）之广博精深，论者谓兼东莱、西山二家之长，非袁、杨所能及。②

所谓"非袁杨所能及"，实际也隐含了至少四明之学非四先生之陆学所能涵盖。兼综朱、吕，王应麟的广博精深既是四明学术的结果，也是集中体现。正如研究者所论，四明学术不仅表现出理学思想发展的线索，文献考据也"是考察四明学术发展的另一条重要线索"③。所谓文献故家和吕学传统，一般是指经史文献和典章制度实学，这一方面的传统，在王应麟之前的四明之学，实际上似乎表现并不突出。较为重要的，应该是高氏父子的经史文献家学：南宋初高闶的《春秋》学，闶从子高文虎的史学，以及文虎子高似孙的史学文献学。

《宋史》本传称高文虎"闻见博洽，多识典故"，"修《神宗玉牒》，自熙宁以来，史氏淆杂，人无所取信，文虎尽取朱墨本刊正缪妄，一一研核，既奏御，又修《徽宗玉牒》，考订宣和崇观以来，尤为详审"。可见高文虎不仅与修国史，而且长于史学考订之学。而其子高似孙之学更是兼综广博，作有《子略》，考辨诸子书之真伪，《史略》则按主题分类

---

① （元）黄溍：《金华黄先生文集》卷九下《将仕佐郎台州路儒学教授致仕程先生墓志铭》，《中华再造善本》，北京图书馆出版社2005年影印本。
② （元）贝琼：《清江文集》卷三〇《故福建儒学副提举王公墓志铭》，《四部丛刊》初编本。
③ 陈晓兰：《南宋四明地区教育和学术研究》，凤凰出版社2008年版，第214页。

辑录文献成史部专科辑录体目录书，《纬略》是高似孙考辨笔记，书中考证博辨，旁征广引，同时高氏还编纂有方志《剡录》和博物谱录《蟹略》等。高似孙的学术渊源，显然与浙东史学文献学传统密切相关，也体现了高氏家族治史传统，其族祖高闶的史书注疏和其父的史学编撰成就已可见一斑。尽管高闶经学主要体现程颐理学思想，但从高氏学术领域和范围看，正体现四明学术线索中的经史文献注释编撰、史事、地理、典制名物考证的特点。因此，四明学术考据学的线索，其上游可追溯至南宋中期的高氏之学。四先生以来的四明理学义理，是兼容朱、陆之学，体现了南宋理学兼容并包的共同特征，而高氏父子之学，更多体现了吕氏之学为代表的浙东史学、文献特征，并突出体现了经史、文献、博杂考据兼备的学术方式，其领域、方法和呈现体式，均与后来黄震、王应麟之学相接近，构成了四明之学的学术发展线索。

正如学者研究所论，高似孙诸"略"，"绝非仅仅是书目"，而是"已有了研究资料汇编的性质，或者说，高氏诸略，具有书目和文献研究资料汇编的双重性质。诸略基本上采用辑录体，即引证资料抄录原文，因而诸略又不同程度地具有了考订诸书的因素"[1]。这里虽然仍用辑录体一词，高氏目录书主要仍属于辑录体范畴，但已具有了辑考体的一些因素，即所谓辑录原文考订诸书。如《史略》卷一、二正史诸书条目，主要体例结构均是先考论作者、篇目，次以注家、全书义例、诸儒议论，再次以杂传、音注、考史诸书列举等。实际上是以正史诸书名为大主题，相关文献再构成小主题，分不同主题作为类目，次辑录相关书目、序跋引文等构成对类目主题的考订补证。虽为专科分类目录之作，其体例结构与南宋当时主要类书相近，特别是与婺州章如愚《群书考索》十分近似。如卷二"《后汉书》"条下，即先后节录范晔《后汉书自序》《南史·范晔传》范晔《狱中与诸甥侄书》等，以考论范晔及其《后汉书》的编撰背景、体例得失等问题。不过这种辑录考订的文字，尚不如稍后的《群书考索》的结构严密，辑录诸书文字前后构成一条清晰的考订线索，而较为松散，且引文前后往往略加论述。如《狱中与诸甥侄书》节文末论曰："晔之言张诩如此，自谓可过班固。观其所著序论，如邓禹、

---

[1] 曾贻芬、崔文印：《中国历史文献学史述要》，第247页。

窦融、马援、班超、郭泰诸篇，略具气象，然亦何能企固万一耶？"① 正如前文所考，此类评论文字在《群书考索》中较为少见。

相对而言，高似孙的另一部作品《蟹略》，虽然从内容上看，当属于博物学谱录，而从编纂方法上分，则更明显具有辑考体类书的特征，集中体现了其与婺学类书文献极为相近的博杂知识分类辑录考辨的体例，如卷一"蟹原"条：

> 《易·说卦》曰："离为蟹。"孔颖达疏曰："取其刚在外。"
> 《礼记·月令》曰："季秋行冬令，介虫为妖。"注曰："《后汉·五行志》：'丑为鳖蟹'。"
> 《月令章句》曰："介者，甲也，蟹之属。"
> 《大戴礼》曰："甲虫三百六十，神龟为之长，蟹亦虫之一。"
> 《广雅》曰："蟹，蜮（音尼）也，其雄曰蜋蚁，其雌曰博带。"②

"蟹"字的由来、寓意，蟹的种类特征、归属、别称等进行溯源，引证经史典籍，共同构成有关蟹原的知识考订，又如卷三"蟹漆"条：

> 《淮南子》曰："磁石引针，蟹脂败漆。"注曰："置蟹漆中则漆败也。"《抱朴子》曰："蟹之化漆，麻之坏酒，不可以理推也。"《博物志》曰："蟹漆相合成水。"陶隐居曰："投蟹漆中化水，饮之长生。"又见《神仙服食方》。③

对历代文献记载蟹脂化漆为水的说法进行了集中辑录，构成所谓蟹之化漆的知识考订。全书旁征博引经史、诸子文献及历代诗文句子，在事物溯源上正远绍高承《事物纪原》辑录文献考证事物之源的方法，又

---

① （宋）高似孙撰，王群栗点校：《高似孙集·史略》，浙江古籍出版社 2015 年版，第 270 页。

② （宋）高似孙撰，王群栗点校：《高似孙集·蟹略》，浙江古籍出版社 2015 年版，第 804 页。

③ 同上书，第 832 页。

与类书特别是《群书考索》辑录考证遥相呼应,是南宋光、宁时期明州学者辑考体的代表作。高似孙诸略的学术知识范围、方法,均是南宋中期四明学术重视文献名物的重要代表,南宋早期四明之学向宋元之际博学考据过渡的中间环节。最后,四明学术传统中"明体达用"精神,四先生、黄震、史蒙卿的理学,与高氏为代表的经史文献,相互交融,而有了王应麟及其弟子的四明"通儒之学"。

第 三 章

士人的知识世界:南宋编撰文献与考据学(下)

作为科举社会的产物,士人社会中的普通士人群体,其知识结构与先秦、汉魏六朝士人有了相当差异。科举士人的知识范围,不再局限于汉儒的经书训诂,也不像六朝隋唐时代的士人知识,除了士族内部儒家礼仪规范,主要以佛、道信仰和知识系统为主,而是以儒家经史典籍知识为中心,广泛涉及历史异闻、社会制度、自然博物等各个方面。与唐代科举文人多才子诗赋创作不同,宋代科举士人往往是具有多方面知识和才能的士大夫,除了诗词文赋的创作之外,往往兼具经史博学和实际施政之才。宋代士人的日常文化生活,除了文学创作唱和外,还包括多样的学术活动,士人师承、交游网络中,也往往以学术文献成果,作为重要媒介。宋代士人的知识范围和特征,一方面,体现在其应试科举过程中所编撰形成的大型文献之中;另一方面,也不断呈现于长期仕宦、为学过程中的各种著述成果中。作为典型的士人社会,南宋士人著述,不仅数量庞大,而且体式多有创新,考据工夫也更为多样。

第一节　南宋士人地理学著述的编纂与考据

唐宋是古代地理学发展的重要历史时期,唐代地理学的发展主要体现为地理总志、地方图经的编纂,以及地理学著述由六朝重在搜奇志异的异物志、风土记,转为日益社会化、人文化的地理志。宋代地理学的发展,一方面是著述体式的多样化,不仅出现了五种著名的全国性地理总志，地方志的著述体例也更为完善成熟，还出现了各类以《禹贡》学著作、《河南志》《雍录》为代表的古史地文献考订之作，此外，宋人笔记、类书、政书等著述中也有地理学的专题部分；另一方面，唐宋地理学著述，北宋以前基本以官修为主，至南宋则转为士人私家编纂为主，因此，无论是地理总志还是地方志，在功能上，北宋以前主要是作为政治、军事所需的地理信息资料，南宋以后则明显转为历史沿革、风俗教化、人物土产、诗文遗迹等博学载籍的收集整理，既彰显地方文教发展成就，也为文人才士提供了丰富的文献资源。总之，南宋地理学编纂，不仅仅是古代王朝地理学的一部分，也是士人学术文化活动的一部分，体现了士人博学广识与考据尚实的精神特征。

一 士人博学知识世界中的南宋地理学著述

作为唐代地理学重大进展的主要成就之一，地理总志和方志图经的编纂，除了一般性的王朝政治需求、郡县官僚外任需求外，学者指出，其关键性因素是"郡县佐官"在隋唐以后也改由吏部除授，而不再是长官在当地自行征辟，作为外郡人的长官和佐官，必然需要特别倚重地方志的记述。[1] 宋代地方州县属官的选任与唐代相同，同样由中央统一铨选除授，因此，宋代地志图经的编纂也同样成为外任官属的重要信息依据。北宋还延续了唐代地志以图经为主的编纂格局，[2] 图大体是地图，经则是图的解释说明文字，北宋李宗谔在《祥符州县图经》序中称："图，则作绘之名；经，则载言之别。"当然北宋以后图经的文字部分逐渐增多，并逐渐被以文字为主的地志取代，但是北宋官修图经为主的地志编纂格局，可见北宋地志的功能主要仍是政治、军事信息来源的工具。唐人李吉甫批评六朝的异物志"至于丘壤山川，攻守利害，本于地理者，皆略而不书，将何以佐明王扼天下之吭，制群生之命，收地保势胜之利，示形束

---

[1] 参见辛德勇《唐代的地理学》，《历史的空间与空间的历史》，北京师范大学出版社2005年版，第272—296页。

[2] 仓修良根据张国淦《中国古方志考》统计，北宋方志172种，其中图经96种，志24种；南宋方志304种，其中图经31种，志248种。参见仓修良《方志学通论》，华东师范大学出版社2013年版，第256页。

壤制之端"①，因此，真正的地理志应当有利于佐明王以扼天下，详载攻守利害。北宋重要的官修地理总志，也表达了相同的观点，如乐史云："万里山河，四方险阻，攻守利害，沿革根源，伸纸未穷，森然在目。不下堂而知五土，不出户而观万邦。"② 王存则认为其《九域志》的编纂目的也是为了解"壤地之有离合，户版之有耗登，名号之有升降"。③ 即如地方州县官佐编纂图经，也不出于此，北宋吴郡士人朱长文《吴郡图经续记》序曰："盖城邑有迁改，政事有损益，户口有登降，不可以不察也。"④

北宋地志的编撰，主要仍体现为现实政治目的下的官修活动，具有官簿档案性质。至北宋徽宗时期，甚至还设立专门机构进行地理志的编著⑤，将地志官修传统推向极致，同时也推动了宋代地理志编撰数量的大幅增长。徽宗九域图志局的设立及其对地理志的影响，与真宗大中祥符间的诏命修撰地理志一样，主要是确认和维护了官方吏治图经的编撰传统。

宋代地理方志编撰真正由官修资料为主，转向士人编撰为主，始于宋室南渡以后。今人顾宏义《宋朝方志考》辑录两宋方志总数约为977种，年代可考者828种，其中北宋200余种，而南宋多达600余种⑥。北宋200种中，近50种实际上属于官修《祥符图经》，真正属于一般士人编纂之作并不多，而南宋数量庞大的方志，几乎全由士人编纂，其中包括著名的文士。地方州县官僚延聘幕僚中博学文史之士进行编纂，影响所及，乡居地方的一般文士也往往独立完成地方新志的纂修。

出于政治、道德、文化等方面的原因，士人逐渐更多地参与到地理

---

① （唐）李吉甫撰，贺次君点校：《元和郡县图志》，中华书局1983年版，第2页。
② （宋）乐史撰，王文楚点校：《太平寰宇记》，中华书局2007年版，第1页。
③ （宋）王存撰，王文楚、魏嵩山点校：《元丰九域志》，中华书局1984年版，第1页。
④ （宋）朱长文撰，金菊林校点：《吴郡图经续记》，江苏古籍出版社1999年版，第1页。
⑤ 朱弁《曲洧旧闻》卷五："本朝《九域志》，自大中祥符六年修定……崇宁末，诏置局编修，前后所差官不少，然竟不能成。"（宋）朱弁《曲洧旧闻》卷五"赵彦若曾肇删定九域志"条，中华书局2002年点校本，第147页。黄鼎《乾道四明图经序》云："爰自大观元年，朝廷创置九域图志局，命所在州郡编纂图经。"（宋）黄鼎《乾道四明图经序》，张津等纂修《乾道四明图经》，《宋元浙江方志集成》，杭州出版社2009年点校本，第7册，第4874页。
⑥ 参见顾宏义《宋朝方志考》，上海古籍出版社2010年版。

志编撰中来，并且将其视为儒者之"当务"，为地理志编撰注入了文化和道德的色彩，从而成为承担儒者道德文化理想的学术形式。儒者的学术理想追求与古地理考证，越来越多地与一般官僚具体为政案牍图经相结合，形成合力推动南宋地理学的兴盛。就现存资料看，徽宗朝的地理志数量并未明显增加，至南宋高宗尤其是绍兴以后，方志数量大量增加，士人间始自觉将传统"图经"之名，改称"志"，更加突出士人史志的史学色彩，而不再仅仅是政治治理的档案文牍。从编撰动因上看，南宋初以后的地理志，较少朝廷下诏修志，而更多是士人自觉行为。① 主要是出于文化正统观念、政治军事上对故土恢复情结、南宋理学为主导的士人地方化，关注地方具体政治、社会、道德教化事务而带来的变化。实际上，图经代表的主要是王朝政治地理观念，是行政区划、山川之图，及相关文字说明的"经"两部分。北宋也有为数不少的"志"，但内容仍是以地理为主，只有少数几部方志有内容方面的零星创新。② 南宋的地理志，所代表的则是地方士人对于地方历史沿革、乡贤佳言美德、独特风俗物产、文籍掌故等各方面的记载，是地方博物知识的汇编。地理总志和方志的编撰，至南宋真正完成其由官修与私撰博物之风的并行，向士人主导，以服务于政治、文化、道德重建为终极目的。博学化、学术化的转变，使南宋地志成为既非简单政治文件档案，又非奇闻异物个体博学知识的炫耀夸饰，乃真正成为士人群体表达学术文化立场追求的载体。

民间士人参与南宋地理方志的编撰，包括地方州县官佐的直接编纂和州县延聘专门文士学者主持编纂。编撰主体的变化，引起了两宋地理方志功能的变化。如研究者认为，北宋地理总志"以整治区域为目，以经世致用为要，属于'地记'类"，南宋地理总志则"以风土门类为目的，以名胜欣赏为要，属于'胜览'类"③。两宋地理总志经历了从"地记"向"胜览"的发展历程，这一概括切中了两宋地理总志演变的核心。

---

① 学者认为南宋长期与北方金人保持和议状态，官方层面不适宜编撰有故土情结的地理总志，也未进行其他官修地理志的正式活动，这正为民间士人参与地志编撰提供了空间。参见郭声波《唐宋地理总志从地记到胜览的演变》，《四川大学学报》2000年第6期。
② 参见桂始馨《宋代方志转型问题再论》，《中国历史地理论丛》2012年第3辑。
③ 郭声波：《唐宋地理总志从地记到胜览的演变》，《四川大学学报》2000年第6期。

王象之《舆地纪胜》序中自言：

> 世之言地理者尚矣……书不为不多，然不过辨古今，析同异，考山川之形势，稽南北之离合，资游谈而夸辨博则有之矣。至若收拾山川之精华，以借助于笔端，取之无禁，用之不竭，使骚人才士于一寓目之倾，而山川俱若效奇于左右，则未见其书，此《纪胜》之编所以不得不作也。①

王氏对前代地志辨析古今异同、考论山川形势的功能不以为然，认为地志的目的应该在"以资词人学士歌咏文字之用"，记录各地山川之奇，诗文歌赋等文章之胜。南宋另一部著名的地理总志《方舆胜览》，正突出体现所谓"胜览"特征，南宋所谓"胜览"类地理志，主要目的不再是为圣王明主提供治理信息，而在满足一般士人操弄翰墨的知识典故、美文秀句之助，让偏居东南一隅的南宋普通士人，足不出户而能周知天下知识。其编纂方法多是在各地州县之末附录古今典故、诗赋美文。南宋所谓"胜览"类地志，不限于少部分地理总志，实际上也是南宋部分重要地方志的编纂目的和方法。如《（乾道）四明图经》《吴郡志》《（嘉定）赤城志》《（景定）严州续志》等，均在相关条目下附录了大量完整的诗赋、四六、杂记文章等内容。

当然，南宋地理方志并非只有"胜览"一类，作为地方历史、风教、物产的知识总汇，仍是其重要功能之一。清人程晋芳云："地理宜分识大、识小二种，各自为书。一则便于按册而稽，熟知天下形势与其土风物产，一则以资词人学士歌咏文字之用。"② 南宋地理方志，正是两种并存。从现存南宋地方志来看，作为士人编撰文献，不论哪一种，其主要功能都不再经世致用，而是记录呈现地方历史文化和道德文教成果。

服务于明主治理国家的地志，其处理的知识对象，主要是关乎治道的隶属沿革、州县管辖区域及境内面积、山川方位、户数、土产等原始信息数据。上人博学之作的地志编纂，进行的主要工作则是细致收集地

---

① 曾枣庄、刘琳主编：《全宋文》卷六八七七，第 301 册，第 274 页。
② （清）程晋芳：《勉行堂文集》卷五，清嘉庆二十五年冀兰泰吴鸣捷刻本。

方山川、历史、人物、风俗、物产等资料,处理的知识对象,主要是各类古今文献记载,不仅有详略程度的不同,更为重要的是,后者要进行的主要是对文献记载的辑佚、辨析、考订。以明州为例,北宋《太平寰宇记》卷九十八"明州"条下,除了州郡历代沿革外,分别记录属县、州境、地理位置、户口、人物、土产①,其州郡概况主要是当代地理数据之记载②,而乾道《四明图经》卷一总叙部分,除了记录州郡沿革外,以下各目,包括"分野""风俗""城池""子城""祠庙""水利""州城内古迹""贤守事实",则完全以人文地理的描述为主,对人物、遗迹相关的文献记载进行辑佚和辨误。如《祠庙》"伏飞庙"条,据古今记载考索庙名来源,并特别辨析北宋《九域志》之误:

> 大观之初,本州所编《九域志》乃引《淮南子》所谓荆有伏飞,不知《淮南子》之"非"实"非是"之"非",非"飞走"之"飞",今庙新榜遂称荆伏飞侯,岂非好事者附会其说而增以荆字欤?③

又如潜说友《(咸淳)临安志》卷十六《古今郡县表》"钱塘县"一条"考证"云:"东汉朱隽封钱唐侯。注引《钱唐记》云:郡议曹华信作唐,以捍海潮,募人致土石,一斛与钱一千,遂名曰钱唐。《太平寰宇记》《元和郡县志》同。按:秦置会稽郡,为县二十六,钱唐居其一。始皇东游已至此,岂待华信而后名?"④ 实际上李吉甫《元和郡县图志》卷二十五"钱塘县"条对《钱塘记》之说已有怀疑:"按华信汉时为郡议曹,据《史记》,'始皇至钱塘,临浙江',秦时已有此名,疑所说为谬。"⑤ 潜氏考证可作为李吉甫按语的补证。卷四十五《秩官三》表末直

---

① (宋)乐史撰,王文楚点校:《太平寰宇记》,第1958页。
② 关于宋代地理书中有关数量与人文的知识兴趣变迁,参见潘晟《宋代地理学的观念、体系与知识兴趣》,商务印书馆2014年版,第406—410页。
③ (宋)张津纂:《(乾道)四明图经》,《宋元浙江方志集成》,杭州出版社2009年点校本,第7册,第2883页。
④ (宋)潜说友纂:《(咸淳)临安志》,《宋元浙江方志集成》,杭州出版社2009年点校本,第2册,第513页。
⑤ (唐)李吉甫撰,贺次君点校:《元和郡县图志》,第603页。

言："右并据前志，参以《新唐书》重行考订，间有增损。其名氏虽存，而岁月事迹无所考者，自当用唐以前比例，但既见前志，姑附著于后。"①

地理方志之作本身并非单纯的个人创作，而是建诸前代文献尤其是地理旧志等文献记载的基础上进行的重新著述。因此，作为正式、成熟的地理方志，南宋士人的编著过程，即是展开文献辑佚、考证、辨伪、编年、证误等的过程。如张淏的《会稽续志》整体即是对施宿《会稽志》的比较、续补和辑校。又如陈耆卿所著《（嘉定）赤城志》卷末《辨误门》，汇集附录其友陈维专门所作考证历代文献中有关台州古今地理沿革、历史遗存、物产名称、诗文碑刻等方面记载的讹误，以观考古之难，《（嘉定）赤城志》卷四十《辨误门》文首序云：

> 鱼鲁豕亥之讹，自昔病之，而况山川地理之大乎？近之为碑刻，远之为载籍，纷茸庞杂，与麻苇俱。甚至先后佩剑，彼此立戟，有未易判者，余既循其本，自厘而正之矣。他未遑暇也。兹卷本出陈维，余爱其辩博可据，因为裁次附焉。其间正误质殊，有本有末，有徙而属他郡者，有订而归吾土者，览者详之，亦足以知谈今之易，而考古之难也。噫！于此书粗详且备矣。②

地理方志有关山川地理、名称变革等诸多知识记载，正讹杂错，自当厘正，耆卿自谦其未遑订正，而代以陈维之作，实际上可将本门考订视为编著过程中文献考订材料的附录，从中正可见博洽方志编著考古订今之难。对于著述之难的感叹自序，正是古代文士有意著作的常见心态，故此序可见南宋士人以方志著述为严肃学术著述的自我定位。南宋方志，往往有旧志在前而后之士人编纂新志于后，则更是有针对性地增补文献，考异记载得失，也突出反映了南宋士人编纂地志，其主要取材于文献，但所处理的对象多为文献记载本身的得失正误。尤其是为数众多的南宋士人地志，有资于"胜览"的文化记载，远不止于附录的各类诗赋文章，

---

① （宋）潜说友纂：《（咸淳）临安志》，第848页。
② （宋）黄䇓、齐硕修，陈耆卿纂：《（嘉定）赤城志》，《宋元浙江方志集成》，杭州出版社2009年点校本，第11册，第7589页。

其编纂过程中还特别突出发掘各地山川、楼观、庙宇、人物等方面所蕴含的各种史事、遗存、典故知识，并对这些文献随时记载进行详略不一的考证辨析，表现出强烈的人文学术特征。士人地理学与一般宋代义理学不同，属于现实知识收集和重新编排的实学，尤其南宋兴起的地志编纂，是在处理各类文献基础上的士人文化学术活动，在具体编纂过程和相关文段中，往往需要进行各种文献比勘、考证、校勘、辑佚等考据学活动。因此，地志文献编纂过程中随时进行的考据，是南宋地志的重要特点之一，也是南宋考据学的重要部分。

士人参与地理学，并且以文献为主要知识处理对象，除了各种地理总志、方志编纂活动之外，另一重要方面是儒者对历史地理学的开拓，各种历史地理学著述和考证，这是南宋地理学发展的重要方面。宋人有关历史地理学的著述，涉及①《禹贡》学为中心的经学地理学，如毛晃《禹贡指南》、程大昌《禹贡论》、傅寅《禹贡集解》等；②古都史志考订，如程大昌《雍录》等；③各类专门的沿革地理，如王希先《皇朝方域志》、吴澥《历代疆域志》、倪朴《舆地会元志》等；④经史典籍地理问题考证专书，如陈傅良《春秋地名》旁谱、姚宽《春秋地名》、薛季宣《地理丛考》、王应麟《诗地理考》《通鉴地理通释》等。这些专题著述外，还有王象之《巴蜀考》《四川风俗形胜考》《蜀山考》《蜀水考》，傅寅《东西汉水辩》《汉沔辩》《嘉陵江辩》《荥泽辩》等山水地理考证专论。总之，与六朝异物博物地理、唐至北宋官修地理总志传统不同，南宋地理学著述，主要是围绕经史文献记载所进行的整理和考据活动。官修地志服务于王朝治理的现实政治需求，士人修纂地志则主要是出于士人博学载籍、翰墨歌咏和历史名物制度考察等方面的需求。

需要进一步指出的是，与大型科举经疏、类书编撰相近，南宋编撰地志或历史地理专题著述的士人，同样也与浙东诸家有着千丝万缕的联系。除陈傅良、薛季宣等人本身为永嘉学者，明州王应麟之学兼容朱、吕、陆三家外，王象之、王益之兄弟、傅寅均为婺州人，关于王象之生平事迹虽无相关明文记载，但其兄王益之学术与浙东相当接近，不仅有汉史考异名著《西汉年纪》，还有历代制度考论著述，如《职源》《汉官总录》等，王氏与浙东制度之学应当有较密切的关联。而傅寅则直接与吕祖谦、吕祖俭、唐仲友等婺学之士交游过从，并受吕祖俭之邀讲学丽泽书院。又如程大昌为徽州人，倪朴为建州人，与浙东地理位置相接近，程大昌与朱熹、吕祖谦相过从，倪朴则与陈亮为同门，曾拜见郑伯熊与吕祖谦：

> 朴与同父皆荆溪门下生也，将价之见阁下与正字吕公……朴又尝合古今夷夏草为一图，纵广余丈，了然可观……庶知其用心，不为无用之学也。①

倪朴与浙东诸学均有交游，其所谓有用之学，正将地理之学与制度实学相比。此外，如《（嘉定）赤城志》纂者陈耆卿，号筼窗，从学永嘉叶适，并以文学见长，车若水《脚气集》卷下引王象祖《答车若水书》曰："张、吕、朱氏，造儒术而非文艺，独水心持作者之权，一时门人，殊非升堂，殊为入室？晚得陈筼窗而授之柄。"②《（宝庆）会稽续志》纂者张淏，字清源，其先开封人而世居婺州，其学于博洽器用名物，时人章颖称其笔记《云谷杂记》"鸟兽草木之夥，器用名物之琐细，记录之纷纭，传写之脱略，或一物而异名，或一事而互见，或一书成而纠缪继之，或一说出而辨误随之。史籍所载不同于金石，耳目所接或殊于简牍。清源悉从而纂辑之，加订正焉，其为书亦博矣"③，与博学史籍的婺学应当不无联系。南宋浙学在南宋思想史、学术史上具有举足轻重的地位，但现有研究主要集中于事功制度之学及与理学的折中论争，而与浙学事功派多有联系的周边士人及其文献编纂成果与事功学术的关系等问题，换言之，南宋浙学有关士人及其学术成就的边界究竟何在，以及浙学士人类书、经疏类纂、地志乃至笔记的编撰，与浙东学术思想有何更进一步的关联，尚有待进一步探究。

方志编纂士人的文化学术渊源，还有北宋苏学为代表的文学博雅之

---

① （宋）倪朴：《倪石陵书·上太守郑敷文书》，《宋集珍本丛刊》，线装书局2004年影印本，第59册，第540—541页。

② （宋）车若水撰，李伟国、田芳园整理：《脚气集》，《全宋笔记》，大象出版社2016年版，第7编第8册，第249页。

③ （宋）章颖：《云谷杂记后序》，曾枣庄、刘琳主编：《全宋文》卷六二六七，第277册，第63页。

风。南宋大量各级文士通过发展成熟的雕版印刷技术,校勘整理印刷前代或当代著名士人学者,以及乡贤显达、先师座主的文集论著,编撰汇集出版各自学说文集、乡邦文献、逸闻遗说等。因此,南宋整体学风尚学重文,少抽象义理的论辩争胜,而多笃厚沉潜的文献编集、著述。不论从哪个角度考察,大致相同的两个历史时期中,南宋在文献总量、各类文献卷帙大小和创新体式种类方面,均超过北宋。印刷技术和编集前人文集遗著的文化风气,为前述南宋地理方志编纂人文化、学术化,提供了重要社会文化条件,而联结二者的主体,无疑是博学擅文、深受苏学影响的文士。他们中有的作为苏学文人后学,有名著一时的诗文注释文献传世,如施宿;有的则是重要学术笔记、博物杂著的编撰者,如张淏、高似孙、罗愿;有的正是苏黄后学、江西诗派诗人,如洪刍;有的则出身金石考据世家,如董逌之子董棻等。方志作者在知识方式和文献类型上的这一重合,体现出地方编著作为一种博学文献的著述活动,具有明显的博洽文史典故、金石碑刻、古迹诗文的特征,其知识特征和学术方法,更贴近于一般士人的知识传统,而与重视抽象思辨的理学家相去较远。也正是士人学者的参与,方志在南宋以后,其地理、物产记异的性质不断减弱,而展现地方历史变迁、乡邦文献遗存、教育文化兴衰、人文景观及诗文风雅的人文因素却在不断增强。此外,两宋方志作者,从现存资料看,几无新学士大夫参与者。新学士大夫主要关注《周礼》所代表的王权思想,倾向维护中央集权的价值取向,与文人之士、理学之士因此更为注重地方事务、疏离政治权力形成鲜明对比。总之,南宋方志的编著,体现了不同于王朝政治、帝王之学,也不同于个体情感抒发的文化学术性质。方志著述的发生定型过程本身,即从官方工具性文件到士人主动参与,从朝廷授命编著,到士人自觉著述,也可见南宋方志主要反映的并非中央朝廷绝对权威,而是士人对地方历史传统、人文精神的认识和发扬。

在各类文献编撰和考据之中,宋代士人已不再是汉唐士人摇摆于放浪形骸与捡拾青紫的两难之中,重学博物的知识文化结构,使其获得了更为沉稳的生存方式,在学术文化活动中,既安顿了自我感性生命欲求,又在一定程度上实践和实现了儒家士人的社会道德责任。科举社会日益成熟背景下的南宋士人,其外在政治功业和帝王之师的理想已显得高不可及，而在地方文化学术实践中继续保持儒士士人内圣外王的梦想似乎更为切近，因此，相比北宋，南宋士人在文献编集、著述方面表现得更为自觉，不仅种类数量庞大，而且卷帙往往更为庞大。有一点是明确的，不论是经疏类纂还是科举类书，以及南宋地志，对于士人而言，都是构成他们在应事属文、立身利民等活动中必要并且简便的知识来源。

二　南宋地理学著述考据的专门化和方法总结

如前所述，地理学是对历史沿革、现实功用的双向关注，既有强烈的社会政治实学色彩，又与古史典籍考据密切相关，而南宋一般士人的参与，使这一时期的地理学更具文献学术活动的品格。而作为文献整理活动的南宋地志编纂，不仅有随文进行的文献考据，更重要的是，在这些考据学实践过程中，更是出现了专题考证的类目、篇章，以及对考据学原则方法的自觉总结。

南宋地志著述中的考据是相当广泛的，首先是在编纂过程中随文考证，除前文所举《（乾道）四明图经》对《九域志》文字的辨误外，又如《（嘉泰）吴兴志》卷一《建置沿革》"湖州条"载：

> 武德七年，并入长城。吴兴太平兴国七年转运使高冕奏云："古吴兴郡倚郭管吴兴、乌程两县。"今为归安。（原注：旧图经、《统记》并云：高冕所奏未知何从得之？据《唐书·沈伯宜传》云：湖州吴兴人。伯仪仕武后朝，则是时有吴兴县。但史失书废置年月。所由自耳。）[①]

在自作注文中补证旧志失载。南宋方志撰著之时，汉唐至北宋以来已有久远的各种地志、图经编著历史，各地均有相当数量旧志存世。因此，南宋方志的著述，往往并非戛然独造，而是在查阅、考订、兼容各种前代旧志的基础上重新撰写而来。在现有文献基础上的重新整理撰写，自然容易对前人旧说之讹误缺漏提出质疑，随文考订辨析不失为一种简

[①] （宋）谈钥纂修：《（嘉泰）吴兴志》，《宋元浙江方志集成》，杭州出版社 2009 年点校本，第 6 册，第 2487 页。

便易行的考证纠谬之法。再如周应合《（景定）建康志》，本志卷十五以下凡三十余卷，几乎各卷内容之中均有随文考证，并以"考证"条目单列，是现存南宋方志中考证文字最多、涉及面最广的一部。

随文考据方法，还包括详细注明文献出处。前代地志、图经仅作为史学附庸、政治工具，地理方域知识只是提供外采材料的参考，而南宋士人学者的方志著述，既是地方历史文化的保存，也是编撰者自觉严肃的学术文化活动，其中蕴含了士人独有的文化价值主张、观念。随文标注出处，不仅是方志编撰中士人参与的直观标志，更是其将修撰活动学术化、史学化的结果。最为典型的代表作，是范成大所撰《吴郡志》，据学者统计，"全志所引的正史、野史、类书、专著、别集、笔记、方志等有近一百五十种，有约一百七十人的各类诗文"[1]。其于条目之下辑录文献、标注出处，同时在必要之处加以按语考辨的体例，颇类似于辑考体类书。

地志著述作为重要的考证文本，不仅体现在随文考证，更体现在南宋地志往往设立专门的"考证"条目，对山川地名沿革等特定内容展开集中考证，构成内容翔实、体例完善、辨析严谨、引据广博的专题文字。如潜说友《（咸淳）临安志》卷十六《疆域一》"吴越考"条云：

> 杭地本属吴、属越，诸家为说不同。以为属吴者，晏元献公《类要》、《皇朝郡县志》及乾道旧志皆然，而不著其说。惟淳祐《志》引《吴越春秋》所载：越王勾践入臣于吴，群臣送至浙江，临水祖道。又载：吴王夫差为越所败，而走止秦余杭山。又《史记》楚威王伐越，尽取吴地，至浙江。遂谓吴越必以浙江为分界。以为属越者，杜佑《通典》、欧阳忞《舆地广记》，皆云春秋时属越，越败属吴。东阳王象之本其说，谓钱塘旧为越，有夫差败越，地始入吴。虽皆知为越地，而未知分界所在。惟《太平寰宇记》引《吴地记》云：越国西北界至御儿，（原注：即檇李，今嘉兴府崇德县有御

---

[1] （宋）范成大撰，陆振岳点校：《吴郡志》（点校说明），江苏古籍出版社1999年版，第4页。

儿乡，有水名语水。语与御通。）则是吴越以御儿为分界。二说各有所据，今精考之，当以后说为是。

专题考证杭州古属吴、属越问题，先明言诸家说法不同，次分列异说各家代表性著作，再明言当以属越为是，此下博引《春秋》《史记》《越绝书》《姑苏志》等经史、地志诸书，并对诸书记载进行详细辨析，考证属越的合理性："若淳祐《志》所引三说，皆有可辨论者。其一谓越群臣祖勾践于浙江，则是吴越以浙江为界，殊不知是时勾践方保栖会稽之山，浙江以西皆为吴，有宜其祖道止于江滨。况又未尝曰送之境上耶？其一谓夫差走余杭山，则余杭在吴之境内，殊不知吴自有秦余杭山。……其一谓楚伐越，尽取故吴地至浙江，则浙江之西乃吴地，殊不知此句自是两义，所谓故吴地者，言越故取于吴者也；所谓至浙江者，言并越元有之地而尽取之也。岂可概以为故吴地乎？"最后推出结论，"终合是三说，则前志之误可以涣然无疑矣"[1]。全篇考证文字结构完整，征引文献与考证辨析紧密结合，对文献记载讹误及解释文献的不足，条分缕析，可谓精于考证。此外类似之例还有如该书卷二十二《山川一》之"三江考"，卷四十三《秩官一》之"封爵考""内史考""都尉考""吴、吴兴二郡考"等。

另一种方式是在志中制作相关表格，明晰记载郡县、秩官沿革及历史人物等史料信息，并在表中列"考证"一栏，针对正史、旧志记载异同讹误详加考证。如卷十六《古今郡县表》高宗皇帝"升杭州为临安府"条"考证"云：

《系年录》书升府在七月辛卯，《国朝会要》在十二月三日，旧志援《会要》为据，又以十二月为十一月。今考《系年录》，闰八月壬辰，监都进奏院周元曜奉艺祖以下神位九室往临安。十月癸未，上至临安府。自闰八月已有临安之名，见得《会要》及旧志所书必误。[2]

---

[1] （宋）潜说友纂：《（咸淳）临安志》，第510—512页。
[2] 同上书，第523页。

宋代史料对杭州升格为临安府具体时间记载不一，《宋会要辑稿·方域六》"州县升降废置"条载建炎三年十一月三日敕云："杭州两浙都会，今以边面移帅司在镇江府，于控扼未便。其守臣可令带浙西同安抚使，领杭、湖、严、秀四州，仍杭州为临安府。"① 熊克《中兴小历》、乾道《临安志》等同依此说，均以十一月三日；李心传《建炎以来系年要录》、《宋史》等在三年秋七月。《会要》所谓"仍杭州为临安府"当指仍以杭州为临安，即此前已升为临安府，此条非谓十一月三日方始升格为府，而咸淳《临安志》此条考证所引《要录》文字可为此说提供史料佐证。

此外，较为典型的专题考证方志，除了前引《（嘉定）赤城志》卷末《辨误门》外，还有范成大《吴郡志》。范《志》有感于"旧《图经》芜漫失考，朱公长文虽重作亦略"，而详尽翻检历代典籍，附录征引诗文篇章，考证物产遗迹，并于卷四十八列《考证》一门，专门考辨各种传说、典籍记载是非讹舛之处。如考证吴会、三吴、三江、五湖等地理名称的指称、源流，其中对"三江"等问题的考证，属于北宋苏轼《书传》以后，两宋各种《禹贡》论著系列相关考证的继续，而对韦应物生平钩沉辑考，半夜钟辨析等，文末标注其主要依据王观国《学林》、韩驹、蔡宽夫《诗话》等，则反映出南宋文士考证的一般喜好，以及文士地志著述与宋代文人笔记、诗话等著述体裁之间的密切联系。其中对太湖之中"洞庭山"与岳阳洞庭湖关系的考证云：

> 洞庭东西两山，在吴松江南，太湖之中。韦苏州谓皮、陆唱和之所。近时苏子美诗云："笠泽鱼肥人脍玉，洞庭柑熟客分金。"即吴松江也。今岳州之南所谓洞庭湖者，即郦善长注《水经》云："洞庭波，乃湖水，非江也。"盖斥此湖尔。比见岳州集古今题咏，刻石龛于岳阳楼上。如苏州皮、陆及子美之诗皆在焉。乃知地志不可不考。②

---

① 刘琳、刁忠民、舒大刚、尹波等校点：《宋会要辑稿》，第9391页。
② （宋）范成大撰，陆振岳点校：《吴郡志》，第634—636页。

皮、陆等唐代诗人唱和在太湖洞庭山,非岳州洞庭湖,岳阳楼刻石混淆二者的区别。此前约十年,成书于孝宗淳熙九年(1182)苏州昆山人龚明之《中吴纪闻》卷五"洞庭山"有类似考论,文字差近,范氏考证或本于此。这些考证文字可见,南宋士人地志考证体现了北宋欧苏以来博学善疑、思辨考证的影响,实际上是宋代文士博识考证风气的一部分。地志之作不仅体裁方面与笔记、诗话等文人著述形式相接近,如《吴郡志》考证一门对经史、地理、诗文的考证,与笔记、诗话尤为切近,在编撰作者方面,二者也多有交叉重复,同时,不同体裁著述中的知识兴趣,也多有相似之处。类书、地志、笔记、诗话以及诗注、年谱等,实际上是南宋士人知识世界的不同形式展现,其中所涉考证内容、方法、特点、得失,也多有文人学士共通之处。

  从影响方面看,南宋方志专题考证、表志体例,也展现了这一时期方志编著自觉的史学意识,在广义上属于宋代史学著述发达的范畴,中国方志之学至南宋乃始以史学视之,成为史书修撰的一部分。实际上就南宋地理方志文献的性质而言,属于文史兼容之作,展现了士人杂学博物之风。此外方志中大量辑录诗文词赋佚文,也体现了南宋文学诗话评论的精神意趣;又承担儒者参与保存地方历史文化、制度风俗史料以资后世史家观览的功能。宋元时期方志的史学精神更为突出,学术化、专业化更为强化。南宋方志体例中不仅有专题考证、人物制度、地理表志考证的创新,而且宋元士人学者部分方志整体体例结构也已与史学著作无异,如周应合《(景定)建康志》既有类于正史本纪、志表、列传的正统史学结构,其十志包括疆域、山川、城阙、官守、儒学、文籍、武卫、田赋、风土、祀祀等,与郑樵《通典》、马端临《文献通考》等宋元政书极为接近,元儒袁桷的《(延祐)四明志》各卷主要条目也分为沿革考、土风考、职官考、人物考、山川考、城邑考、河渠考、赋役考、学校考、祠祀考、释道考、集古考等十二考,每考首以序论,其基本框架条目与略早的政书《文献通考》十分接近,是四明区域之内山川河渠、典章制度、人物文献、赋税学校等知识的汇集。此志已可为地方政书之作,可见其史学专门化程度之高,也可见南宋后期各种文献编著体式之间的交涉关联,以及文献体式创新的活力。南宋文献编著之间的这种交涉,也是南宋士人整体学风和文化精神的体现。

南宋地理学著述的考据，不仅是具体编撰实践，还形成了对考据原则和方法的自觉认知和总结。如陈耆卿（1180—1236）更总结了考证数据的主要原则及方法：

> 余为念沿革，诘异同，剂巨纤，权雅俗。凡意所未解者，恃故老；故老所不能言者，恃碑刻；碑刻所不能判者，恃载籍；载籍之内有漫漶不白者，则断之以理，而折之于人情。①

陈氏所提出的方志编纂考据方法，将实地验证与金石碑刻、书籍文献佐证以及情理推证结合，在不少地理、方志的编纂考据过程中都有不同程度的体现。又如王象之在其《舆地纪胜》考证按语中还有一定程度的考据义例的总结：

> 象之窃谓：东汉更改郡县之名，《东汉志》必有纪载。今《东汉志》既云"建安二十三年孙权立高凉郡"，而《宋志》亦云"建安二十三年吴分立高凉郡"，证援明甚。《元和志》乃引《晋志》之说以为据，遂谓东汉威帝立高兴郡，后为夷獠所据，亦不言晋武并入高凉郡一节，恐失其实。要之，论东汉郡县之废置，当以《东汉志》为主，不应下引《晋志》也。殊不知《东汉志》及《宋志》之作时皆在江左，而《晋志》乃作于正观之时，论作书之先后，亦当以《汉志》、《宋志》为定。故书曰吴立高兴郡。②

所引史料，通常当以年代早者为信，即考证文献重"年代意识"之例，今人李勇先对此已有研究，并将之总结为："尽量采用记载最早的史料""以当代人记当代事较为可信""以本地人记本地事较为可信""宋以前的史实除历代正史以外多依据《通鉴》之说""对于本朝的记载，除

---

① （宋）陈耆卿：《赤城志序》，曾枣庄、刘琳主编：《全宋文》卷七三一六，第319册，第84页。
② （宋）王象之著，李勇先校点：《舆地纪胜》卷一一七，四川大学出版社2005年版，第3774页。

国史、会要而外，多依据《长编》、《要录》为据"以及"尽量利用碑铭石刻等金石材料来证史"等①，对史料证据力的把握已经有相当丰富细致的认识。周应合在《景定修志本末》中，更是详细地总结了其编修方志的编著条例和考据原则，认为方志作为地方史志，备载地方知识全貌，首先应"定凡例"，图、表、志、传之下各著事迹，"各为考证"，其次，作为古城之志，应当分工事任，不厌其烦地广泛搜访，"凡自古及今有一事、一物、一诗、一文，得于记闻当入图经者，不以早晚，不以多寡，各随所得批报本局，以凭类聚，考订增修。其有远近博物洽闻之士，能记古今事迹有他人所不知者，并请具述，从学校及诸县缴申。其阀阅子孙能收上世家传、行状、墓志、神道碑及所著书文，与先世所得御札、敕书、名贤往来书牍，并请录副申缴。其山巅水涯古今高人逸士，有卓行而不求闻达者，亦请冥搜详述以报本局。其有闻见最博，考证最精者，当议优崇"，周氏特别重视收集各种经史文献记载之外的家传、碑刻墓志文献，作为常见资料的佐证。最后，还需对所修初稿"详参订"，"每卷修成初稿，各以紫袋封传诸幕，悉求是正，其未当者与未尽者，各请批注行间，以凭删修"，方付之锓梓②。

方志编撰要称得上信史而流传后世，当以"闻见最博，考证最精"为标准。在周氏看来，考据学不仅是一种方法，也是著述应有的精神原则，其《建康志》，是以司马光《资治通鉴》及其史料长编考异作为典范著述加以取法。南宋地理学著述的考据，不仅是南宋考据学的重要部分，也构成了南宋士人整体的知识世界、知识方式，是理解南宋整体学术生态的重要方面。

第二节 南宋年谱著述中的文化生命
总结与考索

一般认为，真正意义上的年谱，肇始于宋代，不仅"年谱之体，昉

---

① 李勇先：《舆地纪胜研究》，巴蜀书社1998年版，第35—45页。
② （宋）周应合：《景定建康志》，南京出版社2009年版，第2—4页。

于宋人"①，而且"年谱之学，昉于宋世"②。这与两宋史学回归编年体，有密切关系，实际上年谱在宋代是"作为专用史体"而出现的③。据今人吴洪泽考证，宋人共编撰年谱160种④，另韩国高丽大学所藏《精刊补注东坡和陶诗话》新发现宋编陶渊明年谱4种：李焘《陶潜新传》、杨恪（生平不详）《（陶潜）年谱》、黄公绍（咸淳进士）《（陶潜）年谱》、佚名《（陶潜）年谱》⑤，共164种。其中庆历以前1种，北宋中期神宗熙宁、元丰间3种，徽宗至高宗共编撰年谱39种（徽宗朝7种、高宗朝32种），孝宗朝41种，光宗朝5种，宁宗朝36种，理宗至宋亡35种，时代不详4种。从这一数据可见，宋代年谱真正兴起的时间正是北宋末至南宋初，特别是南宋高宗绍兴年间。事实上，这些数字背后，展现了宋代，特别是南宋士人所创制的新兴文献体式中所承载的知识人文化生命探索和考订。

一 南宋年谱的功能指向及其变化

可以说北宋中后期是宋代年谱的形成期，南宋初以后是年谱的发展兴盛期。值得注意的是，至南宋初期以前年谱的谱主，几乎都是以诗文大家为主，尤其以杜甫、韩愈两家为盛。显然这与北宋中期宋诗风貌的形成，江西诗派特别推尊杜诗韩文，倡导"诗史"、树立"一祖三宗"的师法主张桴鼓相应。北宋后期年谱这一文献形式的兴起、兴盛，表现出北宋后期的学风转变之一端。尽管最早的年谱之作，主要是出于宋代文学评论重视作家思想变迁的把握⑥，从吕大防开始，士人年谱即是诗文别集校勘、编纂、刊刻的副产品，是北宋中期以后印本文化兴起的产物，

---

① （清）章学诚：《韩柳二先生年谱书后》，（清）章学诚著，仓修良编注：《文史通义新编新注》，浙江古籍出版社2005年版，第557页。
② （清）钱大昕：《郑康成年谱序》，（清）钱大昕撰，吕友仁校点：《潜研堂集》卷二六，上海古籍出版社2009年版，第446页。
③ 吴洪泽编：《宋编宋人年谱选刊》（前言），巴蜀书社1995年版，第1页。
④ 参见吴洪泽《宋代年谱考论》，博士学位论文，四川大学，2006年，第97—102页。
⑤ 参见金程宇《高丽大学所藏〈精刊补注东坡和陶诗话〉及其价值》，《文学遗产》2008年第5期。
⑥ 参见［日］浅见洋二《文学的历史学：论宋代的诗人年谱、编年诗文集及"诗史"说》，《距离与想象——中国史学的唐宋转型》，金程宇、冈田千穗译，第280—334页。

也是士人儒士通过作品重新系年，整理诗文别集，同时研究分析士人生平出处、思想情感变迁、家国遭遇之"诗史"观念的产物，总之，年谱编撰体现了北宋中后期文学发展学术化的特点，士人的文学接受，由单纯的品藻、感悟，发展为较严谨的校勘、考证、编年的学术研究境域："予苦韩文杜诗之多误，既雠正之，又各为年谱，以次第其出处之岁月，而略见其为文之时。"① 吕大防等人的诗文注释，是传统经史正统学术注释之学在文学中的应用，与以往的个体感悟、艺术鉴赏式的文学迥然不同，体现出更加注重文字校勘、年代考证的文献学研究特性。而这一研究范式，在高宗绍兴年间大为兴盛，相当数量的士人年谱，都是编集、整理、校勘、注释对应士人诗文的结果，亦即文学的学术化研究的结果。

至南宋士人学者对当代（北宋）士人学士的年谱编订，则自然由对前代诗人"诗史"的事迹遭遇、情感脉络的把握，逐渐进入考证编订诗人背后所蕴含的当代政治遭际，关注诗文编年背后的现实政治话题。南宋学者施宿《东坡先生年谱序》云：

> 采之国史以谱其年，取新法罢行之目，列于其上。而系以诗之先后，庶几观者知先生自始出仕，至于告老，无一念不倦倦国家，而此身不与。读其诗，论其所遭之难，可以油然寡怨，而笃于君臣之大义矣。②

年谱的编纂，以国史年代为时间进程，尤其突出新旧党争的关键事件，这是年谱中史学意识的进一步凸显；通过诗文先后的考辨，在年谱中加以系年，主要目的不仅仅在于令读者知东坡拳拳之心，更是让后人体会党争时代，何谓真正的笃于君臣大义，这凸显了年谱的经学意识。一部东坡年谱，已经超出了士人年谱单纯体现文学情感的范畴，而注入

---

① （宋）吕大防：《杜工部韩文公年谱后记》，曾枣庄、刘琳主编：《全宋文》卷一五七三，第 72 册，第 209 页。
② 王水照编：《宋人所撰三苏年谱汇刊·东坡先生年谱》，中华书局 2015 年整理本，第 19 页。

了经史正统学术的精神与意识。不论是年谱系年还是文集作品系年，其最终诉求均不限于文学之域，而在于记录"政化隆替，策虑安危"①。因此，高宗绍兴以前，年谱谱主几乎全为文学家，而孝宗以后名宦、名儒的比例日渐提高，随着理学的发展壮大，名儒最终代替文学家成为年谱谱主的主流，特别是理宗以后，理学发展获得稳定的现实政治环境，通过年谱展现心性修养功夫，表现人格境界正心诚意的提升过程，成为年谱编撰的一大主流。

早期文学家年谱对于经史意识的凸显，以及年谱中所表现出的学术研究风气，在南宋中期以后直接转为对名儒学者的关注，谱主身份由文学为主，倒置为名儒为主的格局。诚如章学诚所论："士人之有年谱，前此所无。宋人为之，颇觉有补于知人论世之学，不仅区区考一人文集已也。"② 年谱最终由文学的知人论世，扩展为通过年谱考察现实政治立场，最终进入儒者文化生命、道德追求记录总结，借助文献考证、编撰，透射出士人年谱背后知人论世、探求士人内在道德人格践履工夫的成长过程，年谱由单纯的诗文研讨之附属工具，提升为理学及士人群体考察士人文化生命的总结考订。

宋人认为，士人、学者的思想均有一个前后不同的演进过程，这些变化体现在诗文、语录及相关论著中，即便只言片语也能成为内在思想的外在载体。首先，南宋士人收集学者全集文字、文集、语录等各类文献著作，并将其经年历月地考证分类，以探究士人情感的心路历程和学者思想的反思成熟。在宋儒看来，个体成圣过程，就是一个不断格物致知、正心诚意的过程，是道德主体的人究其一生的治学践履功夫。而这一过程往往是不见的，唯有通过不同时期的工夫所留存的文献，方能真正得见。因此，宋儒，特别是理学巨子的后学尤其注意收集先师语录文集资料，加以整理以体味其修养功夫的艰辛历程。伴随着为学功夫的探究追溯，年谱得以随着师承资料的整理，日渐兴盛起来。其次，北宋后

---

① （宋）赵汝谠：《水心先生文集序》，（宋）叶适著，刘公纯、王孝鱼、李哲夫点校：《叶适集》，第1页。
② （清）章学诚：《韩柳二先生年谱书后》，（清）章学诚著，仓修良编注：《文史通义新编新注》，第557页。

期，党争酷烈，新旧各党愈加显示出画地为牢、彼此差异的思想倾向，对于交游师承的对象和范围也日渐狭隘化，各派均表现出强烈的排他性。在此背景下，对于道统的重新追溯日趋严格，编撰年谱则成为学派"判教"、严明师承的重要手段。"宋人崇尚家学，程、朱弟子，次序师说，每用生平年月，以为经纬"，次序师说的目的，一方面是张大师门家学，"谱其师说，所以验其进德始终，学问变化"①，展现学术门庭，厘清学派脉络，追踪学术变化。另一方面是南宋以后各家学术发展，不仅表现为少数思想家深邃的天理建构，完善的理论主张，也表现为门派资料的收集、编订、校勘、考证和整理、刊印，此为南宋学术与北宋学术的明显差异。这也使得年谱之作具有了纪念表彰本门前贤学问展开历程，表达前后思想学术主张道统继承关系的工具。

总之，南宋理学也随后跟进，将理学功夫、道德成长的修养历程，借助年谱文献考证的形式展现出来。文献宣传和呈现，不仅使南宋理学的发扬光大有了坚实的载体基础，也使转入道德内省自觉的理学思路，避免了日趋空疏的种种弊端，而将道德、历史与文献再次融合为一。南宋理学的发展，重新回到了传统儒学的文献与教育传承的轨道之中，并将年谱作为学术共同体共同话题、构成学派传承分野的文献资源。

随着北宋后期士人年谱编撰研究的深入，南宋高宗以后的年谱谱主，由以士人为主的格局，转向以学者特别是理学家，以名公显宦为主，其中理学之士对于年谱文献形式的重视和介入，是值得关注的现象。理学家的年谱成为道的呈现和实现的集中记录，在其中理学先生之"嘉言善行，开卷可得其大概矣"②。

理学之道，尽管以抽象性理、以形上归一为核心特点，突破了传统儒学只谈经验之理，重视现实礼制的境域，而进入哲学思辨的层次，甚至具有了某些对象化、彼岸性的形而上学特点，但中国学术本质上仍是情境化、实践性的，理一之"道"，仍然必须呈现为分殊之万物，需要在

---

① （清）章学诚：《刘忠介公年谱叙》，（清）章学诚著，仓修良编注：《文史通义新编新注》，第537页。

② （宋）黄去疾：《龟山先生文靖杨公年谱》，吴洪泽编：《宋编宋人年谱选刊》，第130页。

现实政治和社会中得到引证和呈现。归根到底,儒学之道,不是抽象的、纯彼岸的人格神,而是现实的、此岸的内在价值理想。因此,作为儒学继承者的理学之士,一方面尽管高扬道统传心,悬置一个天理;另一方面还是要将这个天理在现实中加以实现和呈现。而道统自命的理学之士,其读书为学、学术传道、禄仕理政都在于传递、弘扬和践履天道,其生平、仕履记载的年谱,正是这一过程的最好体现。

南宋朱熹作为二程理学的传人,不仅通过注释经典、收集编订前贤语录的文献形式,系统阐发理学理念,建构理学天人体系之学,还通过编撰《伊洛渊源录》梳理道统相传的统绪,清理理学传心的脉络,也通过语录、书信交谈以及编撰言行录的方式,阐明理学家在现实政治的言行仕履,表明天道之所在、道之品格,不仅在于性理的自身体悟,也在于具体的读书穷理、日用行政之中。而在《伊川先生年谱》中,朱熹不仅考订编集了程颐的生平仕履,也体现了一代理学家圣贤气象,天道充盈的人格品质。

《年谱》言伊川不仅"幼有高识,非礼不动",幼年即体现道体实践的风貌,"年十八,上书阙下,劝仁宗以王道为心,生灵为念",少年即上书天子阐明理学家认为的为政根本在应合天理公心。元祐间侍讲殿中,又"上疏太皇太后言:今日至大至急,为宗社生灵长久之计,惟是辅养上德。而辅养之道,非徒涉书史、览古今而已。要使跬步不离正人,乃可以涵养熏陶,成就圣德"。再次强调涵养天道,主要在正心诚意,不在博览群籍,持养天人之道,不在广识博闻的外在知识,也不在政治功用的急功近利,至临终前仍坚定表明道的核心在内心诚敬的修养,不在曲学阿世的现实之用:"于疾革,门人进曰:'先生平日所学,正今日要用。'先生力疾微视曰:'道着用便不是。'"[①] 可以说,程颐一生的道德追求和人格风貌,正是天道的自我呈现,或者说在朱熹等理学之士看来,程颐的言行风貌,正是吾道一以贯之的结果,天人合一的圣贤境界正是在程颐式的人格坚守中得以实现的,朱熹的年谱编撰,正是要为后学树立理学担当和实践的楷模,借此以传斯道:

---

① (宋)朱熹:《伊川先生年谱》,吴洪泽编:《宋编宋人年谱选刊》,第125—129页。

独伊川行事本末,当时无所论著,熹尝窃取《实录》所书,文集、《内》、《外书》所载,与凡他书之可证者,次其后先,以为年谱。既不敢以意形容,又不能保无谬误,故于每事之下各系其所从得者,今亦辄取以著于篇,合为一卷,以附于二十五篇之后。呜呼!学者察言以求其心,考迹以观其用,而有以自得之,则斯道之传也其庶几乎。①

例如儒家的根本价值,绝不在屈就现实的曲学苟禄,恰恰相反,"道"之所存,正在于公心行政能明扬理学,私欲苟禄则理学不明。故在理学出处问题上,宋代儒者均表现出相当谨慎的态度,基本标准即在于其官是否足以行道。这一问题从程颐至钦宗朝杨时的出仕再到朱熹本人的出处,都表现出审慎矛盾的困境,因此,《年谱》特别谈及这一两难:

八月,差兼判登闻鼓院。先生引前说,且言:入谈道德,出领诉讼,非用人之体。再辞不受。(原注:见《文集》。杨时曰:"仕道与禄仕不同,常夷甫以布衣入朝,神宗欲优其禄,令兼数局,如鼓院、染院之类,夷甫一切受之。及伊川先生为讲官,朝廷亦欲使兼他职,则固辞。盖前日所以不仕者为道也,则今日之仕,须其官足以行道乃可受,不然,是苟禄也。然后世道学不明,君子辞受取舍,人鲜知之。故常公之受,人不以为非,而先生之辞,人亦不以为是也。")②

为仕道而出,不为禄仕、优其禄而出,这是理学家的基本判断,因此,儒者是否以道德公心、明扬天道为念,是出处进退的标准,换言之,具有良好的道德动机和公义的政治指向的社会政治行为,正是道的呈现和实现。而从文献学意义上说,年谱编撰的意义所在,正是展现具体环境中,儒者进退出处中的动机和实际效果,从而向世人引证和展现天道在现实情境中的存在。从本性上说,传统儒学并非抽象概念范畴的演绎,

---

① (宋)朱熹著,郭齐、尹波点校:《朱熹集》卷七五《程氏遗书附录后序》,第3938页。
② (宋)朱熹:《伊川先生年谱》,吴洪泽编:《宋编宋人年谱选刊》,第127页。

而是现世生活的践履和运用,因而转向内在道德探求的理学,仍须诉诸史学文献,通过儒者的文化知识活动和现实政治历史活动,展现天道之"空言"。

南宋李子愿的《象山先生年谱》,是宋代篇幅最大的年谱,谱中详细记载了陆九渊生平事迹,特别编订节录了象山一生各个阶段的学理文字,与讲友、同调、门人切磋琢磨的文字,并在这些观点不一的文字抄录中,突出展现了陆九渊的学术思想主张,其作为学术思想演变的学术年谱、学记的特点更为明显,以生平为经,以论道文字为纬,甚至可以说一部《象山年谱》,正是一部"象山学案"。《年谱》之作,正是有感于"陆先生之学,伟然立卓,其遗文大略可观矣。而未有年谱可以参考其始终之条理",《年谱》所要展现的,正是象山毕生所学,对于古今圣人之道心的传扬和呈现,"盖孟氏之后千五百年,能自得师,大明此学,而因其历年之后,以计其始终之条理",强调其"与世之所谓谱者异",正在于探明象山"自课己之学之进"①。因而《年谱》中详细罗列象山与理学诸贤文字,正是要呈现象山之学的演进条理,其思想大要和特点。值得注意的是,《象山年谱》正是由临川谢奕懋所刻,与文集并行于世,更体现了年谱与谱主文集编撰刊印并行的宋代年谱编订流传通例,反映了北宋中期以后士人年谱编订对南宋各类年谱的影响。

北宋理学的兴起,主要通过聚徒讲授、研讨体会的方式,主要属于哲学思辨、辩论的模式,南宋理学的展开,除了聚徒传授、谈论方式外,还包括注释经典体会圣人精神,汇编理学语录、文集,编纂类书以传播理学基本知识,作为科举之资,以及编撰理学先生年谱,考察其人格历程等文献呈现方式,则主要属于文化学术传播的模式。其中年谱编撰中,全景展现了理学先生在读书格物、语录传播、义理思辨、倾力实践等诸方面各层次的具体实践。

二 南宋年谱考据的主要方法和形态

宋代年谱起于吕大防,但吕氏杜谱所代表的宋谱形制简单,基本不涉及考据。至北宋宣和间洪兴祖的《韩子年谱》,开始有真正的史事、系

---

① (宋)李子愿:《象山先生年谱》,吴洪泽编:《宋编宋人年谱选刊》,第237页。

年考证，研究者认为此可为宋代年谱类著作成熟的标志。① 洪兴祖是两宋之际重要的学者，其学术研究范围涵盖了经史子集各部门类，就治学特点看，也表现出汉宋兼综的特征，与北宋以来士大夫学术不同，后者或重义理，或重训诂考证，汉宋分立，前者则不限门派，尤重文献为根底的学术研究。其《韩子年谱》、韩文《辨证》成于北宋宣和七年（1125），年谱内容详尽，考证精细，素称两宋韩愈年谱之冠。这自然与其"好古博学，自少至老，未尝一日去书"刻苦严谨密不可分，② 其著作所体现出的以考据校正为主的学术，不仅体现了两宋之际重视文献考据，崇尚博学严密学术之一个侧面；其博学嗜书，专力考据的治学态度，确是北宋以来文献校勘、年谱考订等考据学成就的发展成熟。洪谱以后，南宋诸人年谱内容更趋翔实，考证更为精审，其主要内容和方法主要包括文献出处注录、作品与事迹系年、史实事迹考辨、旧谱记载辩证等。

年谱对人物的生平事迹叙写，与传记的最大差异之一，是后者为综合各种史料记载，重新整合提炼而成一篇结构严谨，语言平实顺畅的文段，前者则不注重记载的内容和结构完整性，而偏重记载部分重要代表性事迹及其准确年月。因此，一般传记文字不一一注明文句的出处，而年谱则常常注明文献出处以资征核，此类注文即是年谱考据内容之一，而注录出处则成为年谱考据的重要方法之一。如朱熹《伊川先生年谱》卷首载：

> 先生名颐，字正叔，明道先生之弟也。（明道生于明道元年壬申，伊川生于明道二年癸酉。）幼有高识，非礼不动。（见《语录》。）
>
> 年十四五，与明道同受学于舂陵周茂叔先生。（见哲宗、徽宗《实录》)③

---

① 杨国安：《洪兴祖〈韩子年谱〉在宋代韩学中的地位和价值》，《河南教育学院学报》2006 年第 4 期。
② （元）脱脱等：《宋史》卷四三三《洪兴祖传》，第 12856 页。
③ （宋）朱熹：《伊川先生年谱》，吴洪泽编：《宋编宋人年谱选刊》，第 125 页。

事实上朱谱全文几乎每一条事迹文字后均注明出处，体现了朱熹在考证伊川年谱时所作的考证工夫之细，可称详尽注录出处之典范。年谱所载毋宁是简略的、大纲式的人物传记，其重点在考订主要事迹的时间先后，注重的是谱主行事之大节，而表明此大节的文献依据自然显得更为重要，因此文中虽未注明出处，却于文末详细记录其所收集之各种史料。如度正《周濂溪先生年表》云：

> 先生仕吾乡时，已以文章闻于当世。遂搜求其当时遗文石刻，不可得……始仕遂宁，闻其乡前辈，故朝议大夫、知汉州傅者，曾从先生游，先生尝以《姤说》及《同人说》寄之，遂访求之，仅得其目录及《长庆集》，载先生遗事颇详。久之又得其手书手谒二帖。其后过秭归，得《秭归集》；之成都，得李才元《书台集》；至嘉定，得吕和叔《净德集》；来怀安又得蒲传正《清风集》；皆载先生遗事。至于其它私记小说及，先生当时事者，皆纂而录之……有志之士，倘能垂意搜罗，补而修之，使无遗阙，实区区之志也。呜呼！天之未丧斯文也，故其绝千有余年而复续，续之未久，复又晦昧，至近世复灿然大明。①

度氏搜罗石刻碑志、佚文遗事，可谓竭尽所能，而在其看来，收集残篇遗文的最终目的和价值，是保存理学传续千载斯文道统，使之复现灿然大明的重要途径和神圣事业。而搜罗辑佚工作之后，依年系月地将谱主文章、诗作、论著列于相关事迹之后，自然也是这一事业的重要环节。总之，南宋一般理学士人，也已视文献考证工夫为传承接续斯文道统的重要部分，与北宋理学先生主要以思想阐发、体系建构，在哲学上"接着讲"不同，南宋士人主要是"照着讲"的文献梳理和整理。因此，在年谱中对作品进行系年考证，也是年谱考订之功的重点。年谱之为年谱，即在其分年系时地考察人物事迹之先后，文献作品撰述之年代，因此作品及事迹系年是年谱编著过程中，最为核心的考据内容之一。系年考证的基础，是旁搜广聚各类文献资料，而资料收集之后，将

---

① （宋）度正：《周濂溪先生年表》，吴洪泽编：《宋编宋人年谱选刊》，第108页。

其作为年谱事迹之佐证按时代先后注于其后,本身即是考据的结果和呈现。

而黄㽦在其《山谷年谱》卷首即云:"蜀本《诗集》旧谱,任氏专为文集诗注,故它皆不录。今之《谱》仿编年,凡先生书启杂文及诸家杂说可以互见岁月者,不敢不广记备载,亦或重复,宁失之繁,庶览者有所据依焉。"① 在黄氏看来,任渊旧谱限于体例,未录诗文作品、考订据依,不属完善之作。黄谱对此则采取宁繁毋漏的原则,对于作品年代可考者,甚至重复引录,以求有所征核。此语既是年谱依作品年代进行系年的凡例,也是年谱史事考证的一般精神原则。以黄谱为例,其中所据依编年考证的史料,主要包括不同版本的山谷作品,如稿本、初本、旧本、蜀本、别本、张方回家集本、石刻、真迹等,此外,考证所依据史料还包括师友交游文集,《国史》《实录》等,同时,黄氏还对考证文例进行总结:

> 第八首元载第六卷,题作《武陵》,今从蜀本附此。先生居官所作,虽曰可考,而岁月先后或不能尽合,则以月日有疑者,列于官满之岁。后放此。(卷五"熙宁四年辛亥下"条)②

黄谱考证行文条例,体现其自觉的考证意识和方法总结。年谱考证的另一项重要的内容是对史实事迹的考证。如朱熹入室弟子黄榦门人所撰《勉斋先生黄文肃公年谱》,除作品系年外,关于黄榦一生之师承授受、出处讲学、政绩令闻等重要史实事迹,多详细征引谱主本人、师友交游之书信往还文字或口头记述加以考证。如乾道四年戊子"又尝游拙斋先生林公少颖之门"。条云:"按:先生《祭潘立之文》云:'昔我弟兄及君父子俱以诸生抠趋林、李。'盖同时而从二先生也。"其中对于黄榦生平中最重要事迹之一的编修《仪礼经传通解》,年谱撰者更指出一般流俗所传闻之中为尽然之处。"(庆元)二年丙

---

① (宋)黄㽦编,曹清华点校:《山谷先生年谱》,吴洪泽、尹波主编:《宋人年谱丛刊》,四川大学出版社2013年整理本,第5册,第2976页。
② 同上书,第2995—2996页。

辰"条云:

> 时文公被旨落职,罢祠闲居,分畀门人编辑《礼书》。先生实为分经类传,文公删修笔削条例,皆与议焉。初,文公虽以《丧》、《祭》二礼分畀先生,其实全帙自《冠》、《昏》、《家》、《乡》、《邦国》、《王朝》等类皆与先生平章之。文公尝与先生书云:"所喻编礼次第甚善。"又云:"千万更与同志勉励,究此大业。"又云:"将来送彼参订,修归一途。"又云:"此事异时直卿当任其责。"其他往复条例,文多不能尽载。明年三月乙亥朔,竹林精舍编次《仪礼》集传、集注书成。条理经传,写成定本,文公当之;而分经类传,则归其功于先生焉。然《集注》、《集传》乃此书之旧名,自丙辰丁巳以后,累岁刊定,讫于庚申,犹未脱稿。而先生所分《丧》、《祭》二礼犹未在其中也。①

根据今人对《仪礼经传通解》与朱熹、黄榦等朱门弟子关系的相关研究②,《通解》正编五礼,是朱熹与几位弟子共同完成,续编《丧》《祭》二礼中,《丧礼》确由黄榦修纂完成,《年谱》"嘉定十三年庚辰"条载:"夏,《仪礼经传通解》续卷《丧礼》书成。"③《祭礼》则未完成而黄氏去世,仅留草稿由其门人与《丧礼》共同刊行,即今通行本《续仪礼经传通解》之《祭礼》。《祭礼》的最终完成者是先为朱熹弟子,后从学黄榦的杨复(信斋),即新近发现出版的日本静嘉堂本《杨复再修仪礼经传通解续编祭礼》。另外,从年谱考证方法角度看,仅引用朱、黄书信这一类文献,显然证据并不充分。朱熹最初是将《祭礼》的编辑分畀给朱门的吴必大、李如圭,对此同样有朱熹与二人的书信往

---

① (宋)郑元肃、陈义和:《勉斋先生黄文肃公年谱》,吴洪泽编:《宋编宋人年谱选刊》,第280、285页。

② 参见白寿彝《仪礼经传通解考证》,《白寿彝文集》,河南大学出版社2008年版,第44—50页;叶纯芳《朱熹、黄榦及杨复祭礼学的形成》,《文史》2013年第4辑,收入叶纯芳、乔秀岩编《朱熹礼学基本问题研究》,中华书局2015年版,第198—221页。

③ (宋)郑元肃、陈义和:《勉斋先生黄文肃公年谱》,吴洪泽编:《宋编宋人年谱选刊》,第302页。

来为证，如《晦庵集》卷五十二《答吴伯丰》与卷五十九《答李宝之》等。可见，宋人年谱考证仍体现出草创阶段的一些特点，其考证并不细密，尤其作为当世门人、族孙所撰年谱，所要展现的是先师前辈的道德文章之功，不免有所赞誉过甚。这也正是南宋年谱及其考证的特点，表彰的期待重于单纯的史学求真，年谱考证是展现谱主文化生命历程的工具和手段。

作为儒家传统之一，南宋士人仍热心政治，但已开始有不热心之人，转而专注文化学术，这也是南宋文化学术史的新趋势之一。专注学术的一个重要标志便是沉潜文献，在文献著述、编撰过程中普遍而自觉地运用文献考据学方法。而年谱考据，则是在文献编年考据中，力图准确呈现宋代学者，包括理学和文士一生专注文化学术活动的精神追求历程，以及宋代士人在其文化生命展开过程中的文献成果。

第三节　南宋文人笔记考据的学术化

尽管宋学的兴起是由唐宋之际的古文家首先推动的，文学家与新儒学也保持了一段较长的合作关系。但是，宋学兴起的重要目标，是重建儒学对政治合法性的解释，以及儒学对士人个体修养的有效性。宋学内在的道德、政治追求，本身潜藏着与文人精神的内在矛盾甚至冲突。因此，北宋中期以后，随着社会政治环境的变化，士人群体越来越明显地分为：王安石为中心的新学士人，二程为代表的理学士人和苏、黄为代表的文学士人。因此，有学者将笔记称为"新文人文化"："笔记是与道学和王安石新政同样具有代表性的新文人文化，而且是一个非常不同的一支。它与哲学体系和前面提到的政治权威截然相反。"[1] 实际上，这里反映出笔记等宋代文献编撰本身所蕴含的学术思想史意义，是一个值得关注的研究新视角。

这一分化的主要标志，并非集中于是否是创作文学和文学成就的高低，而在于基本学术文化精神追求的差异。文人精神根本上是对自然和

---

[1] Peter K. Bol, A Literati Miscellany and Sung Intellectual History: The Case of Chang Lei's Ming-taotsa-chih, *Journal of Sung-Yuan Studies*, No. 25, 1995, pp. 121–151.

人文知识对象采取多元自由和审美观照态度，关注自然物和具体文化现象的个性化存在；而政治家特别是理学家，关注的恰恰是宇宙自然、现实社会、人伦道德背后蕴含的统一秩序，他们的知识世界往往表现出高度的体系化特征，努力将丰富复杂的"物"知识纳入一个以天理为中心的"理"的结构当中。两宋学术史，大致经历了北宋中后期新学占主流、南宋前期苏黄文学影响扩大和南宋后期理学上升三个阶段，但不论哪一阶段均呈现出文、道关系的持续紧张，正反映出文、道所代表的基本学术精神、价值追求的根本差异。南宋时期，新学衰落，文人与新儒学之间的对立，主要是文人精神与理学精神的对立，并且集中体现在朱熹理学对苏轼文学的强烈批判之中。

然而，文人精神和理学精神的对立冲突，主要是在核心思想和价值追求层面上展开，在具体文化活动中，特别是本书所讨论的文献文化活动中，二者之间的关系则要复杂得多。如汪应辰、吕祖谦对苏轼的态度，显然没有朱熹的极端。汪应辰认为苏轼文章总体上并无害于名节道德涵养，吕祖谦尽管也批评苏文思想不纯正[①]，但这并不妨碍他对苏文的偏好，吕氏编选《宋文鉴》《古文关键》，选入宋人诗文均以苏轼为最多，还特别提出要会融文道分立："自元祐后，谈理者祖程，论文者宗苏，而理与文分为二。吕公病其然，思会融之。"[②] 实际上，作为一种文献、文化现象，欧阳修、苏轼所代表的文人精神传统，是南宋士人无法绕开的高峰。与理学家在思想层面的批判态度不同，南宋一般士人的文献编撰实践中，更多地体现出文人精神与理学精神的交织与融合。

南宋士人的编集、著述活动，是一个群体的普遍活动，彼此之间也存在诸多关联。例如经疏类编编题分类抄录的方法近于类书，类书中六经分类抄录类目部分，则近于经疏类编；类书类目中的史事、制度、名物、典故、诗抄、博物等分类，与方志、笔记条目分类又相接近；方志

[①] （宋）吕祖谦：《古文关键》总论"看苏文法"条："波澜出于《战国策》、《史记》，亦得关键法，当戒他不纯处。"

[②] （宋）吴子良：《荛窗续集序》，曾枣庄、刘琳主编：《全宋文》卷七八六三，第341册，第19页。

的编著内容、撰写手法、条目分类方式，与笔记也存在千丝万缕的联系[①]。另外，从编撰者而言，南宋士人更是同时兼擅众体，彼此打通。如以苏诗注释名世的施宿，同时又是《（嘉泰）会稽志》的著者，祝穆既编有大型类书《古今事文类聚》，同时又是地理总志《方舆胜览》的编著者，南宋著名考据笔记《云谷杂记》的作者张淏，同时编著有《（宝庆）会稽续志》等。更为重要的是，南宋的编撰、著述及其中体现的沉潜文献、考据求实精神，是理学时代别是一家的士人知识分子文化人格的展示。宋代理学尤其是北宋理学视训诂、辞章之学为玩物丧志，除朱熹外理学之士多数只以经说讲义、语录编集传世，少有从事文献编撰与著述，与此相对，理学之外以杂学博物见长的一般士人，则多有各种文献编集、整理及独立著述之作流传，其中不乏大型文献编撰，或者兼擅众体的文献活动。穷理尽性的讲学语录固然事关道统传承，考据古今、记问博学也是格物穷理之一助，考古订今的博识文献之学，仍是大有可为、儒者当为的专门之学，二者不可偏废。祝穆此论也可见出，南宋理学为世人普遍认同之后，空谈讲学、一物不知确实为一时学风，也可见当时理学思辨与士人博学之间确实存在着某种对立。与理学之士以抽象哲理思辨著称不同，士人往往以具体、零碎的博杂感性闻见之知的记录为主要特点。理学之士体现的是儒家严肃的道德生命意义的追寻，一般士人体现更多的则是儒道互补精神，以立言承载感性自由生命的自我体验。在各类文献编撰、著述中，南宋笔记的兴盛，无疑是这一文化精神的典型体现。

一 文人精神与宋代笔记

唐代以后，笔记与小说开始逐渐分化，各自发展，分别进入学术史和文学史脉络之中。唐五代笔记特别突出了不同于虚构性小说的杂史杂传特性，同时也形成了较为纯净的考据笔记，包括《封氏闻见记》《苏氏演义》《中华古今注》《资暇集》《刊误》《兼明书》等。如果说唐代"笔记与小说确是不易区分"，这一分化趋势"到了宋代，也就二者分列，

---

① 例如研究者已发现宋元之际著名笔记《梦粱录》半数文字抄自《（咸淳）临安志》，参见曾洁《〈梦粱录〉与咸淳〈临安志〉》，《中国地方志》2012年第5期。

少见杂乱之作","宋人笔记的体例就要纯粹得多"①,宋代笔记和小说就基本完成了这一分化过程。尽管如此,笔记与生俱来的本质特征,仍然得以保留,即非经史性内容和非体系性结构。关于这一点,欧阳修《归田录》跋文说得最为深切:

> 唐李肇《国史补序》云:"言报应,叙鬼神,述梦卜,近帷箔,悉去之;纪事实,探物理,辨疑惑,示劝戒,采风俗,助笑谈,则书之。"余之所录,大抵以肇为法,而小异于肇者,不书人之过恶。以谓职非史官,而掩恶扬善者,君子之志也。②

欧阳修一方面肯定了唐人笔记摒除鬼神报应内容的史学化、学术化取向,同时又提出笔记非史官著述,不应承担惩恶扬善的史臣功能。欧阳修对笔记去史学化倾向的态度,即真正开启了宋代文人笔记的新发展。大体而言,宋代文人笔记的内容主要是"朝廷之遗事,史官之所不记,与士大夫笑谈之余而可录者,录之以备闲居之览也"③。对文人闲居笑谈、遗事见闻等内容的记录,确实体现了笔记作为文人精神的产物,不简单以反躬自省内在道德本原为最高价值追求,而以个体生命经验的精微思考体验为主要内容和核心特征。作为宋代文学精神先导的欧阳修,其开创的文人诗话、笔记特征,影响所至不仅包括北宋时期重要门人如苏轼等人,还远及欧、苏以后两宋文人的笔记撰述。在文人传统中,笔记仍是经史正统文献之外,较为自由同时又不被严肃对待的文体,实际上是介于纯粹学术著作和个人文学创作之间的文献著述形式。

总之,无论是就其产生源头而言,还是就其在唐宋时期的发展来看,笔记都不是作为严谨的学者严肃的学术著作,是文人随笔记录、篇幅短小、丛编汇集的琐闻杂谈,即便是关于朝廷典章政事、显宦见闻,一般也是未经典册的个体之言或传闻记忆。因此,大体而言,宋代笔记多是一般士人随性记载、编纂的杂史琐谈、典章政事和博物异闻,而作为体

---

① 周勋初:《宋人轶事汇编》(前言),上海古籍出版社2014年版,第20页。
② (宋)欧阳修撰,李伟国点校:《归田录》,中华书局1981年版,第36—37页。
③ 同上书,第3页。

系性知识构建者的两宋最主要的新儒学义理学者和思想精英,均无此类笔记著述之作。

从现存两宋主要笔记著述分析可知,五代宋初和两宋之际,由于特殊的易代历史条件,杂史、野史之作特多,除了少数宋初宰执大臣,[①] 两宋之际杂史作者身份多不可考外,宋代典型笔记的作者中,欧阳修、苏轼、苏辙等人本身均有笔记传世,其门人弟子、交游文人及其子孙一般都有笔记传世,南宋以后之仰慕苏学者,也往往有笔记传世,此外,其他文学之士一般也有笔记著述。总体上,两宋笔记作者多为文人,而与之相对新学和理学思想精英,一般均无传世笔记著述。

不仅从笔记作者上可见宋人笔记总体上是文人精神的产物,从宋人笔记著述的精神姿态和追求上,也可感受出笔记作为文人精神体现的立场。如前所述,文人精神特质的一个重要体现,是对经验感知世界事物的普遍兴趣,思索具体事物自身的"情理""物理",主张在事物之中,探寻事物自身具体之理。欧阳修所谓的"道"或"理",并非超越本体的太极天理,而是具体自然、社会、历史以及日常生活中的人情物理。所谓理,即如生而必死的自然规律,属理性认知的常识。又如"盛衰之理,虽曰天命,岂非人事哉"[②],理又是历史盛衰演变规律法则。道德之理,也来自自然天性的人情,圣人之礼乐制度也是依人情而定。总之,欧阳修所谓的理,主要是经验论层面的条理、规则、情理,是从具体的历史制度、人事行为、伦理生活中总结出来的常识道理,而不存在一个最高的超越性本体的"理",或者这一超验之"理"的具体化。

苏轼的"道论",与欧阳修相近,多半也是自然、人事的常识情理,"物莫不得尽其天理,以生以死"。其所谓理,不具有理学所谓"天理"的道德纯善的内涵,具体的人情物理有其各自具体的意义内涵,所谓"万物自生自成,故天地设位而已"[③],这也正是朱熹反对苏轼之学很重要的一个原因:既然宇宙万物没有一以贯之的道德本体,人的行为便将失

---

① 有关两宋不同时期笔记作者社会地位的分析,参见张晖《试论南北宋笔记的不同》,《四川大学学报》1988 年第 1 期。
② (宋)欧阳修:《新五代史》卷三七《伶官传》,中华书局 1974 年版,第 397 页。
③ (宋)苏轼:《东坡易传》卷八《系辞传下》,明刻朱墨套印本。

去终极的意义和约束，而流于欲望的随意满足。对于"理"的获得，也非理学式地通过存理去欲，将个体道德上升为普遍理想人格，即个体之性向天理之性靠近，而是在具体社会活动中探求人事万物背后的规则、条理。士志于道的方法有二："日与水居"，即在自生自成的自然社会中自性探求；"求道务学"，即亲身实践，博学广识，努力探求[①]。苏轼学术也体现了对自然名物、历史往行的广泛探求，表现出博学重知的特征。受此影响的文人也多表现出对具体万事万物的博杂知识兴趣，关注每一个"分殊"背后的情理。文人这一思想模式表现在文学中，即宋代文学不同于中古文学抒情传统的知识转向。学问为诗，才学为诗，知识成为诗文的审美基础。表现在文人著述方面，便是宋代文人编纂笔记的兴盛。

除了博杂知识兴趣，笔记文人精神的另一重要体现，是笔记著述本身所呈现出的文人自由审美精神追求。

两宋笔记作者的主体，显然是与苏黄一门以及与之关系密切的文人儒士，或为苏门文人，或与之交游，或敬慕苏黄之学，或先祖与苏门关系密切。成公策宝祐丙辰（1256）为谢采伯《密斋笔记》所作跋中认为，北宋欧阳修著《归田录》，范镇作《东斋记事》，皆"前辈于文章翰墨，若饥食渴饮，未尝一日废，非有老庄之分，仕止之间也。密斋先生年六十有三，即弭节杜门，淡然无营，惟耽玩书史，远绍旁搜"，成《笔记》一书，"其视欧、范二公风流蕴藉，相似也"[②]。在南宋士人看来，这一密切关联，是相似的文化风流。宋代笔记这一风流，既不同于中古小说作者多方术之士，也不同于明清笔记著者多饱学宿儒。

欧阳修既是北宋文宗，不仅是北宋文学精神的开创者，也是文人诗话、笔记的创新者，在宋初杂记五代野史之后，真正将文人审美精神、个体学术精神融入笔记之中。其英宗治平四年（1067）自序言其《归田录》，记"朝廷之遗事，史官之所不记，与士大夫笑谈之余而可录者，录之以备闲居之览也"[③]。实际上指出文人化的笔记，作为不同于公共领域

[①] （宋）苏轼撰，孔凡礼点校：《苏轼文集》卷六四《日喻》，第1980页。
[②] （宋）谢采伯撰，李伟国整理：《密斋笔记》，《全宋笔记》，大象出版社2015年版，第7编第8册，第172页。
[③] （宋）欧阳修撰，李伟国点校：《归田录》，第3页。

的私人思想情感的记录作品①，所记内容乃正统典籍所不记的遗事、逸闻、笑谈，以及文人雅趣的山水风物、茶香果品、博物异闻等，目的不在扬善过恶的史家褒贬，而在闲居备览和谈笑之资。苏轼笔记《东坡志林》，亦为随意杂录，并拟整理成书名之曰《志林》，内容也多为游历见闻、学问时事、梦寐疾病、神仙丹药、僧道异事等。而王辟之在其笔记的绍圣二年序中云："今且老矣，仕不出乎州县，身不脱乎饥寒，不得与闻朝廷之论、史官所书，闲接贤士大夫谈议有可取者，辄记之……以为南亩北窗、倚仗鼓腹之资。"② 在笔记作者看来，笔记的编撰精神，正是庄子寓天地大道于荒谬滑稽故事传统的体现，是文人个体精神自由的体现。笔记的士人化，最集中体现在其博杂逸闻、非体系性思辨知识，是笔记成了文人自由情感、审美精神的载体。沈作喆《寓简》淳熙甲午（1174）自序：

> 庄周氏疾夫世之沉浊，不可与庄语也，则托意于荒唐谬悠之说，以玩世滑稽，而其文瑰玮连犿、諔诡可观。盖实无心于言也，寓焉而已尔。予屏居山中，无与晤语，有所记忆，辄寓诸简牍。纷纶丛脞，虽诙谐俚语无所不有，而至言妙道间有存焉。已而诵言之，则欣然如见平生，故人抵掌剧谈，一笑相乐也。因名之曰"寓简"，聊以自娱，庶几漆园之无心，抑有如惠子者，或知其为无用之用乎？③

所谓"寓简"，正是将屏居文人庄子式的个体精神追求，寓于简牍记录的文字笔端，聊以自娱。笔记所蕴含的文人作者的道家艺术精神，在自嘲笑谈的表面之下，其实隐藏的是深沉的自我生命关怀，天地霄壤之际普通文人生命意义的自我实现，正在于简短随性记录的文字之中。

---

① 关于笔记杂著的私密空间性质，晚明曹学佺云："前人读书，率有私记，浸淫成帙，胪而列之，则为汇书。若杂乱无序，则曰闻、曰记、曰录云尔。此终其身习用之不可以示人。……杂录诸书，宋时为盛。"（明）曹学佺：《纬略序》，高似孙撰，左洪涛校注：《高似孙〈纬略〉校注》（附录），浙江大学出版社2012年版，第252页。
② （宋）王辟之撰，吕友仁点校：《渑水燕谈录》，中华书局1981年版，第3页。
③ （宋）沈作喆撰，俞钢、萧光伟整理：《寓简》，《全宋笔记》，大象出版社2008年版，第4编第5册，第5页。

文人生命意识抒发的独特方式和异俗为雅的艺术精神，使理宗朝理学独占之前的文人，呈现出不同于理学道德自足体系的格物穷理，以琐碎博杂的知识关注和记录，作为最主要的文化学术方式。文人抵掌剧谈、议论风雅的知识领域是无限广博的，这些风雅佳话无不是闲谈随笔、笔记札丛所最乐记载的内容。可以说，以笔记记载文人唱和言谈、贬谪见闻、师友掌故、博学辨识本身，就是文人风雅之事，"以文章议论、博学辨识、英辞妙墨、好古多闻、雄豪绝俗之资，高僧羽流之杰，卓然高致，名动四夷"[①]。

在苏门文人看来，笔记的撰集写作，不啻是刻板的"缙绅先生之事"之外，富于情趣、倾诉自我的艺术体验。在内容无所不包、形式随性自由的文体中，文人投入了自我心灵的寄托。宋人打破传统雅俗界域，不以"俗论"为"可卑"，而在世间俗物中追求超越性自我的精神之雅，而笔记正沟通了俗与雅的两端。在宋人笔记的序、跋中，多有记载此类情感倾诉式的语言，表述了笔记写作的初衷，"嵁岩之下，无与为娱，纵谈所及，多故实旧闻，或古今嘉言善行，皆少日所传于长老名流，及出入中朝身所践更者；下至田夫野老之言，与夫滑稽谐谑之辞，时以抵掌一笑。穷谷无事，偶遇笔札，随辄书之"[②]。

笔记或是唱和闲谈文字的编集，或是独居为学的"偶遇笔札"。即使至南宋，学出理学门庭，如赵与訔者，亦不乏如是之习。与传统经学、正史注释编纂，正统诗文创作不同，笔记的写作编集，更体现出道家式的自由洒脱。文人可以不受儒家体道伦理正统"庄语"之约束，而表现出个性化的感性知识博闻的兴趣，体式自由的笔记，承载的是一般士人生命情感的文化安顿和自由性灵的舒张。

二 南宋文人笔记的博杂考据

随着理学的复兴和影响深入，南宋笔记具有理学背景的作者也逐渐增多，理学家也开始直接参与笔记的编撰。不过，就总体而言，南宋笔

---

① （宋）米芾：《西园雅集图记》，曾枣庄、刘琳主编：《全宋文》卷二六〇三，第121册，第41页。

② （宋）叶梦得撰，侯忠义点校：《石林燕语》（自序），中华书局1984年版，第1页。

记仍是一般文人编撰者居多,其中体现出明显的文人精神追求,并且随着南宋科举士人的增多,不论是地方游宦还是日常乡居过程中,通过读书、游历考察自然、历史等博杂知识,成为这些博学文士普遍的文化生活方式和自我精神投注的重要形式。因此,南宋普通文人编撰笔记的数量也大为增加。而这些南宋笔记作者,既不是从事义理体系建构的思想家,也不是单纯进行诗文歌咏创作的才士,而是既经历科举应试,具有经史博学知识,又沉浸于博学万殊的具有自由文人精神的士人。因此,笔记作为一种既能容纳经史博杂知识,又体现文人随性记录、率性而发的文献形式,成为此类士人重要的文化活动内容。随着文人笔记著述的增多,对于博杂知识的记录、谈论、辩证也随之增多,面对大量相近题材的记录和谈论,南宋文人笔记也逐渐不再满足于单纯逸闻琐谈知识的记录整理,而越来越多地对这些知识记录进行考证辨析。南宋文人知识领域的扩大和理性精神的增长,使得文人笔记表现出博杂和考据的两方面特征。

由于笔记是文人读书生活之余随即记录的短小文字汇集,因此,内容涉及之博与杂,是笔记文献的最直观特征。宋人喜爱读书,社会文化相对宽松,北宋以来士人群体即有崇尚博雅之风,而作为更为自由开放的一般文人,其知识领域更是显得无所限制。正如宋史专家聂崇岐所言:"宋政尚宽仁,文网疏阔,学士大夫,每就闻见所及,自军国重事以至委巷琐谈,著于竹帛;故私家笔记之书远超前代。"[1] 不仅笔记数量超过前代,其涉及内容的广博程度也胜过前代。南宋一般文人笔记中的知识分类,大致包括文字、音韵、训诂、名物、典章、制度、政事、掌故、轶事、地理、风俗、金石、书画、诗文、品艺、博物、异闻、神仙、鬼怪等等,且一书之中乃至一卷之中,各种领域知识往往交错杂陈。另外,文人笔记博杂知识记录之余,其相关考证文字,在征引证据之时,也是经典传世文献、稀见乃至域外文献、金石碑刻文献、佛道以及抄本手稿等文献轮番交替出现,同样体现出博杂的特征。

如南宋文人笔记的典型代表之一,洪迈《容斋随笔》记载考证的范

---

[1] 聂崇岐:《容斋随笔五集综合引得序》,载朱一玄等编著《文史工具书手册》,辽宁教育出版社1989年版,第725页。

围，几乎涵盖了上述笔记知识的全部内容。聂先生曾认为《随笔》于"自军国重事以至委巷琐谈，著于竹帛"与"私家笔记"，二体兼而有之，是严肃的史学考证专书与文人私家笔记的结合，"其考据，博引详征，不苟同，不苟立异，不为高奇之论，而以至当为归；淹通处，时可方驾深宁。其记述宋代故事，推本求原，综核贯穿，历历若指掌；精确处则又常胜存中"①。作为南宋著名史家，洪迈在史籍典章等方面的博引考证，以及学术精神的严谨淹通，确实具有比肩王应麟乃至影响清儒考史札记的价值，而同时《随笔》又具有私家笔记之体的性质，这里所谓二体之分，实际上强调了南宋私家笔记与著于竹帛的史学考据专书不同的性质。这一性质正是南宋文人笔记所具有的博杂特征，即内容上既包括军国重事这样的正统内容，也包括委巷琐谈一类的博物异闻，文献编撰结构方面，仍然是"随即纪录"，各种内容并无严密和特定的义理体系加以编排，而是因记录时间自身先后顺序，"无复诠次"的"随笔"。内容的广博和编排的随性庞杂，正是文人笔记的核心知识特征。而如果说其中涉及的经史考证，接近于宋末王应麟《困学纪闻》等经史诸子典籍考证专书，作为综合考证笔记，这些考证内容之外的考证内容，则是南宋前期文人考证的集中体现。因此，作为南宋文人笔记的主要知识特征，是经史正统之外的历代诗文词赋和四六、古文等用字、文例，金石碑刻、书画手稿材料，文人逸事掌故，各种天文历法、占蓍梦验、民间风俗名物，以及各类博物异闻知识等方面的辑录、考证。《随笔》这些方面的考证内容，是其作为南宋文人笔记重要代表的主要标志。例如《随笔》卷三"李太白"条：

> 世俗多言李太白在当涂采石，因醉泛舟于江，见月影俯而取之，遂溺死，故其地有捉月台。予按李阳冰作太白《草堂集序》云："阳冰试弦歌于当涂，公疾亟，草稿万卷，手集未修，枕上授简，俾为序。"又李华作《太白墓志》，亦云："赋《临终歌》而卒。"乃知俗传良不足信，盖与谓杜子美因食白酒牛炙而死者同也。②

---

① （宋）洪迈撰，孔凡礼点校：《容斋随笔》（附录聂序），中华书局2005年版，第988页。
② （宋）洪迈撰，孔凡礼点校：《容斋随笔》，第33页。

洪氏所考历史人物事迹，多为逸闻传说而非传世典籍重要史事、通例方面的重大问题，也体现了其作为文人笔记的琐谈性质。又如《三笔》卷六"杜诗误字"条：

> 李适之在明皇朝为左相，为李林甫所挤去位，作诗曰："避贤初罢相，乐圣且衔杯。为问门前客，今朝几个来？"故杜子美《饮中八仙歌》云："左相日兴费万钱，饮如长鲸吸百川，衔杯乐圣称避贤。"正咏适之也。而今所行本误以"避贤"为"世贤"，绝无意义，兼"世"字是太宗讳，岂敢用哉？《秦州雨晴》诗云："大永秋云薄，从西万里风。"谓秋天辽永，风从万里而来，可谓广大。而集中作"天水"，此乃秦州郡名，若用之入此篇，其致思浅矣。《和李表丈早春作》云："力疾坐清晓，来诗悲早春。"正答其意，而集中作"来时"，殊失所谓和篇本旨。①

除避讳作为考据校勘依据外，对各类误字的考证主要依据诗歌文意本旨加以按断，是南宋各种文人诗话、笔记文学校勘的常见方法，也体现了笔记作为文人读书随笔思索考证活动记录的性质，与一般学者的专书专题校勘，往往能充分利用版本校、他校方法明显不同。

有关金石考古的活动，自欧阳修《集古录》以后，流风所及，逐渐兴盛。两宋之际有赵明诚的《金石录》，洪迈之兄洪适也是著名的金石学家，其《隶释》等书著录汉魏碑碣，并于跋语中考证相关史实。不过宋代金石学总体上仍属于文人赏玩的范畴，其中的考据也主要是收集赏玩过程中，作为解释读经校史所产生质疑的旁证。因此，宋代金石学本身体现出浓厚的文人精神，《集古录》《金石录》《隶释》等金石著述，本质上也可归属于文人笔记的范畴。南宋笔记中散见的金石碑刻考证，如《容斋随笔》中"罗处士志""唐平蛮碑""古彝器""古錞于""铜雀灌砚""碑志不书名"等诸条，也正是文人日常把玩品鉴过程中的随笔记录。

---

① （宋）洪迈撰，孔凡礼点校：《容斋随笔》，第493页。

考证诗文用语出处方面，南宋文人笔记作者中，有不少属于江西诗人或者与之关系密切者，一方面可见出笔记作者与苏黄文人之间的渊源关系；另一方面，笔记的兴起本身实与江西诗派的唱和谈论文人雅集，及苏黄诗论主张中重视才学、博识的知识论风气有关。事实上，南宋文人此类诗文用字的出处考索，其考证内容和方法，均体现了文人笔记考证的某些特点。如朱翌《猗觉寮杂记》卷上载：

> 鲁直《与高子勉》云："尊前八米句，窗下十年书。"徐师川《与潘邠老》云："字直千金师智永，句称八米继卢郎。"齐文宣崩，文士各作挽诗十首，择其善者用之，每人不过一二首，惟卢思道独得八首，时人称为"八采卢郎"。"米"字盖"采"字之误也，十首中采择八首耳。若作"米"，无义理。诗人不之考，相袭以为八米，盖言精凿，失之甚矣。元微之《酬乐天》云："八采诗成未伏卢"，可证"采"字为是。①

本条考证所谓"八米卢郎"，最早见于《隋书》卷五十七《卢思道传》，元稹诗亦作"八米"，朱氏此条或据误本作"八采"。八米，据《齐民要术》卷一《种谷第三》自注云："锄者非止除草，乃地熟而实多，糠薄米息。锄得十遍，便得八米也。"缪启愉《校释》曰："八米，指出米率达到八成。"② 八米意谓出米率高、高产之意，正与卢思道善作诗意合③。故宋人姚宽《西溪丛语》卷下曰："卢思道挽诗独八首，比时人最盛，时谓之'八米卢郎'。八米，关中语。岁以六米、七米、八米分上中下，言在谷取八米，取数之多也。"④ 朱翌对诗作异文的考证先据误本，后断以"义理"，对"八采"进行了解释，全文看似考证有理，却缺

---

① （宋）朱翌撰，朱凯、姜汉椿整理：《猗觉寮杂记》，《全宋笔记》，大象出版社 2008 年版，第 3 编第 10 册，第 8 页。

② （北魏）贾思勰撰，缪启愉校释：《齐民要术校释》，中国农业出版社 1998 年版，第 67 页。

③ 关于"八米卢郎"的考证，参见李士彪《"八米卢郎"考》，《文学遗产》2004 年第 1 期。

④ （宋）姚宽撰，孔凡礼点校：《西溪丛语》，中华书局 1993 年版，第 88 页。

乏严谨、细密的考证过程,突出体现了文人笔记考据在质疑、考证过程中的随性和疏略。可见,文人笔记考证重在知识的广博和文人自身的阅读知识兴致,而并不看重严谨考证本身。

上述诸类笔记考证内容之外,最能体现笔记非体系性博杂知识特点的,是关于博物异闻、卜筮占验等方面的记载和考证。作为一种典型的博杂知识,这是宋代笔记在结构编排之外,又一体现文人特征的重要方面。

古代中国的博物学,是古人通过对物的广博知识,表达对自然、人事、社会等复杂关系的理解与想象,内容上是道德信仰体系中关于物质世界的实用知识,形式上是非体系性、片段性的博物知识记载与分类。传统博物学,并非一个科学知识增长的体系,而是古人认知世界的方式和学术史演进的知识基础。在早期中国,博物知识仍是天命观的一部分,鸟兽草木除了作为生产实践,包括饲养、驯化、祭祀、狩猎的对象,在精神文化层面,它们既是统治"权力的对象和媒介"[1],政治运行和变化的象征,也是情感激发和文化道德教化的象征。魏晋隋唐的中古时期,是中国博物学成立兴起的时代。这一时期,"中国知识世界暂时打断了儒家化的大趋势,随着佛教带来域外的新知识,与道教激活本土的旧资源,原本被儒家渐渐定型的知识世界迅速地膨胀,中间一长段时间的南北分治和胡汉交错,以及后来隋唐时代繁荣的中外交流,更使'博物之学'有了重新生长的空间"[2]。随着权力符命和谶纬感应为核心的天命学说不断瓦解,从政权中分离出来的神仙方术和异域传入的宗教观念,为战乱分裂时代的古人打开了现实世界之外的域外、神秘、灵异世界。方术和宗教之士正是通过博物知识,引导世人相信并构筑的"自然"和超自然的彼岸世界,由此进入宗教生命的解脱安顿。

宋代以后的近世中国,人文和理性的文化传统得以复兴,异域宗教的虚幻世界或者被心性化,或民间化实践化,博物知识的思想信仰体系,

---

[1] [英]胡司德:《古代中国的动物与灵异》,蓝旭译,江苏人民出版社2016年版,第5页。
[2] 余欣:《中古异相:写本时代的学术、信仰与社会》(葛兆光序),上海古籍出版社2011年版,第4页。

从天命符谶、神仙方术和异域世界的想象,重归现实世界的博物认知、常理经验,物出于自然,有其自身道理,不附属于人类理性知识,从累积习俗经验中反复探究方能获知。不论是古籍所记载的博物知识,还是亲验实践所收集的自然之物,均加以经验合理的重新挖掘和求证。如果说中古博物学总是偏向从"物"中体会和叙述其灵怪奇异之处,是对神怪和异域世界的发现,那么宋代博物学则将"物"作为认识的对象,力图从中发现万物自身之"理",物成为辨析和考证的知识。

宋代博物学的文献形式也发生了转变。中古博物学的文献形式,主要是训诂字书、农书、本草著作,地理博物志怪小说等[1]。宋代博物学知识,主要包括草木、花果、虫鱼、鸟兽、药物,以及金属、器物、玉石、矿物等自然知识,其文献形态除字书等传统雅学文献外,主要是笔记、类书、地志、动植物谱录等文人编撰著述之中,成为其知识汇编中的一部分。笔记博物学知识多体现文人对奇异世界的惊喜发现和审美自娱态度,是与儒家道德人格养成互补的天地自然知识的接纳和个体生命情感的投射。六朝志怪博物的作者如张华、郭璞本人即方术之士,"(张华)好观秘异图纬之部,捃采天下遗逸,自书契之始,考验神怪,及世间闾里所说"[2],"(郭璞)洞五行、天文、卜筮之术,攘灾转祸,通致无方"[3]。其小说记录神怪秘异之说,乃出于方术巫鬼宣传,证明神鬼为自然之化,鬼神精怪是真实独立的存在之物。与此不同,宋代士人则将自然之物以及鬼神、占梦、巫术、风水等,皆视为天地自然之气运行的结果,非超自然的虚妄存在,而是自然、人类世界中不常见的现象。如欧阳修认为"凡物有相感者,出于自然,非人智虑所及,皆因其旧俗而习知之"[4],物类相感的怪异现象,只是不习见,而超出人的思虑范围,却仍是经验总结的范围之内。王辟之《渑水燕谈录》卷六"先兆"条载各种梦验、术士、杂占异闻,其序中则认为此类非"怪诞无益之语",即使在理学家看来,鬼神也只是气和理的一部分,"皆是气之杂糅乖戾所生,

---

[1] 参见朱渊清《魏晋博物学》,《华东师范大学学报》2000年第5期。
[2] (晋)王嘉撰,萧绮录,齐治平校注:《拾遗记》卷九,中华书局1981年版,第220—221页。
[3] (唐)房玄龄等:《晋书》卷七二《郭璞传》,中华书局1974年版,第1899页。
[4] (宋)欧阳修撰,李伟国点校:《归田录》,第33页。

第三章 士人的知识世界：南宋编撰文献与考据学（下） / 145

亦非理之所无也"①。在宋人笔记中，作为不常见的自然、人事现象，则往往作为文人新奇见闻而非方术之士宣传，与各种文人逸事、典章名物、博物异产一道，成为超然自娱的精神对象和笑谈鼓腹之资。在笔记中，博物学知识是宋代文人非体系性的博杂奇异知识，是笔记中文人精神的重要表现。因此，神宗以后大量兴起的笔记作品中，即大量记载了各类技艺见闻、风俗土产、名物珍玩。如苏轼《东坡志林》在名宦事迹、典故纪闻外，其"技术"一类，记载巫筮、医术、卦谶、延年术等；崇尚新学的黄朝英《靖康缃素杂记》则更广涉动物、植物等，如"芍药""说猫"等，都典型反映出北宋博物学的传统。

与中古博物学坚持"发明神道之不诬"为"真实"不同②，宋代博物学方法还表现出理性考证的倾向，北宋博物学家苏颂以为"博物者亦宜坚考其实"③。宋人对博物学的考实，多立足文献考证和亲验考实。沈括于《梦溪笔谈》已多处申辩当求天地自然博物之"常理"，而对前人文献博物之说"妄说"予以辩证④。在南宋人郑樵看来，田野实证以及合于《诗》《书》之旨，亲验务实应当儒家士人博物多识的基本方法："大抵儒生家多不识田野之物，农圃人又不识《诗》《书》之旨，二者无由参合，遂使鸟兽草木之学不传。惟本草一家，人命所系，凡学之者，务在识真，不比他书只求说也。"⑤ 宋人笔记对博物知识的记载和考证，一部分是文人行旅经历、目验所及的记录，更多则是读书过程中遇到的文献记载博物学知识及其所进行的考证。

与前代博物学相比，南宋笔记中博物更重视对文献记载本身的考证。相当数量的笔记沿着博考百家之法，将文献记载与博物知识结合，展开订误辩议以及梳理源流之作。南宋初吴曾在《能改斋漫录》中，将各领域知识分为事始、辨误、事实、地理、记诗、类对、方物、乐府、神仙鬼怪等十余类，其中"方物"主要关于动植物、矿物等博物学知识，另

---

① （宋）黎靖德编，王星贤点校：《朱子语类》，第37页。
② （晋）干宝撰，汪绍楹校注：《搜神记》，中华书局1979年版，第2页。
③ （宋）苏颂撰，胡乃长、王致谱辑注：《图经本草·玉石中品》卷二"石膏"条，福建科学技术出版社1988年版，第34页。
④ （宋）沈括：《梦溪笔谈》卷五《乐律一》，上海书店出版社2009年版，第82页。
⑤ （宋）郑樵撰，王树民点校：《通志二十略》，第1981页。

有"神仙鬼怪"则是志怪类故事。博物知识与志怪异闻已经分而为两类知识领域，博物学已初步具有了自然知识的色彩。同时，对于博物知识已不仅仅是对物的释名、介绍，而是对物名、相关典故、习性记载等进行考证。卷十五《方物》中共计65条，其中14条为博物叙录外，其余51条均包含各种考据内容，如：

> 昌蒲、昌阳，两种物也。陶隐居云："生石碛上，细者，为昌蒲；生下湿地，大根者，为昌阳。不可服食。"而《圣济总录》乃曰："昌蒲谓之昌阳，以其得神而昌。"盖取岐伯所谓"得神者昌，失神者亡"。然昌蒲、昌阳岂同本也哉？以今观之，昌阳待泥土而生，昌蒲一有泥滓则死矣。其理甚明。盖其失当自韩退之进学解，訾医师以昌阳引年。则退之亦以昌阳为昌蒲矣。东坡《石昌蒲赞序》，亦有昌蒲、昌阳之辨。（"昌蒲昌阳"条）[①]

以文献结合情理考证辨别植物名实异同，笔记中的博物知识不是简单叙述呈现，而是结合文献、现实经验加以考证辨析。

南宋笔记多对北宋以前博物学旧说进行辩驳考订，而不限于博物异产的搜奇描绘。如理宗时期邢凯的《坦斋通编》引《物类相感志》云："龙之为性，麄而畏铁。梁人堰淮有献此策者，乃冶铁数千万斤，沉之，亦不能固。则古语何可尽信。本朝岁修河堤，其费甚广，山谷在馆中，时有献铁龙爪之策。山谷以'儿戏'书之，盖亦知其无益也。"又引范蜀公镇言"江南有红盐"，而辩驳曰："然江南何尝有此？按蔡君谟《荔枝谱》：'红盐者，以盐梅浸佛桑花为红浆，投荔枝渍之，曝乾而味甘酸。'非真盐也。《北史》：'高昌出赤盐，中国无之。'《物类相感志》亦止言'落橄榄酸枣用盐'而已。"[②] 列举各家文献考证中国无红盐。

笔记中的博物学知识不仅来自既有文献，也是宋代文士亲历目验所得。笔记博物考证的方法常见不外两端，一是文献引证，二是实地考证。

---

① （宋）吴曾：《能改斋漫录》，上海古籍出版社1979年版，第447页。
② （宋）邢凯撰，程郁整理：《坦斋通编》，《全宋笔记》，大象出版社2015年版，第7编第8册，第194页。

如张世南《游宦纪闻》卷二对欧阳修《归田录》关于唐州、邓州一带食用柿子以椑梓和柿子共同放置而"红烂如泥而可食"的记载，进行了实地应证："江南人不识椑梓，世南侍亲官蜀，至梁、益间，方识之。大者如梨，味甜而香，用刀切，则味损而黑。凡食时，先以巾拭去毛，以巾包于柱上击碎，其味甚佳。蜀人以椑梓切去顶，剜去心，纳檀香、沈香末，并麝少许。覆所切之顶，线缚蒸烂。取出俟冷，研如泥。入脑子少许，和匀，作小饼烧之，香味不减龙涎。"同卷还有关于江西金橘、眉州虾蟆（青蛙）的食用方法等，均为亲历验证，而关于犀牛产地及犀牛角的长相、数量，则是亲自目寓征询和文献引证两相结合①。

笔记中的博物学知识体现笔记的文人精神，与文人文学艺术审美精神相关，另一个体现是，北宋后期以降之笔记对博物知识的关注和考辨，往往触发宋代诗文典故、用语"以才学为诗"等的审美趣味追求，欧、苏、黄、王等北宋著名诗人所开创的宋代诗风，尚雅使典，对自然博物、历史人文的广博知识，成为后世追慕对象，也是宋人注宋诗的重点，各种诗话、笔记津津乐道的命题。其中包含的博物学知识自然也成为反复争辩考订的对象，最为典型者，如关于"玉蕊花""琼花"是否为两种花及各自品种样貌、习性的讨论，自北宋诗人王禹偁至南宋各家笔记诗话作者便不绝于耳，周必大甚至有专文《玉蕊辨证》，至《云谷杂记》作者张淏在辨析两宋诸家之说后，乃至于托亲朋自镇江带回花种根茎，亲自栽种，经年累月地观察，并由此断定二者非一个品种，各家诗文赋咏、诗话笔记讨论之讹误，乃在"诸公偶未见此花，所谓信耳而不信目也"（卷四）②。此外又如绍兴初庄绰《鸡肋编》卷下"东坡居士云：'岭南地暖百卉造作无时'""东坡在惠州作《梅词》"③，南宋中期袁文《瓮牖闲评》卷七"黄太史诗云：'百舌解啼泥滑滑'""蜥蜴、蟛蟹，非冬间所有之物""蚊子初不能鸣""欧阳文忠公《蚊子》诗"等数条乃至整卷④，多为考证欧、苏及江西诗人诗文典故中涉及之博物名称、性状等相关

---

① （宋）张世南撰，张茂鹏点校：《游宦纪闻》，第11—13页。
② （宋）张淏撰，张宗祥校录：《云谷杂记》卷四，中华书局1958年版，第50页。
③ （宋）庄绰撰，萧鲁阳点校：《鸡肋编》，中华书局1983年版，第107、113页。
④ （宋）袁文撰，李伟国点校：《瓮牖闲评》，中华书局2007年版，第103—114页。

问题。

科举仕宦旅行是科举出身的宋代士人重要的生活方式,"使举子们与社会其他人有明显区别的,莫过于他们的流动性了"①。因此,更多仕宦地方的南宋士人,也得以亲见和记录异域博物知识,尤为典型者又如范成大《桂海虞衡志》对广右之地金石、矿物、花果、鸟兽等奇异物产的记录和考察。相对唐代以前的边地旅行者主要是往来商路的西域商人和四夷朝贡者,南宋游宦旅行的主体则是文人士大夫。因此,唐代博物学更多是对各种异域舶来品的想象和描绘②,南宋文人则是亲身去往边地考察山川地理、动植矿产,而作为科举出身的饱学之士,常常习惯于将所见之物与自身已有典籍文献知识相印证,如范成大自言其出帅广右,"取唐人诗,考桂林之地"③,张世南作为"文献故家",取法史迁探禹穴、涉沅湘,仕宦各地,随笔记录而成《游宦纪闻》,在其友人看来,"博物洽闻,儒者事也。非足迹所经历,耳目所睹记,则疑以传疑,犹未敢自信,况取信于人乎?"④ 对于各地博物知识,南宋人更看重的是要取信于人,而非单纯的描绘。要言之,南宋文人笔记不仅对各种博杂知识进行亲历考察,并随笔记录,也重视对博杂知识记录的文献考证,具有征信求实的学术精神。

三 南宋文人笔记考据的学术化

郭绍虞在论及两宋诗话风气的演变时曾言:"盖北宋诗话之风气,重在'以资闲谈',进入南宋始严正。"⑤ 此论不仅适合于诗话,也正体现了南宋笔记发展的一大特点。所谓"资闲谈",正是文人笔记的核心特征,而所谓"严正",则是笔记文献受到理学精神影响,从内容到形式都表现出学术化的严谨和征实。一方面,笔记随笔记录博杂知识的非体系

---

① John W. Chaffee, *The Thorny Gates of Learning in Sung China*, New York: State University of New York Press, 1995, pp. 49-50.
② 唐代中西文化交流与博物学相关研究,参见〔美〕薛爱华《撒马尔罕的金桃:唐代舶来品研究》,吴玉贵译,社会科学文献出版社 2016 年版。
③ (宋)范成大撰,孔凡礼点校:《范成大笔记六种·桂海虞衡志》(自序),中华书局 2002 年版,第 81 页。
④ (宋)张世南撰,张茂鹏点校:《游宦纪闻》(李发先跋),第 95 页。
⑤ 郭绍虞:《宋诗话考》,中华书局 1979 年版,第 196 页。

性特征基本未变；另一方面，南宋开始笔记作者的学术精神、笔记内容的偏向，都表现出这一"严正"的趋向。

首先，南宋笔记著述的目的，不再局限于单纯的文人闲谈和仕宦琐闻的记录，而表现出更为浓厚的学术自觉。从笔记作者个体精神气质与价值追求方面，南宋士人往往表现出更为严谨雅正的学者气象，如孝宗时期的程大昌在其《考古编》自序曾云其性拙朴，而不喜文人消遣自娱之乐，更不信占卜方术，唯好古今书册，揆本旁证，诸儒训传，历代故实，每有所得，则忻然自乐①。其正续《演繁露》《考古编》卷帙宏大，辑录考订各类经史名物训诂，不再是文人博学谈助的知识兴趣，而意在体贴古今圣君贤臣的典册遗文。又如理宗时期史家李心传，作为理学的同情者和支持者，又是出身民间的较为纯净的学者，每以保存国史自任，"每念渡江以来，纪载未备，使明君、良臣、名儒、猛将之行事犹郁而未彰，至于七十年间，兵戎财赋之源流，礼乐制度之因革，有司之传，往往失坠，甚可惜也"②，欲求史事记载之是非得失，则需要各种史料文献记载相互质证比勘，"史官纪载疏缪"，"当质诸衣冠故老之传闻，与夫山林处士之纪录"③，其史料笔记《建炎以来朝野杂记》以及专题考据笔记《旧闻证误》，均表现出严格纯正的史料编纂和考证特征，而具有较高的史料价值，只是在条目篇幅、杂考汇编等形式方面仍保留着笔记著述的特征，在内容和价值方面实际上都已近考史专题著述。

另一些笔记作者，其笔记著述的动机本已不在辑录轶事琐谈，而是作为士人子孙经典教育、进德修业过程的文献成果和基本资料。如高宗时王观国《学林》，是南宋初考据笔记名著，虽然限于史料，无法确证王氏是否担任过学官，但其中的部分按语仍为今人提供了些许材料，表明其基本学术文化姿态，卷五"好癖"条云："观国按：诸家所嗜好，虽皆不免役于物，而校其优劣，则好聚书者为胜……夫聚书多则子孙必多博学者，盖其所习者然也。矢人惟恐不伤人，函人惟恐伤人，巫匠亦然，择术不可不慎也如此。"此按语似透露出，其有为士人家族私学教育所发

---

① （宋）程大昌撰，刘尚荣校证：《考古编》，中华书局2008年版，第9页。
② （宋）李心传：《建炎以来朝野杂记》（甲集自序），中华书局2000年版，第3页。
③ （宋）李心传：《建炎以来朝野杂记》（乙集自序），第481页。

之议论。又如卷七"引证"条考证王安石《周官新义》《字说》在资料引证方面的讹误,属于补正新学经典释义性质,或与两宋之际新学科举典籍造成的经典学习流弊有关。又卷一"容颂"条云:

> 《仪礼》虽载高下、俯仰、疾徐、疏数之节,而其名实,皆道德性命之理,及措诸事业,然后见于容貌威仪之际。孔子曰:"礼云礼云,玉帛云乎哉?"言以道德性命为本,而容貌威仪乃其末也。汉之学者,乃专以礼荣为事,至有不能通经,而惟以容为礼官者,乃祝史之能也,亦何贵于礼官耶? 呜呼! 礼学之敝久矣。①

表达了"理"为礼学根本,"道德性命"之根本立,而后行于威仪礼制事业,似乎与王安石道德性命之学,诉诸现实政治礼仪制度的根本主张。此类言谈,可见出其或可归属于两宋之际士人对科举教育相关王门新学的考证议论。至南宋,笔记与科举教育之间的关系,则变得更为显著,南宋宁宗开禧间士人孙奕在其笔记《履斋示儿编》自序中云:

> 余之少也,犹不如人。今老矣,所望者惟子与孙,然懒惰无匹,闻学褊隘,上不能进之于圣贤之域,下不能引之于利禄之途,则以平生之末学者示之,是亦使之知学之意也……于是考评经传,渔猎训诂,以立总说、经说、文说、诗说、正误、杂记、字说凡七条,大抵论焉而不尽,尽焉而不确。非敢以污当代英明之眼,姑以示之子孙耳,故名曰《示儿编》。②

在儒者世家看来,按照子嗣不同资质加以教育,使知学问,上则应入圣贤之域,生平学问有所得,下则当进利禄之途,即举业应试而入仕。笔记作为读书进德修业的产物,实与圣贤之学密切相关,既应重视宋学义理讲说,对经典文字的大胆怀疑、校勘,也重视基础性的文字正误、音义训诂、典章考证等内容。

---

① (宋)王观国撰,田瑞娟点校:《学林》,中华书局2010年版,第179、235、28页。
② (宋)孙奕撰,侯体健、况正兵点校:《履斋示儿编》,中华书局2014年版,第19页。

第三章　士人的知识世界：南宋编撰文献与考据学（下）　/　151

至南宋后期又有叶大庆，"杜门谢事，惟以读书自遣，所得所疑，随笔于册，久而成编"①，而有《考古质疑》一书，更明确表明其为儒士举业教育之作，其书宝庆丙戌（1226）叶武子序云：

> 予赘丞古建，而君为郡博士，一日，出示所著《考古质疑》一编，予细玩之，则考订详密，援引该博，而议论精确，往往出人意表，盖不独为应举计而已。予乃知君用功之深，其成名岂偶然哉！夫学问淹贯，然后议论卓越，而辞藻霈然。学者志于应举，读君之文，当参此书以求，君之用功，其于科第何远之有！苟不务根本，徒事枝叶，而欲争先多士，是犹操卮酒豚蹄，而觊瓯窭满篝，多见其不知量也。②

很显然，《考古质疑》一书为叶大庆任官建宁府学之时所作。武子誉之"不独为应举计"，谓其考据议论成就之高，不能仅仅以科举举业之书视之，实则正说明其书主要为举业教育所作。武子同时也指出，科举之业不能徒事应试，而应在学问根本提高上下功夫，而所谓学问根本，正是经史、文字、训诂的博学考据。序言所反映的同样是南宋后期一般地方士人对学问的认识，考据学成为士人自觉的学术追求，与科举应试对经典名物训诂的要求有关，科举社会是考据学在南宋兴盛的外在推动力之一。笔记考据与业儒教育的结合，展现在笔记中的一个最突出特征，便是沉潜文献典籍的乡先生学究气不断增强。与文人笔记主要是文人交游谈笑、隐居独处的审美功能迥然有别。作为举业教育材料的南宋笔记，自然将回归到经书、正史等儒家经典中来，而作为教学的材料，其学问从基础性的文字、音韵、训诂、名物考订开始，也是必然的选择。

其次，南宋以后理学之士与笔记的关系更为接近，或认同笔记的知识特点，或直接参与并改造笔记的著述方式。前者如朱熹等理学家对笔记的正面评价。

---

① （宋）叶大庆撰，李伟国点校：《考古质疑》（附录·叶释之序），中华书局2007年版，第276页。
② （宋）叶大庆撰，李伟国点校：《考古质疑》，第275页。

一般而言，理学家专注于天理秩序的建构，而不太关注甚至反对沉迷于具体知识的记录。但是对于南宋理学，特别是朱熹、吕祖谦为代表的理学，则特别强调文献和具体知识对真正理解天理的基础性意义，朱熹言："目前事事物物，皆有至理，如一草一木，一禽一兽，皆有理。"①因而朱子理学的治学方式，被陆九渊一派批评为"支离"。南宋朱、吕一系的理学门人或同情者，实际上却多沉潜于支离工夫，著述笔记者不断增多，如通过笔记研治经学的魏了翁，又如在笔记中表达理学格言议论、谈理论道的罗大经《鹤林玉露》，以及兼采朱、吕，通过考证经史诸子文献表达其义理主张的王应麟《困学纪闻》等。而即使作为理学精英的朱熹，尽管未编著有笔记之作，却对前人笔记博学知识表示肯定：

> 程泰之《演繁露》，其零碎小小议论，亦多可取，如辨"罘罳"之类是也。某顷因看《笔谈》中辨某人误以屏为反坫。后看《说文》"坫"字下，乃注云"屏也"，因疑存中所辨未审。后举以问泰之，泰之曰："存中辨是。然不是某人误，乃《说文》误耳。"洪景卢《随笔》中辨得数种伪书皆是，但首卷载《欧帖》事，却恐非实。②

所谓"零碎小小议论"，特别是"辨'罘罳'之类"的博杂知识考据，正是宋代笔记不同于理学的文人知识方式。而对于大多数普通理学后学而言，穷究义理之学与私家笔记著述的知识方式，并不截然对立，零碎议论的笔记仍是必要的学术和精神补充。赵与峕《宾退录》跋云：

> 嘉定屠维单阏之夏，得疾濒死。既小愈，无以自娱，而心力弗强，未敢覃思于穷理之学，因以平日闻见，稍笔之策。③

系统的理论思考毕竟是少数士人精英的工作，对于逸闻琐谈的兴趣，则更易满足普通文士的需求。而对于另一些学者士人，覃思穷理之学与

---

① （宋）黎靖德编，王星贤点校：《朱子语类》卷一五，第296页。
② （宋）黎靖德编，王星贤点校：《朱子语类》卷一三八《杂类》，第3278页。
③ （宋）赵与峕撰，齐治平点校：《宾退录》，上海古籍出版社1983年版，第138页。

笔记则是可以合二为一的，笔记考据也正是读书穷理的一部分。在普遍重视格物工夫的背景下，笔记考据仍在发展。在理学家看来，笔记同样承担格物致知的功能，而所谓格物之"格"，穷理之"穷"，自非简单记录文字，而在于有疑则辨，探究发明，宋人郭囦景定壬戌（1262）跋云：

> 学斋先生无书不读，读而有所疑则思，思而有所得则录，名之曰《占毕》，所以惠后学者至矣！然岂先生自为之说哉……一以紫阳夫子之书为证。先生学紫阳者也，紫阳诲人曰："学、问、思、辨四者，皆所以穷理。"先生此书，其学问思辨而穷理者欤！学者其即是书而求先生之心，因先生而求紫阳之心。①

此段跋语可见，南宋后期理学之士笔记，不仅于自娱随性而记，已有思有所得而录，笔记乃是精思谨研成果之汇编，是穷理尽性的部分。

再次，南宋笔记考据的学术化，还体现在其体例更为严谨，考证内容和对象越来越集中于经史等正统典籍之内。笔记体例从博杂无序随笔记录，发展至大体依内容分卷，且以经、史、诸子、文集等四部分类为序，体现出笔记作者更为清晰的学术分类编排意识。如袁文《瓮牖闲评》全书八卷，首二卷分别考辨经书、诸史中有关文字训诂、名物释义等问题，此后则以考辨诸子、唐宋诗文中的字义训解、博物典故知识等为主。又如孙奕《履斋示儿编》各卷，以经说、文说、诗说和正误、杂记、字说为主体结构，前六卷经说则大体以十三经为顺序，展开经书相关问题的考证，包括经书文字、编撰者、名物制度等。其体制形式已粗具《困学纪闻》之规模，而后者的考证更为严谨征实。如《儿编》卷五"南子"条考证南子非卫灵公夫人，而为齐国之南蒯云：

> 说者皆引《史记》以谓孔子见卫灵公之宠姬南子。以愚观之，必非卫之南子。盖尝考《家语》曰："孔子适卫，子骄为仆，卫灵公与夫人南子同车出，而令宦者雍梁骖乘，使孔子为次乘，游过市。

---

① （宋）史绳祖：《学斋占毕》，（宋）左圭辑：《百川学海》（癸集），中国书店1990年影印本，第928页。

孔子耻之。"且圣人方以季桓子受齐女乐而去鲁适卫,至卫而又耻为灵公、南子次乘,岂肯轻身以先于匹妇哉?又且六经以至《鲁论》、《家语》皆无见卫南子之文,不知子长何所本而云然。则南子者为谁?是必鲁之南蒯也。何以知之?以"佛肸召,子欲往"而知之也。佛肸以中牟畔,子路不欲子往,而夫子有"吾岂匏瓜"之喻……与佛肸事不约而同,故知其必非见卫之南子,而见鲁之南子也昭昭矣。①

孙氏对孔子未见南子的考证,仅依《孔子家语》"孔子耻之"一句,解读为耻与之乘,并以圣人必无"轻身以先于匹妇"之理为主要理由,而猜测南子实为南蒯,主要依据也是预设之情理,实际上全无切实可信的证据。这是作为一般谈论性笔记的考证疏失之例。与之相比,南宋末王应麟《困学纪闻》对南子非南蒯的考证,要简明切实可信得多:"以传考之,昭公十二年南蒯叛,孔子年方二十有二,子路少孔子九岁,年方十三,其说凿而不通矣。"②

至南宋后期理学之士的笔记,如史绳祖《学斋占毕》各卷涉及的内容,更不出四部文献的范围,且明显以经史为主:卷一37则,考论《周易》象数及宋代理学家易说15则;考论《诗经》4则,《礼记》2则,《论》《孟》6则,《大学》《中庸》2则,综合考论经书及传注4则;此外3则论诗,1则综论"儒释老之异"。卷二36则,考证诗文名物,多引正经正史之文为准的。卷三25则,考论《易》学4则,《礼记》3则,《尚书》3则,《论语》《中庸》2则,《史》《汉》等正史5则,考证《淮南子》1则,圣贤明德之事3则,考证名物4则。卷四20则,考论《易》学6则,《尚书》1则,《大戴礼记》《周礼》2则,经学综考4则,考证《汉书》《后汉》2则,诗文杂考5则。从各卷结构看,其与此前博杂知识的笔记已有很大不同。史氏为学之要,不出乃师魏鹤山,回归六经、正史,以格物之学致知大学之道:

---

① (宋)孙奕撰,侯体健、况正兵点校:《履斋示儿编》,第75—76页。
② (宋)王应麟著,翁原圻等注,栾保群、田松青、吕宗力校点:《困学纪闻》卷五,上海古籍出版社2008年版,第253页。

第三章　士人的知识世界:南宋编撰文献与考据学(下)　/　155

　　大学致知在格物,物格而后知至,此最是要切交会融贯处。盖欲致其知,全在格物,而物不能格,何由可以致其知? 求诸孔圣之言,惟子曰:"岁寒然后知松柏之后凋也。"此一句最于致知格物极其渊妙。盖松柏,物也,察其因何而岁寒之际独后凋,是欲格其物理也。苟能格之,则"然后知"之三字为真致其知矣。何以见其格之? 正如《礼器》所谓"如松柏之有心,居天下之大端,故贯四时而不改柯易叶",则知其为得气之本而岁寒后凋矣是也。①

　　强调思辨审问之"博学",从"物"中探求引申之"物理",即贯通之天命性理。理学博物,不能止于草木虫鱼,而须体现天理人伦大义的格物之学,乃在于超越博物本身,"引而伸之",臻于形上之道。笔记传统亦转向读书穷理为中心的札记,笔记已不纯是"朝廷之遗事,史官之所不记,与夫士大夫笑谈之余",只是异闻琐谈的记录,"以备闲览"②,而是"庶乎根于理者"③,载"前言往行,辨证发明以寓劝戒之意"④。
　　宋元之际的王应麟《困学纪闻》最终完成了文人笔记从内容到形式,向经史诸子文献考据的读书札记的转变。真正成为回归经典阅读而探求义理,体现博文约礼传统的,是王应麟的《困学纪闻》。从经学《易》《书》《诗》《周礼》《仪礼》《礼记》《大戴礼》《乐》《春秋》及三传、《论语》《孝经》《孟子》、小学,至天道、历数、地理、诸子、考史、评文,内容涉及考订经书传注、文字训诂、辞章义理,考证史实制度、历术地理等经史四部文献。同样是博学知识,同样是随笔考证,笔记与札记的差别何在? 顾炎武曾描述读书札记之法云:

　　尝谓今人纂辑之书,正如今人之铸钱。古人采铜于山,今人则

---

① (宋) 史绳祖:《学斋占毕》卷一"致知格物"条,(宋) 左圭辑:《百川学海》(癸集),第900页。
② (宋) 欧阳修撰,李伟国点校:《归田录》(自序),第3页。
③ (宋) 山翁:《俞文豹〈唾玉集〉序》,张宗祥编校:《吹剑录全编》(附录),古典文学出版社1958年版,第133页。
④ (宋) 俞文豹:《吹箭四录序》,张宗祥编校:《吹剑录全编》,第89页。

买旧钱,名之曰废铜,以充铸而已。所铸之钱既已粗恶,而又将古人传世之宝舂剉碎散,不存于世,岂不两失之乎?

若以简单比附之法论之,笔记以其抄录、讨论的对象而言,正似"买旧钱""以充铸",只是纂辑丛残琐闻,或只读前人笔记小文,辩证正误得失,终皆不出"小道",只限于"舂剉碎散"。而回归元典,研读古圣先贤经典正史之作,考辨异同、札记心得,正如"采铜于山",不仅有补于"博闻",更有益于"治道""经术"①。正如顾氏门人潘耒所言,"稽古有得,随笔札记,久而类次成书者,凡经义、史学、官方、吏治、财赋、典礼、舆地、艺文之属,一一疏通其源流,考正其谬误","是谓通儒之学",自然与"雕琢辞章,缀辑故实,或高谈而不根"之"俗学"不能同日而语②。笔记虽不属"雕琢辞章""高谈而不根",但其辑录文人闲谈异闻、考论不经博杂之知,多数出于自娱游乐的道家情趣,自然算不上经史治道的"通儒之学"。王应麟亦曾感叹:"今之事举子业者,沽名誉,得则一切委弃,制度典故漫不省,非国家所望于通儒。"③ 言虽针对科举而发,其对于博学致用的通儒追求,正为清儒所尚。两宋之世博学考证之作并不缺乏,而唯有魏了翁、王应麟等人成为清儒札记之学的先导,原因即在于《困学纪闻》等所展现出来的形式与价值追求,都与清儒考据学相互贯通:博文约礼、寓经学而理学。如《困学纪闻》卷二《书》云:

皋陶曰:"彰厥有常,吉哉。"周公曰:"庶常吉士。"召公曰:"吉士吉人。"帝王用人之法,一言以蔽之,曰"吉"。舜所举曰"元"曰"恺",吉德之实也;所去曰"凶",吉德之反也。议论相传,气脉相续,在春秋时谓之"善人",在西汉时谓之"长者"。惟

---

① (清)顾炎武撰,黄汝成集释,栾保群、吕宗力点校:《日知录集释》(先生初刻〈日知录〉自序),第1、2页。

② (清)潘耒《序》,顾炎武撰,黄汝成集释,栾保群、吕宗力点校:《日知录集释》,第1页。

③ (元)脱脱等:《宋史》卷四三八《王应麟传》,第12987—12988页。

吉则仁,所谓"元者,善之长",为天地立心者也。①

《周官》"上公九命",《王制》"有加则赐,不过九命"。伏生《大传》谓:"诸侯三年一贡士,一适谓之好德,再适谓之贤贤,三适谓之有功。有功者,天子一赐以车服弓矢,再赐以秬鬯,三赐以虎贲百人,号曰命诸侯。"此言三赐而已。《汉武纪》元朔元年有司奏议,曰:"古者诸侯贡士,壹适谓之好德,再适谓之贤贤,三适谓之有功,乃加九锡。""九锡"始见于此,遂为篡臣窃国之资,自王莽始。《礼纬含文嘉》有"九锡"之说,亦起哀、平间。饰经文奸以覆邦家,汉儒之罪大矣。②

其语词训诂、典制考源,乃在于圣王经典证据天道,在于抽离两宋以来现实弊政之理论合法性。《困学纪闻》是宋代笔记考据发展专门化、学术化的结果,同时也是明清读书札记考据学的开端。不过,从宋代笔记发展整体上看,"笔记的方法是札记的根本"③,其所承载的学术自由随性精神与博学多识特征,均体现了科举社会中士人的独特知识世界,其考据内容和方法体现的,仍是南宋考据学的基本特征。

---

① (宋)王应麟著,翁原圻等注,栾保群、田松青、吕宗力校点:《困学纪闻》,第166页。
② (宋)王应麟著,(清)翁原圻等注,栾保群、田松青、吕宗力校点:《困学纪闻》,第665页。
③ [美]李弘祺:《泛论中国近代史学的发展与意义:附论从笔记、札记到社会史》,《读史的乐趣》,允晨文化实业有限公司1991年版,第199页。

第 四 章

书籍的学术史:南宋校勘目录专书与考据学

　　刘向、刘歆父子秘府图书"校雠",实际上是校勘和目录不分,校勘记录与图书叙录共同构成分类目录的专书,以目录书的文献形式,形成和体现了"辨章学术,考镜源流"的学术史传统。六朝至隋唐时期,目录学和校勘学逐渐相互独立,目录书更多体现为史志、官方藏书目录,主要记录图书自身的形貌体制,而校勘活动则开始以校勘记、笔记论著的形式加以留存。宋代私人藏书的增多,士人参与图书校勘、编目活动的日益频繁,使得目录学和校勘学各自得到了发展。一方面,校勘活动成果的呈现形式更为丰富,不仅有保存于文集中的传统叙录,还包括校勘记、笔记诗话中的校勘记载,更出现了汇集校勘成果和校勘条例总结的校勘学专书;另一方面,各种官私目录中,解题目录的数量不断增加,并且解题内容不仅限于书籍物质形态的描述,更深入涉及与书籍有关学术问题的考证,宋人解题目录,真正成为通过文献考证彰显学术史立场的士人学术活动重要呈现形态之一。

第一节　校以为学:南宋校勘专书的考据学

　　西汉刘向整理秘府藏书,备众本、订脱误、删重复,成为校勘学的真正起源,也是后世官方校勘藏书的开始。但是刘向的校勘,是否有改易原书的情况,今天已不得而知,从后世的情况看,作为官方定本书籍的校勘，删改文字恐怕是难免的。时至五代，官方为科举士子钦定经书而作的校勘活动，即有删改的情况，《宋史·田敏传》载："敏虽笃于经学，亦好为穿凿，所校《九经》，颇以独见自任，如改《尚书·盘庚》'若网在纲'为'若纲在纲'，重言'纲'字。又《尔雅》'椴，木槿'注曰：'日及'，改为'白及'。如此之类甚众，世颇非之。"① 尽管遭到世人的非议，但这种情况到宋初编校图书，仍得到官方认可，如《册府元龟》编校过程，"凡悖逆之事，不足为训者，删去之"②。作为官方政治需要删改悖逆，当然属于传统社会的常情，清乾隆间编修《四库全书》，其中有关违碍删改者不知凡几，除华夷之辨的现实需求等主要原因外，不能不说也是皇权政治下官方定本的传统使然。王钦若与王旦之间的矛盾，也反映出至少宋初部分士人对于保存古书之旧的观念还是相当淡薄的。如果说类书编撰对引录文献固然不甚严谨，删改合并的现象十分常见，那么同样作为官修定本的馆阁校书又如何呢？

一方面，北宋馆阁校勘具有精细严密的制度，参与校勘的学士大多也能秉持"实事求是""多闻阙疑"的原则，校理形成后世推崇的典藏善本③；但是另一方面，作为刊印颁行而进行的校勘，其目同样不是"主于复原某一种古本之真"，而是提供官方定本。因此，时人所谓实事求是、多闻阙疑，是就一般的精神而言的，在校者认为有所据依的情况下，还是应该加以取得定准，但问题是在自觉有所依据之时，则也不妨增删改易原文。如《汉书》卷六《武帝纪》"望祀虞舜于九嶷"条，颜师古注文："文说是也。嶷，音凝。其山九峰，其势相似，故曰九嶷山。"宋祁校语曰：

> 旧本"是也"下有"九"字，"嶷"字下无"音凝"字，《刊误》据史馆本改。④

----

① （元）脱脱等：《宋史》卷四三一，第 12819—12820 页。
② （宋）袁褧撰，俞钢、王彩燕整理：《枫窗小牍》卷下，《全宋笔记》，大象出版社 2008 年版，第 4 编第 5 册，第 244 页。
③ 李更：《宋代馆阁校勘研究》，第 193—194 页。
④ （东汉）班固：《汉书》卷六《武帝纪》元封五年"望祀虞舜于九嶷"条，宋庆元元年（1195）刻本。

据此，余靖《汉书刊误》实际上只是依据一种版本对校，即对旧本文字进行了增删。此类例子在今存宋祁校语中还有不少。此后的刘攽奉召校勘《后汉书》，同样也是"增损其书，凡字点画偏旁不应古及文句缺衍，或引采经传有谬误者，率以意刊改"①。不论是对典籍原文的径直增删改易，还是在各类《刊误》校勘记中提出应当改易而未改原文，都体现出北宋馆阁校勘思想中，并未形成针对文献自身、保存古书原貌的校勘目的，而是将校勘活动本身置于其他政治和文化方面的目的之下，或者说，校勘只是单纯为求定本的工具而已，并不具有自身独立价值和追求，成一家之书才是校勘者的职责，保存旧书原貌则在其次。

馆阁校勘尚且如此，一般士人校书改字则必然更为普遍。因此，严谨的学者对此大不以为然，如欧阳修《集古录跋尾》卷八《唐田弘正家庙碑跋尾》云：

> 以碑校集印本，与刻石多同，当以为正。乃知文字之传，久而转失其真者多矣。则校雠之际，决于取舍，不可不慎也。②

在欧阳修看来，校勘文献确定是非取舍也是十分重要的，关键问题是必须严谨有据。例如一般认为石刻碑文较刊本更少传抄所造成的讹误，因而可作为对校重要依据，但是一般校勘者往往据此而随意校改典籍文字，反而造成取舍不当和更多的传本异文。而在另一些学者看来，石刻文献是否全然严谨可据，本身也并非确信无疑，正如北宋末金石书画考证名家董逌云：

> 碑虽既定其辞而后著之石，此不容误谬，然古人于文章磨炼窜易，或终其身而不已者，可以集传尽为非耶？观其文，当考其词义当不，然后择其工于此者从之，则不得欺矣。今天下知文公者，莫如文忠公，文忠谓是，人不敢异其说。况碑为当世所书，人岂可尽

---

① （宋）王应麟撰，武秀成、赵庶洋校证：《玉海艺文校证》卷十五，第724页。
② （宋）欧阳修撰：《欧阳修全集》卷一四一，中华书局2001年版，第2270页。

告而使知耶?……今人得唐人遗稿,与刻石异处甚众。又其集中有一作某、又作某者,皆其后窜改之屡出也。①

刻石文字固然有其"不容误谬"的特性,但传世典籍可能因作者本身的反复修改而造成二者间的异文,并不能仅仅以石刻为是正依据,特别是文字内容主观性极强的文人创作文章,还是应当考其词义当否,然后择其工者从之。但同样的问题是,所谓词义当否,也是相当主观的标准,若非精于文章之士,显然很难真正能恰当地运用并作出恰当的取舍,正如苏轼此前所论,"鄙浅之人好恶多同",往往依据自己对所谓文意语势的理解,而"轻以意改书",最终不仅造成"古书日就讹舛",即其文意也是"神气索然",最稳妥的做法仍是不轻易改书②。总之,相比清人校勘,在北宋校勘学者的认识和实践中,第一,出于文化和思想统一的政治需求的产物,馆阁校勘主要是作为提供权威定本以供阅读的图书整体工具,影响所及,学士大夫官私校勘对于是非定准的需求超过保存旧本原貌的需求;第二,作为树立定本知识权威的文献活动,其具体内容往往不限于文字的乙正辨讹,而是夹杂着对文献记载内容的考证求是,从不同版本中择优选定文字内容,而尚无底本与校本的主次区分;第三,一方面一般士人对校书之难和删改之弊多有论述,实际校勘活动中,对校、本校、他校和理校等校书四法均已加以运用,而另一方面,受北宋疑古学风和印本书籍流通易得的影响,一般士人面对典籍更缺乏应有的严谨,大胆疑古、轻于按断的风气,对校勘活动也多有影响,校订取舍往往只是建立在简单甚至粗略的考证基础之上,或者单纯依据事理文意的理据。北宋校勘兴盛,并真正摆脱了依附于经学注疏为中心的局面,这些校勘特点也深刻影响了南宋校勘学的发展。

一 南宋校勘学的发展及考据特点

北宋校勘学以馆阁校勘为主,其学术成果最为丰厚,与此相反,随

---

① (宋)董逌著,何立民点校:《广川书跋》卷九"田弘正家庙碑"条,浙江人民美术出版社2016年版,第173页。

② (宋)苏轼撰,孔凡礼点校:《苏轼文集》卷六七《题跋》"书诸集改字"条,第2098页。

着南宋学术重心转入地方中下层士人，馆阁校勘、中央官刻活动的衰落，士大夫和地方官僚参与藏书、刻书的活动显得更为繁荣。这些活动中所进行的校勘，其成果除散见保存在各种书籍序跋、诗话、笔记中外，更主要地结集成为各种刊误、考异类的校勘专书，他们代表了南宋校勘学的主要成就。

北宋此类校勘专书数量较少，主要有余靖《汉书刊误》三十卷，刘敞、刘攽、刘奉世父子《三刘刊误》六卷以及刘攽《东汉刊误》四卷，黄伯思《校定楚辞》十卷、《校定杜工部集》等几种，且主要集中于史部和集部校勘。南宋的校勘成果的结集专书，不仅数量众多，且广泛包含四部文献，还出现了总结性的理论著作，充分体现了南宋校勘学的发展成果。经部校勘如晁公武《石经考异》，张焘《石经注文考异》四十卷，张淳《仪礼识误》三卷，朱熹《孝经刊误》一卷，《周易参同契考异》一卷、《阴符经考异》一卷，楼钥《乐书正误》，许奕《（九经）正讹》一卷，毛居正《六经正误》六卷，廖莹中《九经总例》等；史部校勘如鲁訔《汉纪考异》十一卷，姚宽《汉书正异》二卷，吴仁杰《两汉刊误补遗》十卷，蔡幼学《续百官公卿表质疑》十卷等；子部校勘如宇文绍奕《石林燕语考异》十卷、汪应辰《石林燕语辩误》，钱佃《荀子考异》一卷，沈揆《颜氏家训考证》一卷；集部校勘如洪兴祖《杜诗辨证》二卷，《韩文辨证》一卷，《楚辞补注考异》一卷，方崧卿《韩集举正》十卷，《外集举正》一卷，尤袤《文选考异》一卷，朱熹《楚辞集注辨证》一卷，《韩文考异》十卷，彭叔夏《文苑英华辨证》十卷，黄㽦《黄文纂异》一卷等。

汉唐古籍校勘主要依附于文献注释，属于经史专家训诂注文的一部分。北宋士人开始有意识地将校勘成果单独成书，出现了纯粹校勘的文献体式，体现了校勘学本身的进一步发展。南宋校勘专书数量较前代更为增多，并出现了较为纯粹专门的校勘学者，以及针对校勘体例、理论的总结性成果，代表了南宋校勘学发展的新境界。

校勘专书以外，南宋校勘学发展的另一个标志，是士人对校勘原则的探讨。就一般而言，南宋士人对于校勘原则的认识，与此前并无不同，都强调校勘改字应当慎之又慎。正如南宋初王铚所云：

仆尝谓校雠是正文字固儒者先务,然执一而意改者所当慎也。盖一字之疑,后或得善本正之,若率以意改,即疑成实,传世行后,此字由我而废,故学者贵于弛张变通也。①

较之北宋人主要依据改字造成文章神气索然,以及在异文中择其"工于此者从之",相对这一典籍义理文气重于文献自身的态度,南宋人开始重视校勘异文本身的文献价值,在有确凿的善本证据之前,保存异文,不因擅改而废,"使并传于后",这与顾广圻所谓"存其真面,以传来兹"的观点已有相通之处②,实际上也隐含了保存典籍旧貌之真于后世的思想。周必大校勘《文苑英华》之时,曾提出"校书之法,实事是正,多闻阙疑"的原则,彭叔夏则以自己改字亲历,感慨"书不可以意轻改"③。总体而言,南宋校勘学对于记录不同版本异文以存其旧的认识,较前人更进了一步,初步体现了校勘为存文献旧貌于后世的精神。如张淳《仪礼识误》尤其重视不同版本的源流关系,记录不同版本的异文,并据源流关系确定版本优劣及文字取舍标准,大约同时代的方崧卿《韩集举正》(以下简称《举正》),其最重要的成就之一,便是著录了大量的不同版本异文,此后周必大、彭叔夏等人校《文苑英华》,不仅在正文以小字夹注详细记录集本、碑文的各种异文,并于《文苑英华辨证》(以下简称《辨证》)总结归纳各种"不可轻改""不可辄改""不可移易"的条例,作为南宋校勘学的理论和方法总结,充分体现了宋人在校勘异文保存文献原貌方面所达到的高度。

此外,南宋校勘学另一成就和特点,是校勘四法的广泛运用。在具体校勘实践中,对于校勘异文的取舍考订,南宋士人也体现了证据充分、辨析严谨的校勘精神。其中包括充分的版本、类书、经史典籍等文献依据,结合训诂、音韵、史学、典章、年代、博物等各种专业知识加以考订校核。这其中集中体现南宋校勘学水平的,是集部校勘专书,关于这

---

① (宋)王铚:《重刻两汉纪后序》,曾枣庄、刘琳主编:《全宋文》卷三九九二,第182册,第172页。
② (清)李兆洛:《顾君墓志铭》,顾广圻著,王欣夫辑:《顾千里集》(附录),中华书局2007年版,第405—407页。
③ (宋)彭叔夏:《文苑英华辨证》(自序),《知不足斋丛书》本。

方面的具体例证分析，前人相关研究已多有涉及①，兹不赘述。但是，从学术史、校勘学史上看，更突出体现南宋校勘学特色的，除了上述诸方面外，更主要是南宋校勘中对理校方法的普遍重视，以及校勘与注释、考证相结合等方面。对于宋学义理时代的南宋校勘学者来说，以理校勘、定其是非，不仅是一种自觉必然的选择，并且是为学的必要选择。朱熹曾言：

> 或曰："经文不可轻改。"曰："改经文，固启学者不敬之心。然旧有一人，专攻郑康成解《礼记》不合改其文。如'蛾子时术之'，亦不改，只作蚕蛾子，云，如蚕种之生，循环不息，是何义也！且如《大学》云：'举而不能先，命也。'若不改，成甚义理！"②

对于校勘改字，一方面，严肃的学者普遍认为不应该轻易改字，尤其不能以己意妄改，但是作为宋学时代的儒者，各派均于文献校勘之上树立一个更高的价值规范，即所谓各家所谓义理，凡与其所秉持的天理观念不合的，都应该改，否则将不成义理，甚至包括改易经文；另一方面，也应该看到，以理为校，并非必然导致校勘改字的随意，在"义理"和"己意"的矛盾中，也孕育着宋人校勘态度的严谨，亦即，只有充分的义理研判和充足的文献佐证，才能真正彰显所谓义理的标准，否则即难免成为己意。这两方面的矛盾和追求，实际上归结为一点，正是宋人并非以校勘为校勘，而是将校勘置于学术史乃至思想史的视野下加以观照，或者说是以校为学。

宋人所谓校勘"义理"，不仅包括道德义理、常识情理，也包括文献之内的文意、理势。诗文集的流传，受到文学自身主观性色彩的影响，在缺乏版本、文献证据之时，对于不同异文的理解取舍，往往容易依据各自所谓的文学感受进行评判取舍。所谓理校，通常即体现为校勘者依

---

① 参见黄燕妮《宋代〈文苑英华辨证〉校勘之研究》，博士学位论文，武汉大学，2013年；刘真伦《韩集宋元传本研究》，中国社会科学出版社2004年版；莫砺锋《朱熹文学研究》，南京大学出版社2002年版；罗积勇等《中国古籍校勘史》，武汉大学出版社2015年版等。

② （宋）黎靖德编，王星贤点校：《朱子语类》卷八七《礼四》，第2227页。

据对文学艺术作品的不同理解,进行主观性极强的取舍。此外,由于集部校勘不涉及社会道德大义的核心问题,对于作家总体风格特征也有不同理解和偏好,校勘者对于异文则更容易采取随性态度,依据其对作者总体文风的偏好而进行理解和选择。

方崧卿《韩集举正》历来以著录不同版本异文,并依据版本优劣定是非,以及特别突出以阁本文字为是正标准著称,因此有研究者认为,"从校勘角度衡量,《韩集举正》更合乎校勘原则",因为"《韩集举正》都以阁本、唐本为正,在文理上并无不通之处,因而在没有其他理由和证据的情况下,一般应从古本,注存异文,比较谨慎客观,符合校勘原则"①。从注存异文方面看,《举正》确实有符合文献校勘原则之长,但要说其在文理上并无不通之处,更为谨慎客观,则稍显论之过简。正如朱熹所批评的,方校对于不同版本异文的取舍,带有强烈的偏向,唯以阁本是正,甚至在明显不合理之处仍不惜曲从阁本,未可皆称客观,而且在以阁本、唐本为正的同时,也多从文理、事理上加以进一步考订,这其中也不免疑误勇改,失之主观。实际上作为集部校勘名作,《举正》对于异文是非的校订,也常常依据文意、理势做出选择,在这一点上《举正》和《考异》并无本质差异。如《举正》卷一《元和圣德诗》"恒威赧德"条校云:

> 唐本、阁本、蜀本皆作"赧"。"恒"字得之《文录》。公《尊号表》有"恒威愧德",与此同,上下文义亦可考也。②

方氏校正文字,除版本依据和表文他校外,还根据上下文意校订。诗中"区外杂虏,恒威赧德,踟蹰蹈舞,掉弃兵革"之语,此言四方藩镇怕服、羞愧于中央权威。烜与赫,皆为盛大之意,恒、赧则为害怕羞愧之意,则当取后者。方氏依文意理据对各本异文的增删,反倒不如朱熹存疑校语的严谨:"今按:此诗多不可晓,当阙。或云世有石本,与今本同,知旧本脱误明矣,谓有所增八字也。然诸公校本皆不言,不知果

---

① 罗积勇等:《中国古籍校勘史》,第158页。
② (宋)方崧卿原著,刘真伦汇校:《韩集举正汇校》,凤凰出版社2007年版,第13页。

然否也。"①

此外又有以校者对韩愈相关史实、为人品性的理解作为校定依据，又如卷二《猛虎行》题下校语云：

> 蔡、李删。蜀本总题误以上题"赠李宗闵"四字缀"猛虎行"之上，后人因之，其实后诗不为宗闵作也。《猛虎行》，乐府旧题，非前诗类也。编者以为赠宗闵，则过矣。宗闵晚节虽可议，然公在日才为中书舍人，剑川之行，曲不在宗闵。又公与宗闵尝同为淮西幕客，不应讥议如此之深也。况事亦不类。②

对于诗题缀文，方氏依据韩愈与李宗闵的交往史事，以及人情事理，加以校勘删改。此类以理校定文字是非之例，在《举正》各卷中实有不少。一般认为《举正》校勘重视版本依据，其中以祥符杭本、嘉祐蜀本和李、谢所据的阁本等三本为主，且特别尊信阁本、石本，但实际上方氏在版本依据之外，也相当自觉运用文意、事理等理校方法。

在这方面，朱熹《昌黎先生集考异》（以下简称《考异》）相较《举正》并无本质区别而且更为自觉和突出。朱校则主要有感于方校尊信三本，至于"虽有谬误，往往曲从。它本虽善，亦弃不录"的褊狭做法，一方面强调校勘众本、唯善是从；另一方面，针对方校即如不合文理也曲从三本的"可怪"，而特重文字选定的文意、理势依据，即朱序所言："悉考众本之同异，而一以文势、义理及它书之可证验者决之。"③ 因此，朱校实际上是延续方校而来，重视版本校勘又不拘守三本，可以说朱熹校韩集，重视版本依据，不轻改原文，又十分重视理校且精于理校。作为朱熹晚年校勘学专书，其对校、他校和本校等校勘方法达到相当精细的程度，而学识深思所形成的理校方法，较方崧卿更为缜密严谨。方校的特点确实是偏据三本，而其理校考订也为了证成之而难免曲解；而朱校则为了辩驳此类曲从迷信版本的奇说，虽深于文理、事理辨析，但也

---

① （宋）朱熹撰，曾抗美校点：《昌黎先生集考异》，上海古籍出版社2001年版，第48页。
② （宋）方崧卿原著，刘真伦汇校：《韩集举正汇校》，第117页。
③ （宋）朱熹撰，曾抗美校点：《昌黎先生集考异》，第3页。

难免过重理据而轻视版本异文。相比方校，朱校依据事理、文意的理校条目更是随处可见。《考异》校勘的理校，在思辨性和理据方面虽有较大发展，但也表现出突出的主观性，其理校往往只依据校勘者对诗文句意的理解，而全无文献证据和切实的事理逻辑依据。

南宋学术，受印刷技术、书籍文化的影响，体现出博学尚文、重视文献整理的厚实广博精神，即如理学在内的诸家思想流派，也表现出立足经典文献，回归经史传统的取向。在图书校勘方面，则体现出了重视文献真实面貌，校正文字讹误以利流传的实学精神，其版本对校，文献他校、本校和专业知识考证校定等方面，成为南宋考据之学的重要方面。与此同时，作为宋人学术的校勘学，其精神又明显体现出宋学精神特征。一方面是在校书比勘之时，勤思善疑，善于发现和提出各种可能的文字脱漏、讹误甚至错简，同时大胆怀疑设想其致误之由并加以考订判断；另一方面，宋学各家在探究事物背后之"理"方面，表现出强烈的自觉和偏好，因而南宋校勘又表现出十分重视理校的倾向，并且将相互矛盾抵牾的复杂异文现象，置于各种"合理性"视野之下，加以简单甚至粗略考据证实，这也使南宋考据精神体现出相当程度的臆断色彩。

二 学术系统中的南宋校勘考证特征

北宋校书开始以博学士人为中心，却主要仍是为官方藏书和私人读书而校，至南宋校书，则是以士人为主体，为主要是为文献、为学术而校。南宋校勘活动，总体上并非为校勘而校勘。首先，校勘者并非单纯的校书家，毋宁是心怀学术传统和价值追求的士大夫。其次，校勘文献的目的，也并非作为藏书家本身，或为藏书家典藏文献而校，而是作为文献所承载的学术内涵的秉持者，弘扬该学术传统而进行的校勘。最后，校勘活动只是作为前述学术活动整体的一部分而存在，是为后者提供必要的完整准确的史料基础而存在的。如孝宗时人张淳，五试科举不中，遂绝意仕进，"晚而学诗书，讲诵数年，既大通风人美刺，与古丧祭上下之交立教微意，以为天下国家可推此而理，此孔门之所教而传也"[①]。其

---

① （宋）陈傅良撰，周梦江点校：《陈傅良文集》卷四七《张忠甫墓志铭》，浙江大学出版社1999年版，第596页。

学重视经典讲学,且重立教治国之实用,并以此孔门所教,与一般心性之学不同。张淳之学尤重《仪礼》,学以躬行践履,"临人丧,治其衾衣。或设之祭,稽经考仪。割绝肺肝,放像俎彝"①,其亲治丧礼,乡人不解其意,"人颇谓怪,至交口哂骂之",但"质诸《士丧礼》,无不合也"。张氏与其友薛季宣、郑伯熊交友而齐名于时②,应当与永嘉事功实用之学相接近,其治《仪礼》首先为了教礼化俗的躬履,而其校勘则是这一学术文化实行的一部分。其自序云:"古者圣王重礼,以之修身,以之齐家,以之治国,以之平天下,以之丰才裕民,以之强兵御侮。厥后狃于淫靡骄倨,苟且之习,不惟缓其所急,亦既废之。成德致治之具废,而望学士大夫有日可见之行如三代,国之安富尊荣如三代,所以难也。"③ 校勘文字重点不在于恢复古籍旧貌,而在于治国御侮,实现三代尊荣。

北宋末以降兴起的集部校勘之士,多为秘书省著作等翰苑词臣,不仅在仕宦职守与北宋欧阳修、苏轼等人多有渊源,且自觉继承唐宋古文传统,将翰林文章视为参与现实政治具体活动的一部分和达成三代圣王政治理想的宏伟事业。文章不是道德性命的流衍余事,而恰是具体道德政治实践的载体。从洪兴祖、方崧卿,再到周必大、彭叔夏,不仅突出表现了对韩、欧为代表的唐宋学术文章传统的遵从,其校勘之学所要达成的核心目的,也主要不在异文是非的论定,古籍原貌的求真,而是借此表达对唐宋文章事业的继承保存。

方崧卿作《举正》,明言其"复次其异同,记其讹舛之自",目的主要不在复古籍原貌,乃在"使人人开卷所自择,而韩氏义例亦粗见于纲领中"④。校勘举正的目的,最终还在于使世人志一代文宗之文章义例。对此,周必大也认为方氏"笃志《韩集笺校》,讨论殆四十年,传录无虑数百家,然后定著善本",主要在有感于"昔韩文公以六经之文倡于唐,

---

① (宋)陈傅良撰,周梦江点校:《陈傅良文集》卷四五《祭张忠甫》,第577页。
② (宋)陈傅良撰,周梦江点校:《陈傅良文集》卷四七《张忠甫墓志铭》,第596页。
③ (宋)张淳:《仪礼识误自序》,曾枣庄、刘琳主编:《全宋文》卷四八七七,第220册,第112页。
④ (宋)方崧卿原著,刘真伦汇校:《韩集举正》(后序),第568页。

而其遗书初因公大显,厥后遂以六经之文鸣于宋,盖传道之宗在焉"①。周必大作为南宋翰苑词臣代表,也多次表达对唐宋词臣的倾慕和自觉继承之意,其奏文言:"自唐至本朝,优待词臣,异乎他官,谓其居近侍之职,无簿书之冗,可以朝夕论思,日月献纳,或有补于治道也。臣所慕者陆贽、欧阳修而已。"② 词臣文章,日月献纳,也将有补于治道,此正是陆贽、欧阳修所代表的文章功业和学术传统。因此,周必大对欧阳修、方崧卿等人的韩集校理给予表彰,并亲自组织士人校勘《文苑英华》和《欧阳文忠公集》,并非仅出于秘阁所藏本舛误不可读等文献自身目的,更是出于对唐宋词臣文统的清理确认,以及词臣文人对祖宗朝文以化成天下的价值理想的追求。

正因为南宋集部校勘的动机,本不在恢复古籍原貌本身,而出于其特定的现实文化政治目的。因此,作为校勘专书的此类文献,无校勘底本的概念,而是择善而从,既改定底本,也校订别本文字,又不限于校勘文字,而是广泛涉及作品系年、诗文大义考论,考订史实、校证典故等。总之,与汉唐校勘于注中校,此类文献,往往是于校中作注,名为校勘专书,实则可视为注解专书,为呈现文集学术文化义理,而融校、注、考于一体,"不仅校勘、训诂、考据一以贯之,抑考据、义理、文章亦一以贯之矣"③。

在这方面,方崧卿《举正》正是典型代表。其书虽以版本对勘著称,但实际上更像是对韩集的校、注、考证,而不单纯是校勘异文之作。首先,《举正》每于诗文题下考证、标注创作年代。其次,校中作注,还体现为在校勘与训诂文字、诗意文字出处溯源考订相结合。宋代诗文特别是苏、黄等人的诗文创作,导源于杜甫、韩愈之技法,崇尚文字雅有成典出处,倡为典训,宋人诗文理论多主张典故、文句出于经史、古诗。宋代文士对前人诗文作品的接受和批评,一项重要的学术活动,便是对这些诗文命意、文句出处进行溯源索隐考证。这些考证不仅大量出现在

---

① (宋)周必大:《庐陵周益国文忠公集》卷一九《题方季申所刻欧阳文忠公集古跋真迹》,第267页。
② (宋)周必大:《庐陵周益国文忠公集》附录卷二《行状》,第152页。
③ 钱穆:《朱子新学案》,九州出版社2011年版,第1757页。

文人笔记、诗话著述之中，在校勘专书中，也多有涉及。如《举正》卷二《送陆畅》"举举江南子"条《举正》曰："唐人以举止端丽为'举举'。孟东野诗有'茗椀华举举'，《北里志》有名娼郑举举。"又如卷八《祭柳子厚文》"人之生世如梦一觉"条《举正》曰："《庄子》：'孟孙氏不知所以生，不知所以死。吾特与汝，其梦未始觉者邪？'郭注：死生，犹觉梦也。"① 皆是为典型的训诂和诗语溯源、引证出处之例，与校勘全无关系。又如卷二《送无本》"绿池坏菌苕"条"坏"字校云：

  鲍照尝评颜延诗如铺锦列绣，雕绘满眼；谢灵运诗如初发芙蓉，自然可爱。说者谓公二语用此二义也。②

  宋人论诗多主张"无一字无来处"，此校中之注语，正是这一文学批评方法的体现。而有些《举正》文字，内容更是包罗万象，既有校录异文，也训释字音及其辨正，还涉及典章制度考证等多方面内容，完全超越一般校勘文字范围所限，既校勘宋本异文，考证文字音读、唐三省制以及前人文章断句的讹误等，也是校勘、注释、考证混合为一。

  以校为注的另一问题，是南宋校勘并无底本观念，一方面既不谈及校勘文献所依据的底本，而是对不同版本异文按其标准，择善而从，正如《举正》尽管以尊信阁本为主，但也不尽从，同时对杭本、蜀本也或从或弃。另一方面，南宋校勘尤重他校，而对文字讹误的删改，并不限于某一文献，而是对所校文献和他校所据文献，都进行相关文字疑误的校正。如卷十《论佛骨表》"颛顼在位七十九年，年九十八岁"条《举正》曰："《新史》无'八'字，考之《世纪》，非也。"以皇甫谧《帝王世纪》校《新唐书》之误。"武丁在位五十九年"条《举正》曰："新、旧《史》皆无'九字'，考之《书·无逸》当有。"③ 也以《尚书》校新旧《唐书》之误。而有些《举正》文字，更是涉及对其他韩孟诗派诗人诗作主题和本事的考证辨析，宋人校勘，不是以校正底本文字为唯

---

① （宋）方崧卿原著，刘真伦汇校：《韩集举正汇校》，第92页。
② 同上书，第88页。
③ 同上书，第515—516页。

一追求，而是以所校对象相关学术内容之是非为最终目标。

总之，方氏校勘内容远不单纯为校勘韩集文字，其考据学也不限于校勘学之一隅，更是广泛涉及韩愈诗文系年、制度、史实、本事等各个方面。从此意义上讲，与其说方书为版本校勘专书，倒不如将其视为校考合一的研究、解释、传播韩愈文学、事迹的专门著作更为恰切。换句话说，方崧卿《韩集举正》所体现出的，南宋人校勘、考据、义理不分的学术特征，实际上与校勘之学主要作为特定学术系统的组成部分密不可分。

与清代不同，南宋著名校勘者多为有特定治学背景的士人，有的更是宋学名家，而较少纯粹的藏书校勘学者。将典籍校勘视作理解、阐释前人学说，甚而至于视作为学新说的工具和前提，是南宋校勘学发展的一大特点。关于这一点，朱熹校勘学中的复杂性正是集中体现。朱熹校勘学活动几乎贯穿其学术生命始终，并主要集中于经籍校勘，包括《四书章句集注》《诗集传》等传注文字中的校勘，特别是对《大学》古本的改定，以及淳熙十三年刊定所谓《古文孝经》仍体现出朱熹校勘学疑经勇改的特点。朱熹的经籍校勘，极端地体现了宋代校勘学作为校勘者学术思想体系之一部分的特点：士人校勘活动本身，主要不是作为恢复古籍原貌的纯文献活动，而是作为理解各自学术对象、建构各自学术思想体系的典籍基础和阐释工具，朱熹经籍整理，与其说是校勘文献，倒不如说是其自身哲学思想建构出发所进行的文献编撰和传注。而朱熹晚年的校勘活动，庆元二年前后所作《韩集考异》，则一般被认为属于成熟的校勘学专书。正如学者研究指出，由于其"学问见识已达炉火纯青的境界"，"在校订文字、阐明文意、考订事实等方面都成绩卓著"，体现出"严谨细致、实事求是的朴学精神和多疑深思、穷究底蕴的治学态度"[①]。与朱熹自身此前的经籍校勘不同，《考异》在版本对校、保存异文、别本他校以及考订取舍审慎态度等方面，确实体现出了更为严格的文献校勘之学的特征。

经籍校勘缺乏版本、旁证的随意性，与两宋疑经风气中，打破经典神圣地位，依经论义的学术方式密不可分，而作为集部文献的校勘，无

[①] 莫砺锋：《朱熹文学研究》，第335页。

重塑圣人义理的文化使命感，则能以学术的眼光，从文献本身的角度加以较为冷静客观地审视和考据。同时，朱熹晚年的校勘学成就，当然也得益于后出转精的学术积累，这一成果的获得，既依赖前人保存异文之功，也确实是受方校启发而来。就全书而言，《考异》除重点考辨方校之误外，对前代北宋以来各家校韩文字得失，都进行了辨证、折中，本书毋宁是对前人韩文校勘的总结、辩证乃至集成之作，其校勘考据成就之高，确为南宋考据学的代表之作。

尽管如此，作为南宋校勘专书，朱熹《考异》与其早期经籍校勘仍有一脉相承之处，仍然显著地体现了南宋校勘学作为特定学术系统之部分的根本特征。首先，《考异》同样体现了校勘、注释混杂的特点，既通过韩文的文意、语势理解校证文字，又表达校勘文字所要达到的文学接受，在部分条目之下，有时更是直接的文艺评论。如卷五《为河南令上留守郑相公启》"得一事为名可自罢去"《考异》云：

> 此二书误字尤多，而阁、杭、蜀本又为特甚，不知何故如此。大抵公于朝廷或抵上官，论时事及职事，则皆如公状之体，不用古文奇语，此二篇亦其类也。窃意读者厌其无奇而辄改之，故其多误至此云。①

首先，朱熹对韩文多误字的解释，体现了理学家强调古文乃道德文气自然流露，而反对奇涩险怪的文学主张，显然已经超越文献校勘学对致误之由的基本判断。方、朱二人都直接在校语中表达各自的文学观念，并据此对韩集文字进行校订取舍。

其次，朱子校语中同样也有对韩文用语典故出处的考索，于按语中考证史事、制度者，这方面，朱熹校语与方氏相近，显然均为笺注考证性质，而非校勘文字。如卷八《南阳樊绍述》"将复庙祀"条校语："今按：《唐会要》，礼官议户部尚书韦损四代祖所立私庙，子孙官卑，其祠久废，今损官三品，准令合立三庙。此以邢之先尝有王封，而后世官卑，不得立庙，故云'将复庙祀'也。然唐制亦非古，而本朝立法尤为疏略，

---

① （宋）朱熹撰，曾抗美校点：《昌黎先生集考异》，第117页。

唯苏魏公尝议立庙与袭爵之法相为表里。其说为善，惜乎当时不施行也。"① 同样也属于唐宋私庙制度的考证，毋宁也是对韩文的笺证。文末一句则为借此发议论之语，更是超出校勘、考据之学的畛域。此类纯为考据的按语文字，在《考异》中不仅十分常见，而且部分条目考证辨伪繁复精细，直可视为专题考证文字。而朱熹于校勘中考证、笺注，其目的自然不仅限于求精校之善本，恢复传本之原貌，而在于彰明韩愈行事思想的本末。"今以李翱所撰《行状》，皇甫湜所撰墓志、神道碑，《旧史》本传，《资治通鉴》，洪兴祖所撰《年谱》，程俱所撰《历官记》，方崧卿《增考年谱》，考其同异详略，附注本文之下，以见公之行事本末，而文之已见于集者，不复载云。"② 所谓考证异同详略附注本文之下，也正是前九卷校勘考证结合的最好概括，而二者的共同目的，正是在彰显韩愈行事之本末、道德文章之得失。晚年韩集校勘所要呈现的，仍是韩愈及其文学与理学世界观的重大区别，而这也是北宋以来文人群体与理学家的分野。正如朱熹在校语中所阐发的：

> 盖韩公之学，见于《原道》者，虽有以识夫大用之流行，而于本然之全体，则疑其有所未睹，且于日用之间，亦未见其有以存养省察而体之于身也。是以虽其所以自任者不为不重，而其平生用力深处终不离乎文字言语之工……虽然使公于此，能因彼稊稗之有秋，而悟我黍稷之未熟，一旦翻然反求诸身，以尽圣贤之蕴，则所谓以理自胜，不为外物侵乱者，将无复羡于彼，而吾之所以自任者，益恢乎其有余地矣。岂不伟哉！③

在理学家看来，文人之学终究用力于文字言语，却不能反身而诚，而其校勘、考证的余事工夫，最终目的当然也不在文字言语之内，而在"尽圣贤之蕴"。而作于庆元党禁期间的《考异》，随处可见的对于方校本

---

① （宋）朱熹撰，曾抗美校点：《昌黎先生集考异》卷八，第203页。
② （宋）朱熹撰，曾抗美校点：《昌黎先生集考异》卷十，第246页。
③ （宋）朱熹撰，曾抗美校点：《昌黎先生集考异》卷五《与孟尚书书》"与之语，虽不尽解"条，第130页。

过分尊信阁本的批评,恐怕不仅仅是出于校勘所据版本优劣的学术问题,是否也是出于对馆阁文臣的疏离,和民间的理学家对自身学术的自负?或许从朱子门人所论中,也能找到些许答案:"谓诸子百家,其言多诡于圣人,独韩子论性,专指五常,最为得之。因为之考订其集之同异,以传于世。"①

朱熹《考异》成书约八年以后,致仕吉州的馆阁文臣周必大,于嘉泰间完成了对北宋四大书之一的《文苑英华》的校刻,其后生友人彭叔夏也整理完成另一部校勘专书《文苑英华辨证》。作为刻书校勘活动的成果结集,《文苑英华》的校勘及其《辨证》对校勘条例的总结,南宋校勘学始转向为书而校的发展路向。作为馆阁士人的校勘,主要不是通过不同版本、别本文献等,最终达成底本的补足精善,而最根本的是要彰显翰林词臣的文统观念:文章作为现实政治活动载体,以及文治理想代表,彰显了祖宗右文之盛。因此,与方、朱文集校勘相近,《文苑英华》校勘文字和体例,也不仅限于文字是正,而是校注不分、校证不分。如《辨证》卷二《事疑》条云:

> 李商隐《祭伏波庙文》:"公孙渊之刺客。""渊",集作"弘",俱非。疑当作"述",事见《马援传》。又《祭宣武王尚书文》:"鄙晋室之鬻练。""练",集作"陈",俱非。疑当作"楝"(葛也),事见《王导传》。

首先,《辨证》校语中有不少"'楝'(葛也)"一类的训诂、注释、补证文字,仍然体现了南宋校注不分、校中作注的特点。其次,校语通过史书考证,认为《文苑英华》及李商隐集本文字均为讹误,其校勘以探究李文是非为要,而并不关注底本致误之由、误字源流及是非取舍。而作为保存古籍原貌的校勘,首先应考虑《文苑英华》"渊"字异文,是其所据底本原即如此,还是编纂时传抄讹误。周氏等人重点考虑的,显然是李商隐文章应当是何字。其次,南宋校勘不仅校底本之误,也校他

---

① (宋)李方子《紫阳年谱后论》,朱杰人、严佐之、刘永翔主编:《朱子全书》,上海古籍出版社、安徽教育出版社2002年版,第27册,第648页。

本文字，也体现其校勘为学术讨论本身的特征，最终目的仍是讨论文章之是非，而非底本之是非。如卷三《人名三》条云：

> 张说《裴行俭碑》："自冀州刺史徽至公十二代，中军将军双虎至公六叶。"按《唐宰相世系表》，徽生黎，黎生苞，苞生轸，轸生嗣，嗣生天明，天明生双虎，双虎生惠秀，惠秀生嵩寿，嵩寿生伯凤，伯凤生定高，定高生仁基，仁基生行俭，乃十二代，自双虎至行俭乃六叶。集本脱"至公十二代中军将军双虎"十一字，止云"自冀州刺史徽至公六叶"，非也。①

通过考证《新唐书·宰相世系表》，校订《文苑英华》是，而集本非，且条中以下四例，均是以《文苑英华》校他书文献。此类出校文字所校底本不误，而校订他本文字，实则可视作对底本原文的补证，从形式上看，以历史考证为内容的校勘，毋宁也是在校勘的体例中注释考证史事、制度。不论是校勘得失条例的总结，还是具体考证内容的庞杂多样，都体现出文人士大夫对前代文学典籍的整理，对诗文作品内容、文字记载的讨论，常常胜过对文献原貌的客观严谨追求。当然，作为刻书校勘工作，对《文苑英华》选文本身的文字校勘，以及《辨证》对校勘条例的总结，确实反映了南宋后期以降，书籍校勘的逐渐纯粹化，并代表了后世校勘学发展的方向。但是本质上说，作为南宋文人集部校勘的代表作，《辨证》仍是笔记、诗话的博学谈论，未出校订文字以为诗道文意探究的学术文化范畴之外。周必大以下，至如吴仁杰《两汉刊误补遗》，更是以校勘为体例的考史之作，在考史方面的成绩反高于校史的成果，如卷六"太学"条云：

> 《曲台后仓》九篇。晋灼曰："西京无太学。"仁杰曰："太学兴于元朔三年，按《儒林传》'诏太常议予博士弟子，太常请因旧官而兴焉，为博士官置弟子员'是也。先是，董仲舒《对策》'愿兴太学以养天下之士'。史谓立学校之官，自仲舒发之，故《武纪》以是列

---

① （宋）彭叔夏：《文苑英华辨证》，《知不足斋丛书》本。

之赞语，《宣纪》以是载于议尊号诏文。是太学兴于武帝时明甚。"①

校注不分、校考不分，既是南宋校勘学发展的阶段性特征，也是以校为学的必然结果。南宋校勘学将校勘理解为对前代遗文记载本身的是正，而不限于底本文字的是正。南宋士人校勘考证活动的特点，正体现了其文献考据活动本身的学术背景和动机：整理文献的过程，也是梳理学术史传统的过程。

第二节　南宋目录学专书考据学

印刷书籍数量的增加，使得官私藏书数量大增，而私人藏书的增加，更直接刺激了目录学的新进展，士人开始成为藏书目录编撰的主体，而不仅是官方秘阁藏书之所的官僚。士人参与文献目录学的发展，首先是南宋初郑樵对校雠学理论与方法的总结反思，其次是士人直接参与藏书目录的编制，特别是解题目录书的编撰，极大提升了目录解题编写体式的创新和品质的提升。可以说，普通士人作为目录书编撰主体之后，目录学才不再仅是官方图书整理工作叙录和官方藏书的简单编目。目录书对于"辨章学术，考镜源流"功能的实现，不再简单体现于分类和部类序言的论述，而是更多地通过士人自由编撰，内容更为多样的解题文字加以彰显，包括对书籍作者学派背景、故实、书籍内容的学术特征、得失等方面。与此同时，南宋目录解题内容，真正开始回归对于书籍本身相关问题的考察，包括作者及其年代、书籍真伪及其时代、版本流传及异同优劣等。南宋书目解题这两方面的进展，其精神交汇点在于，士人通过解题目录的考证、议论，关注书籍文献所承载的学术发展特点、得失。

一　南宋解题目录的考证

目录学在宋代第一次从官方活动、史志编纂的附属，转变为士人的个体活动。与历史上目录编撰多为官方藏书而做，主要为整理官方藏书

---

① （宋）吴仁杰：《两汉刊误补遗》，《知不足斋丛书》本。

不同，士人参与图书目录编撰，除了出于对私人藏书的整理，还带有阅读、评价和考辨学术源流的价值追求意图，士人的学术文化知识体系和精神追求必然体现其中。抄本时代书籍数量稀少，流传过程中书籍自身差异并不会很大，而印刷技术发展的影响，官私藏书数量的增加，也使得书籍自身出现多元化的特点。不同地域、不同雕印主体等因素，会造成书籍形成不同的特点，乃至不同版本之间的差异、优劣，考察文献的版本信息、考辨其差异、优劣得失成为书目著录的一项新内容，不仅重新对解题产生了需求，对解题的深度和学术性也提出了更高要求。尤袤首次开始对版本、刻书地点进行著录，稍早前的晁公武对大量图书进行了详细解题著录，并对不同部类图书进行了学术史的阐述，到陈振孙的图书著录，不仅是著录数量的变化，更是著录内容、解题内容的变化。

汉唐目录书，多数并无解题，只有王俭的《七志》、阮孝绪的《七录》和唐代官修《群书四部录》、毋煚的《古今书录》等撰写了解题。北宋官修目录《崇文总目》从现有材料看，其解题方式在继承之前的解题目录外，出现了对书籍自身相关内容的考证：

> 《毛诗草木鸟兽虫鱼疏》二卷。原释：吴太子中庶子乌程令陆玑撰。世或以玑为机，非也，机自为晋人，本不治《诗》，今应以玑为正，然书但附《诗释谊》，窘于采获，似非通儒所为者，将后世失传不得其真欤？①

此反映出北宋学者参与下的目录学学术化水平的提高。南宋民间藏书家和藏书量均有明显增加，而士人对民间藏书的编目、解题、考证，即沿着《崇文总目》的发展方向，而更体现出强烈的士人学术特征。

成书于高、孝之际的晁公武《郡斋读书志》，其解题内容体现了北宋以来主要书目解题的基本格局，主要包括书籍作者、篇卷、全书内容大旨、学术特征及价值等，其叙写方式主要是"撮其大旨论之"②，总体而

---

① （宋）王尧臣等撰，（清）钱东垣等辑释：《崇文总目》卷一，许逸民、常振国编：《中国历代书目丛刊》（第一辑），第13页下。

② （宋）晁公武撰，孙猛校证：《郡斋读书志校证》（序），第15页。

言，对书籍内容的学派归属与价值，论述多而考证少。其中特别是对王安石父子及其门人弟子著作的得失评述，往往不遗余力。其中涉及书籍文献自身考据的内容较少，只有为数不多的28条，主要集中于作者及成书年代、篇卷数量、文献辨伪、文字校勘等四类考证。如卷一"《石经尚书》十三卷"条云：

> 右伪蜀周德贞书。经文有"祥"字皆阙其画，而亦阙"民"字之类，盖孟氏未叛唐时所刊也。以监本校之，《禹贡》"云土梦作乂"，倒"土""梦"字，《盘庚》"若网在纲"，皆作"纲"字。按沈括《笔谈》云"云土梦作乂"，太宗时得古本，因改正，以"纲"为"网"，未知孰是。①

其中有以避讳文字考证刊刻年代，以不同文献版本进行对勘，校订误字，又如卷十二"《子华子》十卷"条解题辨伪：

> 按《庄子》称"子华子见韩昭侯"，陆德明以为魏人，既不合。又《艺文志》不录《子华子》书。观其文辞，近世依托为之者也。其书有"子华子为赵简子不悦"，又有"秦襄公方启西戎，子华子观政于秦"。夫秦襄之卒在春秋前，而赵简子与孔子同时，相去几二百年，其抵牾类如此。且多用《字说》，谬误浅陋，殆元丰以后举子所为耳。②

南宋书目对《子华子》一书的辨伪，除了晁氏，还有同样成于淳熙间的陈骙《中兴馆阁书目》，以及成于理宗的陈振孙《直斋书录解题》。《馆阁书目》主要考前世史志及诸家书目并无此书，证其系伪作③，陈振孙认为"《馆阁书目》辨之当矣"，其实不免简略，《直斋书录解题》解

---

① （宋）晁公武撰，孙猛校证：《郡斋读书志校证》，第49页。
② 同上书，第511页。
③ 参见（宋）陈骙《中兴馆阁书目》卷四，许逸民、常振国编：《中国历代书目丛刊》（第一辑），第415页下。

题又作了补证①，但仍不出晁氏考证，既有书目著录方面证据，也依据文献内证考其文字多讹舛抵牾，又据书中多引王安石《字说》，而最早考证今存《子华子》为元丰以后宋人伪作。南宋人对《子华子》的详细考辨，至宋末叶寘《爱日斋丛抄》卷五总结南宋各家考辨，认为《郡斋读书志》所考为各家之先导："文公（朱熹）审为伪书，因会稽官书刻本，欲疑王（铚）、姚（宽）所作，不知绍兴间晁氏先已疑元丰举之矣。"②

晁公武同时略晚，大约成书于孝宗淳熙五年（1178）的陈骙《中兴馆阁书目》，也是一部解题目录。从民国赵士炜辑本及研究者相关成果看，其解题少量涉及考证篇卷数目、图书辨伪、作者年代等内容，主要也是对图书内容、流传情况的介绍，体现了作为官修书目介绍图书外部要素以上奏朝廷的功能③，与晋唐以来的各类解题书目内容较为接近。因此，除《郡斋读书志》外，南宋初期书目解题仍未突破功能性的需求和特征，至印刷业更为发达的南宋中期以后，由于书籍增多、版本歧异、流传复杂等，以陈振孙《直斋书录解题》为代表的书目解题，才真正突破一般性的著录图书性质，而真正进入针对书籍自身要素的文献学研究的畛域。

南宋后期的陈振孙，是为纯粹的学者和文献学家，终其一生都在聚书校读，作为南宋第一藏书家，更以严谨细致地态度以数十年工夫，成就其《直斋书录解题》，在继承汉唐以来解题书写方式的基础上，有了较大的发展。

首先，《直斋书录解题》在记录书籍的外在形态与学术史源流梳理评述的同时，更关注和考察书籍本身的问题，包括对书籍内部的构成与作者归属的细致辨析，如记其家藏"之最古者"《九经字样》，"乃古京本，五代开运丙午所刻也"④；书坊刻书射利而多讹舛，如"坡之曾孙给事峤

---

① （宋）陈振孙撰，徐小蛮、顾美华点校：《直斋书录解题》卷一〇，第302页。
② （宋）叶寘撰，孔凡礼点校：《爱日斋丛抄》，中华书局2010年版，第106页。
③ 参见赵士炜辑《中兴馆阁书目》，许逸民、常振国编《中国历代书目丛刊》；李静《〈中兴馆阁书目〉考略》，硕士学位论文，吉林大学，2006年；刘向培《〈中兴馆阁书目〉重辑与考述》，硕士学位论文，华东师范大学，2015年。
④ （宋）陈振孙撰，徐小蛮、顾美华点校：《直斋书录解题》卷三《九经字样》解题，第81页。

季真刊家集于建安，大略与杭本同……麻沙书坊又有《大全集》，兼载《志林》、《杂说》之类，亦杂以颍滨及小坡之文，且间有讹伪剿入者。有张某为吉州，取建安本所遗尽刊之，而不加考订"①；又如对《李翰林集》版本流传情况作详细梳理等②。

其次，晁公武解题考证内容较为单一，主要集中于利用历代书目记载所进行的文献辨伪以及篇卷数量的考订等，而《直斋书录解题》解题考证不仅数量增多，全书解题关涉考据者共近120条，且其考证范围更为丰富多样，除了篇卷数量考异之外，还包括文献的辨伪，作者姓名、籍贯、结衔等问题的考辨，地理名物考证、前代书目对部分文献性质归属的辨误，考证士大夫家世史实等。最后，《直斋书录解题》解题不仅将前代书目作为引证材料，而且对前代书目各种讹误本身也进行考订正误，尤其是宋代书目之讹误疏失，如：

（尚书）《唐志》即以为延赏，尤不然。③
（《释文》）案前世《艺文志》列于经解类。《中兴书目》始入之小学，非也。④
（李）衡，乾道中由侍御史改起居郎。《馆阁续书目》云绍兴监察御史，误矣。⑤

这一解题考证内容，既体现了《直斋书录解题》作为纯粹文献学研究的学术特征，也是后世目录考证的先导，对书目本身记载内容的考辨订误，体现了目录书开始成为学者关注的对象。目录学作为学术研究领

---

① （宋）陈振孙撰，徐小蛮、顾美华点校：《直斋书录解题》卷一七《东坡别集》解题，第502—503页。
② （宋）陈振孙撰，徐小蛮、顾美华点校：《直斋书录解题》卷一六《李翰林集》解题，第469—470页。
③ （宋）陈振孙撰，徐小蛮、顾美华点校：《直斋书录解题》卷一一《尚书故实》解题，第320页。
④ （宋）陈振孙撰，徐小蛮、顾美华点校：《直斋书录解题》卷三《经典释文》解题，第81页。
⑤ （宋）陈振孙撰，徐小蛮、顾美华点校：《直斋书录解题》卷一《易义海撮要》解题，第14页。

域之一，进入宋人认识和思考视野之内，这一实践正与南宋初郑樵在校雠目录学理论方面的思考前后呼应。可以说《直斋书录解题》的考据学成就，不仅是古典目录学发展高峰的标志，也真正使目录著作成为考据学重要方面，真正使目录学从单纯的官方典藏整理的副产品，发展为儒家士人学术形态之一。

二 前代目录专书研究与考证

宋代私家解题目录，实际上是通过对当代私人藏书的解题，考证作者真伪及年代、书籍版本流传、内容及分类归属，达成学术源流的考察，特别是宋人文献著述的学术源流和是非得失。晁公武以晁氏家学和元祐学术为立场，对王安石的新经学颇有微词，陈振孙则更明显站在同情理学的立场上，对两宋各家论著进行解题评述，最典型的代表，是其对两宋之际新学士人黄朝英《靖康缃素杂记》措辞严厉的批评。而总体上解题中的考证内容是为其辨章学术目的服务的，是理解历代学术史包括当代学术源流的工具。宋末王应麟所编解题目录《玉海艺文》，与此前二书完全相同，并且其中解题文字全为考证方法，正可视为以考证为工具、辨章文献学术源流的继续和发展。作为大型私修类书的一部分，有关具体考证内容和方法，已见前文。王应麟另一部目录学专书，《汉艺文志考证》（以下简称《考证》）与解题目录不同，属于古代目录书的专题考证之作，是"首次将《汉志》从《汉书》中分离出来，专题进行考证研究"的著作[1]。如果说郑樵《通志·校雠略》主要是从理论上对目录学的自觉作了奠基，那么，王应麟《考证》则是以考证、补注古代目录书的方式，不仅体现了南宋目录学的进一步学术化、专门化，而且也体现了书籍文化兴盛的背景下，宋末学者对文献著录、目录功能的认识，其辑采书目、补足前代目录之阙的体制创新，影响了后世补史志目录等专题目录著作、历代目录书考证与研究等体式的发展。尽管王氏所补27种图书，据余嘉锡考证，有"《志》已著录，而今本传其别名者；有自古书中裁篇单行者；有曾否著录，疑不能明者；有出于东汉以后，疑向、歆

---

[1] 刘玉才：《王应麟〈汉艺文志考证〉文献学旨趣发微》，傅璇琮、施孝峰主编：《王应麟学术讨论集》，第79页。

未见者；有伪讬者"①，但其寓补于考的古代目录书研究专书体例，确为后世之先导。

而从南宋目录专书解题的考据学视角上看，《考证》与《郡斋读书志》、《直斋书录解题》更为接近，并且其考证内容范围，较《直斋书录解题》则更为阔大丰富。其考证方法主要通过辑录历代文献、各家成说，考证《汉志》著录图书（也包括大小序的部分观点）的所涉及的各种相关知识，或者说每条考证文字，都是《汉志》文字摘录所涉及学术史知识的考证专文，通过摘录全文片段构成的编题，汇集而成考证专书。其内容包括诸如著录书籍卷数的考异辩证，书籍真伪的溯源辨析，书籍内容的辑佚举隅等，也包括《汉志》大小序言内容摘录所涉及历代学术、史事问题的考证、补释，对于前说的辨正摘谬等。如卷五"陆贾二十三篇"条《考证》云："太史公曰：'余读陆生《新语》十二篇，固当世之辩士。'隋、唐《志》二卷，今存《道基》、《术事》、《辅政》、《无为》、《资贤》、《至德》、《怀虑》七篇。"② 此类文字，与南宋一般目录解题相近，是对图书本身篇卷问题的考证，而《考证》卷二"《周官经》六篇"条云：

> 河间献王得《周官》，有李氏得而上于献王，独缺《冬官》，取《考工记》补之，合成六篇。《礼记疏》云："孝文时求得此书，不见《冬官》一篇，乃使博士作《考工记》补之。"……齐文惠太子镇雍州，有发楚王冢获竹简书，青丝编，简广数分，长二尺，有得十余简以示王僧虔。僧虔曰："是科斗书《考工记》。"然则《考工记》亦先秦书，谓之汉博士作，误矣。③

关于《考工记》的成书年代，汉代以后即歧说错出，其中唐代经学家多以为汉人所作，王应麟则较早以考古发掘证据，断为先秦书，后又

---

① 余嘉锡：《古书通例》，上海古籍出版社1984年版，第3—4页。
② （宋）王应麟撰，张三夕、杨毅点校：《汉艺文志考证》，中华书局2011年版，第205页。
③ 同上书，第161页。

在《困学纪闻》卷四《周礼》中进一步伸说。后至清四库馆臣及江永，则详细考证为东周齐鲁人之作，而王氏之说可谓清儒之先。又如卷三"《冥氏春秋》"条，不仅为王氏补注之书，且据《汉书·儒林传》，考证其为《春秋经》之"传"，如公羊、穀梁之"传"，而非《吕氏春秋》、《晏子春秋》之类，辨《周礼注疏》之误①。此类辑补考证之文，不仅是对《汉志》的专题研究，也是对古代典籍的考辨校证。卷二"《曲台后苍》九篇"条对于《曲台后苍》一书，《考证》引诸家典籍，考证后仓《礼》书名称来源、后氏礼学兴起相关史事，以及大小戴礼学的师承关系②，是对经学史相关问题的考证。

要之，《考证》所考内容远不限于作者和篇卷数量等文献自身问题，而是对其内容记载所涉及各种史事、制度、记载等有关知识的考证。《考证》的考据方法，与王氏《玉海》相近之处，即主要辑录历代文献，不同引文证成编题的不同问题侧面，共同构成完整的考证内容。而对摘录知识的引证，一方面具有涉及广泛的特点；另一方面，部分引证实际上属于对常见知识的考证，并不具有考证辨析，去伪存真的考据性质，《考证》的体例，与一般书目解题相距较远，而更近于对《汉志》序言、著录图书相关学术知识的考据、笺证和补注。其中所引文字，不仅有征引历代文献的汉学考证，而且也有宋儒相关议论文字，包括南宋理学、浙学诸家言论等，通过考证、注释、评论相结合的方式，对前代目录专书进行专题研究。

《考证》对宋人言论的引用，并非对其一般义理论说的引用，而常常是截取宋人材料中，能作为正文参佐证验的文字片段，兼具《汉志》原文补证与注解等两方面功能。如卷四"孔子为曾子陈孝道"条云：

> 致堂胡氏曰："曾子门人纂所闻而成之。"晁氏曰："何休称：'子曰："吾志在《春秋》，行在《孝经》。"'（原注：《孝经钩命决》云）信斯言也，则《孝经》乃孔子自著。今首章云：'仲尼居，曾子

---

① （宋）王应麟撰，张三夕、杨毅点校：《汉艺文志考证》，第 178 页。
② 同上书，第 157—158 页。

侍。'则非孔子所著明矣。详其文义,当是曾子弟子所为书。"①

王氏截取胡寅有关《孝经》的文字,与晁公武《孝经》解题辨伪,共同构成对《孝经》出于曾子门人观点的考证。对于汉、宋各家考证、论说文献的引用,体现出王氏之学汉、宋兼采的基本学术立场,同时更是力图在宋儒学说的基础上,对历代文献的学术源流进行梳理,达到对博学宏词科所需一般性知识的全面系统的理解和掌握。王氏的书目《考证》,与《玉海》的类书知识方式颇多相近之处,都是通过征引、考证,对博学知识进行重新分类、整理。因此,一方面,王氏考证学本质上是知识的源流梳理和整理之学;另一方面,正如《考证》所体现出的,其考证方法和文献体式的基本特点,是注中考证、以考证为注、引文考证、考论结合,是类书编题分类与注书笺证注释体例的交叉,作为方法的考证,目的仍在理解前代文献。

南宋诸家目录的解题考证,仍体现了南宋考据学"为学而考"的根本特征,本质上说宋学系统中的文献考证方法,其目的主要在通过考证、述论阐明书籍所承载的学术源流,而不仅限于为考证而考证,恢复文字记载之原貌。就上述南宋解题目录三书而言,显然《考证》在这方面体现得更突出。

南宋士人的目录学专书,具有三个方面的性质。作为书籍文献的整理与记录,其解题和考证体现了系年、辨伪、考史的考据学性质,开拓成为南宋考据学的新领域。而南宋书目中部类、序言、解题中的学术评述,则是对目录学辨章学术传统的回应和提升,是对单纯书籍物质属性记述解题方式的发展。同时,南宋目录书对当代学术思辨、评论、引述的重视,也使其具有南宋士人学术论著的性质,根本上说是宋学语境下的学术成果。正如《四库全书》的纂修及其《四库全书总目提要》编撰,是清代乾嘉考据学的结果和体现,其本身具有清学的一部分。南宋目录专书,也是理学为中心的南宋学术发展的产物。晁公武《郡斋读书志》不仅在大序总论中直接表达其学术立场,"孔氏之教,别而为六艺数十万

---

① (宋)王应麟撰,张三夕、杨毅点校:《汉艺文志考证》,第188页。

言，其义理之富，至於不可胜原，然其要片言可断，曰修身而已矣"①，主张道德完善对于治国平天下的先在性。作为南宋初年元祐儒臣故家之裔，晁公武在各目录解题中，更突出表达了对刚刚过去并且造成北宋覆亡的熙丰改革和王安石新学的不满，于荆公新经学诸书解题中加以考论，如考证秦火以后《周礼》流传之伪，梳理王莽以降至此前不久蔡卞、蔡京，历代借《周礼》敛财聚货的渊源，明确指出北宋末期败乱，"祸难兼起，与莽无异"②。在史部国史、实录类文献中也表达了对新党篡乱史籍的不满，即如古代典籍的解题中，也多发挥对熙丰学术所导致的国家惑乱，《郡斋读书志》卷十一"《郭象注庄子》十卷"条解题认为，熙宁、元丰以来学者"阳讪孔子而阴尊"老庄，其弊远过于"礼教大坏，戎狄乱华，而天下横流"的"两晋之祸"③。程朱一系理学鼎盛时期的陈振孙，多录两宋理学诸家著述，且独服膺朱子之学，解题中对其成就多有表彰推崇，如《直斋书录解题》卷三《论语集注》十卷、《孟子集注》十四卷解题云："晦翁生平讲解，此为第一，所谓毫发无遗憾者矣。"《论语或问》十卷、《孟子或问》十四卷解题云："其与《集注》实相表里，学者所当并观。"④ 对朱子之作的内在关系细致论析，并指明研读治学方法，以目录书而言修习方法，这在此前一般解题目录中并不多见。陈振孙对南宋陆学一派则并不特别推崇，甚至对其专主一端颇有质疑之意："慈湖之学，专主乎心之精神，是谓圣一，语其诲人惟欲发明本心而有所觉。然其称学者之觉，亦颇轻于印可。盖其用功偏于上达，受人之欺而不疑。窃尝谓诚明一理，焉有诚而不明者乎？当淳熙中，象山陆九渊之学盛行于江西，朱侍讲不然之。朱公于前辈不肯张无垢，于同流不肯陆象山，为其本原未纯故也。象山之后，一传而慈湖，遂如此。甚矣，道之不明，贤知者过之也！"⑤ 对浙东诸学总体评价也不高，如评陈亮"才

---

① （宋）晁公武撰，孙猛校证：《郡斋读书志校证》，第1页。
② （宋）晁公武撰，孙猛校证：《郡斋读书志校证》卷二《新经周礼义》二十二卷解题，第82页。
③ （宋）晁公武撰，孙猛校证：《郡斋读书志校证》，第479页。
④ （宋）陈振孙撰，徐小蛮、顾美华点校：《直斋书录解题》，第77页。
⑤ （宋）陈振孙撰，徐小蛮、顾美华点校：《直斋书录解题》卷九《慈湖遗书》三卷解题，第284页。

甚高而学驳,其与朱晦翁往返书,所谓'金银铜铁混为一器'者可见矣"①,也完全是朱门立场。宋末王应麟则以通儒之学自任,对其学术渊源尽管多有异说,但其学不主一家,从其论著征引姓氏中当可见一二。《考证》对历代"文""献"的征引考证,不仅汉、宋兼采,而且对两宋诸儒之说均有引录,除了程、朱、真、魏等程朱一系理学之外,也重视引录浙东诸家之说,同时对欧阳修、苏轼、洪迈、周必大等文士之言,也广泛引录。宋末思想史转归博学学术,正是《考证》所处的学术语境,也是其书考证所传达的学术理解。清人王鸣盛谓王应麟《考证》,"义理虽明而古书则愈无人读矣。王氏亦限于时风众势,一齐众咻,遂致茫然无定见"②,王鸣盛对于"茫然无定见"的批评,多囿于汉、宋分歧自不待言,但也表明了《考证》《玉海》的知识编类考证方式,为当时的普遍风气,也正可见南宋文献目录之学的一些核心特征。南宋目录学是在义理学背景下的学术活动,其书目解题及考证,最终目的是表达各自对义理和思想理解,而不仅在提供读古书的便利。对书籍态度的根本不同,是宋学和清学根本分歧的一个重要源头。今人对宋代考据学具体内容、方法和特点总结,往往参照乾嘉考据传统加以归纳,固然详细列举了宋代考据的诸多成就和特点,但对宋代文献考据学背后的义理关系和诉求,则往往有所忽略,反而难以真正理解宋人考据与清人考据的不同旨趣。

---

① (宋)陈振孙撰,徐小蛮、顾美华点校:《直斋书录解题》卷一八《龙川集》四十卷解题,第548页。

② (清)王鸣盛:《十七史商榷》,上海书店出版社2005年版,第162页。

第五章

以注为学：南宋注书与考据学

古籍文献的注释，发源于汉代经书训传，同时，与不同时代的学术思想发展不同类似，经书传注也呈现出不同的方法和形态，经部以外的文献注释，也随之发生变化。当然这种变化也受时代和社会，特别是士人文化风尚的影响。一方面，从内容上看，宋代文献注释的创新发展，也导源于新经学注释模式的突破。由于汉、唐烦琐注疏而转向简易和阐发大义为主的影响，在各部文献注释也音注、训诂之外，也形成了直接训解论说文献大义为特征的新式注解体式，包括各类《四书》说解和《老》《庄》口义、论说等，宋人创新发展的文集注释，也与宋学新风相应，不论是直接注释诗意，还是笺注语词典故，都在发明诗人出处大节、诗思大义，此类文献注释均不重字句音读训诂，而与宋代经注同属于宋学义理的哲学阐释范畴。另一方面，从形态上看，宋代注释也表现出学术化的趋向。疑古思潮既影响了经书训传对自得经学大义的强调，也客观上引发了经部文献的古籍化：要探求为汉儒烦琐训诂所遮蔽的经文本意，首先必须寻求传统经书旧籍文字版本的原貌，这事实上开始了还原经典为古籍文献的发展路向，根本精神上成为清儒文献考证整理的先导。得益于经典文献成为疑经和考据的学术对象，宋代文献学因此而发展成熟，包括版本鉴别、文字校勘等，也成为宋人，特别是南宋人经学论著的重要治学形态。受此影响，在书籍广泛传播的时代，宋代士人对历代典籍的阅读整理，日益自觉地始于对文献本身存在的问题的考察。无论是各种类别的书籍刊刻，还是不同目的的士人著述，以及以史部、集部注释为重点的文献注释，都表现出对文献自身版本、文字校勘的首要兴趣。对古代名物制度、史料典故等的考证梳理，也表现出浓厚的恢复典籍原貌、记载真实的文献意识。因此可以说，南宋士人的文献注释，整体上固然属于宋学义理时代的范畴，其义理的阐发和达成，却越来越表现出建诸文献考证的学术活动基础之上的追求。

第一节　注释史脉络中的南宋注书

中国的注释学，发源于春秋战国诸子对上古典籍的阐发论述，由于多出于传生授徒和学派争鸣而发，往往限于口头或口语形态的随文训传，因而表现出零星简易的特征。真正的书面化的文献注释，则兴起于秦汉时期对传统典籍的整理，特别是受西汉而来博士制度的影响，五经为中心的文献整理，主要并非古籍旧貌的恢复，而是不同师法体系的阐释和传授。因此，汉代经学对五经文字的训诂章句，既体现利禄之途的烦琐细碎，也体现出特定礼制师说家法的倾向。在注释文献形态上，则特别突出文字音义训诂、制度名物烦琐考证的特征。受五经训诂注释影响所产生的其他文献注释，是东汉后期开始形成的《汉书》注。此后的魏晋时期则是《汉书》学发展的一个鼎盛时期，产生了数量众多的《汉书》注释文献，且多以延续东汉音义形式，则既与汉魏至西晋以《汉书》为军事、政治、清谈实用之资密切相关，也与魏晋学风一反汉代经学烦琐而尚清简有关。东晋以降《汉书》《三国志》注为代表的注释文献，则受到纸的使用、士族学风复归繁复以及佛经翻译所形成的合本子注体式的影响，转而采用抄录、汇集、补注各类文献的方法，表现出尚博重知的新特点。唐初颜师古的《汉书》注，显然是推崇颜氏先祖的家学传统[①]，由北齐上继汉魏而推崇服虔、应劭等人的音义旧注，批评东晋以下的新注。因此，汉唐之际以史注为代表的文献注释，主要有东汉、魏晋时期形成的音义训诂和东晋、南朝形成的文献汇集注释两类，前者与汉代经学旧注关系密切，体现的是礼学家法的传统，后者则是南学义疏之学的产物，崇尚文献汇集的浩博。初唐的五经注疏和史书注释，则体现了以北学为中心，融合南学的特点，是礼学为中心的训诂、名物注释，结合

[①]　关于颜师古《汉书》注的家学渊源研究，参见日本学者吉川忠夫《六朝精神史研究》第十章《颜师古的〈汉书注〉》，凤凰出版社 2010 年版，第 236—324 页。

辑录典籍的疏义。总体而言，汉唐文献注释，是这一时期文化士族崇尚礼学和博雅的士族家学的产物。清人赵翼《廿二史札记》卷二十有"唐初三礼、《汉书》、《文选》之学"条，考证隋唐之际以三礼学、《汉书》学、《文选》学并称显学，六朝隋唐时人"究心三礼，考古义以断时政"，而同时期士人"究心《汉书》，各禀承旧说，不敢以意为穿凿者"，中古《汉书》学所谓禀承旧说、谨守家学渊源的注释思想，正与汉唐经学重视师法家学传统、疏不破注的知识生产方式相一致[①]。

与中古注书不同，受义理阐发和经学疑古思潮的影响，宋人的文献注释，更多突破创新，而作为注书的主体，主要是科举出身的普通士人，也不再受世代相沿的家学渊源束缚，表现出大胆怀疑、勇于突破的精神。"不知古之所以教，而蔽于传注之学也久矣"[②]，斥传统传注之学为支离。学术之要，有疑之处必须证实。与北宋诸儒重创新突破不同，南宋学术精神再转向文献整理、注释和考证。北宋以来书籍印刷的发展，文献积累的增多，也为广泛地征引各类文献以证实所疑，提供了条件。因此，南宋兴盛的四部文献注释，一方面表现出训诂简易、重在论说大义的特点；另一方面又表现出斟酌前代成说，广泛汇集历代文献而彼此取舍折中。与世家大族文化层层相因、前后累积不破相反，宋代科举士人对待历代文献的态度，更强调在怀疑、辨析中加以取舍折中。因此，在同样繁复翔实的史部、集部文献注释中，宋儒在继承了南朝史注汇集补录史料方法的同时，更多对相同文字的校勘，相同史料记载的考证辨析。

作为士族清谈和文化家学的《汉书》注释学，主要目的只是通过音读传家，从中获得参与现实文化生活和政治实践的知识，而科举时代的文史阅读，首先是获取便于应试的文字定本，辩证史料记载是非讹误，获得历史真知的同时，沉潜其中，寻求史识洞见、义理体会。宋代士人的这一学术路径，使其对文献的辨析和审察更加细致绵密和涵泳精微，再强调深入思考义理创见的同时，对文献本身的文字讹误、错简校勘和史实记载的考证，也更显自觉，其中也不乏卓识妙见。

科举社会与文献校勘、注释的关系，首先体现在服务于科举应试的

[①] （清）赵翼著，王树民校证：《廿二史札记校证》，中华书局1984年版，第278页。
[②] （宋）王安石：《临川先生文集》卷七一《书〈洪范传〉后》，第1285页。

官方校勘定本的形成，"国初承唐旧，以《史记》、两《汉书》为三史，列于科举，而患传写多误。雍熙中，始诏三馆校定摹印，自是刊改非一，然犹未精"①。受此影响还形成了所谓三刘《汉书刊误》等重要校勘学著作，南宋士人注《汉书》似乎也主要出于科举之学的需要。南宋人谯仲午"少长，与伯氏肄举子业，学校程试，必先等辈，则叹曰：'科举之学，殆不过此！'乃沉潜经史百氏，谓三代而下惟先汉近古，故于马、班氏书尤加意焉……有《孟子旨义》、《汉书补注》、《三国名臣论》、《说斋文集》，藏于家"②。谯氏补注《汉书》，应该正是其程试举业的一部分。与科举士人根本相关的经史阅读，也形成了士人进一步校勘注释文献的动力，杨万里《罗德礼补注汉书序》曰：

> 始《汉书》旧注有郭璞、臣瓒辈数十家，使其人自为奇，家自为详矣。及颜师古最后出……至吾宋又有三刘之注出焉，学者以为《汉书》于是无余秘矣。今观吾友罗子之注又出于三刘之外，然则书果有穷哉！③

值得注意的是南宋人将三刘的《刊误》，称为"注"，实际上宋人校与注在内容和形式上都不严格区分，固然是校勘学为独立的标志，同时也正说明了宋人于注文中校勘是常见体例。三刘校勘直接受馆阁校勘影响，而三刘校《汉书》又直接影响了南宋人对《汉书》的校勘，可见北宋士人阅读、科举应试定本为出发点的校勘活动，对南宋士人的影响。在南宋学者看来，对于《汉书》的注释，至三刘已经穷尽，而仍有士人试图在此之上加以校勘注释，而杨万里认为实际上史书校勘注释是难以穷尽的，这里也可检出宋人对前人校注文献成果的超越创新意识。正是在这种突破创新的意识中，宋人的注释，不再仅是疏不破注、层层汇集相因的单纯诠释工作，而是对历代相关文献进行辨析考证的反思性活动。

---

① （宋）王应麟：《玉海》卷四九《绍兴十七史蒙求》，江苏古籍出版社、上海书店出版社1987年版，第936页。
② （宋）魏了翁：《隆州教授通直郎致仕谯君墓志铭》，曾枣庄、刘琳主编：《全宋文》卷七一一八，第311册，第200页。
③ 曾枣庄、刘琳主编：《全宋文》卷五三一九，第238册，第194页。

这种创新和反思性的学术突破,既是宋学精神的产物,也是宋代文献考据精神的产物,归根结底,是宋代士人社会不同学术精神的产物。

总之,宋代注释学的发展特点,其一,摒弃以礼学为旨归的名物制度烦琐训诂考证,而崇尚以理学为核心的大义论说,多以论作注,受此影响,南宋文献注释中,直接点评、议论的文字也逐渐增多,并成为一种被广泛认同的趋势,南宋后期乃至注释体例式微而评点之体勃兴。其二,受经学影响的正史训诂传注,也为宋人史料考异所代替,重新继起裴注传统,关注的重点也不再是古代礼制规范等博学名物,而更多以史料考异探求历史演变的道德政治意涵,并通过当代史修撰和史料考异,表达士人的现实关切。其三,印刷技术发展带来的官私藏书数量增加,士人书籍整理校注成为一时风气,以书籍文献为中心的校勘学得以初步独立,中古注书零星的校勘文字,发展为注文中大量融入校勘内容,校注合一,既是宋代校勘学也是注释学发展的新特点,同时,校注文献的形成,也使得宋代注释学突破了文字训诂、礼制名物的汉唐经学色彩,而表现出书籍自身的文献学特征。其四,宋代注释发展的最重要成果,是在经史注释之外,集部注释特别是文人别集注释的兴盛。除经书以义理论说为主,北宋《通鉴考异》的史料考异注释外,宋代文献注释成就及代表性注书,主要都集中于南宋时期。有关史料考异的发展,将于下文详述,本节以下主要以姚氏兄弟及鲍彪校注《战国策》为例,讨论以校为注的文献特征。

《战国策》经由刘向父子首次整理,并由东汉高诱作注之后,相隔千年,少有整理者。至北宋馆阁整理校勘古籍,始有士大夫利用官私所藏诸本加以重新整理,形成包括集贤院本、孙固本、孙觉本、钱藻本、东坡本、王觉本、苏颂本、钱唐颜氏本等诸多抄本或刻本,而这些为数众多的本子,则是构成南宋绍兴中期姚宏、鲍彪校注《战国策》的重要基础,正由于是在北宋多次整理校勘基础上所进行的注释活动,其注文中有相当部分实际上是校勘成果的汇集。《战国策》姚、鲍二注种,尤其姚宏注,突出体现了以校为注的文献考据特点,其不少续注即可视为校订考证的专门文字。

《战国策》姚注可分为两部分:一是随文校记,直接著录北宋以来各种传世版本的异文,多以"一本作某"或"刘作某""曾作""集作某",

如卷十一《齐四》"齐宣王见颜斶"条,"颜斶辞去曰:'夫玉生于山,制则破焉。'""制"下姚注云:"曾本作'制取',集无'取'。"① 此类对校文字作随文注释之例甚多。二是区别高诱注,而表明为"续注"文字,此类注文全书约92条,主要仍为校勘文字。与随文校注多著录版本异文不同,姚氏续注校勘以著录他校异文为主,部分并有简单考证。如卷三《秦一》"秦惠王谓寒泉子"条"不能俱止于栖之亦明矣"句续注云:"李善引作'俱上于栖亦明矣'"②;除直接引证前人考据文字外,姚氏也自为考证校订,如卷十四《楚一》"江乙说于安陵君"条"嬖女不敝席,宠臣不避轩"句续注云:

不敝席,言不久之意。"不避",是"敝"字无疑。《真诰》曰,"女宠不弊席,男爱不尽轮",或出于此。"轩"、"轮"相近。③

此外,又如卷十七《楚四》"客说春申君"条"赵以为上卿"句续注云:"荀子未尝为上卿,《后语》作'上客',当是。"④ 以史事考证记载之误,如卷十七"楚考烈王无子"条"欲杀春申君以灭口"句续注,引《越绝书》600字详考补注史事。姚氏续注以不同体例方式考证原文记载之误,以校勘考证为注的文献学成就,体现了宋人考据之学及书籍文献之学的发展,其朴实之风为后人称道,元人吴师道所言,"简质谨重,深得古人论撰之意,大与鲍氏率意窜改者不同"⑤,道出了姚注质朴严谨的考证特征和文献意识。姚氏注释之学,既不同于宋人义理注释,也不同汉唐训诂注释。

鲍彪注也大量涉及校勘异文和是正,只是鲍氏不注重记录保存异文,而是更勇于改字却多不注明文献依据。卷二《西周》"薛公以齐为韩魏攻楚"条"九年而取宛、叶以北"句鲍注云:"'年'下无'而'字。

---

① (汉)刘向集录:《战国策》,上海古籍出版社1985年版,第413页。
② 同上书,第93、242页。
③ 同上书,第489页。
④ 同上书,第566页。
⑤ (汉)刘向集录:《战国策》附录《吴师道识》,第1214页。

'九'字误,当云'六'或'五'。"① 鲍氏直接删原文"九年而"之"而"字,并以"九"为误字,均无文献依据;同条中"秦得无攻"一句,《史记》、姚本均作"破",而鲍径改为"攻",且不出校,故清人黄丕烈批之"改误甚"②。因此,吴师道所论鲍注"率意窜改",是有道理的,鲍氏不仅窜改文字,而且大胆调整原有篇章结构,其注释之学已经远超出文献之学的范畴,而是宋人以注论说义理的代表。鲍彪曾明言其注的目的,在发明先王正道之义理,如卷十三《齐》"齐王建入朝于秦"条"先是齐为之歌曰:松邪,柏邪,住建共者,客耶"句鲍注云:

> 建之听雍门似矣,而不卒于即墨,惟不明故也。不明以亡国,有国家者,可不以正心诚意为先乎?③

以注文直接论说宋儒正心诚意之要旨。从全书来看,鲍注内容的主体,是校勘注释与南宋末受理学思潮影响而兴起的评点二者相结合的产物。

一方面,南宋校勘、考证史料为主要内容的注释文献,如姚注《战国策》《续资治通鉴长编》《建炎以来系年要录》等书,南宋以后均散落不存,少有闻者,而另一方面,以注释和评点,直接阐发义理或评述讲解的体式,却逐渐成为最为主要的文献阐释方式,为宋明之际社会所普遍认可接受。从注释学发展历史的角度看,这一方面是宋代义理学对注释学影响的结果;另一方面,也是理学逐渐走向民间,特别是从程朱理学到阳明心学,由得君行道向觉民行道发展的结果:文献注释不再是士族家学、门风美好的象征,而是科举士人乃至下层民众格物诚意、正心游艺的载体。

第二节 南宋史书自注考异部分的考据学

南宋史学的发展,最可注意的是,一是理学影响下的义理史学发展,

---

① (汉)刘向集录:《战国策》,第45页。
② 同上书,第47页。
③ 同上书,第476页。

二是史学体例的创新，三是官修史学发达，四是士人当代史书编撰的繁荣。史书体例的创新方面，主要是纪事本末体、纲目体、大事记讲义等，主要受理学义理史学发展的影响，而士人当代史书编撰的繁荣，则主要是宋代史学整体发展和官修史学发达的结果。因此，南宋史学发展实际上呈现双峰并峙的局面：史官背景的史学家士人，通过史料的收集比勘，编撰当代史书呈现真实历史过程；理学背景的义理之士，通过史料的重新阐释，诠释史迹人物所蕴含的德性实践。从历史发展的结果看，理学为中心的义理史学，进入科举和民间教育环节，在宋明之际影响较大，其作品大多得以保存，成为理学在士人教育、民间乡里道德实践和知识传播的重要载体。而史家士人的史书编撰，无论是官修的各朝会要、实录、国史，还是李焘编撰《续资治通鉴长编》（以下简称《长编》）、李心传编撰《建炎以来系年要录》（以下简称《要录》）等，均在宋元以后散佚残缺，可见其在宋明之际的遭际。但是在理学独尊以前，这些史书的编撰活动，显然是一代盛事，是南宋学术文化乃至政治领域的重要方面。本节通过考察研讨保存较完整的《长编》《要录》，特别是其中的自注考异文字，考察南宋当代史书所体现的史学考据的发展特点，以及不同考据特点所体现的士人政治和学术文化立场。

一 《长编》自注考异及其对北宋政治文化的反思

南宋史书自注考异，源自六朝史部、子部文献的所谓"合本子注"，特别由裴松之注《三国志》等史料注释发展而来，至北宋司马光《通鉴考异》而臻于鼎盛，真正成为编撰史书过程中，考订取舍史料的环节，并由此单独成书，形成所谓"长编考异"之法。不过，南朝诸注，主要受东晋以后纸张作为书籍载体的普及影响，出现重视博学知识之风，史书编撰始以繁复为尚，虽也有考辨之文，但总体上仍以史料补注为主。《通鉴考异》严格而言不属于史书自注，而是编撰之初所作的资料长编考异，宋元之际胡三省以前为单行之作。《通鉴考异》的长编考异之法，与裴注的相近之处，仍在于"宁失于繁，毋失于略"的史料注释精神，差别在于前者更注重史料真伪的比勘考证，裴注重点在补，《考异》重点在考，既考史料之异同，也断史料之是非。因此，史料注释发展至北宋，既非以训诂名物为主，也非一般的补注史料，而主要是对相近传世史料记载进行比勘考证,定其是非优劣,阐明取舍之道。当然作为前代史料的处理,在史料考异之中,也不免夹杂对古代山川地理、名物制度的注解训释等不属纯粹史料比勘考证的内容,如《通鉴》卷二百四十九《唐纪六十五》"上以南山、平夏党项久未平"条《考异》曰:"《唐年补录》曰:'松州南有雪山,故曰南山。平夏,川名也。'"此类文字只是引证史料注释地理名称,与"考异"之法不甚相关,故胡三省认为此条实非其《考异》本旨:

> 考异者,考群书之同异而审其是,训释其义,付之后学。南山之说,既无同异之可考,今而引之,疑非《考异》本指也。①

《通鉴考异》此类实属单纯训解、考证而非考史料异同的条目,又如《通鉴》卷二百三十三《唐纪四十九》贞元三年八月"陛下惟有一子"条《考异》曰:

> 按德宗十一子,谊、谞其所生外,犹有九子。而泌云惟有一子者,盖当是时小王或未生,谊、谞之外尚有昭靖子也。②

则是对原文记载内容的补充说明,卷二百二十五《唐纪四十一》大历十年冬十月"承嗣今年八十有六"条《考异》曰:"按承嗣卒时年七十五。此云八十六者,盖欺正己。"③ 则更近乎对正文夹带的评点议论。这些注释特点反映出了汉唐以来两种史注对《通鉴考异》的影响,既有对古史的注释,也有史料补注以及对相关史料的考异辩证。

《通鉴考异》作为注文的"考异",是注释与史料考异未分的,而李焘《长编》自注,则已经将传统的附注和考异分开,同时,《长编》正文之后的附注,也与古史注释重制度、地理、名物不同,而有了新的变化。据学者研究,《长编》附注部分,主要分为四类:注明史料来源,人物初

---

① (宋)司马光编著,(元)胡三省音注:《资治通鉴》,中华书局1956年版,第8045页。
② 同上书,第7497页。
③ 同上书,第7233页。

见年月、邑里、谱系,注释和加详正文,标明并见、附见以明史文主次等①。《长编》的自注考异部分,则专注于史料的补证、两存和辨析异同是非,司马光所开创的"长编考异体",相对裴注的补录史料的注释学特点而言,更突出了史料考辨的考据学特征,而李焘的《长编》自注考异部分,则是对《通鉴考异》的发展,更纯粹地作为史料考辨的特征,这无疑是南宋史书自注考异相对传统史注的发展之一。

总之,作为编撰过程副产品而单行的《通鉴考异》,体现了后世史家对前代文献相对冷静客观的辨析考证,而附于《通鉴》正文之间的"臣光曰",则是直接表达史家历史和道德评价的部分,前者处理的是文字材料本身的解释和正讹判断,后者处理的是文献史料所蕴含的价值意义。作为一部资于治道的史学著作,"臣光曰"的文字自然是其著作的有机组成部分,而史料裁剪过程记录的《考异》,则不必进入其中,这反映出传统史学考证,是史学、道德和政治价值追求目的的工具。宋元之际胡三省始将《考异》文字散布于正文之下,成为随文注释的一部分,这或许反而是受到《通鉴》以后,南宋史料长编自注之作的影响和启发?

《长编》与《通鉴》长编考异存在诸多联系,李焘自己明言其踵续《通鉴》而自谦为《长编》,"其书仿司马氏《通鉴》踵为之,然文简谦不敢名《续通鉴》,故但谓之《续长编》"②,同时代的李心传已明言其前辈乃"谦不敢名",意即在南宋后期史家看来,《长编》实际上并非粗糙的资料长编而毫无条例以及内在价值追求。作为当代史著作,直接的史臣议论既困难也冒险。显然,没有直接史臣论赞部分的《长编》,其内在价值和现实精神追求,只能通过史料本身的裁剪、取舍,以及考证辨析来实现。而当代史编著所面对的史料,往往是弟子门生、亲眷故旧所撰写、整理,其中有意的回护和遮蔽自然随处可见,直观记录这些史料自身特点和问题,以及编撰者对材料的态度和辨析。对于同时代人而言,

---

① 裴汝诚、许沛藻:《〈续资治通鉴长编〉考略》,第79—80页。
② (宋)李心传撰、徐规点校:《建炎以来朝野杂记》甲集卷四"续资治通鉴长编"条,第113页,有关《长编》非谦称的说法,另参见李裕民《〈续资治通鉴长编〉并非谦称》,《晋阳学刊》1997年第6期,后稍作修改以《长编非谦称》为题,收入李裕民《宋史考论》,科学出版社2008年版,第223—224页。

一方面更易于为人所接受，另一方面也能在一定程度上减少不必要的论辩纷争。因此，与独立成书《通鉴考异》不同，南宋李焘的《长编》，其考异文字不能不作为随文自注，以直接在正文之下注明不同史料之间的差异，以及编撰者取舍去留的考证标准与缘由。从文献注释史上看，《长编》所开创的史书自注，不再以烦琐训诂、名物考证为中心，而继承六朝史料注释之后，完全以文献考异比勘为中心，与此同时，对于不同史料的考异，表现出更为冷静客观的辨析，乃至直接附史料于正文之下，以便存疑待考。南宋史料考据学的这一演进变化，与其说是其"更趋理性化"[1]，毋宁是当代史编撰的必然选择。

与《通鉴考异》对前代史料多考证、明其去取不同，《长编》自注考异则更多是详于附录相关史料而略于考辨是非，或多以存疑当考作为结论，往往将相关史料附注别录于后，或借以明史事原委，或附录以待考，或据此略加辨析短长，明去取依据。如卷三百五十二元丰八年"三月甲午朔"条注论哲宗得立太子之事，新旧《哲宗实录》各传及各家"辩诬"文字，"并别录在后"，全注多达 20363 字[2]，大量征引、反复比勘，求证史实原委。又如卷四百三哲宗元祐二年秋七月乙卯"是日，朝奉郎、权知开封县罗适为开封推官"条，有关张商英改官提点河东刑狱等事，注文不仅明言"此据《徽录·商英传》及邵伯温《辨误》修入"，以下还遍引各家传记，加以比勘，其中包括邵伯温作《章惇传》、何麒作《商英传》、王赏作《商英传》等，并曰：

> 按：商英自府推出为河东宪，邵伯温所记与二传皆同，王赏大率因何麒，但稍删润之，不知麒何据也。按：商英以元祐元年四月十四日除府推，时已罢免役法，而麒乃称渐欲更改，盖不考事实，谩书之耳。且疑商英初为府推时，亦未敢与执政异论，当考。元祐元年二月三日，虽有开封知府与属官一员同对指挥，又按苏轼三年九月五日上言："垂帘以来，除宰执、台谏、开封尹外，更无人得

---

[1] 邹志峰：《宋代历史考据学研究》，博士学位论文，四川大学，2000 年，第 53、54 页。
[2] （宋）李焘撰，上海师大古籍所、华东师大古籍所点校：《续资治通鉴长编》，第 8417—8448 页。

对,惟迩英讲读犹或亲近。"张商英以二年七月六日自开封推官出提点河东刑狱,不知何故独得对,恐此事必不然也,今不取。①

对三家传记的史源关系、得失短长一一评述,又对苏轼所记史事抵牾之处提出质疑,标明不取的根据。这正是所谓"宁失于繁,毋失于略"的自注考异法的特点,为了达到对各家史料更为全面客观的认识,取舍而有所据依,《长编》可谓不厌其烦地附注各家文字。如果说中古经史注释的烦琐,是本身烦琐的礼制知识和家学传统的产物,那么南宋史书自注的"烦琐"则是另一种学术精神的自觉追求,这种学术精神,既来自当代史编撰的审慎态度,也是南宋史官对现实政治与文化的回应。

《通鉴考异》与"臣光曰"在《通鉴》中分担着不同的功能,前者主要是文献考据工夫,后者则是构建其内部价值线索。南宋的长编自注考异史书,其体例中只有考异而并不包含史臣直接议论部分,但这并不意味着此类史著已经进入为考据而考据的所谓近代史料学的范畴。作为宋代史学的一部分,《长编》的编撰及自注考异,自然有其内在的政治和学术立场。正如李焘《淳熙九年进续资治通鉴长编表》所云:"聚九朝三世之各见殊闻,事或传于两说,惟折诸圣,乃得其真。"② 其于"于本朝故事尤切欣慕",却"每恨学士大夫各省所传,不考诸实录、正史,纷错难信",各家记载,出于各自学派、政见和价值立场的不同而文字多有异同,对北宋诸重大事件,记载不一,"家自为说"③,甚至付之阙如。《长编》等当代史的编纂,主要目的正在于存祖宗旧籍故典,通过保存旧史的完整原貌,表达超越党争、重新建构祖宗故事中仁厚兼容政治文化的理想。关于这一点,在《长编》自注考异中对北宋以来朱墨史的审慎态度中,较为突出地体现出来。

朱墨史,即朱墨本史书,以不同颜色表示对史料的不同处理,"其朱

---

① (宋)李焘撰,上海师大古籍所、华东师大古籍所点校:《续资治通鉴长编》,第9804页。
② 王承略、杨锦先辑考:《李焘学行诗文辑考·李焘诗文辑存》,第161页。
③ (宋)李焘:《隆兴元年进续资治通鉴长编奏状》,王承略、杨锦先辑考:《李焘学行诗文辑考·李焘诗文辑存》,第158页。

书系新修，黄字系删去，墨字系旧文，其增改删易处则又有签贴"①，此谓之朱墨史。最早的朱墨本史书，当是太宗年间编撰之《太祖实录》，陆游《老学庵笔记》卷十云："太宗时，史官张洎等撰太祖史，凡太宗圣谕及史官采撮之事，分为朱、墨书以别之，此国史有朱墨本之始也。"最为典型的朱墨史，则是《神宗实录》，据学者研究，该书乃至四修、五修②。作为南宋孝宗时期重要史官的李焘，对北宋以来朱墨史的是非得失自然是了然于心的，不仅如此，作为史官，自然也有直接阅读比勘各种官私史书的便利。如李焘乾道五年（1169）上奏，称反复删修的朱墨史实录是北宋以来的常例，即反映了其对朱墨史的精熟③，《太祖实录》《太宗实录》即分别经过三修和两修，《神宗实录》《哲宗实录》则分别经过四修和两修。前两种实录的修订，主要属于史学范畴的正常修改，而后两种以至《徽宗实录》的删改增修，则往往出于党争政治需要，不同政治派别根据一己私意，变乱是非，疏舛严重。李氏同时指出，绍兴初对《神宗实录》朱墨本进行了辩证，虽有漏略，但一定程度上仍达到了恢复真相、存史之旧的目的。值得注意的是，在李焘看来，史书的增修删改属于故事常例，若出于公心，考辨得当，可求得历史真相和是非，而出于党争私意的任意篡改、曲笔增删，则将导致事实漏略乃至诬谤变乱。

《神宗实录》受诏初修，体现了元祐党人的政治立场，绍圣、元符的朱本，则主要体现了新党政治势力的政治主张和调整，特别是删去了对王安石及其变法新政不利等被认为"误妄无据"的墨本记载，以及被认为"小事"而无关宏旨的文字，并主要根据《王安石日录》增入了大量文字。仁甫所述绍兴五年的再次修订，则主要由范冲领衔，对朱墨本不同文字进行考订是非。范冲的修订，主要针对朱墨史本身的文字异同，

---

① （宋）陈振孙撰，徐小蛮、顾美华点校：《直斋书录解题》卷四《神宗实录朱墨本》二百卷题解，第130页。

② 四修说源自李焘本人，参见彭久松《北宋〈神宗实录〉四修考》，《文史》（第二十四辑），中华书局1985年版，第179—188页；五修说参见吴振清《北宋〈神宗实录〉五修始末》，《史学史研究》1995年第2期。关于《神宗实录》朱墨本的相关研究，参见胡昭曦《〈神宗实录〉朱墨本辑佚简论》，《四川大学学报》1979年第1期；黄汉超《宋神宗实录前后改修之分析》（上、下），《新亚学报》1965年第7卷第1期、1966年第7卷第2期等。

③ 刘琳、刁忠民、舒大刚、尹波等点校：《宋会要辑稿》职官十八"实录院"条，第3520页。

以及流传过程中的缺漏讹舛，标明新增、删去文字，并附注考异文字于正文之后，成《神宗实录》二百卷、《考异》五卷，目的在于保存各家异文，以免日后无所质证。范冲乃北宋史学故家范祖禹之子，与司马光史学关系密切。其新修《神宗实录》，将温公长编考异之法运用于国史实录之中，这是南宋史学考据的一次重要成果。此后李焘本人也参与重修《徽宗实录》，于淳熙四年（1177）成书上奏朝廷，同时成书的同样有《考异》二十五卷。仁甫《长编》编撰始于绍兴末，终于淳熙十年（1183），《徽宗实录考异》的成书与《长编》大致同时，可见《长编》考异与两部《实录考异》的渊源关系。首先，内容上看，现存《长编》神宗、哲宗朝部分自注考异中有300余条文字，均为讨论朱墨本及绍兴新本文字异同、去取得失，约占全部注文的10%；其次，方法上看，二者均为列举相关史料，考辨比勘彼此真伪、详略、得失，或者提供相关史料补证；最后，更为重要的是，《长编》考异在史学考据精神方面，与绍兴五年范冲等重修《神宗实录》及其《考异》更为接近，并对三种《实录》文字记载加以综合考证。

以《神宗实录》为代表，北宋国史朱墨本，成为宋代党争的工具，史料去取增删多出于不同政治群体的私意诬谤，而其在考据学史上的价值，主要是开创了当代史史料辑录、比勘和记录去取理由的考异方法。尽管范、李二人的政治立场显然也是主元祐而反对王安石新法，但其《神宗实录考异》及《长编考异》，则更多从保存史料的完整性出发，探求纷繁复杂的史料背后的历史真相，其史学考据能超越党争，表现出兼容并包、直笔持中的史学精神，而这实际上是受北宋朱墨本影响且有所发展的结果。范冲《考异》散亡不存，唯《长编》相关注文为我们提供了部分材料，以窥朱墨本情况之一端。

首先是李焘注重保存各本所缺文字，尽力复存史事之全。如《长编》卷二百一十八（熙宁三年十二月）"己未，内出开封府界及诸路兵更戍之法"条注云："更戍法，墨本太简，今从朱本。《吕公弼传》云：公弼议更东南教阅兵以成二广。"[①] 不从元祐墨本而从绍圣朱本详细之记载。更

---

① （宋）李焘撰，上海师大古籍所、华东师大古籍所点校：《续资治通鉴长编》，第5293页。

多则是针对朱本以"事小""不曾施行""误妄无据"删节墨本,而对所删内容予以保存,如卷二百十四(熙宁三年八月辛巳)"翰林学士司马光言"条注云:

> 朱本以为不曾施行,遂削去,今依新本复存之,若谓不曾施行即削去,则当削去者,又何止此也?①

根据新本保留之文字同样加以保留。又卷二百四十五(熙宁六年六月丁丑)"中书礼房进相度事"注云:

> 朱本削去,云小事不足书。新本从朱本。今仍存之,恐必有谓。②

朱本多以"小事""不足书"为理由,删削墨本,而新本亦有从朱本者,《长编》考异则多将其保存,认为史官当自有其考量,体现出李焘更为审慎的对待史料态度,正体现其"宁失于繁,毋失于略"的原则。其次,李焘对待朱本、墨本的态度更为理性客观,对墨本之误,朱本之是,均加以考证互有取舍,对朱本之误也提出确证的理据加以批驳,凡是非得失判断均以史事曲直为标准,而非出于党派私意。又如卷二百三十一(熙宁五年三月辛丑)"初冯京与中书同奏议申明"条注云:

> 旧本:欲送重详定,上曰:"两宫奏荐,岁有定数,如何以服纪?恐太皇太后心有不足。"王安石等曰:"请以后如有特旨。即不用此条。"今从朱本。朱本虽据《日录》,辞有抑扬,然却可见此段曲折也。八月十二日丁亥,修成条贯。③

---

① (宋)李焘撰,上海师大古籍所、华东师大古籍所点校:《续资治通鉴长编》,第5221页。
② 同上书,第5965页。
③ 同上书,第5621页。

认为朱本虽追附《王安石日录》，但其中记载亦有助于参见史事曲折，而应当采录。墨本之误，亦不可采，卷二百七十一（熙宁八年十二月丁酉）"交趾围邕州初沈起经略广西"条注云：

> 墨本《苏缄传》以移文劾缄事皆属之沈起，朱本改之，今从朱本，盖墨本误也。①

朱本之误亦多有缘由有证据，卷三百九（元丰三年闰九月庚戌）"泾原路督总管司走马承受梁安礼奏"条注云：

> 明年正月己酉，初有诏遣李元辅，不应此年闰九月辛亥先有此指挥，二事皆朱本增入，必是差错，或此指挥乃明年正月以后事。按遣元辅在二年八月甲寅。必朱本误也。②

总之，李焘《长编》考异对朱墨各本史料的考辨，不依个人政治道德立场定是非去取，而主要以保存各家记载、史事自身的是非曲直为标准，既体现了作为当代史学者可贵的考证据信精神，同时也是通过对朱墨史为代表的"家自为说"史料的超越，表达了对北宋以来党争褊狭进行沟通超越的现实政治立场。《长编》成书后，吕祖谦曾致信李焘，表达对《长编》的看法："《长编》既已断手，某若及此暇时，参订修润，整顿凡例，砍削枝叶，两存者折中归于一是，遂为完书。若只广记备言以待后人，恐年祀浸远，未必能明今日去取之意。"③吕氏指出，面对浩繁复杂的当代史料，《长编》主要采取了两存并录的态度，广记备言以待后人。当然，《长编》对待史料也并非一味地漫录无考，李焘本身也明显站在元祐学术的立场上，但是面对各种记载不一，甚至矛盾对立的史料，采取了更为谨慎冷静的史家态度，对于有据可考的不同史源错误，均进

---

① （宋）李焘撰，上海师大古籍所、华东师大古籍所点校：《续资治通鉴长编》，第6640页。
② 同上书，第7498页。
③ （宋）吕祖谦：《与李侍郎》，黄灵庚、吴战垒主编：《吕祖谦全集》，第701页。

行考证辨析，择善而从，而对于无法确证的各种记载史料，则采取阙疑两存、留待后人的态度。当然，在评论《长编》史料与义例关系问题上，吕祖谦与朱熹持有相近的观点，代表了南宋中期以后理学家的基本史学观点，从吕祖谦的评论中，也可见《长编》《要录》在南宋以后散亡不存的原因。

二 《要录》自注考异的史家考据精神

南宋后期李心传的《要录》，是《长编》之后，另一部重要的当代史考异注书，其自注文字同样分为附注和考异两部分，且较之《长编》又有发展。正如梁太济所言："《长编》自注较《通鉴考异》显著有所增加，《要录》自注较之《长编》又有新的发展，从而使自注的内容范围空前扩大。"所谓较《长编》而有发展，《要录》同样作为当代史著，其注释也同样不以历史知识性的名物制度、语词训释为意，而以当代史料的比勘考辨为重。梁先生所列举 16 类自注内容中①，如注明史料来源、连书日月、方位里程、人物初见何时、人物家世里贯等与《长编》较为接近外，诸如注为某事张本、可与何事参考、当与何事照应等，可归属于对正文内容的评论、评点，是对《长编》的创新，也体现出南宋注释学向评点之学转变过程中，《要录》附注所受影响的某些痕迹。不过，显然《要录》自注内容的主体，仍是史料考异。

《要录》成书的年代，距离北宋已近百年，与新旧党争密切相关的人物基本都已谢世，党争对于北宋灭亡所应承担的历史责任也有了一定共识，徽、钦、高宗时期的党争是非，对于李心传时代的士人而言，已逐渐成为消逝远去的历史。此时史家所关注的，更多的是中兴历程中明君良臣的丰功伟业，以及对这一历史过程记载的纷乱失实。嘉定五年（1212）五月许奕《进呈高宗皇帝系年要录奏状》言："中兴以来，明君良臣，丰功盛烈，虽已见之实录等书，而南渡之初，一时私家记录，往往传闻失实，私意乱真。垂之方来，何所考信？于是纂辑科条，编年记载，专以《日历》、《会要》为本，然后网罗天下放失旧闻，可信者取之，

---

① 梁太济：《〈要录〉自注的内容范围及其所揭示的修纂体例》，《唐宋历史文献研究丛稿》，上海古籍出版社 2004 年版，第 206—247 页。

可削者辨之，可疑者阙之，集众说之长，酌繁简之中，久而成编，名曰《建炎以来系年要录》。"①《要录》成书的目的很明确，就是有感于对高宗一朝历史公私记录纷杂不一，多有失实乱真之处，无法考信于世。因此，李心传所撰当代史著，是以官修《日历》为主体，参照熊克《中兴小历》②，以及考异各家野史、笔记、小说等说部文献。如果说《长编》以补注相关史料，考辨不同史料记载的差异为主，多并存异文而少辨析，重在呈现史料异文背后党同伐异的复杂性，以史料求真考信为主要出发点的《要录》，其考异部分自注文字，尽管也有《长编》自注考异体式中并录异文、详引补注奏章、文书、数量等细节文字，但其中最有特色的，是更注重辨析考证文献记载本身所存在的矛盾、讹误，而不仅限于注明史料的异同和取舍缘由标准等，这些考史文字，与其说是史料考异，毋宁是专题的注文考证，从《通鉴考异》作为长编史料取舍副产品，到《长编》在自注中继承考异精神，再到《要录》更多样的附注和自注考异的专题考证，宋代史注中的考据学体现出不断严谨化的发展轨迹。

　　《通鉴考异》作为编年史书编撰过程史料取舍的记录，其内容集中体现为列举不同史料并说明根据何种文献修撰，其中正误辨析说明部分往往相当简洁，《长编》自注考异则侧重广备史籍，同时对史料源流关系加以梳理，考实辩证者较少。总体而言，《通鉴考异》和《长编》自注考异，都重在辨异而少考实。相较而言，《要录》自注文字，不仅注文内容更为丰富多样，其考异史料部分的最大特点，正在于超出一般史料辨异取舍缘由的说明，而是通过注文对各种史料本身的讹误进行考实，多有属于注文形式的专题考证文字。《要录》对各家文字记载，尤重依据《日历》等官修史料，对《中兴小历》等几种有关高宗朝史事的士人记载文献所进行的考证和细致审辨。如卷一百三十三绍兴九年十一月"（范）正国为广西路转运判官，（张）甸知南剑州"条下注云："是月甲戌。熊克《小历》载甸除郡在十一月壬戌。按：十一月戊寅朔，无壬戌，克盖误也。"③ 又卷一百八十五绍兴三十年五月"兵部尚书兼权翰林学士杨椿言

---

① （宋）李心传撰，胡坤点校：《建炎以来系年要录》（附录），第3980页。
② 梁太济：《〈建炎以来系年要录〉取材考》，《唐宋历史文献研究丛稿》，第155—170页。
③ （宋）李心传撰，胡坤点校：《建炎以来系年要录》，第2484页。

于右仆射陈康伯"条注云：

> 熊克《小历》载杨椿四策于绍兴三十一年四月，盖因陈良祐撰《椿墓志》，书此事于除参政之后，而椿以是年三月执政故也。然刘宝绍兴三十年十月已罢镇江都统，则非执政后所上明矣。详考良祐所书，有云："三十一年拜参知政事。未几，朝廷再遣枢臣叶公义问报聘归，言金巳聚兵境上。公语左仆射陈康伯"云云。则椿所议实在此时，而良祐误记之也。[①]

不仅指出《小历》所据史料为陈良祐所撰《杨椿墓志铭》，并考证陈氏记载失实而熊氏因袭以致误。此类考证均通过切实严密的证据，指出熊克《小历》等前人著作记载粗略讹误、考证不详、记载不周、不够审慎的问题。《要录》对于不同史料的考异，侧重考证其中层层相因关系中，文献记载细节的讹脱、增衍，从而对前人论著的不够谨慎提出批评。此类注文目的不仅在于记录文献取舍的标准和缘由，还体现了李心传以史家求其信史的高度，对前人记载文献的错讹进行考证批评。所谓《要录》注文超出长编考异体例，而为专题考证文字，乃在于其自注考异在注明所据修撰史料，并考证其年月归属之外，仍对其他相关史料记载之缺漏讹误之处进行考证，并明其彼此间的渊源关系。再如卷一百八十一绍兴二十九年夏四月"是月，归朝官李宗闵上书言"条注云："宗闵不知此时为何官职，以书中所云考之，恐是李邈之子。其所上书，亦无年月，以言北事甚悉，故详载之。书中言'闭榷场'，盖今年二月事，又云'自春徂夏'，当是四月间。以《日历》考之，今年四月庚寅，陈敏当除破敌军统制，五月丙寅王宣戍襄阳，六月丁亥李横浙东总管，闰六月甲寅荆南增兵，乙卯刘汜除效用统领，与宗闵所言往往相符，故且附四月末，俟考。"[②] 此条正文为李宗闵上书言事，而注文则考证其生平及文章成文时间。此类注文实际上都不属于纯粹的史料考异，而是对正文涉及内容的考证，属于考史范畴。

[①] （宋）李心传撰，胡坤点校：《建炎以来系年要录》，第3580页。
[②] 同上书，第3491页。

正如许奕奏文所载，李心传编撰《要录》，并不像《通鉴》《长编》，宁失于繁，毋失于略，而是斟酌于繁简之中，唯取其信实者，对于前人史料，并非简单广记备存，而是"可信者取之，可削者辨之，可疑者阙之，集众说之长"，其所要达成的当代史著，也正是吕祖谦所期望的参订修饰、明于去取的"完书"。清人孙原湘《建炎以来系年要录跋》云其"其有纤悉异同之处，胪采诸说，折衷以求其当……详审精密，较之李巽岩《长编》，用心尤过之……心传此编，而是非褒贬，使人寻绎自见"①。所谓"用心尤过之"，是非褒贬自见，正是对《要录》史料处理、注文考证之功的总结。《要录》注文对《长编》的因革，既与其一贯以来的考史学风密切相关，也与李心传科举落第闭门治学，多读书杂考，究心一朝典故制度、考辨当代史事的史家考据本色精神有关。李心传完成《要录》之后，随即以笔记体《旧闻证误》对北宋史实典故进行专门考证②。《旧闻证误》不再限于编年史体，而纯以考史为主，仅据现存文字及前人辑佚，其中除4条关于唐翰林学士之制外，均为考证北宋至南宋初史实典故。强调参酌考订，正是秀岩史学的特点，或许正因为此，四库馆臣似乎更偏爱于他，认为"李焘学司马光而或不及光，心传学李焘而无不及焘"③。今人王瑞来则从长编自注考异发展历程方面加以考察，认为"《系年要录》的注语，包括了说明、备考、证误等丰富的内容。编年体史书正文附以详注的体例，发展到了《系年要录》，可以说基本定型"④。长编史书自注考异体例发展至《要录》，已经从《通鉴考异》时代作为资料剪裁取舍过程记录的副产品，发展为自注考异两存相关史料，考察史料记载文字的差异变化，以及其投射出的北宋党争不同士大夫群体对史书著作文字的篡改掩盖，再到《要录》而其注文愈加丰富、精审，其自注考异，体现了裴松之以来的史书注释完全从语词训释、音义名物注释，发展为专门的史学考证学的呈现形式。《要录》所体现的自注考证，与其《旧闻证误》一样，真正成为南宋史学考据学的专题论著，体现了史书取

---

① （宋）李心传撰，胡坤点校：《建炎以来系年要录》（附录），第3977页。
② 学者考证《旧闻证误》作于1202年至1217年，此时李心传仍未出仕。参见来可泓《李心传事迹著作编年》，巴蜀书社1990年版，第147页。
③ （清）永瑢等撰：《四库全书总目》卷四七《建炎以来系年要录》提要，第426页。
④ 王瑞来：《〈建炎以来系年要录〉略论》，《史学月刊》1987年第2期。

舍考异的外在文献功夫到史书考证注释内在体式的提升与融合。《要录》自注文字丰富的注释内容，坚实精审的史料考证，为元初《通鉴》胡注的史书注释学将历代各种体式的史书注释融汇为一，取得集大成的突出成就，奠定了基础，并且在义理兴盛的时代，复现中国史学编撰学中重视文献、考据根基的深厚传统。

第三节　南宋文集注释的考据学

宋人的文献注释，在注释史上的最大特点，是文人诗文别集注释成果的发展成熟。此前的文献注释，主要集中于经史和子部文献，有关集部文献注释，主要集中于《楚辞》《文选》等少数著作，两宋之际，受前代经史、《文选》注影响，始兴起以唐宋文集为中心的集部注释。南宋文集注释的兴起，长时段上看，主要是四部文献注释传统发展的结果，"昔杜预注《春秋左传》、颜籀注班固《汉书》，时人谓征南秘书，为丘明、孟坚忠臣。又李善于梁、宋之间，开《文选》学，注六十卷，流传于世，皆仆所喜而慕之者。此注《东坡诗集》所以作也"[1]。前代已有的经史注疏以及隋唐《文选》李善注等，当然是宋人文集注释兴起的文化思想和方法资源，不过，更为直接和具体的影响因素，是宋诗自身发展的多方面条件。首先，是杜甫所开创的中唐—北宋诗歌范式，大量以文人社会文化生活以及历史思想经验为诗歌内容题材，诗歌内在情感和思想变得更为丰富隐微；其次，以杜甫为典范的宋诗学特别是两宋之际的江西诗派诗学，在诗歌艺术技法方面的诸多特点，表现出明显的历史和人文深度；唐宋诗学的这些发展特点，使得杜甫以来的文人诗作非经笺证注释不能真正理解其文化思想内涵，诗文注释成为一种普遍而迫切的活动。正如郭绍虞在《杜诗镜铨》前言中所言："大抵自诗史之说兴，而注杜者遂多附会史事之论；自杜诗无一字无来处之说兴，而注杜者遂又多征典实之作。"[2] 包括注杜者在内，北宋中期以后兴起的文集注释，正是对诗

---

[1]（宋）赵夔：《注东坡诗集序》，题王十朋纂集：《王状元集百家注分类东坡先生诗》，《中华再造善本》，北京图书馆出版社 2004 年影印本。

[2]（唐）杜甫著，（清）杨伦笺注：《杜诗镜铨》，上海古籍出版社 1998 年版，第 1 页。

歌思想与技法方面日益深厚的历史文化内涵的回应，构成了对这些文集进行注释、解读、评论的普遍自觉需求。复次，苏、黄为中心的文人群体之间诗艺讨论蔚然成风，以及文人群体交游、师从、结社等文化活动的频繁，推动了北宋末以来对前代诗人、师门文集的收集、整理，以上是南宋文集注释繁盛的物质基础，也使南宋诗文注释的文献考据内容，具有了自身显著特点。

一　诗道文统与南宋文集注释的发展

近人马一浮云："诗以道志，志之所之者，感也。……言乎其感，有史有玄。得失之迹为史，感之所由兴也；情性之本为玄，感之所由正也。史者，事之著；玄者，理之微。"[①] 其谓传统诗道，乃精微幽深之思想情感与蕴藉博洽之历史典故的结合体。这一论断至少对中唐以降的宋调诗人之作是适合的，真正伟大的诗作，不仅只是空灵直寻的兴味感发，还应有家国之史、命运遭际，是历史与现实、空间与个体的深沉激荡。从根本上说，诗歌注释为主的集部文献注释的兴起，正是这一诗史演进的必然结果：当诗歌不仅是粗犷哀号或者山水人物的直观描绘，而成为自然、历史、社会整体宇宙中所生存的完整命运灵魂刻画之后，后人对如此复杂深刻的文学作品的理解，便不再仅仅停留于诗歌语言表层的吟诵感兴，而必须深入诗人及作品的历史和文化语境之中。南宋人许尹《任渊〈山谷后山诗注〉序》云：

> 周衰，官失学废，《大雅》不作久矣。由汉以来，诗道浸微，陵夷至于晋、宋、齐、梁之间，哇淫甚矣……惟杜少陵之诗，出入古今，衣被天下，蔼然有忠义之气，后之作者，未有加焉。宋兴二百年，文章之盛，追还三代，而以诗名世者，豫章黄庭坚鲁直，其后学黄而不至者，后山陈师道无己。二公之诗，皆本于老杜，而不学杜者也，其用事深密，杂以儒、佛、虞初、稗官之说，《隽永》、《鸿宝》之书，牢笼渔猎，取诸左右。后生晚学此秘未睹者，往往苦其难知。三江任君子渊博极群书，尚友古人，暇日遂以二家诗为之注

[①] 马一浮著，丁敬涵编注：《马一浮诗话》（总论），学林出版社1999年版，第1页。

解，且为原本立意始末，以晓学者，非若世之笺训，但能标题出处而已也。①

在南宋士人看来，杜甫、山谷、后山等人以外的整部诗史，均是"一啖便了，虽咀嚼终日，而不能饱人"，缺乏深厚历史、道德与文化浸染的文学作品，不仅浅薄无味，也是"诗道浸微"的表现，而以江西诗派"一祖三宗"为代表的唐宋诗歌，用事深秘、忠义蔼然，正是诗道复振的标志。如此深厚精密的诗作，不再历史与政治现场中的后生晚学，自然难知其奥，则必待渊博追步之学者加以注解，方能进入前人的文化生命体验之中。若置诗派门户之见及学问入诗的弊端不论，序中正触及了诗学理论的部分真意：真正意味深远的经典诗作，必然是宏大深厚的宇宙时空中丰厚命运真理的呈现，而要真正理解伟大的经典之作，必须具备相当深厚广博的生命体验和知识积累。事实上，不论是创始之初的宋人，还是集前代大成的清人，集部注释的对象，大体上总是集中于少数几位作家的经典文集。

宋人对集部作品的注释，最早当推宋敏求《杜诗》注，蔡梦弼《草堂诗笺序》："宋次道、崔德符、鲍钦止……师古、师民瞻，皆有训解。"② 此外北宋前期注家还有刘克。刘克最早见载于沈括《梦溪笔谈》，当时北宋神宗以前人，《西清诗话》又云："都人刘克，穷该典籍，人有僻书疑事，多从之质。尝注杜子美、李义山集。"③ 可见北宋集注即以杜诗为主，至北宋哲宗、徽宗朝，随着唐宋文人文集整理的陆续展开，文集注释之学也随之进入一个高峰，其注释对象仍集中于杜甫、苏轼集，如邓忠臣（？—1104?）、王得臣（1036—1116）、崔鶠（1058—1126）、鲍慎由（1067?—1126?）④、王宁祖、薛苍舒、李歊、杜田、蔡兴宗等人

---

① （宋）黄庭坚著，（宋）任渊、史容、史季温注，黄宝华点校：《山谷诗集注》，上海古籍出版社2003年版，第4—5页。
② 曾枣庄、刘琳主编：《全宋文》卷六五九八，第290册，第234页。
③ （宋）胡仔纂集，廖德明校点：《苕溪渔隐丛话》前集卷九引，人民文学出版社1984年版，第57页。
④ 参见吴怀东、徐昕《宋代文学家鲍慎由生平、著述考》，《中国文学研究》2013年第3期。

的杜注，宋援、李厚、程演、林字仁①、任居实等人的苏注。高宗朝以后，注释对象虽不限于杜、苏、黄，但仍以韩柳、苏黄为最，各个时期注释情况详见下表：

编号	注者姓名	主要著作	备考
1	赵次公	《新定杜工部古诗近体诗先后并解》五十九卷、《东坡诗注》	杜注约成于绍兴四年至十七年间②
2	洪拟（1071—1145）	《注杜甫诗》二十卷	父洪固，子洪光祖，侄洪兴祖。《要录》卷六一："兴祖，拟兄子也"
3	庄季裕	《杜集援证》	
4	卞大亨	《改注杜诗》三十卷	
5	卞圜	《卞氏集注杜诗》	《宝庆四明志》卷八："卞大亨，……耽老杜诗。……《改注杜诗》三十卷……子圜，字子车，亦有声太学，号卞夫子。登绍兴三十年第，授扬州倅，卒"
6	鲁詹（1082—1133）	《杜诗传注》十八卷	季弟鲁訔。崇宁五年进士
7	罗烈	《杜诗事类注明》	建炎二年（1128）进士
8	程敦厚（？—1156?）③	《韩柳意释》	绍兴五年进士
9	蒋璨（1085—1159）	《韩文解》	
10	张敦颐（1097—1183）	《韩柳音辨》三卷	绍兴八年进士
11	任渊（1090—1164?）	《韩文解》、《山谷诗注》二十卷、《后山诗注》十卷、《注宋子京诗》	《山谷诗注》初稿成于政和元年（1111），后经增订，刊刻于绍兴二十五年（1155）
12	樊汝霖	《韩集谱注》四十五卷	宣和六年进士

---

① 参见何泽棠《论苏诗林子仁注》，《电子科技大学学报》2012年第5期。
② （唐）杜甫著，（宋）赵次公注，林继中辑校：《杜诗赵次公先后解辑校》（前言），上海古籍出版社2012年版，第3页。
③ 参见顾友泽《南宋程敦厚卒年考》，《江海学刊》2013年第1期。

第五章 以注为学:南宋注书与考据学 / 211

续表

编号	注者姓名	主要著作	备考
13	孙汝听	《韩集全解》《柳集全解》	绍兴年间进士
14	祝充	《音注韩文公文集》五十卷	成于绍兴年间。晁公武《读书志》作"一卷"
15	严有翼	《韩文切证》《柳文切正》	绍兴三十二年（1162）《柳文切正》自序
16	洪兴祖	《楚辞补注》	作于北宋末南宋初
17	傅共	《东坡和陶诗解》	南宋绍兴二年壬子（1132）特奏名进士①
18	傅幹	《注坡词》十二卷	傅共族子，成书于南宋初年。洪迈《续笔》卷十五"注书难"："绍兴初，又有傅洪秀才《注坡词》，镂版钱塘"
19	鲍彪（1091—？）	《杜诗注》	另有《战国策注》二十卷②
20	赵夔	《注东坡诗集》	其序称"崇宁间仆年志于学，逮今三十"，其书大致成于南宋初③
21	师尹（？—1152）	《杜工部诗注》《苏文忠公诗注》	魏了翁《朝奉大夫通判夔州累赠正奉大夫师君墓志铭》："注释明辩闳博，心窃好之。……与秦桧有旧，及绍兴当国，鞫宣抚使郑刚中狱，……君力明郑冤，旬月，间释囚徒三百余人，须发尽白，留鞫所待报。因得注苏氏诗，爱书既上，大拂秦意"
22	鲁訔（1099—1175）	《编注杜少陵诗》十八卷	又称《编次杜工部诗》，绍兴二十三年（1153）五月序

---

① 参见傅氏生平，参见杨焄《傅共〈东坡和陶诗解〉探微》，《中山大学学报》2013年第6期。
② 参见吴怀东、徐昕《宋代杜诗注家鲍彪考》，《杜甫研究学刊》2014年第1期。
③ 参见何泽棠《论苏诗赵夔注》，《北京科技大学学报》2011年第2期。

续表

编号	注者姓名	主要著作	备考
23	师古	《杜甫诗详说》二十八卷	《宋元学案补遗》卷四十五："宋中兴初,讲授于闽长溪县赤岸,一方士习丕变。"另,师古为林栗师,林卒于绍熙元年（1190）,故活动年代当在南宋初①
24	郑印	《杜少陵诗音义》	其序云作于绍兴元年（1131）
25	文谠注,王俦补注	《新刊经进详注昌黎先生文集》四十卷、补注《柳河东集》	文注作于北宋末、南宋初,王注作于孝宗乾道间
26	题王十朋	《王状元集百家注分类东坡先生诗》二十五卷	成于绍兴末至乾道间②
27	鲁訔编注 王十朋集注	《王状元集百家注编年杜陵诗史》三十二卷	
28	童宗说	《柳文注释》一卷	绍兴间为袁州教授
29	张敦颐	《柳文音辨》一卷	绍兴二十六年（1156）自序。陈振孙《解题》作《韩柳音辨》
30	潘纬	《柳文音义》	乾道三年（1167）自序
31	佚名	《新刊增广百家详补注唐柳先生文集》四十五卷	集童宗说、张敦颐、潘纬等诸家之说,有陆之渊乾道三年（1167）序
32	韩醇	《新刊诂训唐昌黎先生文集》五十卷、《诂训柳先生文集》	《诂训》刻于淳熙四年（1177）
33	陈知柔（？—1184）	《东坡和陶诗注释》	
34	吕祖谦（1137—1181）	《东莱注杜工部三大礼赋》、《东莱标注老泉先生文集》五十九卷	

① 参见王可喜《宋代四家诗人生卒年考》,《中国典籍与文化》2010年第4期。
② 关于王十朋注的真伪,学者意见不一,最近学者的研究,更便向于认定为真,至少与之有密切关系。参见黄启方《王十朋与〈百家注东坡诗〉》,《东华汉学》2009年第10期;李晓黎《因为"睫在眼前长不见"王十朋为〈百家注东坡诗〉编者之内证》,《中国韵文学刊》2012年第4期;卿三祥《〈东坡诗集注〉著者为王十朋考》,《宋代文化研究》（第十二辑）,线装书局2003年版等。

续表

编号	注者姓名	主要著作	备考
35	郎晔	《注陆宣公奏议》、《经进东坡文集事略》一百卷	陈振孙《解题》卷九："张九成……门人郎晔所记《日新录》。"周煇《清波别志》卷二云："煇友人郎晔晦之……尝注《三苏文》及《宣公奏议》"
36	黄钟	《杜诗注释》	
37	章国华	《集注杜诗》	朱熹《跋章国华所集注杜诗》
38	佚名	《门类增广十注杜工部诗》	
39	佚名	《门类增广集注杜诗》	
40	佚名	《分门集注杜工部诗》	
41	郭知达	《新刊校定集注杜诗》三十六卷	淳熙八年（1181）自序
42	蔡梦弼	《东坡和陶集注》[①]、《杜工部草堂诗笺》五十卷	杜注成于嘉泰四年（1204）
43	朱熹（1130—1200）	《楚辞集注》八卷	
44	吴仁杰	《离骚草木疏》四卷	
45	赵汝谈（？—1237）	《杜诗注》	
46	施元之（1102—1174）、顾禧、施宿（1164—1222）	《注东坡先生诗》四十二卷	
47	顾禧	《补注东坡长短句》	陈鹄《耆旧续闻》卷一："赵右史家有顾禧景蕃《补注东坡长短句》真迹"
48	李壁（1157—1222）	《王荆公诗笺注》五十卷	
49	佚名	《王荆公诗庚寅补注》	李注附录
50	吴兴沈氏	《注东坡诗》	陈思《海棠谱》引

---

① 参见杨焄《蔡梦弼〈东坡和陶集注〉考述》，《学术界》2014年第3期。

续表

编号	注者姓名	主要著作	备考
51	胡穉	《增广笺注简斋诗》三十卷、《无住词》一卷	成于绍熙元年（1190）
52	李祖尧	《李学士新注孙尚书内简尺牍》十六卷	刊于庆元三年（1197）
53	郑元佐	《注朱淑真断肠诗集》十卷、后集三卷、杂录诗一卷	嘉泰二年（1202）孙寿斋后序
54	裴及卿	《欧阳公诗集注》	魏了翁《裴梦得注欧阳公诗集序》
55	杨齐贤	《集注李白诗》二十五卷	庆元五年（1199）进士
56	魏仲举	《五百家注音辩韩昌黎先生文集》四十卷、《五百家注音辨柳先生集》四十卷	
57	郑定	《重校添注音辩唐柳先生文集》四十五卷	嘉定间刻，陈振孙《解题》十六云："姑苏郑定刊于嘉兴，以诸家所注辑为一编，曰集注、曰补注、曰章、曰孙、曰韩、曰张、曰童氏，而皆不著其名。其曰重校、曰添注，其所附益也"
58	史容	《山谷外集诗注》十七卷、《后山诗外集注》	方回《跋许万松诗》："今后山诗任氏注本……及眉山史氏续注外集"
59	陈元龙	《详注周美成词片玉集》十卷	刊于嘉定四年（1211）
60	洪咨夔（1176—1236）	《杜诗注》	
61	刘弥邵（1165—1246）	《杜诗补注》	
62	高子凤	《杜诗注》	
63	黄希、黄鹤	《补千家集注杜工部诗史》三十六卷	希注成于嘉定九年（1216），鹤注成于宝庆二年（1226）
64	徐居仁	《集千家注分类杜工部诗》二十五卷	曾噩宝庆元年（1225）刻

续表

编号	注者姓名	主要著作	备考
65	陈逢寅	《山谷诗注》	《宋史·艺文志》
66	史季温	《山谷别集诗注》二卷	
67	蔡模	《文公朱先生感兴诗注》一卷	朱熹门人。嘉熙元年（1237）跋
68	任骥	《豫章外集诗注》	洪咨夔《豫章外集诗注序》
69	陈谱（1244—1328）	《文公朱先生武夷棹歌注》一卷，《咏史诗断》二卷	福建宁德人，世称石堂先生，为朱熹三传弟子
70	史温	《放翁诗选注》	《增定四库简明目录标注》
71	邓立	《注黄诗外集》	魏了翁《注黄诗外集序》
72	佚名	《简斋诗增注》	
73	佚名	《中斋注简斋诗》	
74	王德文	《注鹤山先生渠阳诗》	
75	闻仲和	《注陆放翁剑南句图》	
76	黄季清	《注朱文公训蒙诗》五卷	《跋》："或取诸章句集注，或取诸文集语录，又参以周、程、横渠、五峰、南轩、勉斋、西山诸书……其例则先训诂，后文义，一如先生注书之体"
77	佚名	《注朱子感兴诗》。	朱熹《答詹帅书二》云："去岁建昌学官偶为刻旧作《感兴诗》，遂为诸生注释，以为谤而纳之台，此教官者，几与林子方俱被论列，此尤近事之明镜"
78	李诠	《笺注吴元用咏史诗》	南宋后期
79	汤汉（1198？—1275）	《陶靖节先生诗注》四卷	是书付梓于咸淳元年（1265）前后。汤汉是朱学弟子，实际上朱学弟子中与文学渊源极深者不在少数，正如乃师钟情于文献活动，其弟子在文献注释、校勘考证方面也极为重视，其中部分弟子本身即是苏黄后人

续表

编号	注者姓名	主要著作	备考
80	吴正子（1200？—1273）[1]	《笺注李长吉诗》四卷、外集一卷	钱曾《述古堂书目》
80	蔡汝揆	《感兴诗注》	《正德瑞州府志》卷十载："蔡汝揆，字君审，用之七世孙，师饶双峰，得道学之传"
81	黄学皋	《补注东坡诗集》	《万姓统谱》卷四十七："南宫对策有曰：'愚独爱伊川。'请改试为课……校勘朱文公《续语录》，又著《评古》一册，《补注东坡诗集》一部，上之诸司"
82	徐少章	《和注〈后村百梅诗〉》	林希逸《竹溪鬳斋十一稿续集》卷十三《题徐少章和注〈后村百梅诗〉》："前辈云：'任渊、史会注陈黄二诗，多得于同时及门之友，故其间略无差舛。'今翁游咏午桥，乐接引后进，有疑可以面质，将有胜于任、史矣。吾友其勉之"
83	江咨龙	《注〈梅百咏〉》	刘克庄《跋江咨龙注〈梅百咏〉》："君相去千里，未尝疑接绪言，乃能逐字逐句笺注其本"
84	侯仲震	《侯氏少陵诗注》	绍熙元年（1190）进士
85	陈禹锡	《杜诗补注》	刘克庄《跋陈教授杜诗补注》
86	吴渭	《注杜诗》	
87	佚名	《二十家注杜甫诗》	
88	佚名	《杜诗集注》	
89	蔡正孙（1239—？）	《精刊补注东坡和陶诗话》	谢枋得门人。参金程宇《高丽大学所藏〈精刊补注东坡和陶诗话〉及其价值》

---

[1] 参见周金标《吴正子〈笺注李长吉歌诗〉三题》，《淮阴师范学院学报》2010年第4期；刘磊《南宋吴正子卒年考》，《江海学刊》2014年第5期。

续表

编号	注者姓名	主要著作	备考
90	钱杲之	《离骚集传》	
91	史师公	《宋文鉴注释》	黄震《黄氏日抄》卷九十"文鉴注释序"条:"东莱吕公承诏裒选为《文鉴》,浩如渊海,未有为之注释,惠阳史君师公始昉为之"
92	蔡氏	《注陶渊明集》	元李公焕《笺注陶渊明集》卷二《怨诗楚调示庞主簿邓治中》注引"蔡氏注"

说明:本表主要参考晁公武《郡斋读书志》、陈振孙《直斋书录解题》、《宋史·艺文志》、《四库全书总目提要》、张国刚《杜集叙录》、周采泉《杜书集录》、张三夕《宋诗宋注管窥》、李晓黎《宋诗宋注辑补(一)》等制。近年来学界对宋人文集注释的研究十分丰富,表中的重要注家注本几乎均有研究者展开个案研究,不过将宋人集部注释作为整体文化现象的研究则似乎仍然较少。

南宋集部注释近100家约120种,所涉及的对象除传统《楚辞》注、总集《宋文鉴》外,别集主要集中于陶渊明、李白、杜甫、韩愈、柳宗元、陆贽、欧阳修、王安石、苏轼、黄庭坚、陈师道、陈与义、周邦彦、孙觌、朱淑真、朱熹、陆游、魏了翁、刘克庄等。其中关于杜、苏两人文集的注释即独占40种。从时间分布上看,高宗、理宗朝以后注家各约30家,南宋中期略多。不过,值得注意的是,南宋著名的集部注书,均出自理宗朝之前,其中杜、韩、柳、王、苏、黄庭、陈等唐宋文人的重要单注本,多成书于两宋之际至孝宗淳熙初以前的约50年间,淳熙至宝庆间则是上述文集之集注本产生的重要时期。理宗以后,注释对象除少数杜诗单注外,逐渐主要集中于朱熹、刘克庄为中心的诗文注释之中,注家则多为理学门人。南宋前期以文人为中心的注释,重在对建立史玄之际的唐宋诗文之作进行笺注,以期探求诗人深刻的家国情怀与个体生命感叹,挖掘他们丰厚的历史语境和文学渊源。南宋后期以理学为中心的注释,则更重在标示诗歌背后所隐藏的理学义理和性命呈现,明显的阶段性注释演进,无疑与南宋思想文化发展的阶段性鼙鼓相应。

作为儒家士大夫文化一部分的古代诗学,其首要价值不是纯粹语言技法的讲求,而是诗道传统对社会政治变迁的责任,中唐至北宋诗学复兴的一个重要背景,便是"绾文学与儒术而一为之"①。北宋文人对杜甫及其"诗史"价值的推崇,显然也不仅是诗歌艺术的总结,而是诗道伦理和社会价值的高扬,换言之,是文人对儒学诗教传统的复兴。正如前引许尹所论,"周衰,官失学废,《大雅》不作久矣",而唯有"杜少陵之诗出入古今,衣被天下,蔼然有忠义之气,后之作者未有加焉",至"宋兴二百年,文章之盛追还三代,而以诗名世者豫章黄庭坚鲁直,其后学黄而不至者后山陈师道无己",清楚地表明,真正的宋诗宗风兴起发展脉络的廓清,是跨越六朝隋唐诗歌发展,直接回溯儒学初兴时代的诗道文统,追还三代,重归《诗经》大雅正声传统。如果说王安石的新学,力图通过经学新注,和现实政治革新,达到三代之治,理学家通过新的四书系统哲学大义的直接阐发,自得体贴三代以来的道德人心,北宋文人则是试图通过诗道文统的重建,发掘诗学传统背后的道德伦理功能,达到重归三代风俗淳厚的现实理想。对于宋人而言,诗歌创作继承三代风雅传统,并非故作姿态的自我标榜,而是真切反思六朝隋唐文学历史之后,复兴诗道的自主选择。真正的风雅之道,是诗人在具体的现实政治中,济世匡扶的卓绝实践,以及由此完成和彰显的儒家理想道德人格,而历史与现实视域融合的诗学典故、文字来处,则是这一人格生命价值展开过程的记录和呈现。自从周代人文立新,强调君子当以敬天保民、勤勉为政,挽狂澜于乱世、救生民于倒悬的胸怀与德性,历代儒家士人所反复演绎的行藏事迹,留下的篇籍文字,便成为后世儒家诗人歌咏对话、借用抒怀的丰厚资源,而在这种古今对话、语事相参中,现实士人的忧愤遭际更在深厚的历史文化交织中得到提升和淬炼。真正的风雅诗道,便是国史、家事与诗史语言的相互融合、积淀、沉吟。哲宗元祐时期,苏门为中心的文人群体,彼此唱和交游,以临大节而不屈的人格精神相推崇,正是这一诗道精神实践的典型体现。北宋末期,新学一派的学术活力在现实政治权术中逐渐耗尽,理学思想则在党禁和贬谪中,简化为养心修德,面对严重政治军事危局而被斥为空谈误国、高蹈无用,真正活跃的士人群体,似乎只有苏门文人。正如学者指出:"欧阳修以

---

① 钱穆:《朱子学提纲》,生活·读书·新知三联书店2002年版,第11页。

后，流行'新学'，其对立面为'元祐之学'，南渡以后压过了'新学'；而在'元祐之学'中，先是以苏学为主，理宗以后，才转变到以程朱理学为正统。"① 徽宗崇宁党禁，元祐诸学虽均受禁锢，但作为士大夫风雅之具的诗文，不可能完全被禁绝。对诗歌的禁锢到政和年间，便已松动②，徽、钦之际更是"禁愈严而传愈多"③。事实上，徽、钦时期的诗歌创作，至少在数量上远超前代，而以江西诗派为代表的地方文人群体，不仅以"一祖三宗"的体派源流相标榜，形成相对严谨的唱和交交游组织群体，并且编订留存诗话、诗注等文学活动、交游谈论的具体文献载体形式。在江西诗派文人看来，苏、黄诸公在杜甫之后，"复出力振之"，才使"诗之正统"相沿不坠④。两宋之际江西诗派的发展鼎盛，与其说是对前代诗艺的继承总结和彼此诗作模拟，毋宁是通过诗道文统的构建，表达对现实政治和道德人心的自觉关注，否则难以理解这一时期诗人群体如此强烈地以具有强烈朋党色彩的"吾党"自任：

> 宣和间，申禁东坡文字甚严。有士人窃携《坡集》出城，为阍者所获，执送有司，见集后有一诗云："文星落处天地泣，此老已亡吾道穷。才力谩超生仲达，功名犹忌死姚崇。人间便觉无清气，海内何曾识古风？平日万篇谁爱惜，六丁收拾上瑶宫。"京尹义其人，且畏累己，因阴纵之。⑤

苏黄文人尽管已经故去，诗道困窘，但显然因此而继之者日众，以"吾道"自称，与朱熹在吕祖谦祭文中称理学"吾党"相同，突出体现了两宋之际士人的群体自觉，而这才是江西诗派影响广泛的内在精神纽带。

---

① 朱刚：《宋四大家的道论与文学》，东方出版社1997年版，第110—111页。
② （宋）洪迈《容斋随笔》云："自崇宁以来，时相不许士大夫读史作诗，何清源至于修入令式，本意但欲崇尚经学，痛沮诗赋耳。于是庠序之间，以诗为讳，政和后稍复为之。"首先，对诗赋的禁绝，主要限于官学之内，似不涉及民间文人的创作，即使官学之禁，也只维持至政和间以前。
③ （宋）朱弁撰，孔凡礼点校：《曲洧旧闻》卷八"东坡诗文盛行"条，第205页。
④ （宋）陈与义撰，吴书荫、金德厚点校：《陈与义集》，中华书局2007年版，第4页。
⑤ （宋）费衮撰，金圆点校：《梁溪漫志》卷七"禁东坡文"条，上海古籍出版社1985年版，第82页。

胡仔乾道三年（1167）所作《序渔隐诗评丛话后集》云：

> 余丁年罹于忧患，投闲二十载，杜门却扫于苕溪之上，心无所事，因网络元祐以来群贤诗话，纂为六十卷……然诗道迩来几熄，时所罕尚；余独拳拳于此者，惜其将坠，欲以扶持其万一也。①

所谓将坠几熄的诗道，所谓要扶持于万一，指的显然不是所谓点铁成金、夺胎换骨的江西诗法，而是苏黄文人所承载的文化道德精神：风雅《诗》教和博雅于物。北宋末至南宋孝宗理学兴盛以前，宋人诗话、文集单注名著等文献体式的创新、鼎盛，正是杜甫以来诗道文统的追溯构建之具，通过文献撰述的方式，总结和彰显文人群体的现世道德政治追求。因此，我们看到北宋末至南宋初，产生如此众多的杜诗注、苏诗注、黄陈诗注，诚然与江西诗风、诗法密切相关，但更进一步说，是江西诗派所要建立起的诗道文统、诗教精神推动下，寻绎杜甫、苏轼、黄庭坚等所体现的文士宦游、贬谪、日常闲居过程中的道德精神、心灵历程、生命感受。注家每于注中标明、阐发所谓诗人本意，考订行藏出处系年先后，均在于借诗明志，同时也由此表达注者戚戚于心的相似遭际与感慨。而注中详尽繁复的训诂、笺证，与其说是应证无一字无来处的诗法技巧，不如说是通过旁征博引的笺证注释，揭示苏黄所代表的诗道精神的深广，其"学术文章之妙，若太山北斗，百世尊仰，未易可窥测藩篱，况堂奥乎"②。

欧阳修《诗本义》卷一中云："《序》之所述乃非诗人作诗之本义，是太师编诗假设之义也。毛、郑遂执《序》意以解诗。是以太师假设之义解诗人之本义，宜其失之远也。"③宋代《诗经》学多言探究《诗》人本意，不过文学家所探求的本意，并非朱熹《诗集传》等所谓理学天理性命之说，而是先秦儒家的所谓诗教，即诗歌所承载的政事礼乐变迁及其诗人命运交织的深厚心灵感受。而南宋初期诗集注家也往往强调注出

---

① （宋）胡仔纂集，廖德明校点：《苕溪渔隐丛话》（后集），第1页。
② （宋）赵夔：《注东坡诗集序》。
③ （宋）欧阳修：《诗本义》，《四部丛刊》三编本。

唐宋诗人之本意，许尹《黄陈诗集注序》云："为原本立意始末，以晓学者，非若世之笺训，但能标题出处而已。"注释笺训仅仅表明文字出处是远远不够的，关键是诗作立意始末。实际上也正是安史之乱、革新变法等重大历史政治事件之中的出处议论和生命感受。注释和随注年谱，均在探究历史与政治环境下的诗人命运遭际。曾噩宝庆元年（1225）《九家集注杜诗序》云：

> "读书破万卷，下笔如有神"。此杜少陵作诗之根抵也。观杜诗者，诚不可无注。然注杜诗者数十家，乃有牵合附会，颇失诗意……少陵巨编，至今数百年，乡校家塾，龆龀之童，琅琅成诵，殆与《孝经》、《论语》、《孟子》并行。况其遭时多难，瘦妻饥子，短褐不全，流离困苦，崎岖埋厄，一饭一啜，犹不忘君，忠肝义胆，发为词章，嫉恶愤世，比兴深远。读者未能猝解，是故不可无注也。①

前辈注家过分关注和纠缠于所谓用事出处，往往难免牵合附会而不得诗人本意，杜诗之诗句笺证，重要的是必须以发明诗人之精神为核心归宿，因此我们看到南宋经典的杜注、苏注，无不在笺证、训诂、考订以发明诗人行迹诗意方面均表现出色。诗话谈论者、诗注编者，其所谓诗人本意，正是对前辈诗人沉潜政治事务、品格选择的追溯和表彰。

南宋中期以降，朱熹为代表的理学，逐渐成为士人精神价值的核心，一般文人群体不断进入理学士群之内，文人群体的诗道文统，为理学日益凸显的道统所取代。理学文学精神，尚意轻辞，强调文学所承载的道德涵养功能，对其所谓不利于道德人心的以博学典故为中心的文人诗学传统多有批评。南宋后期的诗文注释，一则逐渐衰微，不仅数量、卷帙减小，注释也多以诗意评述为主，绝少详细训诂、笺注、考证，乃至在

---

① 曾枣庄、刘琳主编：《全宋文》卷六八八二，第301册，第361页。

晚宋有了诗文评点之作的肇兴①；二则所注对象开始不再以杜、苏、黄为中心，而明显以朱熹、魏了翁理学家为中心。理学家对文学的认识，固然未仅仅停留于文以害道、玩物丧志的层面加以简单否定，理学家与诗歌创作的关系实际上仍很密切，其中的部分诗学主张也不无可取之处，例如理学对自然万物活泼生机、生生不息的感受和描绘，因此反对沉溺繁复的用事使典，主张自然活泼的语言风格等，都是南宋后期的诗风逐渐走出江西诗派，而回归唐体。而晚宋简易的诗文评点取代繁复的笺注，虽然与科举、教育有密切的关联，但与理学的这种自然活泼诗学主张，以及理学强调读书自得、重视感悟反思的学问方式也不无关系。这一时期无论是诗文注释还是评点，都表现出强调直寻议论、意兴品味的特点。最后，从南宋前期张戒《岁寒堂诗话》到南宋后期严羽《沧浪诗话》，前后相沿不断的重视诗兴意味、反对学问考证的诗学传统影响不断扩大，也是南宋集部注释发生转变的重要原因。

理学之士较早的别集诗文注释，例如吕祖谦的三苏文注，主要是出于科举应试程文的需要，而此后则转入对理学先生诗作本身的注释。理学家自身对注释的认识也发生了变化，从关注诗句典故出处、历史背景和诗人行迹勾勒，转为关注训释诗意中所蕴含的义理，单纯的文字训诂、文句笺证，被视为次要工作。魏了翁《临川诗注序》中认为李壁注王安石诗作，正在未尝附和前人注释之是非，如"《明妃曲》之二章曰'汉恩自浅彼自深，人生乐在相知心'，则引范元长之语以致其讥。《日出堂上饮》之诗，其乱曰'为客当酌酒，何预主人谋'，则引郑氏《考盘》之误以寓其贬。《君难托》之诗曰'世事反复那得知，谗言入耳须臾离'"，重点在于能"明君臣始终之义理以返诸正"，"则诗注之作虽出于肆笔脱口、若不经意之余，而发挥义理之正，将以迪民彝、厚世教，夫岂训诂云乎哉"。不过李壁注引范冲评论之后，并未简单否定王安石，重点也似乎并非要明君臣义理之正，而实际上是不全然赞同范氏之说，认为不必做如此深诋，王安石胡恩深汉恩浅之说，"语意固非"，只是"诗人一时

---

① 吴承学：《评点之兴：文学评点的形成和南宋的诗文评点》，《文学评论》1995 年第 1 期。

务为新奇，求出前人所未道，而不知其言之失也"①。与其说主要在批判王安石无父无君，不如说是借此话题，为王安石减罪，所谓诗人务为新奇，毋宁是李壁将王安石还原为诗人，虽为诗人之过分求新，而主张戛然独造，语不惊人死不休正是杜甫以来诗风尚新奇的结果，李壁此论正体现出其对于诗史的准确理解和对王安石此论的中肯评论。李壁注释方法整体而言仍是以诗句典故出处笺证为主，属于南宋前期笺注范畴，其对王安石的态度也颇为公正，多有回护之辞，注文也更主要集中发明王氏的诗学成就，魏氏所谓发挥义理之正，"迪民彝、厚世教"，不以训诂为意，似乎只是理学家的理解。至咸淳九年（1273）理学后劲黄震更进一步认为，文集注释只需训释通常人所不熟知的地理、名物，以及字义之难通者而能发明旨意即可，不必认为诗句皆有来处渊源，而加以穿凿附会地笺注，其《文鉴注释序》云：

> 文辞不待注释也，所待注释者人名、地理，若草木虫鱼，非所通识者耳。世之注《文选》、注杜诗、注苏黄，其片言只字偶与古合，率穿凿傅会，若谓古人必饾饤然后为文，何哉？《楚词》旧注或未免此，一经朱文公疏其字义之难通，而发其旨意之攸归，至今读者如揭日月。②

仅就方法而言，黄氏此论确实正中前人注杜、注苏黄过分探求、牵强附会之弊，同时，此论也表达了注释学中的一个重要认识：注释的目的是疏通文字阐明大义，不在于炫博饾饤，更不能以注释为文，脱离诠释本文太甚。不过黄氏所谓诗意旨归，并非一般的诗人情感，而是天理自然发动之下的义理人性之情，本质上即是道德天理的自然外现：

> 诗本情，情本性，性本天。后之为诗者，始凿之以人焉。然陶

---

① （宋）王安石著，（宋）李壁注，高克勤点校：《王荆文公诗笺注》，上海古籍出版社2010年版，第1—2、143页。

② （宋）黄震：《黄氏日抄》卷九〇，张伟、何忠礼主编：《黄震全集》第7册，第2388页。

渊明无志于世，其寄于诗也悠然而澹；杜子美负志不偶于世，其发于诗也慨然以感。虽未知其所学视古人果何如，而诗皆出于情性之正，未可例谓删后无诗也。①

诗情本之于性命之性，性即天理之于人的产物，理学家从杨时到朱熹、魏了翁、黄震均崇尚陶渊明的自然平淡，但他们所理解的自然平淡，是周敦颐门前草的"自家意思"，理学家所谓的诗人旨意，正是天理道德发动的自然呈现，而非人之情感欲求本身。因此理学家的文集注释，一方面重视阐发诗句背后的天理性命旨意；另一方面也将诗文语言理解为道德情性自主自然流露的结果，反对典故出处的繁复笺注训释，由此，南宋后期理学之士的集部注释，从精神原则到具体方法，均发生了重要变化，即如评点在晚宋的兴盛，实际上也与理学精神的影响密不可分，与其说是注释，不如说是读诗过程中的天理发动和性理感悟。理宗以后的集部注释毋宁是一种评点，评点注释已难分彼此，理学家所反对的过分用典、主张技法和文辞渊源的唐宋文人别集注释也就此衰歇，待理学过后的清儒方得以复兴。

二　江西诗学与南宋文集注释

尽管南宋文集注释的发展，贯穿各朝始终，但其中重要成果多主要集中于两宋之际至南宋中期以前，这与江西诗派的兴起及其诗学主张有着更为直接密切的关联。政和初任渊即明言，其黄、陈诗注，正是为江西诗派"无一字无来处"之主张和创作特点所发："大凡以诗名世者，一句一字，必月锻季炼，未尝轻发，必有所考……此诗注之所以作也。"受杜甫影响，宋诗面貌的真正形成，除重视儒家道德与政治情思的深厚熔炼，理趣议论精神的彰显，还与学问入诗，熔铸经史、百家、文集字句、典故成诗密切相关，这一诗学取向至黄、陈为代表的江西诗风而臻于顶峰，"二家之诗，一句一字有历古人六七作者，盖其学该通乎儒释老庄之

---

① （宋）黄震：《黄氏日抄》卷九〇《张史院诗跋》，张伟、何忠礼主编：《黄震全集》，第7册，第2400页。

粤，下至与医卜百家之说，莫不尽摘其英华，以发之于诗"①。因此，这一时期的诗注，最主要的体例，便是笺注诗句文字的出处、渊源，注家对于每个语词出处的探求，甚至不惜穿凿附会。事实上，北宋后期兴起的诗文注释，其主体内容，多不外笺注各家诗句文字的语源出处，并且与后来清人注释相比，这一特点更为突出，后者以训诂、考证史事和人物、名物为主，而前者明显以笺注语典和事典及解诗意为主。如《后山诗集》卷八《杜侍郎挽词》（其一）："名家更杜陵。"任渊注云："老杜诗：名家无出杜陵人。"意在笺注陈师道此语出自杜诗，而清人冒广生笺则侧重考证诗句背后的历史知识，此句笺引《鸡肋集·刑部侍郎杜公墓志铭》考索杜纯家世："曾祖，尚书司封郎中，兼侍御史，知杂事，讳尧臣。祖，尚书吏部郎中，直史馆，赠吏部尚书，讳曾。考，尚书虞部郎中，赠特进，讳彭寿。"②又如卷十二《送谢朝请赴苏幕》"情亲须白头"句，任注云："老杜诗：童稚情亲四十年，须白头，谓不待白头而情已亲。"冒笺则重在考证"朝请"职官之名，谢惊生平及陈师道与之交游的具体时间等③。南宋文集注释，根本上是宋人以诗文注释的形式，讨论、研析、考证诗意技法、典故出处，以及评述诗情品格之作，其考据工夫首先体现在对所注文集具体文句语源出处的考索。

江西诗学对诗歌语言所蕴含的历史人文博学知识的重视，不仅深刻影响了此后的诗歌创作，也影响了诗文研究文献体式的创新。中唐以后文人诗歌唱和次韵成为新的诗歌创作风貌，以谈文论艺为特点的文人交游，发展至北宋，更成为学术思想、政治立场相近，相互提携照应的师门、亲友等联系紧密的文人群体。在频繁的文人雅集之中，以历史、义理、诗艺等内容成为最主要的博学雅谈对象，其中文学领域涉及对诗歌内在道德情感的品评反思，对深厚诗歌技法的讲求、推敲，以及对诗歌唱和写作过程中可复制技法的分析掌握，即所谓"点铁成金、夺胎换骨"的强调等。当时或后人对这些文人雅谈内容的记录、交流、评论，便形

---

① （宋）黄庭坚著，（宋）任渊、史容、史季温注，黄宝华点校：《山谷诗集注》，第3页。
② （宋）陈师道撰，（宋）任渊注，（清）冒广生补笺：《后山诗注补笺》卷八，中华书局1995年版，第283页。
③ 同上书，第427页。

成了数量众多的主要文献结集形式——诗话和诗注,而诗话与诗注作为同时代中文人品诗谈论的主要文字载体,不仅内容相互关联,彼此也相互征引、评论。首先,两宋之际既是江西诗派活动的鼎盛时期,也是宋代诗话产生的高峰时期,而这一时期的诗话,其主要内容,也多为苏、黄文人雅事,苏、黄及其门人学友对诗歌高古情怀和精湛技艺的谈论。宋代重要诗话作者本身,即是江西诗派著名人物,例如王直方、洪刍、李希声等,此外,这一时期诗话所谈论内容,也正是江西诗学中的重要命题,例如《王直方诗话》《古今诗话》《艺苑雌黄》等多部诗话均有"夺胎换骨"一条,收集记录前辈诗人例证江西诗法的这一重要理论主张,又如各种诗话多有条目讨论诗句出处所本等。诗注作为文人交游谈论的文献产物,《王直方诗话》"注坡"条记载是最为直观的证据:

> 东坡作《百步洪》诗云:"有如兔走鹰隼落,骏马下注千丈坡。"当在黄诗,有人云"千丈坡岂注马处?"及还朝,其人云:"惟善走马,方能注坡。"闻者以为注坡。[①]

末句之"坡"当为东坡之名,所谓"闻者以为注坡",意谓闻者以其人两句评论为注苏诗的内容。当时人对苏诗内容、典故、经历等的质疑谈论,正是文集注释的重要来源,同时对此类文人文化生活交流谈论场景的描述和记录,也正是诗话内容的重要来源和诗话兴起本身的重要来源。其次,诗话的谈论对象和诗注的文集范围,都主要集中于与江西诗学密切相关的诗人诗作,各自讨论的内容,也多是当时文人讨论的共同话题,如《漫叟诗话》"乌鬼为猪"条载:"'家家养乌鬼,顿顿食黄鱼。'世以乌鬼为鸬鹚,言川人养此取鱼。予崇宁间往兴国军,太守杨鼎臣字汉杰,一日约饭乡味,作蒸猪头肉。因谓予曰:'川人嗜此肉,家家养猪,杜诗所谓"家家养乌鬼"是也。每呼猪则作乌鬼声,故号猪为乌鬼。'"[②] 对乌鬼的解释,是北宋以来笔记、诗话中文人谈论的热门话题,又如马永卿《嬾真子》也记载其亲耳所闻三峡士人夏侯节言乌鬼为猪的

---

① 郭绍虞:《宋诗话辑佚》,中华书局1980年版,第50页。
② 同上书,第356页。

经历。杜诗注家对此也多有讨论,各持己见、莫衷一是,进行了比较辨析,如赵次公注云:

> 乌鬼,颇有众说。旧注云:峡俗养乌鬼,祭之以人。则养又当读为供养之养,音去声。沈存中云:峡人谓鸬鹚为鬼,以绳系其喉,使之捕鱼。又世有《冷斋夜话》者,谓楚人信巫,以乌为鬼耳。虽略得其义,亦不知考证。①

实际上表达了对各家谈论亲历不能考证杜诗时代文献的不满。最后,诗话与诗注同时作为两宋之际文人谈论的重要文献形态,彼此之间也相互征引、评论,成为江西文人为中心的文人群体交流互渗的共同文化资源。《王直方诗话》除前引"注坡"条,又有"注杜诗出处之误"条论"近世有注杜诗者",其追溯语典、事典之附会荒谬可笑②,《洪驹父诗话》有"杜诗注"条论"世所行注老杜诗","所注甚多疏略"③,《艺苑雌黄》又有"杜诗注""杜诗金碗出处"④、讨论前辈注家对杜诗名物、典故注释的讹误等。同时,两宋之际诗注也多引用江西诗人之语,如杜诗《巳上人茅斋》"天棘蔓青丝"句赵次公注云:

> 其蔓字是欧阳文忠家善本。未见善本已前,惑于梦字之义,群说纷纷。如洪驹父云:尝问于山谷,山谷云不解;又问王仲至,仲至云出异书。……若山谷、仲至皆大儒博雅,以不见善本,为梦字所迷,而仲至不为无可讥也。⑤

注文中直接引用江西诗人洪刍之语,并评论其不见善本之失。又如任渊注《山谷诗集》《后山诗集》,征引二十余条诗话材料,其中《王直

---

① (唐)杜甫著,(宋)赵次公注,林继中辑校:《杜诗赵次公先后解辑校》戊帙卷十,第1173页。
② 郭绍虞:《宋诗话辑佚》,第87页。
③ 同上书,第423页。
④ 同上书,第546—549页。
⑤ (唐)杜甫著,(宋)赵次公注,林继中辑校:《杜诗赵次公先后解辑校》,第9页。

方诗话》即有二十条。对诗文作品语典、事典出处的讨论，从李善注《文选》之初，即已成为一种常例，而到了两宋时期，文集注释者对于前人作品词语和故事等知识性的溯源、考证，变得更为普遍自觉，乃至发挥到极致而不惜穿凿附会。其中南宋文集注释对诗话的引用，既是早期诗注撰者与江西诗派文人关系密切的结果，也是诗话自身多涉及讨论诗意大旨、隶事用典、出处本文、文字校勘等学术内容密不可分。诗话与诗注在两宋之际的兴盛，既是江西诗学发展学术化的结果，也是江西诗学文献化、学术化的突出表现。随着以博识学术化、精细文献化的前代诗文解读接受方式，日益成为普通士人、家族学术、科举时文学习的重要活动，南宋士人的文集注释之作数量也不断增多，同时出现了体式近于类书编纂的大型诗文集注，但从源流上说，南宋文集注释的兴起发展，与两宋之际江西诗学的发展演进紧密相关，换言之，江西诗学对自身理论的建构，不仅通过序跋和书信直接加以阐述，更具特色地通过诗话评论和对前代重要诗人诗作进行注释的文献形式，加以实践、总结而得到彰显与传播。

三 南宋文集注文中的考据特点

集部注释的最早源头是王逸《楚辞章句》与《文选》李善注，但前者属于汉代经学章句注释的体例范畴，"训诂举大谊而已"[①]，而李善注所注对象是文人诗传统发展成熟之后的各类诗赋文章，其体例方法，也已经摆脱单纯的经学训诂章句之学的樊篱，同时兼有六朝史注的诸多因素，不仅有音义训诂、名物释意，也包括对诗文词句文本典故出处的笺注溯源。对前代诗文语典及事典所进行的笺注训释，是李善注的重点，并因此集中体现了李注的博洽详赡之特征，时人因此有"唯只引事，不说意义"，以及"释事而忘意"的评论[②]。李善注显然并非完全不说意义，只是释义部分与笺注引证部分相比，确实微乎其微。继之而兴的宋代文集注释，既是前代注释学发展的产物，也是宋代学术文化语境下的产物，

[①]（汉）班固：《汉书》卷八八《儒林传》，中华书局1962年点校本，第3598页。
[②]（宋）欧阳修、宋祁：《新唐书》卷二〇二《李邕传》，中华书局1975年点校本，第5754页。

一方面，作为江西诗学推动下兴盛的文人注释活动，表现出了重视引证笺注诗文语典、事典的客观化、学术化特征；另一方面，作为宋代学术文化的一部分，文集注释也体现了突破烦琐训诂、考证注释传统，而追求自得阐发诗人内在精神与人格品质义理化特征。二者的矛盾张力，很大程度上展现为知识性笺注与诗人意旨、注家体会三者比例的消长变化，从南宋诗文注释发展的历时过程来看，总体上体现出由重视知识性笺注向内在义理阐发的发展路向。这一发展路向，不仅决定了南宋诗文注释自身整体内容特点的变化，也决定了其注文文献考据内容和方法的诸多特点。

南宋前期的诗文注释，受到宋诗学尤其是江西诗学的影响，首重语典的笺注溯源，但是，作为文学典故的笺证注释，从一开始便体现出必然的自由释义空间：后人对文学创作者语典、事典经验的注释，难免存在主观理解甚至猜测的"再创造"成分[1]。作为《汉书》学者的李善，无论如何，其笺注历来仍有客观精审之誉，而南宋一般文士对诗文典故的笺证，往往显得更为主观随性，见仁见智，前后注家对同一诗句本文出处的引证理解，也多有不同。就一般而言，对诗文语词、典故源头出处的笺注引证，都属于宋代士人对集部文献的考证工夫，而就文集注释的特殊性而言，这种笺证本身即具有注者自身主观理解和想象的经验色彩。南宋文集注释中大量的是对诗句正文语典事典出处的简单征引，并无分析辩证，其首先体现的是注家自身对前代文人及作品博学文才的验证和想象，而真正体现考据学求真朴实学术精神的，主要是少数注文中对前人笺注是非得失更为严谨的考辨分析。

受江西诗学影响的南宋文人，对前人诗作典故出处的注释，多出于一个基本的理论预设，即所谓"无一字无来处"，并且这是前辈诗人成就的重要体现，赵次公自言：

  余喜本朝孙觉莘老之说，谓杜子美诗"无两字无来处"，又王直方立之之说，谓"不行一万里，不读万卷书，不可看老杜诗"。因留

---

[1] 邬国平：《文学训诂与自由释义：以李善注〈文选〉作为考察对象》，《中山大学学报》2012年第3期。

功十年注此诗,稍尽其诗,乃知非特两字如此耳,往往一字繁切,必有来处,皆从万卷中来。①

在赵氏看来,杜诗不仅是"无两字无来处",而且是字字皆有文献出处,其积十年之功注杜诗,核心问题正在于对杜诗用字典籍来源的执着笺注。就南宋文人看来,诗人博学于文,诗句具有明显的文献依据和知识来源,是古诗名家的重要特征,对古今语典、事典的详赡注释,也是精善之注的重要标志,前辈用字之严密,正是"诗注之所以作也"②,陆游又云:

近世有蜀人任渊,尝注宋子京、黄鲁直、陈无己三家诗,颇称详赡。若东坡先生之诗,则援据闳博,指趣深远,渊独不敢为之说……某告老居山阴泽中,吴兴施宿武子出其先人司谏公所注数十大编,属某作序。司谏公以绝识博学名天下,且用工深历岁久,又助之以顾君景蕃之该洽,则于东坡之意,盖几可以无憾矣。某虽不能如至能所托,而得序斯文,岂非幸哉!③

对于援据闳博的唐宋诗作,非绝识博学者不敢轻易为注,而注之者也必待长久用功、反复辨析考据,方能无憾。南宋人对典故笺注的执着审慎,正是对前辈诗人的表彰纪念,也是对江西诗学为中心的宋诗学的实践和彰显。

宋人文献注释崇尚义理情性的自由阐发,并以此为前提批评议论前人注释。诗文注释作为文学经验的一部分,对语词典故来处的笺注,更是根据注者自身学识、喜好,以及阅读体验加以随性引证。就诗歌创作经验而言,诗人对典故,特别是语典的运用,未必字字皆有来处,即如确有渊源,也未必皆出于一一对应的典籍文献出处,同时也包括博学泛

---

① (唐)杜甫著,(宋)赵次公注,林继中辑校:《杜诗赵次公先后解辑校》,第1页。
② (宋)黄庭坚著,(宋)任渊、史容、史季温注,黄宝华点校:《山谷诗集注》(自序),第3页。
③ (宋)陆游:《陆游集》卷一五《施司谏注东坡诗序》,第2106—2107页。

览经史、诸子以及其代诗文所形成的多重融合的典故运用。但宋人文集注释，特别是单注之作，常常依据己意简单寻绎其中某一来源加以引证，因此难免时人或后人穿凿附会的批评。北宋末已兴盛的诸家杜注，即有此弊，如杜诗《从驿次草堂后至东屯茅屋二首》其一"峡内归田客"句赵次公注云：

> 归田客者，公以张平子自比也。张平子作《归田赋》，其略曰："超尘埃以遐逝，与世乎长辞。"又曰："苟纵心于物外，安知荣辱之所如。"盖以归在田间为乐之意也。旧注引《恨赋》"敬通见抵，罢归田里"，却是得罪矣。①

所谓旧注，应当是北宋末杜田、薛苍舒、蔡兴宗等人的杜注，虽然"归田"一词的出处，当归于张衡《归田赋》还是江淹《恨赋》，事实上难以确考，但根据赵次公的考辨，《恨赋》语典所涉东汉冯衍的归田，是得罪罢归，不如张衡的田园情怀，与杜诗内在情感更为切合。当然，从今天眼光看，诗人创作之初，未必明确思量其"归田客"之语的确定出处，如"归田"一类的常见意象，往往只是作为一种普遍熟知的诗歌语言，根本上说赵注与前人旧注一样，均属注家主观猜测，但是单从注文上看，旧注过于随意，而赵注更为深入细密，似乎确实略胜一筹。又杜诗《刈稻了咏怀一首》"稻获空云水，川平对石门"句，赵注云："旧注引《蜀都赋》，缘以剑阁阻以石门，尤为非是，盖《蜀都赋》注自云：石门在汉中之西，褒中之北，岂干夔州事哉！"赵次公又引《太平寰宇记》考证此石门当是归州巴东县之石门山。② 1176 赵氏考证言而有据，足可见北宋末旧注笺注征引文献的随意粗疏。

宋人文集注释的这一特点，至南宋中期仍很突出，最为典型者如成于绍熙元年（1190）的陈与义《简斋诗集》胡穉注。胡氏独好简斋，因以"随事标注"，笺注"贯穿百家，出入释老"，南宋人楼钥评之曰"注

---

① （唐）杜甫著，（宋）赵次公注，林继中辑校：《杜诗赵次公先后解辑校》戊帙卷九，第1154页。

② 同上书，第1176页。

释精详,几无余蕴"①。今天看来,楼氏之论不免有些过誉,胡注确实引证广泛,对陈与义诗歌语词典故出处多有探源,但总体上笺注文字简略,算不上精详,更不能说是"无余蕴"。胡穉注文,不仅注人物、名物文字极简略,其主要内容的笺证语词、典故出处,所引文献名及引文均极简略,有时简略完全无助于读者理解原诗。如卷十九《登岳阳楼二首》其一,全诗八句,仅两条笺注,前一条为笺注诗题:"即岳州城西门。据《图志》,经始于张燕公。庆历中,滕宗谅守岳,始加增饰,规制宏敞。"此条注实际上对理解本诗意义不大。另一条笺注末两句"白头吊古风霜里,老木沧波无限悲",分别引《诗经》《礼记》:"《卷阿》诗:来游来歌。《檀弓》:子少,国家多难。"② 如此简略的笺注征引,既不明注文之意,于所注对象也助益不大。其中少量对诗句典故进行详细考证的注文,也不免粗疏不学,如卷二十《夜赋寄友》"卖药韩康伯"一句笺注云:"后汉韩康,字伯休,尝采药名山,卖于城市,口不二价,三十余年。(下略)"实征引汉赵岐《三辅决录》卷一韩康事,胡注此下按语考辨曰:"按:韩康伯,名伯,晋人也。本传及《世说》并无卖药事,盖误用耳。"胡注将晋人韩康伯与东汉韩康混淆,却质疑陈与义原诗误用典故。宋元时无名氏所作增注补证指出:"此正用后汉韩伯休,非误。盖古有二名而独举一字以成文者,如《春秋策》书'晋重'、'鲁申',及子美、苏州诗中'马卿'、'丁令'之类不一。此盖合姓名字并举,而减其一字以成文耳。"③ 无名氏增注的考证显然更为精细,而胡注对这一古书用例的忽略,可见其考证粗略。

北宋以来以考察诗句语词典故出处为中心的文集笺注,实际上表现出为注出处而注出处,对于其笺注是否真正切合原诗情境,是否有助于理解前辈诗作,反而不甚深究,其笺注考证尽管广博,但不免自由随性。同时,不同注释者对同一诗歌语典的不同引证,也确实能体现注家之间不同理解的张力,实际上共同构成所注诗作更为多元可能性的情感世界。因此,南宋以后的文集注释,一方面更为严谨的注家对其中的笺注进行

---

① (宋)陈与义撰,吴书荫、金德厚点校:《陈与义集》,第1页。
② 同上书,第303页。
③ 同上书,第319—320页。

了细致的考辨；另一方面，汇集众家注文的集注文献大量产生，并在此基础上加以按断分析和总结提升。前者杜诗赵次公注、苏诗施顾注等可为代表，后者黄鹤父子的杜诗集注等可称典型。

赵注在注释史上虽不免有拘泥于字字皆有来处的附会之讥，但其作为杜注名著，其成就除笺注本身的精深博赡之外，还体现在其注文对前辈杜注得失的深入细致考辨，其注文考据成就不仅在一般的征引文献，更重要的是有较为细致的辩证。如甲帙卷五《夜听许十一诵诗爱而有作》"紫鸾（一作燕）自超诣，翠驳谁翦剔"句，赵注云：

> 紫鸾者，是紫凤之鸾。杜田以为紫燕，误矣。盖公此篇虽云古诗，自首两句而下，每每用对，而句眼平仄相连，若作紫燕，非止义错，而失句眼矣。何则？鸾凤之名，虽曰色多丹者曰凤，故每言丹凤；色多青者曰鸾，故每言青鸾；如凤五色而多紫者，曰鹙鹭，但前人未尝言紫鹙鹭，而杜公于《北征》诗曰："天吴及紫凤，颠倒在短褐。"则在凤言紫矣。今日紫鸾自超诣，固亦如紫凤之称。杜田《正误》于卷首云见殷阳家善本作燕，遂引汉文帝九马之一曰紫燕骝；而蔡伯世《正异》亦作紫燕。如此则平仄不相连。又，两句皆言马，不亦拙乎？紫鸾用对翠驳，以两物比之。紫燕自超诣，言其才之远到如鸾鸟之超腾诣至。《楚辞》云："鸾凤翔于苍云。"则其超诣可知。公《夔府咏怀》诗有云"紫鸾无近远"，亦超诣之意。①

"紫鸾"，前人注本多作"紫燕"，且如北宋末杜田以版本依据为校，而赵注则以名物释义、杜诗内证、平仄对仗等不同角度，细密考证校定当作"紫鸾"。赵次公的注文考证，可见这一时期对前代注文的辨析、反思和提升，因此赵注杜诗真正可称得上考证细密，笺注精详。

如前文所述，宋代文集注释的兴起，其初衷与文人群体的自觉自主意识在文学党禁中的增长密切相关，文人间对注文引证训释的得失短长也多往还谈论，这一背景和文化条件，使得北宋末以后的文集注释不断形成后出转精之作，其中对前人旧注的辨析考证也更为深入精密。当诗

---

① （唐）杜甫著，（宋）赵次公注，林继中辑校：《杜诗赵次公先后解辑校》，第133页。

文注释本身成为后来者研究辨析的对象，注释活动也日益显出学术文献化的特征，谈诗论艺的文学活动也逐渐显露出文献考据的学术特征。

南宋前期以前的文集注释，以及南宋中期受江西诗法深刻影响的注书，其注文内容以笺注典故语源为主，对作品涉及历史、人物事件，往往略而不及，或者文字甚为简易，如任渊《山谷诗注》《后山诗注》，胡穉《陈与义诗注》等。涉及历史人物的注释，一般也较为简略，《王状元集百家注分类东坡先生诗》（以下简称《百家注》）卷十六"简寄"类《寄黎眉州》题下注引两宋之际赵夔曰："名醇，字希声。庆历六年，贾黯榜及第。熙宁八年，以尚书屯田郎中知眉州。"① 又卷九"楼阁"类《蔡景繁官舍小阁》引赵夔曰："景繁，名承禧，抚州临川人，宗晏之孙，元导之子，元导，字浚仲，与承禧同登嘉祐二年第，于公亦同年友也。"② 赵夔传记不仅简略，且与诗作内容无甚关联，只是作为简单注释说明，不具有明显的史料考证价值。宁、理时期的著名注家施宿，作为南宋前期苏诗注书整理的补注，其题左注文，则已是对历史人物及相关事件的详细考索，对苏轼交游所涉及人物做了详细考证记述③，《施顾注苏诗》卷十一《寄黎眉州》题左注云：

> 黎眉州，名醇，字希声，蜀人，东坡手泽云："希声治《春秋》有家法，文忠公喜之，然为人质木迟缓。刘贡父戏为黎檬子。黎以为指其德，不知檬子真是木也。一日，联骑出市，人有哗之者，大笑几落马。今吾谪海南，所居有此木，霜实累然，二君皆如鬼录，坐念故友之风味，岂可复得？"刘固不泯于世，黎亦能文字，不苟随者。王介甫素不喜《春秋》，目为断烂朝报，是时介甫方得志，故云治经方笑《春秋》学。欧阳公有《送希声下第归蜀》诗。

文字远较赵注详尽，不仅补充了黎醇的籍贯，且征引苏轼文字以明

---

① （宋）苏轼撰，题（宋）王十朋纂集：《王状元集百家注分类东坡先生诗》。
② 同上。
③ 关于题左作者为施宿考证，参见郑骞《宋刊施顾注苏东坡诗提要》，（宋）施元之、顾景蕃合注，郑骞、严一萍编校《增补足本施顾注苏诗》，艺文印书馆1980年版，第18页。

其性情、治学，以及当日交游细节，应和寄兴之情。施注特别关注黎氏《春秋》家法的政治和学术意义，既表明不重《春秋》学的王学贵盛时代黎氏学术的独立品格，也补证了诗中"治经方笑《春秋》学"一句之本事。相较施、顾句中注引韩愈《寄卢仝诗》"《春秋》五传束高阁，独抱遗经究终始"，后者显然有些不知所谓。施宿题左注部分补证文字多达近千字，如卷十《寄刘孝叔》《答李邦直》题注，详尽叙述了神、哲时期历史故实及其中东坡交游故人言行进退。

施宿所作题左补证，不仅相当详细，多达数百字，多当时时事，且与苏轼及本诗关系密切，卷二十二《蔡景繁官舍小阁》题左注云：

> 神宗召对，擢监察御史里行。时吕惠卿参政事，景繁极论其奸，章言廷诤，前后十数，竟罢去。又论用兵交趾不可与争旦夕利，所遣北军难以深入。论中人李宪不宜主兵柄，皆人所难言者……东坡自黄移汝，以元丰七年至日过山阳登西阁时，景繁方行部，既赋此诗，且以帖与景繁云："西阁诗不敢不作，然未敢便写板上。阁名亦思之未有佳者。蔡谟、蔡廓，名父子也，晋宋间第一流，辄以仰比公家，不知可否？"坡帖云"西阁"，而集本作"手开东阁坐虚明，目净东溪照清泚。"其义理晓然，而误乃如此。神宗元丰五年，一新官制，迁进廷臣，六年以殿前司廨舍地为尚书省，自令仆射以下至员外郎听事。凡屋四千余间，故诗云"文昌新构满鹓鸾，都邑正喧收杞梓"……景繁，《国史》无传，文集亦未之见。子居厚，事祐陵为谏官，仕至户部侍郎。①

首先详载蔡氏神宗时期数论新党之非的立朝风节，其次考其与苏轼之交游、"西阁"之由来，再考"文昌新构满鹓鸾，都邑正喧收杞梓"两句所涉之元丰官制革新的政治背景。无论是前代集本还是《百家注》均"手开东阁"，而施宿则考其原始出处，证为西阁；对于"文昌新构满鹓鸾"一句，《百家注》引赵次公注及《施顾注》均笺注唐史以训"文昌"

---

① （宋）施元之、顾景蕃合注，郑骞、严一萍编校《增补足本施顾注苏诗》，艺文印书馆1980年版。

而不及时事,唯有施宿注明两句与元丰今典的关系。清儒所谓"注本之善不在字句之细琐,而在于考核出处时事"①,从字句的谈论到史事的考核,正是南宋文集注释的前后变化。

除补注东坡交游事迹及相关政事外,施注内容文献考据的学术化特征,还体现在依真迹、墨本、碑刻所进行的辑佚、系年、校勘正文文字等,如卷十八《雨中看牡丹三首》注云:"此诗墨迹在玉山汪氏,尝摹刻之。后题黄州天庆观。《牡丹三首》墨迹云'午景发浓艳',集本作'浓丽'。今从墨迹。"依从墨迹石刻校改两宋之际旧编集注本文字。此前施、顾正文注亦有依据石刻对集本文字加以校改之例,如卷十六《月夜与客饮杏花下》施宿题左注云:"真迹草书在武宁宰吴节夫家,今刻于黄州。"诗中"杏花飞帘报"下注云:"集本作'散',石刻作'报'。""惟愁"下注云:"集本作'忧',石刻作'愁'。"②"报""愁"两字在《百家注》中均沿袭前代集本作"散""忧"。施、顾题下注及句中注约成于淳熙年间,大致与《百家注》同时,而施宿题左注约成于嘉定初,这些注文不仅笺证更为详尽繁复,历史时政考索丰富,在文字校勘方面,也较《百家注》本严谨。这些注文固然难免于不必注而注之处,但其超越一般诗艺技法谈论考索的文献考据特征,确实与此前注书不尽相同。当诗文注释超越江西诗学的文人范畴,成为一般士人学术活动,注释的学术水准本身便同时成为学者评论的严肃话题,《容斋续笔》卷十五"注书难"条记载:

> 政和初,蔡京禁苏氏学,蕲春一士独杜门注其诗,不与人往还。钱伸仲为黄冈尉,因考校上舍,往来其乡,三进谒然后得见。首请借阅其书,士人指案侧巨编数十,使随意抽读,适得《和杨公济梅花》十绝:"月地云阶漫一尊,玉奴终不负东昏。临春结绮荒荆棘,谁信幽香是返魂。"注云:"玉奴,齐东昏侯潘妃小字。临春、结绮者,陈后主三阁之名也。"伸仲曰:"所引止于此耳?"曰:"然。"

---

① (清)永瑢等撰:《四库全书总目》卷一五四《山谷内集注》提要,第1329页。
② (宋)施元之、顾景蕃合注,郑骞、严一萍编校《增补足本施顾注苏诗》,艺文印书馆1980年版。

伸仲曰:"唐牛僧孺所作《周秦行纪》,记入薄太后庙,见古后妃辈,所谓'月地云阶见洞仙',东昏以玉儿故,身死国除,不拟负他,乃是此篇所用,先生何为没而不书?"士人恍然失色,不复一语,顾其子然纸炬悉焚之。伸仲劝使姑留之,竟不可。曰:"吾枉用工夫十年,非君几贻士林嗤笑。"伸仲每谈其事,以戒后生。①

洪迈本条笔记对理解宋人注书颇为重要,首先,注书已成为北宋末以来士人的普遍自觉的文化学术活动,因得有士人对注书本身的体例、得失、难易加以总结评论。其次,此条材料可见下层普通文人注唐宋诗与徽宗时期党禁密切相关,其注书成为文人交游谈论的重要话题。再次,对于诗句典故的注释,以征引详博为上,往往不限于注明一种史料来源,博学洽闻是注家崇尚的学术精神,用十年工夫详注苏诗而遗漏重要典故材料,必引以为罪。最后,由此也可见出,南宋以后逐渐兴盛的诗文集注,除受科举应试和书商刻书方便集中阅览众家注释外,对广泛汇集不同注家不同文献征引角度,以期全面深入理解前辈名公为人、为文精神,也是重要原因。无论洪迈对具体注家的评论是否中肯,这一条笔记内容可见,在南宋中期,注书活动已经成为士人普遍而严肃的学术活动,其得失是非也成为士人关注的对象。这种关注除了笔记中的评论,更多地体现在集注的考证辨析中。

南宋诗文集注的出现,一个重要原因当然是北宋以来各种注释文字,特别是各种单注本文献的大量产生,推动了士人社会对汇集诸家注文的广泛需求。不过,集注本的编撰,显然不仅仅是书商射利推动的结果,士人群体也直接参与其中,而士人编撰的集注本,其重要特征之一,是不仅满足于对千人注文的简单抄录汇集,而往往增入自己的注释文字,以及对前人注释是非得失的评判。换言之,此类士人集注,不是对前人注释知识量的汇集和增加,而是对前人注释成果质的提升。最终成于宁宗嘉定时期的黄希、黄鹤父子《黄氏补千家集注纪年杜工部诗史》(以下简称《补注》),正是此类注书的重要代表。

《补注》的学术史特征,主要体现在,一是对杜诗的编年即考证,二

---

① (宋)洪迈撰,孔凡礼点校:《容斋随笔》,第402页。

是对前代注文的收录,并非简单的直接照搬,或随性汇集。诗文注释史上看,两宋之际诗文注释的兴起,主要是江西诗学影响的结果,其注文内容主要是对作品语词典故出处的溯源,借以彰显映证前辈诗人造语皆有来处,学问博赡的诗学特征,因而,这一时期的注释,对诗文作品的编年考证并不重视。随着文人谈诗论艺的深入,对诗文系年及诗作本事的探究也愈加深入细微,诗文注释也不仅限于对所用语典、事典等诗艺技巧的简单溯源,而更重视对所注对象内在精神和灵魂的理解认同,作为诗人忠臣的首要标志,是对诗人一生具体境遇进行知人论世细致考证,其中也包括对前人编年缺漏讹误的考证辨析。《补注》卷十《相从歌》题下注引鲁曰:"赠严二别驾,时方经崔旰之乱。"师曰:"崔旰杀郭英义,成都乱,适东川与严别驾相游从,一见如旧,故作此。"黄鹤补注曰:

> 鲁、师二注及梁权道编,皆以为永泰元年梓州避乱时作。然崔旰之乱,在是年闰十月,公已次云安矣,当是宝应元年避徐知道反,入梓州时作。此诗乃宝应元年,故诗云"成都乱罢气萧索,浣花草堂亦何有",若在永泰元年作,则是时决意下忠渝矣,岂复更十步一回首于草堂也?

《补注》几乎于每首诗题下均标明诗作编年,并以"补注"对前人编年旧说加以考证辨析,因此,其中抄录汇集前人注语,并非随性而为,而是有所取舍,有所辩证。这些编年考证,正如清人所论,虽难免存在"抵牾不合""强为编排"等穿凿附会之处,但总体上,其逐篇编年,"钩稽辨证,亦颇具苦心",大有助于推明诗人出处行藏之微。实际上黄鹤的编年补注,其考证方法也确实可称精审。如卷八《冬狩行》对杜诗编年,黄鹤首先于题下补注云:

> 诗云"天子不在咸阳宫",盖指代宗幸陕,当是广德元年作。按,公是年九月至阆州祭房相国,冬回梓州,有此及《别章使君柳字韵》诸诗。梁权道编在宝应元年,非。

黄鹤对梁权道《杜工部年谱》的诗作系年几乎是逐篇进行是正辨误,

足见黄氏父子的集注,乃有意为之,而非简单汇集众家注释而已。其次本诗又于诗中补注进一步考证前人编年之误。"君不见东川节度兵马雄"句鹤补注曰:

> 旧史《地理志》:剑南东川节度使治梓州,管梓、绵、普、陵、乐、遂合泸、渝等州。《严武传》云:上皇诏以剑南两川合为一道,严武成都尹兼御史大夫。则此诗作于广德元年,不应更云东川节度,按《会要》云:上元二年二月,分为两川,广德二年正月八日复合为一道,则广德元年冬宜有东川节度也。

"天子不在咸阳宫"句下注引伪王洙注曰:"时天子避狄。"赵次公注曰:"此篇盖广德二年十月已后作也。八月吐蕃入寇,十月陷邠州及奉天,车驾幸陕。故云不在咸阳宫也。"鹤补注曰:

> 按:史,广德元年吐蕃陷陇右诸州,又陷邠州,十月丙子入陕,此诗当作于是年十一月,赵注为是。

黄鹤以广德二年正月合东、西川节度为一道,考证杜诗必成于前一年,即广德元年,又以代宗十月入陕,"不在咸阳宫",考证诗成于十一月,赵次公考证作于十一月为是,唯其不在二年而在元年。黄氏根据《唐会要》等史料有关代宗行踪及两川节度使分合的记载,考证编年,并辨析各家注释编年的得失。应该说黄鹤的这一考证,是细致求实的。通观全书注释,黄希注文的主要内容,与此前注家的注释较为接近,主要是名物制度、博物地理的注释,典故出处的笺证等,而黄鹤的补注,无论是题下编年注释,还是正文注释,往往涉及对诸家注释成说的考证辨误。同时,黄鹤补注的考证,以及对前代注文的集录,并非随性为之,而是表现出偏重地理、名物、史事、今典等有关历史问题的考证。如果说南宋高、孝以前的诗文注释,主要是诗艺谈论范畴的语词典故出处笺注考证,宁、理之际的诗文注释,则更近于训诂章句和史学考证的经史注释特征。时人称黄氏父子家学,正与宋代以来一般新儒学尚义理知"道"之学,鄙弃汉唐训诂章句之学的主张不尽相同,而表现出"博览群书,于经史子集、章句训诂靡不通究",黄鹤补注,实际上是有感于旧注讹舛疏漏,乃集合众家之说,进行考证辨误,与一般简单注文的抄录不同,黄氏的集注,毋宁是对前代注释的一次综合论析与批评提升。《补注》卷七《喜雨》"安得鞭雷公滂沱洗吴越"句引师尹注曰:"天地昏,言烟尘四起,骚屑不安貌。时永王璘反,汉中、吴越之间,盗贼乘之而起。巴峡间困于丑挽,怨气上感,农月为之大旱。故甫意欲鞭雷公滂沱下雨,一洗吴越之乱。吴越平则人获安居,天时自得,何忧旱干哉!"鹤补注曰:"旧注以吴越为永王璘之乱,按史,永王璘至德元年冬反,而公是时在贼营,不应及巴人。"① 对于集合众注以考订辨疑的一学术自觉,时人明言:"近世锓板,注以集名者,毋虑二百家,固宜钩析证辨,无复余蕴。而补遗订谬,方来未已,信知工部之诗,可观不可尽然。"② 不仅黄氏父子,当时博洽士人皆以集合众家加以考订辨疑,方能真正注明诗人精神品格,辨明是非得失:"以诸家旧注与此合而观之,则是非得失,当有能辨之。"③ 如此方可称杜诗忠臣。总之,北宋末以来的诗文注释,是传统经史注释文献影响的产物,而真正体现传统经史注释精神和考据方法的,则是施宿、黄鹤等南宋中后期的注书。

不过,从南宋诗文注释乃至注释文献整体情况而言,其考据精神和方法,仍然是宋代学术的产物。宋人注释注重宋人对前代典籍文献采取的超越文字、自主论说的态度,受此影响的南宋诗注,对典故出处的笺注也表现出更为突出的自由随性特征。这其中除前述对典故出处笺证的自由随意,还体现在具体的考证活动中,所体现的宋代文人读书不广,文献查考不细致,乃至思考辨析不深等方面特征,往往勇于质疑,轻于按断,体现出文人考据之作广博却粗略的重要特征,根本上说,也是宋学背景下宋代考据的普遍特征。如《杜诗赵次公先后解》丙帙卷十《喜雨》"春旱天地昏,日色赤如血"一句注云:

---

① (宋)黄希、黄鹤:《黄氏补千家集注纪年杜工部诗史》,《中华再造善本》,北京图书馆2006年影印本。
② (宋)董居谊宝庆二年《序》,(宋)黄希、黄鹤:《黄氏补千家集注纪年杜工部诗史》。
③ (宋)吴文宝庆二年《跋》,(宋)黄希、黄鹤:《黄氏补千家集注纪年杜工部诗史》。

> 日赤色如血，公极言旱日之可畏。旧注引《前汉》："河平元年，日色赤如血。"河平者，成帝年号也。《成帝本纪》及《汉·天文志》并无之，乃晋光熙元年五月壬辰癸巳，日光四散，赤如血流，照地皆赤。甲午又如之，占曰："君道失明。"又，"永嘉五年三月庚申，日散光如血下流，所照皆赤"。旧注模棱，妄引年号，有误后学，故为详出之也。[①]

此注对前人笺注妄引的批评，实则是赵氏自身考证疏略。杜诗此句正出自《汉书·五行志》："成帝河平元年正月壬寅朔，日月俱在营室，时日出赤。二月癸未，日朝赤，且入又赤。夜月赤。甲申，日出赤如血。"赵氏仅考《本纪》及《天文志》而未及详考《五行志》，即议论旧注有误后学，正体现出文人考证议论轻率的特点。

对于文学本位的注者而言，诗文笺注考证，所要彰显的，是以博学知识为中心的宋诗学技法，以及这一技法背后所承载的诗人博学世情的生命精神追求。而对于南宋宁宗、理宗以后的理学之士而言，诗文作品的真正价值，则是超越语言、技法之上所体现出的道德义理。魏了翁等理学名臣指出，理学家对笺训注释的理解，与世人俗见所谓笺注而一无是正不同："诗注之作，虽出于肆笔之口，若不经意之余，而发挥义理之正，将以迪民彝，厚世教，夫岂笺训云乎哉？"[②] 诗文注释的主要目的，不在于博杂知识和文献出处的抄录，而在于敦品道德，在于彰显理学义理之正。理学兴盛时代士人对文献注释的重新理解，使得理宗以后的诗文注释，不再强调博学知识的考据，而体现为简易工夫以发明义理，前人诗文作品也成为理学格物穷理的对象和载体。

和苏黄文学的博学之风的独特性和后人诗歌注释的深远影响。理宗以后的文集宋注，尚简议论成为新的风气，注文往往极简略，从现存资料看，主要是散见零星的异文校、随文注释的诗意简论，偶一为之的史事典故考证等，广博繁复的笺注征引已较为少见。如朱学门人汤汉的

---

① （唐）杜甫著，（宋）赵次公注，林继中辑校：《杜诗赵次公先后解辑校》，第619页。
② （宋）魏了翁：《临川诗注序》，曾枣庄、刘琳主编：《全宋文》卷七〇七八，第310册，第12页。

《陶靖节先生诗注》，多数诗作无注，注文包含内容仍较广泛，系年考证、时事典故考索，文字校勘、诗意评论等，且往往文字极简略。如卷三《饮酒二十首》其十二（有客常同止）末句"日没烛当炳"下注："一作'独何炳'。醒者与世讨分晓，而醉者颓然听之而已。渊明盖沈冥之逃者，故以醒为愚，而以兀傲为颖耳。"前半条未辑录异文而无所考，后本部分则为论诗文字。又其十九（畴昔若长饥）"亭亭复一纪"下注："彭泽之归在义熙元年乙巳，此云复一纪，则赋此饮酒诗当是义熙十二三间。"[①]为少见之系年考证文字。朱熹门人蔡模注《朱文公感兴诗》，则已完全脱离笺证注释的范畴，而只是议论文字，如"至理谅斯存，万世与今同"注云："至理，即太极也。斯指阴阳而言也。言太极之理，不离乎阴阳之中。虽万世之远，与今一同。盖太极无往而不在也。"完全是理学义理的论述文字。陈谱的《武夷櫂歌注》仍有校勘注文，文字却为简略，如"虹桥一断无消息，万壑千岩锁翠烟。"下注云："翠，一本作暮。此语亦有桑海之感。此首言孔孟去后，道统久绝。（下略）""道人不复荒台梦"下注云："荒，一本作阳。"[②] 以晚宋理学之文集注作为参照，南宋前期的文人群体的文集注释，是苏学文人群体在北宋末、南宋前期交游、论学兴盛的结果，以博学知识、笺注考证为中心的文献特征，是这一时期宋诗学发展的产物。在文献注释学史上，南宋文人群体上继楚辞章句、文选注之后，创新发展了以文人别集为中心的集部注释体式。诗文别集注释中的知识世界和考据辨析，体现了南宋文人群体交游谈论的学术旨趣，即不同于理学直寻天道义理的，以历史与现实丰富多样经验为中心的文化生命方式。

[①] （东晋）陶潜撰，（宋）汤汉注：《宋刊陶靖节诗》，福建人民出版社2008年影印本，第88、92页。

[②] （宋）朱熹撰，（宋）蔡模、陈谱注：《文公朱先生感兴诗·武夷櫂歌十首》，《佚存丛书》，商务印书馆1924年影印本。

第 六 章

南宋考据学的特点和谱系

考据学史上，南宋考据学既是对汉唐考据的拓展和提升，也是清代考据的先导。所谓拓展，汉唐考据主要局限在经学注疏领域，至南宋则更扩展至古史、典章、名物、制度考证，以及校勘、版本、金石等领域。南宋考据的文献对象，主要不在经部，而突出体现在史部、子部的编年史书、年谱、地理、学术笔记、类书，以及集部的文集校勘与注释等。相对前代，南宋考据涉及范围的宏阔本身，正是南宋考据学的重要特征之一。所谓提升，此前的考据活动主要体现为经学注疏的附庸，至南宋考据，随着其使用的频繁，涉及领域的增多，越来越体现为普通士人日常学术活动中，所展现出来的一种求真证实的文献精神和意识，也逐渐成为南宋士人文献活动中自觉归纳和总结的理论认识和学术方法。因此，南宋考据学的另一重要特征，是其作为士人学术精神和方法自觉的一部分。作为清代考据的先导，南宋考据学下启明代考据，不论是考据学的基本学术精神，考据学涉及的领域范围，还是基本考据方法，都为清儒考据学奠定了基础，成为后者的直接影响资源。事实上，清儒考据学并不像其试图标榜的那样直接继承汉儒，而是在各个方面与宋儒更为接近。而作为一种学术精神和方法的先导，同时也作为宋学语境中的文献考据，其突出特点又表现为对义理的特别借重，即在具体考据方法中，特别重视以理考证，而对切实的文献内证和旁证，则往往体现出不够充足和较为随性的特点。与清代考据相比，其作为历史过程中的上述特征，也与其考据主体的谱系特点密不可分。乾嘉考据学发展成熟的重要标志之一，便是有所谓吴派、皖派以及扬州学派等地域学派分野。古代学派划分的地域性特点，由来已久，春秋战国即有齐、鲁、秦、楚等地诸子学的不同，汉魏之际又有荆州学派，有宋一代则更有关学、闽学、蜀学、浙学分野。值得注意的是，古今地域学派并立的形成，多是学术自由争鸣的结果，是思想活跃的产物，因此，不同学派，多是某一独特义理主张的学术群体，而只有清代乾嘉时期的学派分野，是有关文献考据学的学术划分，因此，地域学派的划分本身，即体现出清儒考据的学术自觉程度。南宋考据学虽然并未形成明确而独立的地域性流派，但也表现出一定的学派特征。换言之，南宋考据学的学派谱系特征，是依附于宋学流派之内，不同思想主张的学派，对考据的运用和认识、总结是不同的，例如理学士人群体和非理学士人群体，一般而言对考据的自觉程度和价值认识是不同的，而理学内部，如朱子学派和陆九渊的心学派，对于文献考据的参与和态度，自然也多有不同。就考据学而言，其学术分野更多地体现为师承关系所形成的学术主张、学术方法的不同。

第一节 南宋考据学的主要特点

儒家传统，不仅是一个自洽的思想体系，也是一个见诸现实道德、政治的实践工夫体系，同时也是一个丰厚的学术文化体系，既强调根据时势变化而自我反思和突破，不断构建出面对时代病症的思想主张，也不断进行现实伦理、社会、政治秩序的维护，还包括通过大量而多层次的文献学术活动，对前代或当代思想成果加以整理和传播。历史上，儒学的兴盛，往往是三者良性互动的结果，而偏于一端的时代，则多是儒学衰微的征候。先秦儒学的兴起，既是时代思想的突破，也是现实社会的参与和批判，同时也是对上古以来文献的整理和传播。两汉时期，儒学偏于王权政治的参与，并以此为儒者当然之命，其所谓经学或落入神学政治的附庸，或限于狭隘师法家学的利禄之具，最终，与释、道相比失落了思想活力的儒学，只限于少数豪族内部和官僚体制礼仪秩序的维持。对于大多数社会成员而言，思想的活力和日常生活的理想寄托，都必须由宗教提供。

宋代儒学的复兴，不仅是士大夫精英思想体系的突破创新，也是现实道德政治关系重建，同时，也表现在借助科举教育的体制运作，通过更为丰富深广的学术文化整理与传播，儒学成为一般读书士人都可欲可求的文化价值生活，它包括普通人的生命价值安顿、社会价值实现，也包括士人的学术文化活动的展开。在普遍而日常的学术文化活动中，士人既参与了时代思想命题的回应和思考，对前代和当代文献成果加以整理，也成为格致诚意功夫内外工夫的一部分。而随着社会体制的日渐僵化，儒学在明清越来越来成为单纯的科举之具，严苛的道德压迫，蜷缩于对古代典籍的整理既不能回应时代的病症，也无法成为社会成员道德完善的普遍信仰。因此，我们看到，两宋政权尽管始终受到外族的军事威胁，其内部却始终保持一种文化的创造力和社会秩序的相对安定。儒学在宋代的复兴，不仅是理学思想体系的建构和完善，儒学文化学术活动也成为一般士人日常生活，文献活动的日益而广泛的开展和积累。士人著述、校勘、注释及依附于其中的考据学活动成果，既是思想突破创新活力的基础，也是士人自身生活方式的一部分。

一　作为日常文化学术活动的考据学

立足于人伦日用，学以进德成人，是儒学原初的精神核心，所谓学而优则仕的社会政治实践，同样也是成人之学的工夫。汉代以后进入王朝政治的所谓制度儒家，则以王制之学为核心，以王道政治秩序的建立为儒者价值的实现，一定程度上不仅背离了儒学作为价值体系的初衷，也使得儒学对大量权力中心之外的普通士人而言，不再是安身立命之所。唐宋以来儒学复兴，很大程度上就是要重建儒学对士人和社会的价值主导地位。但是北宋内忧外患的局势，变法图强成为儒者得君行道，再次通过强化王制秩序建立理想社会的现实动力。不过，北宋的败亡，对于此后至晚清以前的大多数儒者而言，似乎不仅证伪了王安石及其新党政治的合法性，而且似乎也证伪了儒者参与王朝制度变革实现价值理想的必要性与可行性。南宋以后，以朱熹为代表的理学之士，更多地从儒者日常人伦的乡里社会实践，和普通士人学术、教育等文化活动出发，一定程度上重新回到孔子的做法，通过学之为己，提升个体道德自觉和文化境界的方式，建立合理普遍的社会伦理价值秩序。在理学家看来，王安石所倡导的《周礼》为中心的礼制，不切于儒者人伦日用之需，《周礼》及《礼记》特别是《王制》篇，是"制度之书"，"杂乱不切于日用",于德性成学之理"无安著处"①。因此,以理学为代表的宋儒,开始特别关注切于日常伦理价值生活的"家礼",正是宋代以来儒学文化和实践逐渐下移的集中表现,儒学逐渐取代宗教,成为主要社会成员日常生活的一部分,以儒学为核心的学术活动,也成为普通读书士人的日常文化生活的一部分。

王安石新学之外的宋代新儒学诸家,作为中唐以来儒学复兴的成果,均重视《大学》所突出强调的为学路径,重视个体的道德诚意工夫,而理学对个体道德名节更是近端强调,各家所重视的格物穷理工夫,除陆九渊心学偏重强调先验道德意识之"心"的作用外,一般都将日常伦理、社会实践和博学知识的文化活动,视为格物穷理的重要工夫,不仅要"志于道,据于德,依于仁",还必须"游于艺"(《论语·述而》)。事实上,作为崇文政策和科举社会的结果,不论是优游闲雅的士大夫精英,还是中下层普通读书士人,在政治和道德实践之外,涵咏古今典籍,沉潜文化学术,师友往还、切磋游艺,正是儒学给宋代士人带来的文化胜境,也是儒学真正获得社会纵深的标志。

南宋士人对文化学术活动的参与,广泛涉及个人日常生活领域和士人交游等公共生活领域,其中个人日常生活包括士人个体闲暇生活、地方仕宦包括贬谪游历等,公共生活包括师友交游研讨、书信文献的共同话题讨论等。就涉及的内容对象而言,士人的日常文化学术活动,包括宋学义理切磋、典籍文献辨析、金石书画品鉴、文学唱和赠答等。就历史发展而言,汉唐时期文化学术活动,或者主要是少数才学之士的特异活动,或者主要集中于文化士族内部的家学传承,或者如有唐一代,一般文人的个体日常文化生活,主要是漫游山水、寻仙访道、隐居方外,较少普遍自觉的文献典籍为中心的学术文化生活。群体性文学唱和赠答活动,也大体兴起于中晚唐时期。真正进入科举社会的宋代,不仅产生了大量的普通读书士人,而且在印本书籍流行的时代,一般士人即使不能举业入仕,也不再仅仅是寄情山水、流连方外,而更多以稳定的修身齐家、读书学问、整理图籍为自我人生价值追求。这样的文化姿态,不仅突出体现在吕祖谦、朱熹等少数的地方显贵和理学宿儒,前者不仅以

---

① (宋)黎靖德编,王星贤点校:《朱子语类》卷八七《礼四·小戴礼》,第2225页。

理学领袖名世，更以整理故家文献、授徒科举为自任，后者更是长期穷居乡野，著述讲学，并且特别贬抑以苏门人物为代表的文人唱和群体，疏于学问、有害养德的趋向，某种程度上体现了南宋文化，特别是理学文化视野中，学问人生对文人才情的普遍轻视。作为一种普遍的日常的士人文化选择，这一文化姿态，更重要地体现在中下层士人的价值选择。如南宋苏州人章康"安贫乐道，隐居城西"，"平生足迹未尝越州境，而四方之人无不知有章季思"①。与好壮游山水的唐代文人不同，宋代士人往往终其一生不离州县乡里，而此类安贫守道的所谓孔颜乐处，正是当时一般士人所普遍追寻推崇的生活方式和精神气度。当然宋人的隐居乡里，并非历史上方外隐士，而是以读书博学自处的师儒。宁德（今福建宁德）林駧"少颖悟，清修苦学，博极群书。虽山经、地志、稗官、小说、释老之书，无所不览。德祐丙子以易魁乡荐。著述甚富，有《皇鉴》前后集、《源流至论》行世"②，"著书授徒，邻境争迎师之"③。南宋初的郑樵，也是"平生甘枯淡"，"好著书，不为文章"，而反对义理之学崇尚金石、图谱、博物、校雠等实学。同郡人林霆，也是"博学深象数，与樵为金石交"，"聚书数千卷皆自校雠，谓子孙曰：'吾为汝曹获良产矣'"④。南宋士人不仅个体日常生活以著述学问为尚，并且以聚书读书交游乡里、教育子孙，可见这是当时普遍认可推崇的地方士人文化教养和生活方式。

不过，士人隐居乡里，难免独学无友而孤陋寡闻，北宋理学先驱胡瑗即已言："学者只守一乡，则滞于一曲，则隘吝卑陋。必游四方，尽见人情物态，南北风俗，山川气象，以广其见闻见，则为有益学者矣。"⑤因此，实际上宋代士人，有相当的机会游宦四方，不论是正常的地方调任，还是贬官州县，不过与唐代才子文人不同，游历四方的宋代士人关注的并非自然山水的寄情，而是游学各方学者老儒，体察人情物态、南

---

① （元）陆友仁：《吴中旧事》，中华书局1985年版，第11页。
② （宋）凌迪知：《万姓统谱》卷六四，明万历刻本。
③ （明）何乔远编撰：《闽书》（第5册）卷一三〇，福建人民出版社1995年版，第3890页。
④ （元）脱脱等：《宋史》卷四三六《郑樵列传》，第12944页。
⑤ （宋）王铚撰，朱杰人点校：《默记》卷下，中华书局1981年版，第51页。

北风俗,并随时将其记录笔端。两宋特别是南宋繁盛的文人诗话、笔记、日记、方志等文献著述,正是博学知识的士人游宦、游学四方的随笔片段记录和材料收集积累的产物。

南宋初胡仔"少无宦情"①,"投闲二十载","日以渔钓自适"②。闲居下僚的胡仔并未真正隐居渔樵,而是涵咏篇籍、品鉴诗话,成《苕溪渔隐丛话》前后集共百卷之帙。其中除汇集前人诗话文字之外,对各类诗话、诗注等文献名物制度、典故评论等内容展开辨析考证,其考证方法除一般的文献考证外,特别突出了以亲身阅历、目验耳闻考证。《丛话》相关条目的编撰考证,正是胡氏游历闽广等地的产物。如《前集》卷十二辨析诸家诗话、笔记有关杜诗"家家有乌鬼"所谓"乌鬼"为何物的各种说法云:"余官建安,因事至北苑焙茶,扁舟而归,中途见数渔舟,每舟用鸬鹚五六,以绳系其足,放入水底捕鱼,徐引出,取其鱼。目睹其事,益可验矣。"③又如《后集》卷七考证蔡襄《荔枝谱》、苏轼《荔枝叹》所记唐代天宝时荔枝贡自涪州而非南海:

> 二公著谱作诗,意欲传于后世,其考之必审,不应有误。盖唐都长安,视涪州为正南,荔枝由子午谷路进入。《唐志》云南方,杜诗云炎方,悉指其方而言之也。若《病橘诗》、《妃子外传》以为南海,则道里辽远,所记必误。复斋信以为然,过矣!《荔枝谱》又云:"洛阳取于岭南,长安来自巴蜀。"盖涪、忠二州,俱为巴蜀之地,境土相接。白居易尝刺忠州,以其地多产荔枝,形于篇什,又图而序之。余意君房《脞说》,因此遂言忠州也。居易序云:"荔枝若离本枝,一日而色变,二日而香变,三日而味变。四五日外,色香味尽变去矣。"余顷在闽广,验此语信然。矧传置之远,腐败之余,乌能适口也哉?④

---

① (宋)谈钥纂修:《嘉泰吴兴志》卷一七,《宋元浙江方志集成》,杭州出版社2009年点校本,第6册,第2750页。
② (宋)胡仔纂集,廖德明校点:《苕溪渔隐丛话》前集卷四、卷五五,第26、373页。
③ 同上书,第82页。
④ 同上书,第46页。

其考证皆以文献佐证、亲历验证相结合，而从此类记载可知，文人游历四方，对于各种奇异见闻，常常与其文献阅读知识疑问相结合，并形成日后回忆记录、整理考证的素材。对于南宋士人而言，考证并非专家穷极一生所从事的专业学术活动，而是读书游历的普通日常文化生活中的片段思考，并最重将这些思考汇集成书的随笔呈现。此类文献考证在内容和方法方面的特点，均是南宋士人游宦四方与个人文化生活相结合的结果。以此为笔记之名者如张世南的《游宦纪闻》十卷，正是其"壮走江湖"的见闻回忆。作为有益进学的知识记录，富于怀疑精神的宋代士人，自然不会只满足于单纯的随笔记录，而是越来越多地在笔记、方志等士人各类著述中自觉进行考证辨析，尽管有时只是凭借自身学识记忆进行粗浅的考辨。如《游宦纪闻》卷一开篇记载：

> 鄱阳为郡，文物之盛，甲于江东，无图经地志。元祐六年，余干都颉，作《七谈》一编，叙土风人物云："张仁有篇，徐濯有说，顾雍有论，王德琏有记，今不复存矣。"嘉定乙亥，史守始延郡之前辈访问，汇聚而为图经，然登载亦未详尽；如秋荐五十有五人，殊无确然之说。世南尝闻之先生长者云："旧额三十五人。自范文正公守此邦，通榜浑化，骤增员数。"此说盛行，牢不可破，是亦口耳之传。有故旧家藏元祐五年解榜，止三十有三人，在文正公之后。又德兴县《开山记》载，宣政间，拨弋阳县建节乡入本县，分割苗税，而信州减两名解额归饶。以此可见人言之妄。尝试考之，盖自大观兴三舍试，番士浸盛，以在郡学人数定贡士额，岁贡一十八人半。后罢贡法行乡举，合三年大比，积计五十五人半，遂为定制。此说载之国史及法律学令。南渡后，西北流寓士人，每郡科场，各举二人。绍兴丙子罢流寓，入本贯额。诸郡各增其二，惟饶以额宽，故仍旧云。①

南宋地方州县长官常与地方士人同编方志，记载风土民俗，但地方士人先生异说讹闻错杂其中，作为严肃的学者，以及游宦到此的外乡士

---

① （宋）张世南撰，张茂鹏点校：《游宦纪闻》，第1—2页。

人，对当地旧说也不易形成习焉不察的成见，而多辨疑考证的精神。此条笔记记载可以想见，第一，作为游宦官四方的士人，既是私人随笔回忆记录的笔记作者，又是公共学术文化之作的方志编撰参与者，第二，对于各地各种陈词旧文的记载，也常表现出辨疑考证的精神，第三，游宦四方士人的这种考证，也多与地方文化生活经历紧密相关，多以见闻与文献相结合作为考证材料之根据。

诗话、笔记多是较为典型的士人个体文化生活经历的结集，如方志的编撰，则主要是士人受地方官所托，组织多人参与编撰的公共活动，而在此类文献编撰过程中，士人除了收集整理考证古今文献，也包括实地考察和探访故老作为考证的重要方面。如陈耆卿自言其领衔编撰《嘉定赤城志》，"凡意所未解者，恃故老；故老所不能言者，恃碑刻；碑刻所不能判者，恃载籍"，"积十数年参考之功"而成①。在长时间的编撰经历过程中，士人不仅参阅典籍，也探访碑刻、故老以成文字记载，卷三地理门三《桥梁》按语记录这一过程曰："按：庆历七年，元守绛建十石梁于河，以通车马。询之故老，谓今两州桥、观桥、学桥、卖茆桥、永泰桥、保宁桥，其旧迹焉。余则不可考。"②

对于金石碑刻的重视和利用，是北宋欧阳修、刘敞以后，士人文化生活中的重要方面，特别是北宋徽宗时期，对上古金石礼器的搜集、把玩，更是达到鼎盛。士人对金石碑刻的交流、品鉴，成为其公私文化生活的重要内容，也推动了金石学从单纯的玩赏博古，走向学术化的考证工具和手段。王柏《墨林类考序》曾总结两宋以来金石之学的发展，认为欧阳修集古金石，已于史传之外，证明伪缪，所得之多，有益于考史，而两宋之际的《金石录》《复斋碑录》《东观余论》及《夹漈金石》等金石著录则"纪述不一，谓之博古可也。论之学，则进德修业之士有所未暇"，应该在博古游艺之外，特别强调金石碑刻的学术功能：

予固非有此癖好也，亦非有力可以访求也。类秦汉之名碑，慕

---

① （清）宋世荦：《重刻嘉定〈赤城志〉序》，陈耆卿纂修：《嘉定赤城志》，《宋元浙江方志集成》，杭州出版社2009年版，第11册，第5035页。
② （宋）陈耆卿纂修：《嘉定赤城志》，《宋元浙江方志集成》，第11册，第5083页。

其古也；列晋唐之精刻，善其字也。分为六门，便于讨论也。名曰《墨林类考》，总二十卷，亦未备也，间尝退想，在昔往古，隐君逸士嘉言善行沉沦荒坠者，何可胜道？奸回之徒盗名惑世，假托依倚者，宜亦不少。安得强敏有识之士，于进修之余，追游艺之意，哀金石之所载，具其词章，考其真伪，评其得失，削其缪妄，续历代之典法，补史传之缺遗，庶有益于后世。无玩物丧志之嫌，可以尽掩前人之编，庶几乎恢拓翰墨之圃，疏畅心思之滞，集金石之大成而玉振之矣。[1]

作为理学家的王柏，尚且游心于此，可见南宋士人对于金石之学仍兴味不减。虽然理学之士对此多有玩物丧志之讥，但总体而言，宋代士人的金石之学，仍然是品鉴、研究并存，不论是赏鉴还是研究，都是宋代士人日常文化生活的重要部分。不过，相比北宋重发掘著录，南宋士人则更多于文献著述编撰过程中，利用金石碑刻作为考证佐证材料，或是对金石材料本身的考证辨析。因此，南宋考据活动的兴盛，一定程度上也是士人金石赏鉴生活推动的结果，南宋理宗时期词人周晋的《清平乐》云："图书一室，香暖垂帘密。花满翠壶熏研席，睡觉满窗晴日。手寒不了残棋，篝香细勘唐碑。无酒无诗情绪，欲梅欲雪天时。"[2] 形象地描绘了普通士人日常读书勘碑的风雅生活场景。

此外，南宋士人的文集校刻、注释及其考据，也是其日常文化生活、交游谈论活动的重要内容。宋代士人每于仕宦任上利用公帑刻印图籍，这是宋代出版史上的一大盛事。作为士人公共的学术活动之一，而非仅仅为利而刻，宋人刻书之前加以精审细校，因此刻书质量远高于明人。理宗宝庆元年（1225），闽人曾噩因"恨纸恶字缺，临卷太息，不满人意"，于广东漕司重校刊印郭知达《九家集注杜诗》，"兹摹蜀本刊于南海漕台，会士友以正其脱误。见者必当刮目增明矣"[3]。刻书不单纯是一个技术生产过程，也是士人交游校勘的学术过程，南宋士人的考据、校勘

---

[1] 曾枣庄、刘琳主编：《全宋文》卷七七九四，第338册，第156页。
[2] 唐圭璋编：《全宋词》，中华书局1965年版，第2776页。
[3] 曾枣庄、刘琳主编：《全宋文》卷六八八二，第301册，第361页。

等文献成果,正是这一过程的产物。

如前所述,宋人对诗文的注释,与文人雅集唱和谈论的文化生活密切相关,胡仔《苕溪渔隐丛话》后集卷七引东坡《四月十三日初食荔枝诗》自注云:"仆尝问荔枝何所似?或曰:荔枝似龙眼,客皆笑其陋,实无所似也。仆曰:荔枝似江珧柱。应者皆怃然。仆亦不辨。"[1] 初盛唐以前文人诗作极少自注,也无单行的别集注释之作,中唐以后文人交游唱和渐盛,作为唱和交游过程中的补充说明,诗人自注才开始大量产生,而文人对前人别集的注释也随之兴起。苏轼此条自注,正记录了文人间对于诗中有关荔枝的论辩,这种对诗作中名物的解释、论辩,也正是北宋后期以来各种诗注、诗话的重要内容之一。当然,从自注到他注,对注文内容的讨论,越来越多地转向对历代文献的征引、辨析、考证,并在此过程中逐渐强化了南宋士人的考据意识。胡仔又曰:"子美诗集,余所有者凡八家:《杜工部小集》,则润州刺史樊晃所序也。《注杜工部集》,则内翰王原叔洙所注也。《改正王内翰注杜工部集》,则王宁祖也。《补注杜工部集》,则学士薛梦符也。《校定杜工部集》,则黄长睿伯思也。《重编少陵先生集并正异》,则东莱蔡兴宗也。《注杜诗补遗正缪集》,则城南杜田也。《少陵诗谱论》,则缙云鲍彪也。不知余所未见者,更有何集,继当访之。若近世所刊《老杜事实》,及李歜所注《诗史》,皆行于世。其语凿空,无可考据,吾所不取焉。"[2] 对于杜注考据的重视,正是对前人各种注释加以比较所得出的认识。作为一部诗话汇集评论性著作,胡仔对各种诗注文献的收集,并非纯粹的文献版本学家的理性化的学术行为,而是出于比较阅读、评论前人诗艺成果,最终达到对杜甫诗歌成就全面准确评价,并以此表达特定的文学主张,"江西平日语学者为诗旨趣,亦独宗少陵一人而已。余为是说,盖欲学诗者师少陵而友江西"[3]。南宋文人文学活动中的考据,不是作为严格纯粹的文献学者而存在,而是作为士人收集、整理、阅读、品评诗作的交游讨论过程的体现,是士人文化生活的一部分。作为日常文化生活中的南宋考据学,正是作为宋

---

[1] (宋)胡仔纂集,廖德明校点:《苕溪渔隐丛话》,第45页。
[2] (宋)胡仔纂集,廖德明校点:《苕溪渔隐丛话》后集卷八,第56页。
[3] (宋)胡仔纂集,廖德明校点:《苕溪渔隐丛话》前集卷四九,第332页。

学语境下的考据学的外在表现。

二 作为当代文献编撰整理的考据学

无论是对汉儒还是清儒,汉学方法的一个重要共性,是以古籍整理为中心。"故训明则古经明,古经明则贤人、圣人之理义明",而所谓圣贤之理非它,"存乎典章制度者也"①。所有学术研究的根本要义,只是在审字识音、名物训诂,儒学的真正价值,就只在于文献求真与制度考证。其背后的思想前提,是三代礼制是一套完善甚至完美的体系,足以为后世提供所有有效的国家治理、社会秩序的范本资源。因此,古代典籍的考证清理,就是重新恢复展示古代礼制的全部面貌和价值,求古也即求是,王鸣盛即认为:"究之求古即所以求是,舍古无是者也。"② 因此,汉以后之书,皆可不读,学者的学术活动也只是对汉以前的现成古籍的反复整理。汉学这一唯古为是的态度,四库馆臣也不免批评为"其长在古,其短亦在于泥古"③。

与之相反,在宋学看来,古代礼制只不过是古代的历史遗迹,既繁复琐碎,又陈腐无用,儒者的真精神并非拘泥古代不变的礼制,而在于个体道德理想人格的自觉完善,外在制度只是内在道德精神的附庸,不应成为儒者之学的关注重点。因此,宋儒一方面将烦琐无用的五经注疏束之高阁,转而细致阐发四书类文献的思想大义,从中寻找完善儒者品格的修养门径;另一方面,对宋儒而言,个体成德不仅在于典籍大义的涵咏阐释,还在于日常人伦、政治社会实践的亲历参与,而作为读书科举的文化士人而言,现实的道德实践,除了具体的行为实践,还包括对于自身日用伦理过程的文化呈现,即日常文化学术活动。因此,与汉学关注古代典籍整理不同,宋学之下的文化士人,更多对于其所进入的当下伦理、社会、政治活动及其文献成果的编撰、汇集。就南宋考据学发展及其特点而言,南宋士人真正热心的,不是古代典籍的训诂音义、名

---

① (清)戴震:《戴震集》卷一一《题惠定宇先生授经图》,上海古籍出版社2009年版,第214页。
② (清)王鸣盛:《古今解钩沉序》,《西庄始存稿》卷二四,《续修四库全书》,上海古籍出版社2002年影印本,第1434册,第7页。
③ (清)永瑢等撰:《四库全书总目》卷二九《左传补注》提要,第242页。

物考证的专门之学，而是在编撰整理当代文献成果，记录士人文化知识兴趣的时代性文献活动过程中，所同时体现的严谨征实精神，以及对文献考证方法的创新和运用。

南宋考据学的当下性质，首先体现在宋代士人当代文献整理考证的多样性和丰富性。传统儒者古籍整理的认识前提，是传世经典本身具有自足自洽的理论和礼制知识，后人只需对其进行文字原貌进行恢复，其中的义理价值便会自我呈现出来，因此，古籍整理的形式和方法往往集中于单一的训注、校勘。而对于宋学所追求的个体道德完善，既是人格成长的历史过程，需要长期且艰苦的格物、诚意的修养工夫，尤其关注个体成德过程中的日新变化，又是在人伦道德和现实政治等具体场域中加以展开空间活动，是丰富复杂的开放实践活动，真正的儒者精神，不是一个预先设定的本质规定，而是儒者依据其各自不同的理解，在各自具体丰富的亲历实践中的多样呈现。宋学时代的文化学术活动，往往不单一集中于儒家经典的训诂考证，而是体现在对儒者身处其中的时空环境的全面撰述记录。因此，宋学时代的文献活动，是面对所处时代和人生过程，而又充满活力的创造性活动。宋儒极富活力的文献学术活动，包括对当代文献编撰考据兴趣，又突出集中于编年当代史文献，包括体现群体道德成就的编年体史书，个体道德历程的编年诗注、年谱等，也包括对特定地域中道德文章、教化功绩、民情风俗等史料加以收集整理的方志编撰，对士人游宦亲历、人生体验、物产见闻等丰富多样知识加以回忆、记录整理的笔记等。

清人对于古书旧籍的考证，特别善于通过发现总结古书通例、同书内证、以经证经等方法，力图对考证对象，进行精密的求真辨伪，面对古籍文献，体现出一种较为纯粹和学究式的科学求证精神。宋人所面对的不仅仅是客观冷静的文献史料，而且是与之同时，身处其中的不同利益群体、不同思想背景的士人所编撰的当代史料，他们的考据活动，体现出明确的现实政治和伦理价值追求，他们所要揭示的不仅仅是文献记载的真伪，而是不同文献记载背后的所具有的认识和评判价值。正因为如此，宋代有关近代和当代史书著述的史料考异之学特别发达，不论是史籍编撰，还是史料笔记，对于这些大量而丰富的本朝典章故事前后相继不断的记载、辨异、考证，都不仅仅出于面对文字史料的纯粹文献考证技术，而体现出明确的现实政治态度和文化立场。关于这一点，对于当代士人史书故事记载的辨析考异体现得尤为突出。李焘编撰本朝编年史，首先是"每恨学士大夫各信所传，不考诸《实录》、正史，纷错难信"，基本以国史、实录为主要依据，考证不同士大夫彼此差异甚至矛盾的记载，对于当代史上的重大事件"家自为说"的情况，"发愤讨论，使众说咸会于一"①。而李焘《长编》对纷错难信的各家史料进行所谓会于一的重要标准，正是考诸官修史书历朝实录、会要以及国史等。周必大庆元四年所作《毛拔萃洵文集序》载：

> 《仁宗实录》：天圣九年御试选人，书判拔萃科中者四人。举首李裕尝历理掾，故改大理寺丞，是谓京官；子仁而下皆自主簿递迁幕职，虽同得邑，犹选人也。其告身曰承事郎者，文散官也；大理评事者，试衔也。李焘仁甫《长编》并以为京官，则误矣。又其父子皆得余襄公为之铭。父守窦，厥后倅历三郡，卒于江东，当时吉州上其死孝，不知何为系之窦州？《实录》既云然，仁甫遂从之。大抵考证之学易差难精，亦在乎秉笔者审之而已。②

周必大指出李焘《长编》对于非正式认命的虚衔以及任官地点的讹误，很大程度上即是沿袭或误读《仁宗实录》而来。在南宋士人看来，史学考据所涉及职官制度、士大夫生平履历细碎，极易造成差错而难臻精审。由此反观，也正可见出南宋史料考据偏重取信官方史料的时代特点。

在笔记考证中，最为典型和常见的内容，也主要是对本朝典章制度和人物故事旧闻的考证，而其中长于考证者，如洪迈《容斋随笔》、汪应辰《石林燕语辨》、李大性《典故辨疑》、李心传《旧闻证误》等，多是对北宋以来各家所载有关朝章典制者加以辨析，证其讹误。李大性的《典故辨疑》，据《宋史》本传载，"皆本朝故实，盖网罗百氏野史，订

---

① （宋）李焘撰，上海师大古籍所、华东师大古籍所点校：《续资治通鉴长编》，第9页。
② （宋）周必大：《庐陵周益国文忠公集》卷五二，第537页。

以日历、实录,核其正舛,率有据依"①。这些史料笔记的编撰者,或亲旧曾为宰执大臣,或本人即职业史家并亲为史馆修撰,或与馆阁词臣关系密切,因而对官修史料、朝廷掌故颇为熟悉。以《旧闻证误》为例,该书约成于嘉定元年(1208)李心传奏进《要录》之后,应该说此时他对各种《日历》、国史、《实录》、《玉牒》等官修史书都相当熟悉,书中考据引证,每以国史、实录等官修史书为主要参照依据,这也是南宋考据具有当代性特征的重要因素之一。清人考据学家,多是身处地方书院或受雇于商贾巨族的专门学者,多是较为纯粹的文献学家,长期婆娑善本古籍,而善于在归纳总结古书体例,细绎文献内证,旁征博引,反复考证,作为史官的宋代士人,其考据则长于文献旁证,尤其重视官修史料作为权威外证,而较不重视内证史料。《旧闻证误》卷二:"熙宁元年七月戊戌,知谏院钱公辅言,祠部遇岁饥、河决,鬻度牒以佐一时之急,请自今恩赐度牒皆减半,从之。《注》,前此未尝书卖度牒,因公辅言,表而出之。鬻度牒盖始此年。(阙书名 出李焘《长编》)按《实录》,治平四年十月庚戌,赐陕西转运司度牒千,糴谷振济。此云始于熙宁元年,盖误。"《旧闻证误》补遗:"王文正公扈从在澶渊,雍王元份留守。暴得疾,命公代之。公曰:'愿宣寇准来,臣有所陈。'准至,公奏曰:'十日之间未有捷报时如何?'上良久乃黯然:'立皇太子。'(《王文正遗事》)按《实录》,景德元年十二月癸巳,以参知政事王旦权东京留守,时契丹已平矣。后一日甲午,车驾即还京。考之《国史》,是时悼献太子已薨,仁宗未生,真宗未有嗣,不知王公欲谁立也?"② 不论年代、史事之误,一以国史、实录等官修史籍为依据,斟酌诸家考辨阙疑。李心传晚年也正是因其《要录》等史学成就,而得赐同进士出身,并授国史院校勘官、编修官等职。以官修史料为最重要考据史料依据,既是南宋考据的重要文献佐证方法,也是南宋考据当代性特征的重要体现。

南宋考据学当代特征的另一体现,是其考据往往不是繁复、细密的考证专论,而是依附于当代文献整理活动中,偶然、局部或片段性的行文部分。南宋考据成果是散见于各类士人著述文献之中,且多属中下层

---

① (元)脱脱等:《宋史》卷三九五,第12048页。
② (宋)李心传撰,崔文印点校:《旧闻证误》,中华书局1981年版,第26、62页。

士人完成论著过程中的必要环节，其考证过程也往往较为简单，较少旁征博引、博赡古今的考证文字。例如南宋考据一大成果之一的笔记，由于学术性的笔记常为士人日常读书思考的记录，常体现出片段性考据的特点。如孙奕《履斋示儿编》卷六"少艾"条云：

"人少则慕父母，知好色则慕少艾。"尝遍考载籍，"艾"字并无美好之说。《曲礼》"五十曰艾服官政"，《鲁颂》"俾尔耆而艾"，《荀子》"耆艾而信，可以为师"，皆谓老也。初无一言以为幼而美，殆因流俗承误为此说。

孙氏所称"遍考载籍"显然是夸饰之词，"艾"在古籍中不止"年老"一意，该书《知不足斋丛书》本卢文弨批注云："《楚辞少司命》'竦长剑兮拥幼艾'。《战国策》齐王'有七孺子'注云：'孺子，谓幼艾，美女也。'《左传》'何归吾艾豭'，必非老猪之谓。"① 卢氏所引，除《左传》中"艾"正是老猪之意外②，其余确有美好之意。宋人读书多重博洽，广涉四部要籍，但更多是日常娴雅生活的一部分，不免不求甚解之风，笔记作为文人生活雅趣的一种记录。宋人闲适不迫的心态，自然不必究心于是否在遍考载籍之后，能得出切实可靠的结论。从宋人的笔记到清人的札记，其基本学术精神和方法并没有根本的改变，归根结底是传统士人读书过程中，对材料的直接感性认知和归纳。清人考据的主要形式便是读书札记，而这一模式的形成确立，正是南宋士人的笔记考据。当然，清人考据讲究大量并列史料，得出更为精准可靠的结论，而宋人对于佐证材料似乎更为淡然，有时是在读书之余心有所思、所疑即于抄录前人文段后直接记录辨疑结论，如《示儿编》卷十二"章句"条引孔安国关于将"言"释为"句子"之意的文段后，辨言："余谓今诗家有四言、五言、六言、七言，则是又以一字为一言也。"孙氏的考辨，主要是一时疑惑，并简单以感性常识作为论据，证明"言"又有"字"

---

① （宋）孙奕编，侯体健、况正兵点校：《履斋示儿编》，第94页。
② 《左传·定公十四年》："衞侯为夫人南子召宋朝……过宋野，野人歌之曰：'既定尔娄猪，盍归吾艾豭？'"杜预注："艾豭，喻宋朝。艾，老也。"

之意。结论不错,"考"既简单,"证"也单薄,明显不如卢文弨批注中列举古籍例句有力:"文弨按:《国策》'三言而已,曰海大鱼',又子贡问'一言可以终身',子曰'其恕乎',皆以一字为一言。"① 在文献编著过程中的考据文字,宋代士人的贡献主要是开创一种学术范式,而清人则是延续着宋人规模的进一步精细化和专业化。所谓精细化,是考辨更为精密,证据更为繁复精粹;所谓专业化,则是指清人在考证过程中去除随性意趣的文字,留下并增加专意考证的部分内容。

有研究者指出,杂著笔记突破经史注疏作为考据形态是一把双刃剑,"一方面,杂著笔记在题材内容上的开放有利承载明代考据学家博学多闻的知识体系;另一方面,作者撰写此类文本的轻松态度则导致考证文字本身的可靠性与可信度大为降低,这对于以'求真'为鹄的、强调'论证说服力'的考据学而言,不啻是一大伤害"②。就考据学而言,率意为之确实是一种伤害,但就考据学史、学术文化史而言,南宋士人的这一考据学特点,既是对汉唐经史考据的突破创新,也未尝不是一种考据学发展形态,从中体现的是一种特有的士人文化精神和学术心态。同时,需要指出的是,体现这一特点,并非精准专题的考据不仅体现在笔记当中,南宋其他各类文献形态中,几乎都有考据内容的出现,除了前述地理方志、年谱年表外,甚至还包括日常教学口语的语录当中,如朱熹《朱子语类》中即记载了不少关于文字训诂、名物制度的讨论内容。再如作为北宋后期出现的年谱,其编撰和考订本身,也突出体现了南宋考据学的这一特点。

宋人作年谱的原因不一,大致不外感慨时事、知人论世、为学展开,主要目的是为考察前贤文化生命意义的展开,一生的道德政治实践事迹。作为一种文献形态的开创时期,其外在编著动机显然要超过对文献自身得失考辨,明清以后的年谱重视考订、纠谬,一个基本前提是同一人物年谱作品的大量存在。当然,两宋之际即已产生若干简单的考辨纠谬之作,但绝非两宋年谱编撰主流。宋人年谱主要仍是弟子门生、家族后裔

---

① (宋)孙奕编,侯体健、况正兵点校:《履斋示儿编》,第 200 页。
② 郑伊庭:《明代考据学家之博学风气》,硕士学位论文,台湾师范大学,2010 年,第 104 页。

对先祖业师一生行迹、道德文章的表彰纪念。因此，宋人年谱，要么往往文字简略，形同履历表，要么简略记录主要事迹之余，抄录大量与之相关的诏书制敕、谱主本人奏疏诗文以及师友交游往还文字，年谱篇幅虽大，却于诗文、事迹系年一无考证。只有少部分年谱之作，进行了较为细致的考订。因此，宋人年谱之作与笔记杂著在精神上仍是相通的，主要是士人文化价值动机的产物，在年谱编撰过程中的考据，主要体现为其系年编撰过程本身和部分年谱的考订文字。如陈晔所撰其先祖陈襄《古灵先生年谱》，目的是记述"生平游宦岁月之先后，与夫壮志晚节，诗文之辞力"，全文只有陈襄生平仕履及相关诗文系年，而这些简要结论式的文字，主要基于形成文字之前对于诸史料、文集、墓志等材料的阅读参校。晔于文末总言，本谱是其"恭考《三朝实录》暨《文集》、《行状》、《墓志》、《家谱》诸书参校，有可据者，乃系于历岁之下"而成①。年谱本身即为考据文献之作，但缺乏明晰考订文字记载的单纯结论，显然更可能只是撰者简单史料比勘取舍的结果。早期年谱编著，撰者更关注的并非系年事迹的考订正误本身，而是谱主功业成就和道德价值。对于这一特征，南宋学者楼钥所撰《范文正公年谱》似乎更为突出，兹举一片段如下：

（庆历）六年丙戌，年五十八岁。

秋七月丙戌，子纯粹生。

公在邓。是年邓人贾内翰黯以状元及第，归乡谒公，愿受教。公曰："君不忧不显，惟不欺二字可终身行之。"内翰不忘其言，每语人曰："吾得于范文正者，平生用之不尽也。"

二月，有《祭谢希深舍人文》。

九月十五日，作《岳阳楼记》，中有"先天下之忧而忧，后天下之乐而乐"之句，盖公平日允蹈之言也。

其生平事迹细节及评论，传达出撰者对谱主人物盛德的崇敬之情。这样的文字在各系年之下比比皆是，且更为详尽记载了事件中的人物言

---

① 吴洪泽编：《宋编宋人年谱选刊》，第114页。

行，整体风格既非后世之年谱长编，也与一般系年考证为主的年谱不同，而更近乎正史列传补以家承、杂传、墓志的人物传记写法。当然宋撰年谱除了编撰之前的文献参校，也有体现为文字的史事考订，如楼钥《年谱》"天圣七年己巳，年四十一岁"条中，录《长编》所载范仲淹因仁宗天安殿受朝不合礼法而上疏，结果"疏入，不报"一事，又录苏轼《东坡志林》不同记载，按语考订曰："《涑水记闻》亦但云奏以为不可，而不言见从与否。则苏公所记，疑若可信。但诸书皆云冬至，而苏公独云朝正，则误也。"① 不过类似直接考订文献记载的文字，在宋人所撰年谱中，实际上并不十分多见。

宋人年谱，其目的主要在"叙一人之道德、学问、事业"，撰者在收集史料之后，稍加参校，便系以年月，其关注焦点在明道德功业，不在考证系年。后世人作年谱，特别是作古代名人年谱，其目的除了崇敬先儒道德、事业，更主要恐怕在明事迹本末先后，由于年代久远，更多表现出旁观者清的学术理性精神。此外，年代久远之后，相关传记、年谱资料渐丰，彼此讹舛矛盾，记载不一的问题也更为突出，这也使后代之学者感到有重新考订之必要。换言之，明清以后人作年谱，主要不是门生弟子、后裔乡人的立传纪念，而是出于考订儒者先贤年历，去伪存真的学术需要。如清人顾栋高《司马文公年谱凡例》云：

> 是盖约略意拟，草率填入，其为讹谬益甚。如此等类，不一而足。盖虽子孙及乡里之后辈，或就传闻及他书订定，未尝以公之自著及志铭之年月，细加推算，反不若数千百里之远，疏逖后进之为考核得真也。谨详加参校，凡余所未备者补入之，马书之讹漏者订正之，就两书参稽，益精核，而是编可以尽先生之生平而无憾矣。②

在顾氏等疏逖后进看来，考核得真才能真正尽先儒之生平而无憾，言下之意，谱主子孙及乡里后辈，仅就传闻、他书简单参校，未尝详细

---

① 吴洪泽编：《宋编宋人年谱选刊》，第69页。
② 吴洪泽、尹波主编：《宋人年谱丛刊》，四川大学出版社2001年版，第3册，第1698—1699页。

考证推算事迹年月，自然不能无憾。顾氏所论虽有后出转精的优势，且不免带有清代考据学家的自负，不过其对于宋代年谱与后世年谱的诸多不同，以及宋人年谱之短的认识，确有独到之处。当然应该看到，一味以后世人的后见之明，轻视前人的草创之功，也大可不必，至少应该看到宋撰年谱在草创之际本身所具有的特点，正在于收罗保存文献、突出道德事业的纪念性质，子孙门人、乡里后辈编著年谱所体现出的宋代文人的教化立身和文化立世的精神气度。而散见于年谱编撰之中的随文考订，则是服务于这一价值追求的有机部分。

南宋当下文献整理过程中的考据，作为片段性、随文过程中的特点，也使得这些考证文字，在行文风格上还表现出轻结构完整、逻辑清晰、引证丰富，而是考论结合，以论析代考证的特征。在各种著述、文献编撰中，或限于体例，或限于编著目的重点不同，南宋考据往往缺乏严密、详尽的考证过程，甚至只是略提及考证的依据，包括前代经史文献、金石碑刻、亲历见闻等，或只略带提及考证结论。如王应麟《困学纪闻》卷十三《考史》载：

> 康节邵子《西晋吟》："有刀难剖公闾腹，无木可枭元海头。祸在夕阳亭一语，上东门啸浪悠悠。"考之《晋史》，贾充纳女以壬辰，刘曜陷长安以丙子，相去才四十五年。奸臣、孽女之败国家，吁，可畏哉！（原注：近世贾妃之册以壬辰，而宋之祸亦以丙子，悲夫！）①

依据《晋书》，简单考证贾充纳女为西晋武帝泰始八年（壬辰，272），至前赵刘曜灭西晋的愍帝建兴四年（丙子，316），才短短四十五年；南宋理宗绍定五年（1232）贾似道之姊进为贾贵妃，正在壬辰，而南宋灭亡也差不多在丙子年（端宗景炎元年，1276）。显然，这里的"考史"，主要是发掘历史惊人的相似背后，思考表象背后道德、政治得失。全文考、论结合，古典和今典知识的考证，只是王氏整体史论文字的一

---

① （宋）王应麟著，翁元圻等注，栾保群、田松青、吕宗力点校：《困学纪闻》，第1536页。

部分，且考证内容十分简单。研究者因此甚至认为："王应麟的正误考订主要是一些简单的数据对比，或抄录别人的精细论证，他自己用力不多，成就不大。"① 所谓"简单的数据对比"，正是南宋考据学的一部分特征，不过就此认为考据成就不大，则恐怕是未能真正理解宋代考据学自身特点。归根到底，这也不仅仅是考据笔记独有的特点②，而是南宋考据学的整体特征，因为它的存在是文人日常文化生活随性思索的结果。

三 理据为主、旁证为辅的考据学方法

考证方法的自觉总结和创新，是宋人学术文化活动发展的结果，也是考据学活动日益独立、成熟的标志。宋代学术具有宏大广博、创新求变之特征，不仅传统经学、史学富于创新，文献学各个领域也出现了诸多新的元素。这既是宋代学术文化活跃的体现，也是宋儒个体学术活动充满生气活力的结果。这正是一代学术的自身特点，体现的是一个时代士人文化精神，不能简单以是否严谨、专精、博赡标准，简单加以否定。

宋学时代的南宋考据学，其最主要的方法，显然是依理考证。义理时代的考据学，受到义理思辨的影响自然不可避免。本质上说，考据和义理并非天然对立，二者只是学术思考方式的不同，是学术的一体两面。汉唐经学注疏也追求经典背后的价值，清代考据也表现出典籍考据背后的礼学思想活力，只是不同时代有不同的问题意识和所需应对的挑战，因而表现出来对某一方面的侧重及对另一方面的批判。宋学义理对宋代考据学究竟有何影响？首先，宋学起点的疑经思潮，造成了经典的文献古籍化，成为学术研究对象，而非信仰对象，在精神上为考据学的兴起提供了动力。其次，宋学的思辨精神、怀疑精神和理性探究精神，提升传统考据学的思辨水平和辨析能力。关于这两方面的影响，第一章中已有讨论。最后，宋人普遍探寻和重视抽象之"理"的义理思维方式，为宋代考据学提供了重要方法：依理考证。当然，宋代考据学方法的创新，

---

① 张元：《试析王应麟的历史思想》，《清华学报》1997年第3期。
② 刘宇认为宋代考据笔记考证繁杂，不只专注于经史，考证中夹杂议论，与经世致用相结合等正是宋代考据笔记的时代特色。参见刘宇《略论宋代的考据笔记》，《江西社会科学》2011年第12期。

绝不限于此，但依理考证法无疑是宋人考据使用最广泛、最为自觉的方法。

宋人所谓之"理"，各家有各自不同的指向，包括物理、文理、情理、事理、义理、天理等。宋儒的博学程度普遍远超前人，对于庞杂的天地万物知识、丰厚的历史人文知识，各家往往都以"理"对整个丰富复杂的知识进行分类，加以统摄。英国汉学家迈克尔·苏立文（Michael Sullivan）在其《中国艺术史》中认为，北宋印刷技术的发展，"前所未有的知识整理有了实现的可能。知识分子投入无休无止的字典、辞书和合集的编辑之中"，"对新儒家而言，理是赋予万物以内在本质的统治原则。通过'格物'，即一系列既科学又直观的研究，由近及远，由熟悉至陌生，有学之士可以由此深化对世界的知识和对理的法则的理解"。正是这些工作，帮助促进了理学家对统摄世界知识体系的内在理的法则的探索，"知识整理的需求导致周敦颐和朱熹创立了理学"。[①] 在深化对博学知识的理解之后，理学家还试图将其纳入天理道统体系之中，树立一以贯之的先验道德原则。理学以外的宋儒，如欧阳修、苏轼及受其影响的两宋文人，则并未试图将具体知识体系化，相反他们努力探寻不同类型知识背后各自不同的事理。因此，各种不同的"理"，概括言之主要有两类，一是先验天理，一是经验事理。但是，无论哪一种主张，有一点宋儒各家是共同的：认为事物背后存在某种原则性、规律性的理，并且以某一种"理"对知识的是非得失进行评判辨析。以理考据，便是这一学术特征和方式的自然表现，在各种文献、名物、制度、史事考证当中，首先以事理或天理进行辨析、考订。

北宋儒者辨疑经典，往往并无文献史料佐证，而多诉诸理证，以历史的眼光看待经典文字，而非以信仰的态度将其作为不可置疑的先王圣典，圣人之心可以预期，也必然符合常识事理。因此，任何不符合常识理性认知的成说、记载，均属可疑。南宋诸儒的依理考据，包括经典辨疑、史学考证、文字校勘等，也都不外这两个层面的"理"，而将以理考证提高到普遍方法论的层面加以总结。朱熹《答袁机仲》云：

[①] ［美］迈克尔·苏立文：《中国艺术史》，徐坚译，上海人民出版社 2014 年版，第 177 页。

生于今世而读古人之书，所以能别其真伪者，一则以其义理之所当否而知之，二则以其左验之异同而质之，未有舍此两途而能直以臆度悬断之者也。①

所谓折之以"义理之所当否"，即依据义理作为考证的重要标准，其与文献佐证即"左验"质之同为考证辨伪的重要方法，并且舍此无他法。这是南宋士人对依理考据最为明确的总结。此语虽然主要是针对古书辨伪而谈，实际上也是整个文献考据方法的总结，朱熹又云：

然错综自是两事。错者，杂而互之也。综者，条而理之也。参伍、错综又各是一事。参伍所以通之，其治之也简而疏。错综所以极之，其治之也繁而密。②

张富祥所谓"参伍错综"，是朱熹对文献考证基本方法的总结，"把考证过程分成了相互关联的'参伍'、'错综'两个阶段和'参'、'伍'、'错'、'综'四个具体步骤，用今天的话来说，'参'是资料搜集，'伍'是资料排比，'错'是比较鉴别，'综'是综合条理"③。"参伍"亦即朱子所言的"左验之异同而质之"，而"错综"则正是合之"义理之所当否"。此外，朱子《昌黎先生集考异》自序中亦云："悉考众本之同异，而一以文势、义理及它书之可证验者决之。"④ 对于异文的是非订正，主要依据文势、义理和它书证验，同样不出理证与左验二法⑤。在朱熹看来，考之以理、证之以文，是考证的不二法门，本质上是宋学背景下宋儒将理证提高到了很高的地位，也成为相当普遍习见的文献考据方法。

---

① （宋）朱熹撰，郭齐、尹波点校：《朱熹集》卷三八，第 1682 页。
② （宋）朱熹撰，郭齐、尹波点校：《朱熹集》卷六七《参伍以变错综其数说》，第 3516 页。
③ 张富祥：《宋代文献学研究》，第 402 页。
④ （宋）朱熹撰，曾抗美校点：《昌黎先生集考异》，第 1 页。
⑤ 孙钦善认为朱熹此语表达了"（文势、义理）理校占其二，他校占其一"，有所偏重的校订是非的标准。参见孙钦善《中国古文献学史》，第 647 页。

这既是宋人学术的特点，也是读书注书过程中考证的自然之理，与清儒以后考证活动本身作为日常学术、专门从事考据者主张无证不信、孤证不立、校勘"非有确证，不敢借口理校而凭臆见"[1]，显然不同。

理学家以外的南宋士人考据，重视理证者亦复不少。如程大昌《禹贡论序》言其地理考证"暨其通之一经而合，质之旁史而信，稽诸人情物理而准"[2]，既左验经史文献，也衡以人情物理；李垕《华阳国志序》的取舍标准是，"凡一事而先后失序、本末舛逆者，则考而正之；一意而词旨重复、句读错杂者，则刊而去之；设或字误而文理明白者，则因而全之。其它旁搜远取，求通于义者，又非一端。凡此皆有明验可信不诬者。若其无所考据，则亦不敢臆决，姑阙之以竢能者"[3]，其中依文理、求通义也是有所考据的标准之一；罗愿的《尔雅翼》，其动植物名实考证也不乏理证之运用：

> 近世惟黄太史豫章人，说兰蕙合此，余皆兰草。兰草生水傍，非深林之物。又称紫茎而解以紫花，皆非其理矣。[4]
>
> 故既凤矣，而又孽之；虽孽之矣，则又不废身文义仁智礼信之说，反复无所据，皆不足取也。[5]
>
> 而孟山兽多白狼白虎，鸟多白雉白翟，两山之间，而鸟兽各以其毛色相从，理之不可晓者。[6]

南宋文人校勘活动频繁，刊书之前必以校勘，著名的校勘活动如《文苑英华》的校勘过程中，也广泛使用理校，如《文苑英华辨证》卷十《杂录五》：

---

[1] 陈垣：《校勘学释例》卷六《校例》，刘梦溪主编：《中国现代学术经典·陈垣卷》，河北教育出版社1996年版，第424页。
[2] （宋）程大昌：《禹贡论》，《中华再造善本》，北京图书馆出版社2004年影印本。
[3] 曾枣庄、刘琳主编：《全宋文》卷六四六〇，第284册，第382页。
[4] （宋）罗愿撰，石云孙点校：《尔雅翼》卷二，黄山书社1991年版，第17页。
[5] （宋）罗愿撰，石云孙点校：《尔雅翼》卷一三，第134页。
[6] （宋）罗愿撰，石云孙点校：《尔雅翼》卷一九，第197页。

《李元宾墓铭》:"竟何为哉! 竟何为哉!"邵伯温次子博,字公济。续父书,号《闻见后录》,谓石本以上句作"意何为哉"为妙。《举正》遂信其说。大抵前辈文字,多自改于石刻之后,而石本真广,尚未可知。况邵氏父子所录,差误非一端,不可尽信。以理观之,则元本"竟"字亦未为不是,终胜"意"字。①

宋代文人的文学校勘活动中,多见文理、诗意校勘等理校方法的使用,甚至发展成为"以意改字"②。正如学者研究,这些校勘的新视野关注的不是异文及考订乙正,而是文人探索对作品"定本"生成过程③,本质上是后人依据各自不同的艺术感受对前人作品意义生成的理解和肯定,实际上已经超出校勘学、考据学的范畴,应当归属于文人诗文评论品鉴的一部分,并不能与较为严谨的校勘活动相提并论。不过,这一现象的存在,也正反映出了南宋士人校勘考证崇尚以理为证的风气。

宋人重视以理考证,既得之于宋代新儒学兴起的疑经精神、反思批判精神,也是一般士人读书善思寻理的结果,读书当疑是宋人普遍的认识,同时喜好探求事物和文献矛盾存疑背后的事理依据,作为日常文化生活一部分的南宋文献考据,首先表现为随手记录的思索依据事理的考证辨析。陈垣曰:"考证贵能疑,疑而后能致其思,思而后能得其理。凡无证而以理断之者,谓之理证。"④ 此言于宋代考据尤为恰切,不过宋人以理断之而无证的原因,一方面是客观上确实文献无证,另一方面也与宋人考证多为读书过程中的一时之疑和思考,而未博览查阅专门文献有关。宋人考据多为理证,固然体现其读书不精,多泛览流观,造成考证不精,甚至考而无证之弊,从另一方面来看,未始不是宋人考据的一大特色。清儒阮元《江西校刻宋本〈十三经注疏〉后》云:"空疏之士,

---

① (宋)彭叔夏:《文苑英华辨证》,《知不足斋丛书》本。
② 孙微、王新芳:《论杜诗校勘史上的"以意改字"现象》,《安徽大学学报》2013年第3期。
③ [日]浅见洋二:《从"校勘"到"生成论":有关宋代诗文集的注释特别是苏黄诗注中真迹及石刻的利用》,《东华汉学》(台湾)2008年第8期。
④ 陈垣:《通鉴胡注表微·考证篇第六》,刘梦溪主编:《中国现代学术经典·陈垣卷》,河北教育出版社1996年版,第560页。

高明之徒读注疏不及终卷而思卧者，是不能潜心研索，终身不知有圣贤诸儒经传之学矣。"① 所谓读书不及终卷而思卧，不能潜心研索，正是宋代士人读书的特点，读书而多自由阐发、反思，就思想史而言，宋儒多高明之徒，言不知"经传之学"则可，言不知"圣贤之学"则未必。

作为义理、事理的一部分，南宋考据学对文献通例文理的简单总结，也是重要的考证方法之一。宋儒对"理"的重视，不仅体现在为知识的考辨树立人情事理、义理天道的抽象标准，也体现在对文献通例的探寻归纳方面。中古经学总结的经学义例，很大程度上是建立在圣人微言大义信仰框架下的义理思辨，只有到宋代，将经典还原为古籍文献对象的学术语境中，才真正使义例总结转变成为对古文献行文修辞、流传讹误规律的认识和归纳，前者仍属于经学范畴，后者属于文献考据学范畴。宋学疑古之学，主张通过把握经典全文，体会圣人之意，反对烦琐训诂和穿凿附会的所谓"微言大义"，对于经典义例的归纳总结，转而成为文献行文修辞规律的认知总结，并超出经典范围，成为宋人读书关注文例普遍现象。

汉唐时期对经典义例的总结，主要也是经师宿儒在经学传授过程中，对经典大义的阐发，而宋代文献行文修辞、校勘讹误条例的总结，则往往是士人日常读书过程的个体自主思考和总结。前者多见于经学注疏等解经论著中，后者则大量散见于文人学士谈论、杂纂的诗话、笔记之中。两宋之际以降至南宋，诗话、笔记数量大增，读书文例、校勘错讹条例等古书通例的总结也更多地见诸笔端。如南宋人王楙的《野客丛书》所归纳古书通例，散见于各卷之中：

　　经书间亦有流传之误，因迁就为本文者甚多。（卷二"经书因误"条）
　　载籍之间所言地理，讹舛甚多，不可胜述。（卷七"地理讹舛"条）
　　古今书籍，其间字文率多换易，莫知所自，往往出于当时避讳而然。仆不暇一一深考，姑著大略于兹，自可类推也。（卷九"古人

---

① （清）阮元撰，邓经元点校：《揅经室集》，中华书局1993年版，第620页。

避讳"条)

　　古人有引用经、子语,不纯用其言,往往随意增减,间亦有害理处。(卷十二"古人引用经子语"条)①

其中即涉及讨论古书流传之误、避讳改字、引书改字等各种古书通例。作为学术笔记的一种,《野客丛书》充分体现了南宋人笔记的编著过程,一部分本身即是读书总结一般通例的结果,与杂史小说、异闻杂纂不同,学术性笔记的篇题,正是这一归纳总结的直接产物。《野客丛书》各卷次中的其他篇题,如"汉人多引逸经""古人名诗""汉人释经""汉人用事""字文增减""后汉无二名""地名语讹""古人句法""古人对偶""史文因误""名与本传不同"等,即可作为古书通例的归纳。尽管宋人尚未如清人"客观化与规律化",更充分认识到"读书必明其例"的重要性,把归纳古书通例并指导治学实践,视为其治学重要方法之一"②,但是显然宋人读书过程中的通例总结,是其自觉归纳、辨析、考证的结果,已不再是少数经师义例大旨的阐述,而是南宋一般士人文献考据活动过程的一部分。其所达到的普遍和自觉程度,是南宋考据方法的新成就,是南宋考据学自觉发展的外在体现。与一般考证成果一样,宋人对古书通例的总结,已初步成熟并具有一定的自觉,但主要仍然是在读书、校书的过程中进行的,主要体现在笔记、日常语录之中,在具体学术活动中根据实际需要而随机发现、思考和总结记录,具有零散性、随机性,较之清人系统全面的专门之作较少。南宋笔记中对古书通例的归纳总结,除了较为集中的《野客丛书》外,南宋后期笔记中还出现了更为专门、更接近清儒学术札记式的条例归纳文字,这也体现了南宋考据笔记自身的专业化、学术化过程。如周密《齐东野语》卷四"避讳"条,全文四千余字,汇集四部诸书古今避讳之事,详细考证历代避讳用例,其中包括"殷以前,尚质不讳名,至周始讳,然犹不尽讳",唐以后避讳始严,避讳的方法也复杂多样,包括"臣下避君讳""避太子之讳"

---

① (宋)王楙撰,王文锦点校:《野客丛书》,中华书局1987年版,第19、79、94、134页。

② 漆永祥:《乾嘉考据学研究》,第89页。

"避后讳""避后家讳""避国主、诸侯讳""士大夫自避家讳""朝廷为臣下避家讳""后人避前贤名"等。关于不避讳的情况,周密总结若干条,包括"《诗》、《书》则不讳""庙中则不讳""临文则不讳""邦、国有不讳者""嫌名则有避有不避者""二名不偏讳""除官有避、不避"。避讳的方法包括"避讳而易字者"、阙笔、省称等。

周密对历代避讳情况的考证专文,固然得益于读书广博、总结前人成果等条件,也与宋人读书思索重视总结事物背后的合乎义理密切相关。文中周氏批判后梁司天监官员因朱温父名"诚",与"戊"字形相近,而上言改"戊己"之"戊"为"武"字的阿谀避讳"全无义理",又批判各类"不近人情"的避讳现象,并引胡安国之言曰:"后世不明《春秋》之义,有以讳易人姓者,易人名者。愚者迷礼以为孝;谄者献佞以为忠。忌讳繁,名实乱,而《春秋》之法不行矣。"[①] 实际上意在表明,避讳当遵循"义理""人情",过分繁密的避讳反而导致名实混乱,文中周氏对于历代避讳用例及方法的总结,也正体现了其对避讳通例背后义理得失的考察。《齐东野语》对避讳通例的总结,既是对王观国《学林》、吴曾《能改斋漫录》、王楙《野客丛书》、洪迈《容斋随笔》、岳珂《愧郯录》等避讳用例讨论的总结,也体现了南宋末士人对古书通例的归纳总结层次和求理精神。

如果说从王观国到周密的笔记,仍属于杂录琐谈笔记的范畴,到王应麟的《困学纪闻》,就已经是纯粹的文献研究。除了对经注、史事的考证纠谬,对文献典籍自身行文通例及渊源关系的总结归纳也是重要方面,同时也涉及了一些更为纯粹的文献古籍通例问题。如卷十二《考史》云:"《通鉴》不书符瑞,高帝赤帝子之事,失于删削,《纲目》因之。"讨论了《资治通鉴》及朱熹《通鉴纲目》书法义例的关系。同卷载:"《梁书·刘之遴传》云:'古本《汉书》,《外戚》次《帝纪》下,《诸王》悉次《外戚》下,在陈、项《传》前。'《新唐书·列传》盖仿此。"考证了《新唐书》列传书法体例与《汉书》的渊源。再如卷十《诸子》云:

[①] (宋)周密撰,张茂鹏点校:《齐东野语》,第55—64页。

《法言序》旧在卷后，司马公《集注》始置之篇首。《诗》、《书》之序亦然。①

此条王应麟只寥寥数语，却涉及了古书通例中一个极重要的课题，即古书序言之位置。据余嘉锡考证，古书序文多在书后，表示述而不作的谦虚态度，先秦典籍莫不如此，至汉代古风犹存，序言仍置于文末。王应麟所谓"《诗》、《书》之序亦然"，应当是指出《法言》旧本序也在卷后，至北宋司马光方始置序于篇首，《诗》《书》等先秦典籍古来序言亦在卷后，后人方置于前，实际上都改变了古书序文列于卷末的旧例。虽然《法言》序文被置于篇首的始作俑者并非司马光，而是稍早于司马光的宋咸，正如清四库馆臣所言："（《法言》）旧本十三篇之序列于书后，盖自《书》序、《诗》序以来，体例如是。宋咸不知《书》序为伪孔传所移，《诗》序为毛公所移，乃谓子云亲旨，反列卷末，甚非圣贤之旨。今升之章首，取合经义。其说殊谬，然光本因而不改，今亦仍之焉。"② 司马光对宋咸的意见因袭不改，并非其首创。不过，指出古书序文列于卷末这一通例，则确实是王应麟的发现。

对于古书行文、校勘讹误规律的总结，是宋人理性思维提升的结果，也是宋人大量文献阅读、校勘等实践活动广泛、大量开展的产物。如何在大量的文献材料中，提炼普遍原理规则，既是理论抽象思辨能力提升的需要，也是指导实践的需要。关于这一点，宋人对校勘活动中一般类例的总结体现得最为突出，既有官方馆阁校勘工作条例式的《校雠式》，也有私人学者校勘过程中的例则总结，如朱熹的韩文考异凡例、廖莹中《九经》校勘总例，以及校勘条例总结专书彭叔夏《文苑英华辨证》等。关于宋人校勘条例的总结成果，学者已多有论述，兹不赘述。南宋人对图书通例的自觉归纳和总结，体现了理性化思维对考据学发展的影响，因此这里所谓的图书通例，相当程度上并非文献自身的客观规律，而更多是文章行文风格、理势的总结，根本上说，仍是南宋考据重视依理为

---

① （宋）王应麟著，翁原圻等注，栾保群、田松青、吕宗力校点：《困学纪闻》，第1412、1419、1199页。

② （清）永瑢等撰：《四库全书总目》卷九一《法言集注》提要，第772页。

证的表现和结果。

考据学的本质属性是文献学，主要立足文献、依据文献展开对文献自身记载的考证。考据学的文献证据，包括文献自身内证，与其他文献的旁证。不过，与清儒考据重内证或本身不同，南宋考据学对文献的引证，主要是相关外部文献的"旁证"和"左验"。程大昌在其考据笔记专著《考古编》自序中，对考证方法也有所总结：

> 诸儒训传，历代故实，循其所传，稽其所起，苟或未至安惬，则默识诸心。若有结未释者，旁求参考，久忽究竟，揆诸本始而明，协诸旁证而合。①

首先，对经史典籍记载有所质疑，然后推考其原始本初，再以旁证考之而合。宋人考据与其他任何时代相比，都更为突出以理考据的特点，不过这并不意味着对文献左验资料的疏忽。相反，由于文献学诸学科的发展成熟，宋人考据的左验资料更为多元，多种左验方法均是宋人首创，或首次自觉广泛地使用。

其次，宋代目录学发展的一个重要标志是私家目录的发展成熟，士大夫个人开始重视，并以撰述体例完整、著录丰富、学术价值极高的目录专书名世。与官修目录或史志目录不同，学者参与私家目录的编撰，不仅提升了目录专书的学术价值，也表明一般士人对于文献目录学有了更为深刻的认识：目录不再仅仅是官方藏书的整理记录，甚至也不仅仅是私人藏书的著录，而是对书籍本身的学术评价与研究，图书著录和解题编撰不仅仅是一项官方技术活动，而是士人文化生命追求的呈现。关于这一点，晁公武、陈振孙的目录学学术成就，均有充分表现，而作为纯粹学者的陈振孙则更为突出。目录书不再仅仅是著录工具，而是学术研究的对象和工具，这是目录学进入图书文献等学术文化视野的结果。作为对象，目录书成为考证对象本身，如南宋洪迈《容斋三笔》卷一有"汉志之误"一条，专门考辨《汉书·艺文志》之讹误，晚宋王应麟则更有《汉艺文志考证》一书，对书目进行专题考证研究。而作为工具，目

---

① （宋）程大昌撰，刘尚荣校证：《考古编》，中华书局2008年版，第9页。

录书至南宋才真正为考据学所利用，成为文献考据的左验材料之一，这既是文献学自身发展的结果，也是考据学方法拓展的体现。

将各类官私目录作为文献考证的左验材料，并不始于宋人，如隋唐时期陆德明《经典释文》中即有一例，以《汉书·艺文志》考证六经排序次第："五经六籍，圣人设教，训诱机要，宁有短长，然时有浇淳，随病投药，不相沿袭，岂无先后？所以次第互有不同。如《礼记·经解》之说，以诗为首；《七略》、《艺文志》所记，用《易》居前；阮孝绪《七录》亦同此次；而王俭《七志》，《孝经》为初，原其后前，义各有旨。"① 然而北宋以前，利用书目考证之例并不多见，北宋重要的史学考据之作司马光《资治通鉴考异》，仅有一条引证《隋书·经籍志》作为考据左验之例，《通鉴》卷一百六十五"焚古今图书十四万卷"条《考异》曰："《隋·经籍志》云'焚七万卷'。《南史云》'十余万卷'。按周僧辩所送建康书已八万卷，并江陵旧书岂止七万卷乎！今从《典略》。"② 至北宋末黄伯思考证之作《东观余论》也仅见一条，《跋〈何水曹集〉后》云："隋《经籍志》、唐《艺文志》，逊集皆八卷，晋天福本但有诗两卷，今世传本是也。独春明宋氏有旧本八卷，特完。"③ 可见至北宋为止，经史为主的考据论著，罕有利用官私书目作为左验材料者。这一情况至南宋始大有改观，各种笔记、书目解题、地理方志、诗文集注等文献撰述中，均较为大量地引证历代书目作为佐证史料。考据笔记中，洪迈《容斋随笔》即有十几条引用了《汉志》《隋志》《唐志》作为佐证史料，如《续笔》卷一"唐人诗不传"条云："今考之《唐史·艺文志》，凡别集数百家，无其书。"《三笔》卷十"《孔丛子》"条云："予按《孔丛子》一书，《汉·艺文志》不载，盖刘向父子所未见。"④ 宋人地理方志所涉考证，其中也有征引书目之例，如梁克家《淳熙三山志》卷二十六《人物类一科名》："黄璞（原注：字德温。《唐·艺文志》作字绍山。下

---

① （唐）陆德明：《经典释文》卷一"次第"条，上海古籍出版社1985年版，第3页。
② （宋）司马光著，（元）胡三省音注：《资治通鉴》，第5121页。
③ （宋）黄伯思撰，李萍点校：《东观余论》卷下，人民美术出版社2010年版，第125—126页。
④ （宋）洪迈撰，孔凡礼点校：《容斋随笔》，第224、547页。

略）"① 罗愿《新安志》卷九《叙牧守》："李敬方，字中虔，大中四年至六年。《唐·艺文志》云：'太和中，歙州刺史。'以敬方所题黄山诗考之，'和'字误也。"②

目录解题往往是对著录图书本身的考证说明，主要涉及包括撰者、卷数、年代、真伪、篇目等书籍文献外部特征的讨论，对于历代书目的引证自然更为自觉。宋代目录书始有真正意义上的解题，北宋有《崇文总目》，至南宋最早的解题目录则有晁公武《郡斋读书志》。不过就涉及引证历代书目的具体考证内容来看，《读书志》30 余条中多数集中于对古书流传篇卷数目的考证，其中若干条涉及部分古书辨伪、古籍作者异文等：

> 班固《艺文志》有《国语》二十一篇、《隋志》云二十二卷，《唐志》云二十一卷。今书篇次与《汉志》同，盖历代儒者析简并篇，互有损益，不足疑也。要之《艺文志》审矣。③

本条解题不仅考证了历代史志目录记载《国语》篇（卷）数及篇次的异同，实际上也涉及了古书流传由篇而卷的通例发现，只是或许限于体例和关注兴趣不同，并未予以阐明。此外还有利用书目记载卷数考察古书版本流传，虽然内容十分简单，其规模已具：

> 按《隋·经籍志》潜集九卷，又云梁有五卷，录一卷。《唐·艺文志》潜集五卷。今本皆不与二志同。独吴氏《西斋书目》有潜集十卷，疑即（北齐阳）休之本也。④

此外晁公武还利用书目进行古书辨伪、成书年代考证、记录作者异文等。

---

① （宋）梁克家纂修：《淳熙三山志》，第 8007 页。
② （宋）罗愿纂：《新安志》，第 7744 页。
③ （宋）晁公武：《郡斋的读书志》卷三 "《春秋外传国语》二十一卷" 条，第 120 页。
④ （宋）晁公武：《郡斋的读书志》卷一七 "《陶潜集》十卷" 条，第 818 页。

> 序称文子当齐宣王时居稷下,学于公孙龙,龙称之。而《前汉·艺文志》叙此书在龙书上。颜师古谓文尝说齐宣王,在龙之前。①

根据篇序尹文子当晚于公孙龙子,但据《汉志》即颜师古言,尹文子年辈又在公孙龙子之前,文献记载存在矛盾,可惜晁氏并未进一步深究孰是孰非。《直斋书录解题》卷十"《尹文子》二卷"条则作了进一步考证:"齐人尹文撰。《汉志》齐宣王时人,先公孙龙。今本……又言与宋钘、田骈同学于公孙龙,则不然也。龙书称尹文乃借文对齐宣王语,以难孔穿。其人当在龙先。班《志》言之是矣。"② 又结合《汉志》和文意加以考证。《解题》是终其一生著录所见、所藏古今图籍的情况,其学术目的和旨趣更为突出,因此,在考证方面较《读书志》更为详细、深入。不过总体上看,各家书目解题考证,多为随文杂考,涉及的问题相当广泛而缺乏精密审核的考证,多体现宋人博识深思的文人考证之特点。

南宋士人考据对于左验材料的发掘,绝不仅限于书目领域的扩展,在传统经史材料考证之外,宋人对佐证资源的认知视野是相当通透开放的。陈耆卿在编撰《赤城志》之时,重视博识史料的收集,并利用各方面材料全方位的左验考证,序中对其考证的主要原则及方法总结道:

> 余为念沿革,诘异同,剂巨纤,权雅俗。凡意所未解者,恃故老;故老所不能言者,恃碑刻;碑刻所不能判者,恃载籍;载籍之内有漫漶不白者,则断之以理,而折之于人情。③

对地方史料沿革异同难以取舍的,访之故老,故老尚不能确定,依据碑刻文献,碑刻不能判定者,再考之典籍文献,所有左验材料均不能断其取舍,最终依据情理考证。陈氏之语,生动体现了南宋士人在文献

---

① (宋) 晁公武:《郡斋的读书志》卷一一"《尹文子》三卷"条,第495页。
② (宋) 陈振孙撰,徐小蛮、顾美华点校:《直斋书录解题》,第293页。
③ (宋) 陈耆卿:《赤城志序》,曾枣庄、刘琳主编:《全宋文》卷七三一六,第319册,第84页。

撰述过程中进行的考证的方法论自觉,同时,与清人突出强调以经证经的本证、内证不同,南宋士人对于左验材料的认识,更为灵活开放,故老人言、碑刻载籍均在其列,更重视亲身、亲口和物质证据,文字证据乃在其次,而载籍文献中也未突出强调传统经史正统材料的权威性。这固然是南宋考据不够严谨的体现,也未尝不是南宋考据自由灵活的体现。

南宋士人社会的一个重要背景,是士人进士及第之后,进入仕途的机会较多,南宋士人往往有机会为官地方基层。在不同地域游宦亲历的南宋士人,与久居江南少数市镇的清儒不同,更多体现对外在博物世界知识经验的兴趣,作为士人学者,与唐代文人骚客相比尽管少了激情诗意,却多了严谨求知的精神。对地方风物见闻、名宦史迹、碑刻遗存,南宋士人总是首先充满理性求知的姿态,公干之余则证杂录弊端以故老、考之载籍。南宋士人对于二重证据的运用,虽未取得足与近代以来相颉颃的重大成果和突破,却确确实实是士人社会中一种别具风雅的文化生活方式。因此,南宋士人自觉重视亲身耳闻目睹的博物资料,每到一地,或收集民间日用材料,探访人文历史遗迹,或登临目验古碑旧刻,拓印汇集,或游历边疆,"亲历其地","知臆说之不足据","考地理贵实践"①。南宋士人的考据活动,是其仕宦行迹、读书感性过程中,随时随地发生的,偏重的是随性而考,博识万物,同时略加引证乃至浅尝辄止的。如南宋地理方志、类书编撰名家的祝穆,"尝往来闽、浙、江、淮、湖、广间,所至必穷登临","必孜孜访风土事。经史子集、稗官野史、金石刻列、郡志,有可采撷,必昼夜抄录无倦色,盖为纪载张本也"②。考据为其著作"张本","张本"一词生动体现了南宋士人著述中广博征引、采用各种史料记载,略加考证以提升文献编纂的历史核实价值的自觉追求,也微妙地概括了南宋士人考据活动本身是作为著作的一部分,其重在博洽引证,而不再为考证而考证的殚思深考。

不仅地方志的编撰多游宦地方,登临访搜,诗文集的编集,也是士人搜访遗篇断碑,力致其全的成果,如绍兴初知严州的董棻,"搜访境内

---

① 陈垣:《通鉴胡注表微·考证篇》,刘梦溪:《中国现代学术经典·陈垣卷》,第570页。
② (宋)吕午:《方舆胜览序》,祝穆祝洙增订,施和金点校:《方舆胜览》,中华书局2003年版,第1页。

断残碑版及脱遗简编，稽考订正"①，辑得谢灵运、沈约以来至南宋初有关严州的诗文逸篇、碑铭题记，成《严陵集》。又如宁宗时人留元刚编集唐颜真卿文集，"求公文而刊之，将以砥砺生民，而家无藏本，得刘原父所序十二卷，即嘉祐中宋次道集其刻于金石者也"，因"篇简漫漶，字义舛讹。乃以史传、谱书、碑迹、杂记，诠次年谱，系以见闻，参异订疑，搜亡补失。其涉于公之笔，缺而无考，则不敢及焉"②，搜访版本，参证各种史料、碑刻书法文献，"缺而无考，则不敢及"，也体现了亲验史料，文献无征则多闻阙疑的考证精神。在南宋儒士看来，振铎地方，搜访碑刻文籍，观风知俗，不仅是三代"圣人之遗意"，对先代名儒文士的文集的辑录整理，也是弟子门人、族裔哲嗣对前人深切的纪念和表彰。宋人为纪念保存先辈文字所进行的文献辑考工作，拓展了时人考证资料的范围，加深了不同史料关系的认知。对于亲验材料和典籍文献的平等开放态度，来源于对文献资料之全的追求，对于名儒文人博物才学的应对解决，对文献注释、校勘、考证之难的应对方法。因此，南宋考据学论著随处可见的宏阔宽泛的各类左验文字，同样是宋人学术文化活动特征的结果和体现。

宋人金石学的发展，自然有外在政治条件和考古发掘条件的推动，对于亲验材料的重视，对于考证左验的自觉性，也使得金石学在宋代发展之初，即转入金石考证之路，而非仅作为古器物风雅鉴赏，和考古学的道路。不过，北宋时期由于社会条件和政治条件具备，各种古器物实物发掘和收集较为充分，士大夫关注的焦点也主要集中于古器物的收集、著录和研究，其中仍体现了较为浓厚的古器物学的礼乐、风雅精神和文人鉴赏把玩心态，对于这一点，已故青年学者林欢在其《宋代古器物学笔记材料辑录》中有颇为概要精当的总结：

> 回顾宋代金石学兴起的经过，可以总结出三点：一，宋以前，出土钟鼎彝器历来就作为奇珍或者祥瑞收藏，收藏研究古器并不是

---

① （宋）董棻：《严陵集序》，曾枣庄、刘琳主编：《全宋文》卷四三九六，第199、69页。
② （宋）留元刚：《颜鲁公文集后序》，曾枣庄、刘琳主编：《全宋文》卷七二一二，第315册，第29页。

从宋代才开始的,只是宋以前还不成气候;二,宋代金石学起源于个别士大夫收集金石器,并研究著述,开始形成风气,这种风气符合朝廷证经补史、正礼乐、振纲常的政治需要,于是在朝廷参与、支持下金石学蓬勃发展,尤其是宋徽宗赵佶,起了关键作用;三,金人的南侵掠夺,是对金石学的一次打击,官库作为最大的收藏家丢失了大量古器(南迁后也有金石学著作出现,但总的来说是衰落了)。①

尽管宋以前也有金石碑刻等器物的发现收藏,但与宋代的古器物发掘收藏的最大不同在于,前者的时代精神背景是天人感应,对古器物的态度主要是将某一器物与特定祥瑞或灾异等政治话语对应起来,而后者的时代精神背景是,五德终始政治学说的衰落,新儒学天理观念的兴起,以儒家常识理性态度看待这些金石碑刻等器物,并将其与儒家礼乐精神、道德原则和历史人文相对应②。北宋中后期的吕大临即强调了金石学的工具性:"所谓古者,虽先王之陈迹,稽之好之者,必求其所以迹也。制度法象之所寓,圣人之精义存焉。"③ 在这一背景下,以欧阳修为代表的儒家士大夫,从一开始就倾向于将金石碑刻与经史考古结合起来,利用器物为左验材料,考证经史文献记载的讹误缺漏。南渡以后,失去中原文化中心区的南宋,地处南方出土器物大为减少,碑刻器物鉴赏也被视为玩物丧志而逐渐式微,但将金石器物,特别是其中的文字记载,作为佐证材料进行经史考据作为学术精神和方法,却被保留下来。因此,南宋专门的金石研究衰落了,但以金石材料作为考证研究的左验材料,被广泛运用于各种考证活动中,拓展了考据学资料的来源,提升了考据学的理性客观精神。

将金石碑刻视为考证经史的材料,具有更高的史料佐证价值,关于这一点北宋欧阳修以来的士大夫即由此论,北宋末金石大家赵明诚云:

---

① 林欢:《宋代古器物学笔记材料辑录》,上海人民出版社2013年版,第56页。
② 刘浦江:《"五德终始"说之终结——兼论宋代以降传统政治文化的嬗变》,《中国社会科学》2006年第2期。
③ (宋)吕大临:《考古图后记》,曾枣庄、刘琳主编:《全宋文》卷二三八六,第110册,第162页。

盖窃尝以谓《诗》、《书》以后，君臣行事之迹悉载于史，虽是非褒贬出于秉笔者私意，或失其实，然至其善恶大节有不可诬，而又传之既久，理当依据。若夫岁月、地理、官爵、世次，以金石考之，其抵牾十常三四。盖史牒出于后人之手，不能无失，而刻词当时所立，可信不疑。①

这里很明显地将史学分为两部分，史家个人的褒贬之意，体现的是义理哲学层次的道德关怀，是个体主观的善恶评判，无关真实与否。它一旦形成普遍认同的价值标准，则"传之既久，理当依据"，而"岁月、地理、官爵、世次"等属于文献史料、历史记载，须定其真伪正讹。文字流传久远则难免致误衍脱，而金石刻词则能超越时空保存原貌，自当以后者正之以取其抵牾讹误。恢复原貌、探求其真是包括金石学在内的历史文献学的追求。二者价值指向不同，自各有其学术规范。不仅如此，赵明诚还对脱离文献求真的义理褒贬提出质疑：

　　予尝谓石刻当时所书，其名字、官爵不应差误，可信无疑；至于善恶大节，当以史氏为据。今此《传》（《后汉书·冯绲传》——引者）首尾颠倒错谬如此，然《史》之所载是非褒贬，失其实者多矣，果可尽信邪！②

如果史料颠倒错谬，其历史叙述超越"事件真实"太远，从中传达的是非褒贬还是否可信？这是很值得怀疑的。宋代金石学的发展，推动了文献考据意识与方法的发展。首先，文献考据是与义理之学在理论与方法方面都不相同的学问，而且义理之学应当以文献考据求得史料的准确真实为基础和前提，文献佐证的重要性被凸显出来。其次，金石学文献考据研究最为突出的是对于年代的意识，作为上古器物，其材质的稳

---

① （宋）赵明诚撰、金文明校证：《金石录校证》（《自序》），广西师范大学出版社2005年版，第1页。

② （宋）赵明诚撰，金文明校证：《金石录校证》卷一六，第270页。

定性带来的对于古代文本原貌的保存,使得金文石刻天然具有比存世文献更高的可信度和更高的文字校勘价值。如黄伯思《汉简辨》云:"简书甚明,乃当时文字,又日月首尾相应,非如史之先后差谬,宜以简所书为正。"① 古代金石碑刻所具有的文献佐证功能,北宋时已为士人所识,器物之学衰落后,这一功能的认知被保留并被突显出来。北宋金石考古学衰落的同时,金石碑刻作为左验新材料进入南宋考据学,被南宋士人所广泛运用,各个领域各种形态的考据学均有较多有利用金石碑刻的例子,在新材料的使用中,推动了作为士人日常文化生活一部分的考据学走向客观化、专门化。要之,北宋金石学的重点在"图"与"录",南宋金石学的重点在"考"与"释"。一方面,南宋士人考证逐渐摆脱了北宋以来多疑轻断的不足,变得更为审慎,多闻阙疑的精神在南宋获得了更多体现。另一方面,由于新材料的发现运用,对于史料佐证在考证中的作用,普遍受到重视,在各种文献编撰、著述中,对前代不重视文献、轻易按断的做法多有批评,南宋考证的严谨程度较北宋有了较大提高。

与北宋欧、赵相比,南宋最重要的金石学家洪适,即不再与收集金石碑刻描摹器物形态为主,而更主要是将汉碑石刻作为材料,进行古史、古字的考释。在多闻阙疑方面洪氏提出"大凡碑碣率与史传抵牾"②,"虽铭墓之言不可尽信"③,"碑无全文,难以深摘其失"等各种条例性的认知总结④,皆谓作为考据左验材料,其自身的完整性、可靠性须先有所保证,断碑残缺、史文记载彼此相异,"断续不可考绎"⑤,则当存疑不可考。此外,洪氏还补充前人不足,提出了作为文献史料的汉碑价值的重新认识:

  此碑在光化,而欧、赵不云有阴。初若可疑,盖汉人立碑多有阴,往往椎拓者,略而弃之,好古之士,身在它壤,无自而知也。⑥

---

① (宋)黄伯思撰,李萍点校:《东观余论》,第48页。
② (宋)洪适:《隶释·隶续》卷一〇《太尉陈球碑》,中华书局1985年版,第111页。
③ (宋)洪适:《隶释·隶续》卷一一《小黄门谯敏碑》,第127页。
④ (宋)洪适:《隶释·隶续》卷一一《刘宽后碑》,第126页。
⑤ (宋)洪适:《隶释·隶续》卷一四《石经公羊残碑》,第153页。
⑥ (宋)洪适:《隶释·隶续》卷九《娄寿碑阴》,第104页。

见到实物的汉碑整理者往往不重视碑阴的价值,而一旦碑碣实物不存,后来之好古之士,便无从知晓未被拓印的碑阴文字内容。两宋之际的战乱,正导致了北宋收集的大量古器物实物流散毁灭,唯一留下的只有文人的图录描述。或许正是有感于此,洪氏提出应当重视对碑刻文字的全方位的保存记录,这实际上是重视碑刻所蕴含的史料文献价值。在文人的碑刻史料进行考证中,逐渐体现和提升出无征不信的精神原则,南宋士人的考证活动愈加显得客观理性、实事求是。与《隶释》的态度相近,洪迈的笔记也将北宋金石图录之作作为考证的文献对象,辩证其得失,《容斋随笔》卷十四"《博古图》"条云:

> 政和、宣和间,朝廷置书局以数十计,其荒陋而可笑者莫若《博古图》。予比得汉匜,因取一册读之,发书捧腹之余,聊识数事于此。①

《博古图》是北宋末著录皇家所藏历代青铜器具之作,主要以图、录的方式,记录铜鼎样貌、行状、大小,记录铭文题款,同时略有考证。正如馆臣所言:"其书考证虽疏,而形模未失,音释虽谬,而字画具存,读者尚可因其所绘以识三代鼎彝之制,款识之文,以重为之核订。当时裒集之功亦不可没。其支离悠谬之说,不足以当驳诘,置之不论不议可矣。"②指出《博古图》的功绩主要在裒集之功,其中考证支离讹谬之处,大可置之不论,洪迈的批评不免过分苛求了。实际上《博古图》与《容斋随笔》并不在同一立场上,前者是记录青铜礼器,以彰显盛事礼乐之功,而后者则是学者对其中所记录文字的考辨研究,只针对文献记载内容而发。南宋金石碑刻研究的这种转变,是金识器物不存的结果,也是学术文化变迁的结果。南宋文人也并不关心所谓礼器的政治意涵,而只是重视金石器物有关文字材料为具体学术问题所用,由考古学进入考据学,成为考据学可资利用的左验材料。如果说北宋金

---

① (宋)洪迈撰,孔凡礼点校:《容斋随笔》卷一四,第182页。
② (清)永瑢等撰:《四库全书总目》卷一一五《宣和博古图》提要,第983页。

石学依附于政治，出于现实礼乐政治需求更多，因而未真正独立发展成为考古学，那么南宋金石学则进入文献考据之学，成为经史、诗文考据的佐证材料，也未获得考古学的独立价值，晚清以前金石学始终未发展成为独立的考古学，宋代金石学这一走向或许可以为之做出部分一种解释，不过对于南宋考据学而言，金石碑刻成为新的左验材料，无疑是一大突破和提升。

第二节　南宋考据学的谱系

一般而言，成体系的哲学思想，都具有其独有的问题指向，具有自身严密而完整的逻辑结构，对于这一体系或结构的认同和批评，则形成较为封闭的不同学派划分，对于自身理论体系完善性和价值正统性的自负，也使得思想学派的彼此界限愈加清晰。而考据学主要是作为处理文献的一套方法，以及在文献学活动中所呈现的学术精神和原则，由于排除了义理之学的内容指向，体现出更为明显的开放性，不同思想流派的学者都可以在其具体学术活动中加以贯彻采用，因而考据学本身往往不构成独立的学派，也谈不上师承授受。尽管近代以来学者对清代考据学的研究，形成了所谓乾嘉考据学及其内部诸如吴派、皖派、扬州学派等具体学派划分，但这样的划分，一方面实际上仍是居于乾嘉考据学在清代思想史、政治文化史的特殊地位和影响而言的；另一方面，乾嘉考据学内部地域学派的划分，也只是学术史的叙述语言。就其实质而言，不同学派之间，既无明确而自成体系的师承传授，也无重要的学术主张和方法的差异。根本上说，清代考据学是一个以经典文献整理为中心的共同学术活动，而不是一个充满创新活力与差异论争的思想运动。同样，兴起于北宋，兴盛于南宋的考据学，也未形成以地域性或师承关系为基础的学派。但是，作为儒学发展的第二个重要历史阶段，宋代却又是一个思想流派林立的时代，其内部明确的师承关系和完善的思想体系，不同流派之间也存在较为严格甚至排他性的理论界限。恰恰是这些思想史上的不同学派，在具体文献考据活动中，不论是考据范围、对象还是具体方法上，都表现出较大差异和偏向。南宋考据学尽管并未形成真正自觉的所谓学派，但因其思想渊源和立场的不同，却形成了各自不同的学术谱系。刘节在其《中国史学史稿》中曾指出："考证派的史学到了北宋，已经逐渐转入比较科学的途径……此派学者在北宋，大都出于欧阳修的门下；到了南宋，大都为朱子的后学。"[1] 考据学在宋代已经成为一种较为完善而"科学"的学术原则和方法，但具体的考据学者，却有着明显不同的思想渊源，其中最大的分野正是理学与非理学两派。不过，北宋考据史学尽管确实大都出于欧阳修之门，南宋考据学者则不尽为朱子后学。宋代学术史上，理学一派还可分为朱熹为中心的理学、陆九渊为代表的心学和浙东诸学等流派，而非理学之士更是一个思想庞杂、身份各异的群体，包括馆阁词臣及其影响之下的文人，史馆修撰、秘书省著作郎为代表的史家，还有自成一派的民间士人等。而从渊源关系类别上看，南宋考据学者，或出于师门传授，或出于地域乡贤的影响，或是出于仕宦职守使然。综合言之，南宋考据学者主要有三个较为密切的学术谱系：欧阳修、苏轼后学及其影响下的文人考据学，传统史学编撰学影响下的史学考据学，程朱一派理学内在发展理路所形成的考据学等。其中，理学士群及其内在学术发展与考据方法的借重和回归，本书第一章已有相关论述。这里需要特别补充说明的是，相比较于另外两个士人群体的考据特点，理学士群，以朱熹为典型，尽管多次强调考证方法的重要性，并在文献校勘、训诂、地理、史事、制度等多方面领域都有具体的考据成果，同时作为严肃的学者，朱熹等人尽管在义理上尊崇孟子，但在史料文献考据问题上，又体现出宁取史学而不从经书的严谨征实原则和精神[2]。但根本上说，南宋理学家的考据无不体现了以下两个方面的特征：第一，其考据学的是在格物穷理的理论框架下的产物，考据只有以义理之学为最重导向，才具有合法性，因此，理学家反复声明考证是学问的末流。第二，作为理学格物穷理工具的考据学，始终以儒家经典和古史典籍及其相关问题为中心，特别是经书文字、训诂、名物、制度等领域的问题为重点，体现出理学以三代为道德自足典范，而以当代博学闻见之知为杂学的基本价值立场。第三，考据活动的呈现形式，主要是理学士群之间书信交游论辩以及师门讲学中的口头研讨，后期则更多

---

[1] 刘节：《中国史学史稿》，中州书画社1982年版，第189页。
[2] 参见钱穆《朱子之考据学》，《朱子新学案》第5册，第326页。

呈现为读书治学的随笔札记。在这些方面，文人士群和史家士群的考据，无疑都表现出了不尽相同的趋向。

一 博学考据的文人士群

广义的"文人"，在中国文化史上相当于现代所谓的知识分子，是春秋以后士阶层分化而来，与武人阶层相对的从事文化学术之士的总称。汉魏以后，随着士族社会的仕途垄断，以及个体抒情文学的确立，"政统"与"学统"分立，传统文士依据政治地位而逐渐分化出官僚士人和以诗为业的士人，后者或被排斥在官僚系统之外，或长期身居下僚，或虽身居高位而不以政声显，但都以文学成就闻名于世，此类士人群体成为狭义"文人"。唐宋以来，经由科举入世的部分革新派士大夫，开始标举孔孟心性之道，超越汉唐五经而高举道统，传统儒家"学统"中又分化为"文统"和"道统"。而随着科举社会的成熟，是否入仕不再称为士人群体划分的主要依据，而对于道统的不同态度，成为新的标准。北宋新儒学的形成发展，无不根源于中唐韩愈、李翱、柳宗元等人，而随着理学心性之学的日益成熟和形而上学化，立足于诗文革新"下学"传统的韩柳传统也成为理学批判的对象，而坚守文统的"文人"与理学家的差异和矛盾也逐渐凸显出来，对于文化学术的不同路径，成为新的狭义"文人"的新特点。

在苏轼看来，北宋士人已经分化为两大群体，不学而专务求道的经术之士，包括王安石新学和周、张、二程的理学，是一味追求"上达"抽象天道而不博学于文，实际上背离了孔门务为学的传统，而唐宋以来文学之士因文学取士而务为杂学，以学通于道。重视博学传统，无疑是苏轼等文人自立的重要特征，文人之学体现了对自然名物、历史往行的广泛探求，表现出博学重知的特征。如果说理学家始终关注的是具体万物之上的"理一"，文人关注的则是每一个"分殊"背后的情理。理学家关注的是普遍道德人格的实现，文人关注的则是个体生命情感的自我体验及其合理性。在求"知古明道"框架下的文章写作，对于草木虫鱼、读书学问的博物知识的追求，在宋代文学中越来越得以宣扬和重视，并形成宋代文学不同于中古文学抒情传统的知识转向。学问为诗，才学为诗，知识成为诗文的审美基础①。

北宋学术的主流是王安石的新学，两宋之际的理学则被普遍认为面对现实军事政治局势空疏无用，而经历绍圣元符党争、崇宁党禁的苏门文人，其道德文章更显贵重，而被视为社会道德名节的唯一代表。南宋前期苏门文人及其追随者一枝独秀地成为这一时期文化学术领域的中心，其主要表现包括两大方面，一是两宋之际苏、黄文人为效仿对象的江西诗派的盛行，二是杜甫、韩愈生平及其诗文作品研究兴起。南宋初江西诗人的学术立场实际上完全出于苏轼等北宋文人，江西诗人之一的韩驹《请白崇经教士之意于天下疏》云：

> 今之学者亦专一经，而不能施于用……山水、禽鱼、草木皆资他书以相参验，此王安石所以"书无所不读也"。然今之学安石所训之外，则不复研究，而有司之不可以为题者，又皆不复究知，独诵道德性命之言，以为学圣人之道如是足矣。②

王安石新学专于一经，而理学家则空谈道德性命之言，皆疏于传统诗教草木、禽鱼的博学精神。南宋中期以前苏黄文人及江西诗派诗文理论和创作的影响，无疑是深远的，而苏黄本人的博学气象，以及诗学主张中的学问化倾向，不仅形塑了宋诗创作特征的延续发展，更直接推动了南宋文人对杜甫、韩愈、苏轼文集的校勘、注释和考据。施宿嘉定二年（1209）八月《东坡先生年谱序》言："东坡先生诗，有蜀人所注八家，行于世已久。"③北宋末至南宋前期，苏轼诗注即已流行，蜀人所注即有八家，而从中也可见出，地域之士对同乡前贤的推崇、纪念和研究、整理。而方崧卿对唐宋著名文学家韩愈、欧阳修的推崇和文集整理，均表达对唐宋诗文革新先驱的认同和推重。方崧卿的仕宦行迹，正体现了南宋以来文人对唐宋文人别集的校勘、注释和考据，正是文人学术知识

---

① 关于宋代诗学的知识传统，相关最新的研究，参见张健《知识与抒情：宋代诗学研究》，北京大学出版社2015年版。
② 曾枣庄、刘琳主编：《全宋文》卷三五〇九，第161册，第379页。
③ 王水照编：《宋人所撰三苏年谱汇刊》，中华书局2015年版，第19页。

谱系的体认弘扬。南宋文人的这种谱系,除了一般性的追慕认同,也有十分具体的家族、地域色彩。文人士群的学术渊源意识,更为具体现实的家世渊源、地域观念以及文人情感上的倾慕,孝宗著名词臣周必大,其外祖母为北宋名儒宋庠孙女,其外祖父王靓"亦以古文论周秦强弱,见知东坡"①,如此渊源加之周氏郡望庐陵,自然对欧阳修、苏轼等先朝名儒推崇备至,谓欧阳修为"本朝儒宗"。宋人即言周必大"发挥文忠之学",救元祐以来"穿凿破碎之害"②。其主要学术成就在校理《文苑英华》与《欧阳文忠公集》以及《二老堂诗话》的文献校勘考据,更直接地表达了周必大对欧阳修的尊崇。周必大以词臣受重文林,而又精于校勘考据,后世称其"以文章受知孝宗,其制命温雅,文体昌博,为南渡后台阁之冠。考据亦极精审,岿然负一代重名。著作之富,自杨万里、陆游以外,未有能及之者"③,准确地把握了周必大文人身份与考据成就的双重特性。

在苏轼看来,文人之学与理学义理的重要区别,是后者专务求道而不学,重视哲学体系的建构,而摒弃经验世界的博物知识,而文人之学的特点则是杂学,抛开整合宇宙秩序的万殊之"理",而探求万物各自的一己之理。文人杂学广泛涉及经学、历史、典章、故事、训诂、校勘、版本、金石、诗文等四部之学,以及医药、动植、矿物乃至鬼神、异物、福报、风水等博物之学,几乎无所不包。这些杂学知识在理学家看来,显然是博而不能约,极有碍于正心诚意的道德修养工夫,而对苏轼之学始终持严厉批评态度,但这些内容正大量见于南宋文人笔记之中。宋代文人笔记真正创始于欧阳修,而南宋笔记的上述特征,正是文人士群作为欧苏之学流衍的重要载体和体现。正如前文所述,南宋文人笔记作者在文化传统学术源流上,与欧苏及其门人后学关系最为密切,此类文人撰者数量也在全部笔记作者中占有绝对优势,其中不乏家族先辈得游苏门,或私淑、推崇苏学者。南宋重要考据笔记《瓮牖闲评》编撰者袁文

---

① (宋)周必大:《庐陵周益国文忠公集》卷二〇《葛敏修圣功文集后序》,第276页。
② (宋)徐谊:《平园续稿序》,曾枣庄、刘琳主编:《全宋文》卷六三九二,第282册,第79页。
③ (宋)周必大:《文忠集》(书前提要),文渊阁四库全书本。

祖父袁毂与苏轼同官而甚相得，袁毂之后儒风日兴，至袁文则更是好古笃学，其笔记博学考证之学，与先祖的苏门交游的存在某种联系。龚明之《中吴纪闻》自序中言其笔记正是"效苏文忠公《志林》体"而作，直接表明了南宋文人笔记编撰与苏轼笔记的师承渊源。这些笔记不仅体现了文人杂学的内容特点，其中也往往包含对各种杂学知识记载的考证辨析。不论是当日的宋儒还是后世的清儒，似乎都特别关注到了南宋笔记作者与苏轼之学的渊源。南宋考据学的重要载体和文献形态，不论是诗文别集注释，还是文献校勘、文人笔记，都与北宋文人存在密切的关联，体现出了不同于理学的学术谱系。文人博学传统对于物产、博物知识、山川风物、诗文碑刻遗迹的探访收集兴趣，除了体现于笔记著述，还体现在方志、类书的编撰热情，毋宁说后者正是笔记的放大，笔记则是方志类书的具体而微。南宋文献编撰的丰富多样和考据活力，一个重要因素正是文人士群的长期多元参与。

二 史官传统与良史士群

与人数众多且多沉寂下僚、游宦四方的文人士群不同，南宋考据学另一谱系是以与修一代史籍大典传扬后世为目标，接续史官古老传统的史官士群。宋代以馆阁养士，宰执多须经馆阁撰修而入，国史校勘与编修官因此尤显贵重清要，不仅彰显了崇文养士之风，更直接形成了史臣士大夫对编撰当代鸿篇史籍的热情。宋代以来各种官修史籍，不仅体系完备，且多朱墨史反复增删编修，动辄成千卷规模，各种会要、实录往往几经修订，虽历经数朝而不能完工，这固然有党争纷乱难定的政治因素，也不能不是各家公私史书修撰丰厚众多，史馆儒臣反复斟酌取舍而效率迟缓的结果，也从另一侧面反映出了士大夫对于成就王朝典册的审慎持重。正是宋代以来的崇文重史家法，形成了以史官为中心的编撰考据意识和征实之风。

南宋初莆田学者郑樵，倡通史之学，主张乡野草泽博物实学，鄙弃义理虚诞之学，虽一生著述博杂宏富，一般认为只是民间贫士一己自得之学，当时人对其切于仕进更是不以为然，独以《通志》巨册自负，力图借献书而传扬通史之学于后世，完成接续古代史官传统理想的宏愿。尽管郑樵强烈批驳古今学术，强调其学有独断创新之得，但追根溯源，其通史、辨伪，仍是北宋欧阳修、司马光以来的疑经、通史之学，其《校雠》《目录》《图谱》诸略，则是汉代以来官修史志目录之学的发展，其文字、音韵学，也是传统小学发展及对北宋王安石《字说》之学批判的产物。总体而言，郑樵之学，"生于南宋理学方盛之际，而不操穷理尽性之说，独以考证实学为务"①，与宋代文人杂学、理学不同，实际上汉代以来传统经学、小学和史学等汉学传统的融合，就其经史考据的学术精神和格局而言，毋宁说更突出体现了通变古今、考察典制、表志条理的史官谱系。

　　史官重视详究史籍文献、制度变迁、人事行迹的考证实学传统，更显著地体现在南宋理学时代馆阁史臣与理学家，在史书编撰体式及其学术旨趣的疏离甚至矛盾上。南宋孝宗乾道、淳熙间，随着理学士人内部理论的不断完善成熟，思想体系的逐渐完备清晰，特别是朱熹、吕祖谦、陆九渊等为代表的一批思想家的砥砺研讨，理学士群的影响力不断扩大，并最重取代北宋末至南宋前期文人士群占据主流的局面。南宋浙学主张融合理学与欧苏文章，多半为举业开路，也反映出苏轼以后至叶适以前的时代，理学与文人之学的分立。叶适之后的真德秀则言："儒者之学有二，曰性命道德之学，曰古今世变之学，其致一也。近世顾析而二焉，尚评世变者指经术为迂，喜谈性命者诋史学为陋，于是分朋立党之患兴。"② 在真氏的描述中，儒者之学的对立不再是文人与理学之间，而在理学与史学的之间。随着江西诗学的衰落，文人士群不断融会于理学一派之中，南宋后期的士人学术谱系，儒者之学只剩二端，考察古今世变的史学成为与理学相对立的学术文化，二者相互贬低诋毁，分朋立党。真氏之语大体反映出宁、理之间的学术新局面，大致反映了理学重先验道德实践，史学重历史人事经验的分野。相对于理学家迂阔不切实用，史学家更重视世变经验总结，在古今世变的具体事件中，寻求盛衰兴废的道理和条件。

---

① 周祖谟：《重印雅学考跋》《书郑樵尔雅注后》，《问学集》，中华书局1966年版，第687页。

② （宋）真德秀：《西山先生真文忠公文集》卷二八《周敬甫晋评序》，《四部丛刊》初编本。

南宋史学发达，私撰（编）当代史著作繁多，现存除李焘《长编》、李心传《要录》外，尚有王称《东都事略》，徐梦莘《三朝北盟会编》，李埴《皇宋十朝纲要》，陈均《皇朝编年纲目备要》《中兴两朝纲目备要》，无名氏《续编两朝纲目备要》，刘时举《续宋中兴编年资治通鉴》等。除前四种外，其余多为受朱熹《资治通鉴纲目》影响而节录现有史料的纲目体著作，主要根据现有史料节略删削而成，篇幅短小、记载简略。徐氏《会编》则主要是资料汇编，不属于严格体例的史学著作。此外如杨仲良《续资治通鉴长编纪事本末》，也主要抄录改编自李焘《长编》，不属原创新著。真正记载较为详细而属私人史著者，主要是《长编》、《要录》与《东都事略》三家，清儒以为"宋人私史卓然可传者，唯称与李焘、李心传之书，鼎足而三，固宜为考宋史者所宝贵矣"①。而三书同为私史之"卓然"，还在于其皆表现出对史家著述传统的坚守。

王称《东都事略》成于淳熙十三年（1186），并进献朝廷，第二年洪迈在《奏荐龚敦颐王称札子》中云：

> 国家史册，虽本于金柜石室之藏，然天下遗文轶事，散落人间，实赖山林博洽之士，广记备言，上送有司，以为汗青之助……称之父赏，在绍兴中亦为实录修撰。称承其绪余，刻意史学，断自太祖，至于钦宗，上下九朝，为《东都事略》一百三十卷。其非国史所载而得之于旁搜者居十之一，皆信而有证，可以据依。臣之成书，实于二者有赖。②

官方史书的修撰，其史料来源既有石室秘阁之藏，也有民间散落文字，而两类文字的修撰者之间也往往存在密切联系，或者如龚颐正、王称父子，父辈原为史官修撰，或如李焘、李心传二人，先任官地方或布衣民间，私修史书，为朝廷引荐而入馆修史。私史与官书之间，因此常常相互引录，如《东都事略》十分之九参照国史、实录，而洪迈修神、哲、徽、钦《四朝国史》又对《东都事略》有所依赖。洪迈对《东都事

---

① （宋）王称：《东都事略》（书前提要），文渊阁四库全书本。
② 曾枣庄、刘琳主编：《全宋文》卷四九一四，第222册，第7页。

略》的评价甚高，谓之"皆信而有证，可以据依"，虽有推荐人才奏疏的誉美之意，然而作为史官修史依据之一，这一评价也应当是自有根据，至少是其一家的看法，否则何以为据？不过，南宋时期对王著的评价整体并不高，如李心传将其与《长编》、熊克《九朝通略》相比：

> 《续通鉴长编》者，李文简焘所修也，其书仿司马氏《通鉴》踵为之。然文简谦不敢名《续通鉴》，故但谓之《续长编》……又有知台州熊克上所著《九朝通略》……其书视《长编》才十二，颇讹舛。（淳熙）十三年八月，又有知龙州王偁亦献《东都事略》百三十卷于朝，洪内翰主之。明年春，除直秘阁。然其书特掇取《五朝史传》，及《四朝实录》附传，而微以野史附益之，尤疏驳。①

李焘虽自谦地将其著作称为资料长编，实际上在李心传看来，该书实可与司马光《通鉴》相提并论，而另二书则显得讹舛、疏略、驳杂。与此类似，赵希弁也认为"其中疏驳甚多"②，陈振孙则认为其"所纪太简略，未得为全善"③。这些批评归根到底仍是从史学著述自身内部标准看，史料来源过于单一，或记述不够详细，而较早前的朱熹的批评则似乎另有标准：

> 先生看《东都事略》，文蔚问曰："此文字如何？"曰："只是说得个影子。适间偶看《陈无己传》，他好处都不载。"问曰："他好处是甚事？"曰："他最好是不见章子厚，不着赵挺之绵袄，傅钦之闻其贫甚，怀银子见他，欲以赒之；坐间听他议论，遂不敢出银子。如此等事，他都不载，如《黄鲁直传》，鲁直亦自有好处，亦不曾载得。"文蔚问："鲁直好在甚处？"曰："他亦孝友。"④

---

① （宋）李心传撰，徐规点校：《建炎以来朝野杂记》甲集卷四"续通鉴长编"条，第113页。
② （宋）晁公武撰，孙猛校证：《郡斋读书志·读书附志》卷上，第1107页。
③ （宋）陈振孙撰，徐小蛮、顾美华点校：《直斋书录解题》卷四，第110页。
④ （宋）黎靖德编，王星贤点校：《朱子语类》卷一三〇《本朝四·自熙宁至靖康人物》，第3121页。

所谓"说得个影子",大约意指该书舍本逐末,只叙写人物之细枝末节、无足轻重之事。朱熹所举陈师道、黄庭坚传之例可见,所谓轻重本末,在理学家的标准中,临事之名节、道德品行,应当是史家传记叙述的核心义例。朱熹对《东都事略》的评判标准显然是理学的外部思想评价体系,人物史事选择、叙写所应秉持的标准当是对天理道统的展现。朱熹是宋代最为重视史学功能的理学家,但其史法严密,对史学与经学、理学的先后主次关系也多次强调。在朱熹看来,史学终只是"皮外物事,没要紧","义理未至融会处",不便"看史书,考古今治乱,理会制度典章"①,学问当以道德提升、求放心为本,"若通古今,考世变",则是学有余力之补充,"不当以彼为重而反轻凝定收敛之实"②。正如其拟编定之《资治通鉴纲目》,史学的"主义"便只在树立天理道德之正统。要言之,史学的根本价值只在于彰显圣贤道统在具体历史和人物中的展开与追求,其余丰富生动的古今世变皆是"史书闹热,经书冷淡"③。理学家的道德史学观念,显然与史官传统于丰富复杂的历史世变中探求现实统治经验、是非得失情理的观念不同,前者以天理哲学观念统摄、切割史学叙事,后者则以细致、详尽的叙事和考订,自足呈现道德人事之理。对于同一史书,洪迈和朱熹所得出的结论几乎是完全相反的,正反映出洪迈、王称等私史作者与讲学之士的分野,正如清人所述,王称乃"闭门著述,不入讲学之宗派,党同伐异,势所必然,未可据为定论也"④。实际上不仅王称,南宋史家孙觌、李焘、洪迈等人,均因非讲学宗派中人,而不免受到党同伐异的排他性批评⑤。王称自然不属于理学中人,且对理学不无批评,《东都事略》卷一百一十四《儒学传·程颐传》臣称曰:"至二程氏,乃始推原正心诚意之旨,以续千古之绝学,其有功于圣人之道者

---

① (宋)黎靖德编,王星贤点校:《朱子语类》卷一一《读书法下》,第195页。
② (宋)朱熹著,郭齐、尹波点校:《朱熹集》卷四七《答吕子约》,第2299页。
③ (宋)朱熹著,郭齐、尹波点校:《朱熹集》卷三三《答吕伯恭》,第1459页。
④ (清)永瑢等撰:《四库全书总目》卷五〇《东都事略》提要,该书书前《提要》此处文字与此不同:"南宋诸人乃多不满其书,殆亦一时爱憎之见,明人议修宋史,始力为表章。"
⑤ [美]蔡涵墨:《无奈的史家:孙觌、朱熹与北宋灭亡的历史》,《历史的严妆:解读道学阴影下的南宋史学》,中华书局2016年版,第217—269页。

耶? 使学者能探赜索隐以窥其奥, 斯尽善矣。而乃不求其本而循其末, 言性理则荡而为浮虚, 慕诚敬则流而为矫伪, 圣人心学之妙, 岂有是哉? 今之学者欲探程氏之秘而求所谓正心诚意者, 当以是而思之。"① 王氏不仅批评二程等少数理学之外, 多"浮虚""矫伪"之徒, 且于《儒学传》中所记之《周敦颐传》《张载传》《程颢、程颐传》等道学列传, 皆只略记仕宦行迹, 而全无理学诸说文字。研究者考证, 王称《儒学传》并非独创, 而是延续了此前《国史·儒学传》的文字而更为简略②, 相比洪迈所修《四朝国史》, 其差异可见一斑, 朱熹《记〈濂溪传〉》中云: "戊申(1188)六月, 在玉山邂逅洪景卢内翰, 借得所修《国史》, 中有濂溪、程、张等传, 尽载《太极图说》。盖濂溪于是始得立传, 作史者于此为有功矣。"③《四朝国史》不仅首次为周敦颐立传, 且"尽载《太极图说》"等理学论说文字, 故朱熹赞其有功于理学。相比《东都事略》对于理学的记载差异, 朱熹多有批评, 其中的门户之见不难理解。

与王称相同, 南宋另一著名史家李焘, 其学术立场也不同于理学, 学术渊源主要有两支, 一为眉山苏氏之学, 一为温公长编史学。《宋史》本传云: "焘论两学释奠……当升范仲淹、欧阳修、司马光、苏轼, 黜安石父子。"④ 其为学不喜荆公新学, 而独尚欧、苏、温公之文史之学。时人亦多以三李比之三苏, 周必大《敷文阁学士李仁甫挽词》其二、六分别云: "父子才名震蜀都, 家风人道似三苏。不知岷岭英灵气, 底向眉山特地殊", "千卷《长编》已刻闽, 争传副墨价兼金。冠篇不得同迁叟, 遗恨犹应记玉音(自注: 上许御制长编序)"⑤。真德秀《故资政殿学士李公神道碑》亦云:

  惟眉山自苏氏父子以文章冠宇内, 而颖滨遂践政席, 为元祐名辅臣。甫若干年而文简公出, 以海含山负之学, 松劲玉刚之节, 标

---

① (宋)王称撰, 孙言诚、崔国光点校:《东都事略》,《二十五别史》, 齐鲁书社2000年版, 第995页。
② 参见粟品孝《关于〈东都事略·儒学传〉的评价问题》,《史学史研究》2010年第1期。
③ (宋)朱熹著, 郭齐、尹波点校:《朱熹集》卷七一, 第3694页。
④ (元)脱脱等:《宋史》卷三八八, 第11917页。
⑤ (宋)周必大:《庐陵周益国文忠公集》卷七, 第189下、190页上。

式当代。公（李壁——引者）之兄弟皆世其学，文采议论震耀一时，公亦与闻国政，人谓有光苏氏。①

与苏氏父子一样，李氏父子皆博闻强记，有文史之才。李埴有《皇宋十朝纲要》，李壁亦博注王荆公诗，李𡌴作《华阳国志序》言："博访善本，以证其误……若其无所考据，则亦不敢臆决"②，可知其并有求真尚实的史学考证之学。李焘则不仅有《长编》考异之学，还有撰有范仲淹、韩琦、文彦博、富弼、王安石、欧阳修、三苏、司马光等当代名宦《年谱》八部，以及《江左方镇年表》《历代宰相年表》《续百官公卿表》等表谱考订之作。③ 此外更有历代诸书序跋的小学、目录、考证、辨伪、校勘之作，如《帝王历纪谱跋》《字林跋》《汉纪跋》等。其学术方式完全是以史学、文献学和考据学为中心，表现出传统儒士沉潜文献、考订是非的路数：无所考据，则不敢臆决。其《长编》一千卷，南宋周必大谓"考证异同，罕见其比"④，清人朱彝尊认为："宋儒史学，以文简为第一，盖自司马君实、欧阳永叔书成，犹有非之者，独文简免于讥驳。"⑤均赞赏其史家考证直笔精神和成就。不过朱彝尊的评价显然有些过高了，《长编》成书之时并非"免于讥驳"，而其所受之"讥驳"正来自理学阵营。

理学之士的史学评价则与史家不同，强调的是秉笔之士道德指向，抽离出历史书写所应有的道德责任，而对于事件本身及其中个体行为的复杂性，则往往置于其次甚至视而不见。因此，在朱熹等人看来，李焘《长编》不仅记载"太详，难看"⑥，更重要的是，其史法义例不免错乱：详略失当、考订不精，且正文往往依据史料不可信，可信之史料则作为存疑之小字注文：

---

① （宋）真德秀：《西山先生真文忠公文集》卷四一。
② 曾枣庄、刘琳主编：《全宋文》卷六四六〇，第284册，第382页。
③ 参见王承略、杨锦先《李焘学行诗文辑考》第二篇《李焘著述考辨》。
④ （宋）楼钥撰，顾大鹏点校：《楼钥集》卷九五《益国公赠太师谥文忠周公神道碑》，第1732页。
⑤ （清）朱彝尊：《曝书亭集》卷四五《书李氏续通鉴长编后》，世界书局1984年版，第547页。
⑥ （宋）黎靖德编，王星贤点校：《朱子语类》卷一二八，第3079页。

论李仁甫《通鉴长编》,曰:"近得周益公书,亦疑其间考订未甚精密,因寄得数条来某看。他书靖康间事最疏略,如姚平仲劫寨,则以为出于李纲之谋;种师中赴敌而死,则以为迫于许翰之令。不知二事俱有曲折,劫寨一事,决于姚平仲侥幸之举,纲实不知……此二事盖出于孙觌所纪,故多失实……洪景卢在史馆时,没意思,谓靖康诸臣,觌尚无恙,必知其事之详,奏乞下觌具所见闻进呈。秉笔之际,遂因而诬其素所不乐之人,如此二事是也。仁甫不审,多采其说,遂作正文书之。其他纪载有可信者,反为小字以疏其下,殊无统纪,遂令观者信之不疑,极是害事。"①

且不论劫寨之事是否为李纲之谋,朱熹怀疑的依据实际上也仅仅是原始资料的记录者孙觌品德有亏,佞臣执笔,必多失实,更有可能据此诬陷政敌。此属典型的诛心之论,反倒不如洪迈所持之论中肯:靖康之变的亲历者中,唯有孙觌尚健在,其所记之事应当更为详实可信。而这在理学之士看来,史官此言恰恰是问题所在。至于批评《长编》书法统纪之失,毒害后世,则难免有"上纲上线"之嫌。作为儒家史官,李焘、洪迈固然不可能废弃史学的劝惩功能,也不可能没有自身政治立场,但在史料缺乏的情况下,以当事之人所记为信,显然更体现出了考实求真的传统史学实录传统,与理学史观过分高扬道德准则,形成鲜明对立。

南宋中期史学三家中,南宋后期的李心传与理学关系最为密切,不仅其父兄师承程朱门下,秀岩本人亦对朱熹等人之学不无赞许,更突出的是其曾编《道命录》,总结宣扬理学兴废的历程及背后的社会政治条件。其自述学《易》经历云:"始心传年四十余……莫知《易》之为何书……最后读程子书,则昭然若揭蒙矣。"② 认为"自程、朱二子书成,而四圣之道始大,彰明较著而无所蔽矣"③,心传之学似乎更多来源于师

---

① (宋)黎靖德编,王星贤点校:《朱子语类》卷一三〇,第3133页。
② (宋)李心传:《丙子学易编序》,曾枣庄、刘琳主编:《全宋文》卷六八八〇,第301册,第329页。
③ (宋)李心传:《丙子学易编后序》,曾枣庄、刘琳主编:《全宋文》卷六八八〇,第301册,第332页。

从伊川后学冯时行的其父李舜臣之家学，而其弟道传、性传则为典型的理学之士。因此，学者以为李心传崇尚理学，其"道学思想远祧程颐洛学，近师乃父舜臣家学，属伊川道学系统"，"如果不看到这一点，仅仅从其编纂、史料、考订的角度观察问题，而不从思想高度来审视，就不可能对李心传的史学作全面的分析、完整的认识和中肯的评价"①。另一些学者则认为心传"虽然身为道学的支持者"②，但仍有其作为史家的基本价值立场。实际上，李心传作为宋代重要的史家，最值得肯定之处，其中之一正在于，身为理学支持者，却并不唯理学马首是瞻，对朱熹人物传记的虚美之处予以纠偏。

最为著名者如《建炎以来朝野杂记》乙集卷四《高庙配飨议》等认为张浚虽有富平、淮西、符离三败，而不能"以一眚掩其大德"③，强调不可全盘否定张浚，同时《要录》中对张浚之败及枉杀曲端等略迹亦未回避，这正与理学之士如朱熹、杨万里等人刻意回护态度不尽相同。而《朝野杂记》及《要录》中体现出重视财赋、兵马、典章制度和具体军事政治策略得失方面的记载，也显然与理学家轻功利重公义的主张相左，还不隐讳孝宗与近臣论功利，批评理学家空谈清议，乃至如西晋王衍之流空谈误国的言论，皆是作为史家考察历史经验、现实世变得失所在的眼光与立场，这也正是作为当代史修撰者，与从偏重上古三代史中考察圣贤之心迹的理学立场不尽相同。正如其晚年所作《道命录》，在表达对理学废兴过程中的同情与支持的同时，也体现了诸多作为史家独立的思考，其自序曰：

> 道学之废兴，乃天下安危、国家隆替之所关系，未尝不叹息痛恨于惇、京、桧、侂之际也。程子曰："周公没，圣人之道不行；孟轲死，圣人之学不传。"夫道即学，学即道，而程子异言之，何也？盖行义以达其道者，圣贤在上者之事也，学以致其道者，圣贤在下

---

① 来可泓：《试论李心传的道学思想》，杨渭生主编：《徐规教授从事教学科研工作五十周年纪念文集》，杭州大学出版社1995年版，第352—363页。
② 王德毅：《从李心传〈道命录〉论宋代道学的成立与发展》，宋史座谈会主编：《宋史研究集》（第三十六辑），"国立"编译馆2006年版，第49页。
③ （宋）李心传撰，徐规点校：《建炎以来朝野杂记》，第567页。

者之事也。舍道则非学，舍学则非道。①

道学之兴与废，虽有"命也"，但主要在处于现实政治中心的权贵，如北宋司马光、章惇、蔡京，南宋赵鼎、秦桧、韩侂胄等人的支持与否，其隆替在于现实人事，有其具体的历史过程和条件。同时反对二程将"道"抽离出学而独重的观点，认为"上者之事"的"道"不脱离"下者之事"的"学"而存在。换言之，道统之展开，是现实历史的过程，圣贤之道在具体人事之中，而非抽象的空谈义理。作为学者而非思想家的李心传侧重在学，而其所谓"上者之事"的"道"，未必有性理天道的渺远，而只是"行义"。正如其晚年所上奏疏所言，革除弊政在于降诏罪己，"修六事以回天心"，君臣若只是聚敛剽窃，"虽谋臣如云，猛将如雨，亦不知所以为策矣"②，其道并未超出传统儒家的范围，仍是博学考据而切于适用的基本主张。因此，综观其作，不论是《要录》还是《杂记》，乃至《旧闻证误》，其考证精密，记录翔实、客观及其于当代史中所贯彻治世适用，仍是儒家传统史学的基本精神。诚如美国学者贾志扬（John W. Chaffee）所述："李心传并非道学思想家，他是将道学视为是当日（社会政治）问题的答案。"③归根到底，其学仍不出经史而以史学为本，其门人高斯得曾述乃师学术云：

> 秀岩先生近世大儒也。世徒见其论著藏于明堂石室，金匮玉版，遂以良史目之。不知先生中年以后，穷极道奥经术之邃，有非近世学士大夫所能及者。又其天质强敏绝人，《三礼辩》二十余万言，二百日而成，《学易编》二百八十日而成。《诵诗训》亦逾年而成，考订郑、王、孔、贾之谬，折中张、程、吕、朱之说，精切的当，有

---

① （宋）李心传撰，朱军点校：《道命录》，上海古籍出版社2017年版，第1页。
② （元）脱脱等：《宋史》卷四三八本传，第12985页。
③ John W. Chaffee, The Historian as critic: Li Hsin-ch'uan and the Dilemmas of Statecraft in Southern Sung China. Robert P. Hymes and Conrad Schirokauer, *Ordering the World: Approaches to State and Society in Sung Dynasty*, Berkeley: University of California Press, 1993, p. 335.

功于学者为多。①

李心传晚年之学穷究经术之奥,有兼容汉宋之风,善考"诸儒字义之异者"②,体现了南宋后期理学自身转向经史博学、这种朱、陆、吕的路向。这是门人弟子所体认的师门之学,而在一般时人看来,仍主要是"良史"之学。据高氏所述,亦可见南宋之时,世人对于理学经术与良史之学也是分而视之的,这或许受到两宋国史修撰的发达及地位显要的影响。

---

① (宋)高斯得:《耻堂存稿》卷五《跋李秀岩先生学易编诵诗训》,清武英殿《聚珍版丛书》本。
② (宋)李心传:《丙子学易编后序》,曾枣庄、刘琳主编:《全宋文》卷六八八〇,第301册,第331页。

结　　语

作为学术史和文化史的考据学

　　近十余年，中国思想史研究一个表现突出的思考方法，是将思想史和文化史、社会史相结合，为思想演进构筑其发生、发展和传播的历史、社会语境。这一思路之所以引起极大关注和回应，原因之一至少是它避免了脱离历史条件和社会机制，而进行思想概念范畴自说自话地推理演绎，以及由此带来的封闭式的自我欣赏。那么，与之相反的，具体历史时空之中，普通士人的日常文化学术活动，又是在怎样的学术思想语境下进行的，这些活动又如何回应或彰显时代的学术思想历程？

　　自孔子以后，儒家便有思想精英在阐发原创性思想的同时，成为自身思想的教育者、传播者的传统，最直接的影响，即是自孔子开始，思想的演进发展，总是和典籍文献的编订、阐述、注释、整理等活动密切相关。因此，对于这部分思想精英文献活动的研究，例如宋代理学家，特别如朱熹等既高明又博学之士，天然地与其思想史研究相关，文献学、考据学的研究，是在思想史的背景下展开，朝着理解其思想内涵特征的方向展开。而作为数量更为庞大的思想精英之外的一般士人，从科举业儒之始，实际上便开始了日常化的文化甚至学术活动，而不论是否及第，是否出仕为官，在印刷技术发达、文化传播日渐普及的宋代，这样的文化学术活动常常将伴随其一生。或者说，科举社会日益成熟、文化相对普及的宋代，特别是南宋，文化学术活动已经成为一般士人生命活动的一部分。这些活动包括经史、诗赋乃至子书的阅读、抄写、训注、评论、争辩，以及编集、整理、校勘、考证、刊印等。不论是经史阅读，还是诗文阅读，都不再是中古时期那种与王朝政治、贵戚家族紧密相关的垄断性、严肃性的活动，而主要是个体思想体验，同时又是群体参与形成共同话题的半公共性活动。因此我们看到，在宋代文化中，笔记、诗话大量兴起，其中涉及的内容往往是前后相沿、反复争辩往还的相同主题，相同作家的相同作品甚至相同诗句、用词；四部文献均有汇集众家论说观点、记载，比较是非得失，并在此基础上融会贯通阐述新说的典籍整理活动，经书训解中特别注重汇纂汉宋各家经说而成集说、集解之体，史书编纂则重视相关史料的考异取舍，子部类书则进行分类编题杂录篇章成说，集部注释也出现为数不少的所谓百家注、千家注等。此类文献体式兴起的条件至少有两部分：一是大批士人参与相近领域、相同文献的阅读、解说、评议，二是有合而观之的需求和技术准备。显然，两项条件宋代均具备，这些都反映出宋代士人文化活动的普遍性、公共性。社会各种文化相关体制机制的创新、成熟，既是文化风气形成发展的助力，也是社会文化真正持久繁荣的有效保障。宋代社会内部的稳定，与其说是祖宗之法重内轻外的严格管控，不如说是崇文尚学的社会机制，以及由此形成的文化学术生活普及、公共化的结果，因为宗教以外，文化是克服社会功利和矛盾最重要的利器。

一定程度上摆脱政治权力附庸的文化活动，便具有了相对的独立品格和自身价值追求，士人在其中保持和彰显自身判断和立场诉求，也成为可能和可行的风尚。去伪存真、探求纷乱现象背后的原则、条例、道理，也就成为一些立场追求鲜明的学者士人的目标。这一时期最为典型的代表，正是理学对于自身学术特点、思想和道德追求，甚至门户学派的坚守。北宋以来与党争相离合的学术思想派系分野、门户界限划分乃至攻伐，未尝不是学术开始公共化、独立化的表现，学派之间的界限日益明晰，正是学术文化兴盛发达的重要标志。学术群体之间、门派之间的自由论辩，对自身学术观点的维护、论证、辨析，推动了考据求真学术精神原则、方法的自觉总结、反思和运用。因此，宋代考据学的兴起发展，既是宋代政治、学术、思想环境下的产物，其自身发展也体现了不同阶段学术思想的发展特征。北宋庆历以后经学对思想主体自身创造力的强调，对传统烦琐训诂、考据方法的摒弃，体现了原创思想家对摆脱语言和方法束缚，获得直接与圣人心灵对话的自由的强烈愿望。而北宋末期南宋初期士人重新转向经史、类书、语录、诗文别集文献整理、汇编、校勘、注释，以及笔记、诗话、方志、年谱的著述，一方面，是对单纯道德主体反思导致空疏无学、高蹈不实的反拨，重建思想理解与对话的真切完整的文献基础；另一方面，也是一般士人将其作为正心诚意、完成道心觉醒的日常格物实践工夫的结果，南宋理学实践的一个重要特点是读书问学为中心文化学术日常化和对地方文教、人伦日用推动实践的重视。对前人年谱的编著，也就是对其思想展开、境界提升的理解和把握，对地方历史和文化资源的整理，也是对地方文教、日常人伦建设活动的一部分，笔记、类书、诗文集注等的训诂、考据，也往往是地方各种官学、私学教育的参考资料的准备和编著。总之，南宋文化学术活动特别体现普通士人的广泛参与和文献基础活动的开展，在思想史上，是文化下移、理学自身普及和实践化的体现，这一现象本身也应该成为思想史关注的对象。

考据学与义理学的重要区别之一，在于后者将文献视为思想的工具，而前者将文献本身视为目的。在义理学家看来，文字和语言只是阐发思想的工具，得以而忘言，对于工具的过分关注，往往成为目标实现的阻碍，朱熹对于考证学的认识集中体现了这一矛盾心态，考证学不能不要，但毕竟是工具，次之又次，当思想需求成为首选，文献考据原则和工夫，常常被有意无意地忽略。南宋理学对《大学》《周易》古本的论争便是典型之例。而在考据学者看来，要么文献恢复自身原貌，或者廓清历史事件、记载的真实性，是考据活动最终的目标，要么考据活动最终呈现了文献"应有"的原貌，而义理即在其中自足自在，换言之，真正的文献学本身，便是义理学。将文献自身视为目的，在儒家文化框架下，当然无法真正超越道德理想为中心的终极关怀，不可能产生真正意义上的纯粹真理追求。但文献考据原则精神之下，确实天然地包含了超越短期功利意识的学术精神，一定程度上产生和隐含了将文献本身视为自身学术文化活动独立对象的意味，换言之，文献本身暂时摆脱了道德知识的色彩，而成为知识对象物。传统中国思想结构中缺乏主客两分甚至对立的认识论，西学特别是近代科学和哲学东渐后，才开始了中国哲学思想中认识论体系的建设，各种知识表现出强烈的客观化、对象化特征。传统社会中几乎所有知识，都属于道德领域的知识，是社会价值体系中的一部分。近代以来中国社会知识史的变化，显然主要是在西学影响下的断裂，不过，传统思想史也并非一成不变，其自身也经历一个较为明显的去"神"化、去"圣"化，逐渐理性化、对象化的过程。三代典籍几乎在其被整理完成后，即在政治神学化过程中实现了神圣化，成为不可置疑甚至充满神学色彩的知识。而在宋代平民化、士人化的文化中，经典不仅成为可以质疑的对象，实际上也在宋代出现经传古籍化倾向，儒家经典不再是政治神学的护身符，而成为士人君子修身养德、教育讨论的对话者，成为成德过程中士人相互谈论、辨疑、考据的知识对象。如果说宋代私人纂修史书仍是正统史学范畴的一部分，其考据活动强烈彰显了鲜明的政治诉求，尽管可能是超越现实党争的诉求，而宋代异常发达的笔记著述，作为个人化的私撰野史，则显然具有了将历史、制度、经子文献作为博物知识对象的特征和倾向，不少士人终其一生唯以知识博学本身作为主要生存方式，知识对象的完整、真实，是其最重要的追求。读书士人的学者化，不再以出仕为念，而慨然以学问为生命安顿方式，这样的文化精神和社会现象的普遍出现，无疑开始于宋代，特别是南宋。各种文献考据、著述、论辩活动成为学者型士人主要的活动内容，在清代特别是乾嘉时期成为一种十分显著的文化现象，并通过清代学者开启了中国学术近代发展的大门，而南宋无疑是一个知识史重要转折的开端。从这一角度看来，南宋考据学的研究，不仅仅需要条例、方法、特点的静态归纳总结，更需要将其纳入学术史、文化史的脉络中加以动态把握。

参考文献

一 古籍

（清）阮元校刻：《十三经注疏》（附校勘记），中华书局1980年影印本。

（宋）林之奇：《三山拙斋林先生尚书全解》，清《通志堂经解》本。

（宋）蔡沈注，钱宗武、钱忠弼整理：《书集传》，凤凰出版社2010年版。

（宋）朱熹集注：《诗集传》，上海古籍出版社1980年版。

（宋）王应麟撰，张保见校注：《诗地理考校注》，四川大学出版社2009年版。

（宋）王与之：《周礼订义》，清《通志堂经解》本。

（宋）卫湜：《礼记集说》，《中华再造善本》，北京图书馆出版社2003年影印本。

（宋）朱熹集注：《四书章句集注》，《新编诸子集成》，中华书局1983年版。

（汉）司马迁：《史记》，中华书局1982年点校本。

（汉）班固注：《汉书》，中华书局1962年点校本。

（刘宋）范晔：《后汉书》，中华书局1965年点校本。

（唐）房玄龄等：《晋书》，中华书局1974年点校本。

（后晋）刘昫等：《旧唐书》，中华书局1975年点校本。

（唐）欧阳修、宋祁：《新唐书》，中华书局1975年点校本。

（元）脱脱等：《宋史》，中华书局1977年点校本。

（宋）司马光：《资治通鉴》，中华书局1987年点校本。

（宋）李焘撰，上海师大古籍所、华东师大古籍所点校：《续资治通鉴长编》，中华书局2004年版。

（清）黄以周等辑注，顾吉辰等点校：《续资治通鉴长编拾补》，中华书局2004年版。

（宋）陈均编，许沛藻等点校：《皇朝编年纲目备要》，中华书局2006年版。

（宋）李心传编撰，胡坤点校：《建炎以来系年要录》，中华书局2013年版。

（宋）佚名编，汝企和点校：《续编两朝纲目备要》，中华书局1995年版。

（宋）佚名撰，王瑞来校证：《宋季三朝政要校证》，中华书局2010年版。

（宋）佚名编撰，汪圣铎点校：《宋史全文》，中华书局2016年版。

（唐）杜佑：《通典》，中华书局1984年版。

（元）马端临撰，上海师大古籍研究所、华东师大古籍研究所点校：《文献通考》，中华书局2011年版。

（清）徐松辑，刘琳、刁忠民、舒大刚点校：《宋会要辑稿》，中华书局2014年版。

（宋）陈骙、佚名撰，张富祥点校：《南宋馆阁录续录》，中华书局1998年版。

（宋）郑樵撰，王树民点校：《通志二十略》，中华书局1995年版。

（宋）李心传撰，朱军点校：《道命录》，上海古籍出版社2017年版。

（清）黄宗羲著、全祖望补修，陈金生、梁运华点校：《宋元学案》，中华书局1986年版。

（清）王梓材、冯云濠编撰，沈芝盈、梁运华点校：《宋元学案补遗》，中华书局2012年版。

吴洪泽、尹波主编：《宋人年谱丛刊》，四川大学出版社2003年版。

（宋）范成大撰，陆振岳点校：《吴郡志》，江苏古籍出版社1999年版。

（宋）王应麟撰，张保见校注：《通鉴地理通释校注》，四川大学出版社2009年版。

（宋）王应麟撰，王京州、江合友点校：《诗地理考》，中华书局2011年版。

中华书局编辑部编：《宋元方志丛刊》，中华书局1990年影印本。

（宋）王象之原著，李勇先点校：《舆地纪胜》，四川大学出版社2005年版。

（宋）黄伯思撰，李萍点校：《东观余论》，人民美术出版社2010年版。

（宋）赵明诚撰，金文明校证：《金石录校证》，广西师范大学出版社2005年版。

（宋）洪适：《隶释》，中华书局1986年版。

（宋）彭叔夏：《文苑英华辨证》，《知不足斋丛书》本。

（宋）晁公武撰，孙猛校证：《郡斋读书志校证》，上海古籍出版社1990年版。

（宋）陈振孙撰，徐小蛮、顾美华点校：《直斋书录解题》，上海古籍出版社1987年版。

（宋）王应麟撰，武秀成、赵庶洋校证：《玉海艺文校证》，凤凰出版社2013年版。

（宋）王应麟撰，张三夕、杨毅点校：《汉制考汉艺文志考证》，中华书局2011年版。

（清）永瑢等撰：《四库全书总目》，中华书局1965年版。

（清）章学诚撰，叶瑛校注：《文史通义校注》，中华书局1994年版。

许逸民、常振国编：《中国历代书目丛刊》（第一辑），现代出版社1987年版。

（宋）黎靖德编，王星贤点校：《朱子语类》，中华书局1986年版。

（宋）李石撰，李之亮点校：《续博物志》，巴蜀书社1991年版。

（宋）罗愿撰，石云孙点校：《尔雅翼》，黄山书社1991年版。

（宋）沈括撰，胡道静校证：《梦溪笔谈校证》，上海古籍出版社1987年版。

（宋）朱弁撰，孔凡礼点校：《曲洧旧闻》，中华书局1985年版。

（宋）庄绰撰，萧鲁阳点校：《鸡肋编》，中华书局1983年版。

（宋）王观国撰，田瑞娟点校：《学林》，中华书局1988年版。

（宋）吴曾撰：《能改斋漫录》，中华书局1960年版。

（宋）王楙撰，王文锦点校：《野客丛书》，中华书局1987年版。

（宋）黄朝英撰，吴企明点校：《靖康缃素杂记》，上海古籍出社1986年版。

（宋）叶梦得撰，侯忠义点校：《石林燕语》，中华书局1984年版。

（宋）程俱撰，张富祥校证：《麟台故事校证》，中华书局1989年版。

（宋）洪迈撰，孔凡礼点校：《容斋随笔》，中华书局2005年版。

（宋）叶绍翁撰，沈锡麟、冯惠民点校：《四朝闻见录》，中华书局1989年版。

（宋）曾敏行撰，朱杰人点校：《独醒杂志》，上海古籍出版社1986年版。

（宋）程大昌撰，刘向荣点校：《考古编续考古编》，中华书局2008年版。

（宋）陆游撰，孔凡礼点校：《家世旧闻》，中华书局1993年版。

（宋）陆游撰，李剑雄、刘德权点校：《老学庵笔记》，中华书局1979年版。

（宋）孙奕撰，侯体健、况正兵点校：《履斋示儿编》，中华书局2014年版。

（宋）袁文、叶大庆撰，李伟国点校：《瓮牖闲评考古质疑》，中华书局2007年版。

（宋）范成大撰，孔凡礼点校：《范成大笔记六种》，中华书局2002年版。

（宋）李心传撰，徐规点校：《建炎以来朝野杂记》，中华书局2000年版。

（宋）罗大经撰，王瑞来点校：《鹤林玉露》，中华书局1983年版。

（宋）岳珂撰，吴企明点校：《桯史》，中华书局1981年版。

（宋）刘昌诗撰，张荣铮、秦呈瑞点校：《芦浦笔记》，中华书局1987年版。

（宋）周密撰，吴企明点校：《癸辛杂识》，中华书局1988年版。

（宋）周密撰，张茂鹏点校：《齐东野语》，中华书局1983年版。

朱易安、傅璇琮等主编：《全宋笔记》（第1—8编），大象出版社

2003—2017年版。

（宋）叶适：《习学记言序目》，中华书局1977年版。

何忠礼、张伟主编：《黄震全集》，浙江大学出版社2013年版。

（宋）王应麟撰，（清）翁元圻等注，栾保群、田松青、吕宗力点校：《困学纪闻》，上海古籍出版社2008年版。

（清）顾炎武撰，黄汝成集释：《日知录集释》，上海古籍出版社1985年版。

（清）王鸣盛撰，顾美华点校：《蛾术编》，上海书店出版社2012年版。

（宋）佚名撰：《锦绣万花谷》，上海辞书出版社1992年影印本。

（宋）章如愚辑：《群书考索》，广陵书社2008年影印本。

（宋）林駉撰：《新笺决科古今源流至论》，《中华再造善本》，北京图书馆出版社2005年版。

（宋）林駉撰：《古今源流至论》，《四库类书丛刊》，上海古籍出版社1992年影印本。

（宋）陈景沂编，程杰、王三毛点校：《全芳备祖》，浙江古籍出版社2014年版。

（宋）祝穆撰，（元）富大用辑：《新编古今事文类聚》，书目文献出版社1991年影印本。

（宋）谢维新撰：《古今合璧事类备要》，《四库类书丛刊》，上海古籍出版社1992年版。

（宋）王应麟纂：《玉海》，广陵书社1987年影印本。

（晋）陶潜撰，（宋）汤汉注：《宋刊陶靖节诗》，福建人民出版社2008年影印本。

（宋）赵次公注，林继中辑校：《杜诗赵次公先后解辑校》，上海古籍出版社2012年版。

（宋）黄希、黄鹤：《黄氏补千家集注纪年杜工部诗史》，《中华再造善本》，北京图书馆出版社2006年影印本。

（宋）施元之、顾景蕃合注，郑骞、严一萍编校：《增补足本施顾注苏诗》，艺文印书馆1980年版。

（宋）王安石著，（宋）李壁注，高克勤点校：《王荆文公诗笺注》，上海古籍出版社 2010 年版。

王水照主编：《王安石全集》，复旦大学出版社 2016 年版。

（宋），任渊、史容、史季温注，黄宝华点校：《山谷诗集注》，上海古籍出版社 2003 年版。

题王十朋纂集：《王状元集百家注分类东坡先生诗》，《中华再造善本》，北京图书馆出版社 2004 年影印本。

（宋）方崧卿撰，刘真伦汇校：《韩集举正汇校》，凤凰出版社 2007 年版。

（宋）欧阳修撰，李逸安点校：《欧阳修全集》，中华书局 2001 年版。

（宋）程颢、程颐：《二程集》，中华书局 1981 年版。

（宋）苏轼著，孔凡礼点校：《苏轼文集》，中华书局 1986 年版。

（宋）胡仔纂集，廖德明点校：《苕溪渔隐丛话》，人民文学出版社 1962 年版。

（宋）周必大：《庐陵周益国文忠公集》，《宋集珍本丛刊》，线装书局 2004 年影印本，第 52 册。

（宋）高似孙撰，王群栗点校：《高似孙集》，浙江古籍出版社 2015 年版。

（宋）吕祖谦撰，黄灵庚、吴战垒主编：《吕祖谦全集》，浙江古籍出版社 2008 年版。

（宋）陆游：《陆游集》，中华书局 1976 年点校本。

（宋）朱熹撰，郭齐、尹波点校：《朱熹集》，四川教育出版社 1996 年版。

（宋）叶適撰，刘公纯等点校：《叶適集》，中华书局 1961 年版。

（宋）楼钥撰，顾大鹏点校：《楼钥集》，浙江古籍出版社 2010 年版。

（宋）魏了翁：《鹤山先生大全文集》，《四部丛刊》初编本。

（宋）王应麟撰，张骁飞点校：《四明文献集》，中华书局 2010 年版。

（元）袁桷撰，杨亮校注：《袁桷集校注》，中华书局 2012 年版。

（清）钱大昕撰，吕友仁校点：《潜研堂文集》，上海古籍出版社 2009 年版。

（清）阮元撰，邓经元点校：《揅经室集》，中华书局 1993 年版。

（清）全祖望撰，朱铸禹、汇校集注：《全祖望集汇校集注》，上海古籍出版社 2006 年版。

曾枣庄、刘琳主编：《全宋文》，上海辞书出版社、安徽教育出版社 2006 年版。

二 研究论著

张富祥：《宋代文献学研究》，上海古籍出版社 2005 年版。

李致忠：《宋版书叙录》，北京图书馆出版社 1994 年版。

余嘉锡：《目录学发微》，上海古籍出版社 2004 年版。

余嘉锡：《四库提要辨证》，云南人民出版社 2004 年版。

李裕民：《四库提要订误》（增订本），中华书局 2005 年版。

王重民：《中国目录学史论丛》，中华书局 1984 年版。

郝润华、武秀成：《晁公武评传陈振孙评传》，南京大学出版社 2006 年版。

"国立"编译馆主编：《宋史研究集》（第 1—36 辑），"国立"编译馆 1958—2006 年版。

葛兆光：《中国思想史》，复旦大学出版社 2007 年版。

陈植锷：《北宋文化史述论》，中国社会科学出版社 1992 年版。

关长龙：《两宋道学命运的历史考察》，学林出版社 2001 年版。

钱穆：《宋明理学概论》，九州出版社 2010 年版。

钱穆：《朱子新学案》，九州出版社 2011 年版。

钱穆：《中国学术思想史论丛》，安徽教育出版社 2004 年版。

何俊：《南宋儒学建构》，上海人民出版社 2004 年版。

［日］土田健次郎：《道学之形成》，朱刚译，上海古籍出版社 2010 年版。

漆侠：《宋学的发展和演变》，河北人民出版社 2002 年版。

沈松勤：《南宋文人与党争》，人民出版社 2005 年版。

罗家祥：《朋党之争与北宋政治》，华中师范大学出版社 2002 年版。

［美］田浩编：《宋代思想史论》，杨立华等译，社会科学文献出版社 2003 年版。

［美］余英时：《朱熹的历史世界》，生活·读书·新知三联书店 2004 年版。

[美] 刘子健：《中国转向内在：两宋之际的文化内向》，赵冬梅译，江苏人民出版社 2002 年版。

[美] 田浩：《朱熹的思维世界》（增订本），凤凰出版社 2009 年版。

[美] 包弼德：《斯文：唐宋思想的转型》，刘宁译，江苏人民出版社 2001 年版。

侯外庐：《宋明理学史》，人民出版社 1984 年版。

刘叶秋：《历代笔记概述》，北京出版社 2003 年版。

李弘祺：《宋代官学教育与科举》，联经出版事业公司 1994 年版。

[美] 贾志扬：《宋代科举》，东大图书公司 1995 年版。

陈乐素著，陈智超编：《陈乐素史学文存》，广东人民出版社 2012 年版。

朱维铮：《周予同经学史论著选集》，上海人民出版社 2006 年版。

刘起釪：《尚书学史》，中华书局 1989 年版。

马宗霍：《中国经学史》，商务印书馆 1998 年版。

汪惠敏：《宋代经学之研究》，台湾师大书苑有限公司 1989 年版。

郑良树：《古籍辨伪学》，学生书局 1986 年版。

杨世文：《走出汉学：宋代经典辨疑思潮研究》，四川大学出版社 2008 年版。

杨新勋：《宋代疑经研究》，中华书局 2007 年版。

叶国良：《宋代金石学研究》，台湾书房出版有限公司 2011 年版。

叶国良：《宋代疑经改经考》，台湾大学文史丛刊 1980 年版。

金中枢：《宋代学术思想研究》，幼狮文化事业公司 1989 年版。

蒙文通：《中国史学史》，上海人民出版社 2006 年版。

束景南：《朱子大传》，福建教育出版社 1992 年版。

张其凡、范立舟：《宋代历史文化研究》（续编），人民出版社 2003 年版。

曾贻芬、崔文印：《中国历史文献学史述要》（增订本），商务印书馆 2010 年版。

张民权：《宋代古音学与吴棫〈诗补音〉研究》，商务印书馆 2005 年版。

王承略、杨锦先：《李焘学行诗文辑考》，上海古籍出版社 2004

年版。

张健：《知识与抒情：宋代诗学研究》，北京大学出版社 2015 年版。

梁庚尧：《宋代科举社会》，台湾大学出版中心 2015 年版。

［日］寺地遵：《南宋初期政治史研究》，刘静贞、李今芸译，稻禾出版社 1995 年版。

单国钺主编：《当代西方汉学研究集萃》（中古史卷），上海古籍出版社 2012 年版。

方诚峰：《北宋晚期的政治体制与政治文化》，北京大学出版社 2015 年版。

何佑森：《儒学与思想：何佑森先生学术论文集》，台湾大学出版中心 2009 年版。

姜鹏：《北宋经筵与宋学的兴起》，上海古籍出版社 2013 年版。

蔡崇榜：《宋代修史制度研究》，文津出版社 1991 年版。

林嵩：《通鉴胡注论纲》，上海古籍出版社 2012 年版。

陈雯怡：《由官学到书院——从制度与理念的互动看宋代教育的演变》，联经出版事业公司 2004 年版。

［美］柏文莉：《权力关系：宋代中国的家族、地位与国家》，刘云军译，江苏人民出版社 2015 年版。

［比］魏希德：《义旨之争：南宋科举规范之折冲》，胡永光译，浙江大学出版社 2015 年版。

［日］清水茂：《清水茂汉学论集》，蔡毅译，中华书局 2003 年版。

宿白：《唐宋时期的雕版印刷》，文物出版社 1999 年版。

张秀民：《张秀民印刷史论文集》，印刷工业出版社 1988 年版。

［日］井上进：《中国出版文化史》，李俄宪译，华中师范大学出版社 2015 年版。

［美］艾尔曼：《从理学到朴学：中华帝国晚期思想与社会变化面面观》，赵刚译，江苏人民出版社 2012 年版。

漆永祥：《乾嘉考据学研究》，中国社会科学出版社 1998 年版。

［日］浅见洋二：《距离与想象——中国诗学的唐宋转型》，金程宇、冈田千穗译，上海古籍出版社 2013 年版。

［日］内山精也：《传媒与真相——苏轼及其周围士大夫的文学》，朱

刚、益西拉姆等译，上海古籍出版社 2005 年版。

张涤华：《类书流别》，商务印书馆 1985 年版。

胡道静：《中国古代的类书》，中华书局 2005 年版。

刘叶秋：《类书简说》，上海古籍出版社 1980 年版。

陈晓兰：《南宋四明地区教育和学术研究》，凤凰出版社 2008 年版。

林政华：《宋代大儒黄震（东发）之生平与学术》，花木兰文化出版社 2011 年版。

［英］彼得·柏克：《知识社会史：从谷腾堡到狄德罗》，卢建荣、贾士蘅译，麦田出版社 2003 年版。

仓修良：《方志学通论》，华东师范大学出版社 2013 年版。

杨渭生：《徐规教授从事教学科研工作五十周年纪念文集》，杭州大学出版社 1995 年版。

潘晟：《宋代地理学的观念、体系与知识兴趣》，商务印书馆 2014 年版。

叶纯芳、乔秀岩编：《朱熹礼学基本问题研究》，中华书局 2015 年版。

周勋初主编：《宋人轶事汇编》，上海古籍出版社 2014 年版。

郭绍虞：《宋诗话考》，中华书局 1979 年版。

巩本栋：《宋集传播考论》，中华书局 2009 年版。

［美］蔡涵墨：《历史的严妆：解读道学阴影下的南宋史学》，中华书局 2016 年版。

刘浦江：《"五德终始"说之终结——兼论宋代以降传统政治文化的嬗变》，《中国社会科学》2006 年第 2 期。

包伟民：《精英们"地方化"了吗？——试论韩明士〈政治家绅士〉与"地方史"研究方法》，《唐研究》（第十一卷），北京大学出版社 2005 年版，第 653—672 页。

邓小南：《宋代士人家族中的妇女：以苏州为例》，《国学研究》第五辑，1998 年 5 月。

宋燕鹏：《因文化而地位：南宋"士人社会"的成立及其意义》，姜锡东主编：《宋史研究论丛》（第 16 辑），河北大学出版社 2015 年版。

潘铭燊：《中国印刷版权的起源》，《出版发行研究》1989 年第 6 期。

张承凤：《论任渊及其〈山谷诗集注〉》，《文学遗产》2005 年第 4 期。

刘宇：《略论宋代的考据笔记》，《江西社会科学》2011 年第 12 期。

谷继明：《试论宋元经疏的发展及其与理学的关联》，《中国哲学史》2014 年第 1 期。

朱渊清：《魏晋博物学》，《华东师范大学学报》2000 年第 5 期。

罗桂环：《宋代的"鸟兽草木之学"》，《自然科学史研究》2001 年第 2 期。

Robert P. Hymes and Conrad Schirokauer, *Ordering the World: Approaches to State and Society in Sung Dynasty*, Berkeley: University of California Press, 1993.

Hymes, Robert P., *Statesmen and Gentlemen: The Elite of Fu-chou, Chiang-His, in Northern and Southern Sung*, Cambridge: Cambridge University Press, 1986.

Peter K. Bol, "A Literati Miscellany and Sung Intellectual History: The Case of Chang Lei's Ming-taotsa-chih", *Journal of Sung-Yuan Studies*, No. 25, 1995, pp. 121 – 151.

James M. Hartgett, "Song Dynasty Local Gazetteers and Their Place in the History of Difangzhi Writing", *Harvard Journal of Asiatic Studies*, Vol. 56, No. 2, 1996, pp. 405 – 442.

Ming-Sun Poon, *Books and Printing in Sung China (960 – 1279)*, Ph. D. Dissertation, University of Chicago, 1979.

Cherniak Susan, "Book Culture and Textual Transmission in Sung China", *Harvard Journal of Asiatic Studies*, Vol. 54, No. 1, 1994, pp. 5 – 125.

Kracke, E. A., "Family vs. Merit in the Chinese Civil Service Examinations during the Empire", *Harvard Journal of Asiatic Studies*, Vol. 10, No. 2, Sep. 1947, pp. 103 – 123.

后　　记

　　后记既是论文的尾声，也是一段自我寻求历程的最末。本书是在博士论文基础上修改完成的，从2010年国庆假期开始在电脑文档写下第一行字开始，至今已满八年。2013年，书稿获得国家社科基金青年项目资助，此后四年，得以在较为宽松的条件下做了三次较大修改，尽管最终通过了专家评审结题，但始终自觉难以示人。最终在科研考核机制的推动下，不得不就此付梓，其中的惶恐、疑惑，或许只有经历过的人才能真正理解。

　　十九年前，当我一头撞进大学之门，悲伤、迷惘充盈了躁动叛逆的心灵，大把的时光只为验证虚无缥缈的"前途"，旅程过半，才在几位老师苦口婆心的劝说下，真正去寻找荒芜已久的灵魂世界。大学时代古代文学老师一句"你很有自己的想法"的作业评语，不断激励着我从偏远山区来到省城福州，也让我开始一点一点触摸到古代智者的精神世界。现实生活平凡又琐屑，心灵的场域则宽广无垠，我似乎已经习惯了在这里选择独行，在堆积如山的典籍中，在良师燃成的油灯下。搁浅十年的南雍夙愿，只因武秀成老师的宽容收纳，才最终得以靠岸。正如当日面试之时，对于为何选择由古代文学转向古典文献，源自滨海僻壤的无知莽撞，居然应声阐发一气古典文献的筌蹄之论，至今想来，汗颜不已。我想我绝无乡人郑渔仲之刻苦博学，进入数百年学术渊薮之江南，面对才分八斗的师长，二斗居之的同窗，自知三年白驹过隙，也将难有望二者项背之日。只是在恩师不倦面命之下，在半月一次的读书会中，点滴长进，如今饾饤出如此文字。更为重要的是，恩师在堆满书籍稿纸的斗室中，馒头清水，终日伏案的场景，第一次让我感受了"学者"一词所具有的分量。只可惜，终此一生，也恐难妄称此语了；虽不能至，心向往之吧。即如此等文字能得以问世，仍拜多为师长之赐，除恩师《古籍整理校勘研究》《古典文献学理论与方法》课程外，还有徐兴无、程章灿、曹虹、严杰等诸位宿儒所授课程及诸多讲座、课余鼓励之语。若非这些知识和思想方面的指引，我绝无勇气从先秦两汉文学转入南宋的历史文献与学术史世界。此外，不曾谋面也无法当面致谢的宁波大学钱茂伟教授，仅由一封电邮，便惠寄珍藏台湾学者林素芬有关王应麟论文的部分章节，让我深感前辈学者真挚的扶掖。

或许选择人文学科作为自己的志业，就注定要让自己的亲人成为默默无闻的支持者，和漫长的等待者。从大学时候起，每一个毕业的季节，父母都盼望着我能很快成为众人期待的"成功人士"，或者践行"学而优则仕"的古训，我却一次次执拗地选择离家更远的城市，仅仅为了那些在他们看来早已背时的古书旧籍。如今，他们已习惯不再盼望什么，除了我能在所谓的"专业"里找到快乐与自如。

特别感谢 2013 年国家社科基金青年项目匿名评审专家和结题评审专家，各位前辈学者专家的提携，使我在孤独前行中，有了难以估价的支持和鞭策。

作者
2018 年 3 月 15 日